数理启蒙

杨同学 著

电子工业出版社

Publishing House of Electronics Industry

北京·BEIJING

内 容 简 介

本书共 6 章，分别研究不同学科，如乐理、微积分、线性代数、概率论、向量分解、数理统计。每章内容都从基础开始，系统构建相应学科的整体框架，拒绝符号和数学形式化语言，通俗易懂，注重自然直觉和底层逻辑。

本书非应试教材，摒弃了结论优先的叙述流程，但并没有降低叙事效率，反而让初学者能触类旁通。无论你是中学生还是大学生都可以轻松看懂。看完本书再去看相关教材，你就会发现，从任何一页开始看，都能看懂。

未经许可，不得以任何方式复制或抄袭本书之部分或全部内容。

版权所有，侵权必究。

图书在版编目（CIP）数据

数理启蒙 / 杨同学著. -- 北京 ： 电子工业出版社，
2025. 9. -- ISBN 978-7-121-51251-3

Ⅰ. O1-49

中国国家版本馆 CIP 数据核字第 2025EZ4883 号

责任编辑：张月萍
印　　刷：天津裕同印刷有限公司
装　　订：天津裕同印刷有限公司
出版发行：电子工业出版社
　　　　　北京市海淀区万寿路 173 信箱　　邮编：100036
开　　本：787×1092　1/16　印张：16.75　字数：428.8 千字
版　　次：2025 年 9 月第 1 版
印　　次：2025 年 9 月第 1 次印刷
定　　价：115.00 元

凡所购买电子工业出版社图书有缺损问题，请向购买书店调换。若书店售缺，请与本社发行部联系，联系及邮购电话：(010) 88254888，88258888。

质量投诉请发邮件至 zlts@phei.com.cn，盗版侵权举报请发邮件至 dbqq@phei.com.cn。

本书咨询联系方式：faq@phei.com.cn。

前　言

特别提示：本书不是教材，不能代替课本。

本书也不是用来提分的教辅材料，更不是泛泛的科普评论。书中的所有概念都从常识入手，探究常识中存在的规律，逐步推理概括出相应的观点和结论。在写作风格上，作者试图以最小的篇幅、最通俗的语言，让读者轻松、快速掌握相关学科的本质，让读者轻松看完之后有强烈的通透感是我们的唯一目标。如果读者的目的是在正式学习之前希望对相关学科有所了解，那么本书就是快速入手的先导课程；如果读者是科普爱好者，那么本书就是直击本质的科普读物。全书分为 6 章，主要内容包括：

第 1 章旨在让读者深入理解泛音的物理模型，因为乐理的方方面面都是由泛音衍生而来的，同时，书中也展示了各种重要的乐理概念是怎样由泛音衍生而来的。

第 2 章介绍的微积分就是一种计算方法，它的本质是极限。习惯上大家偏重于极限的纯数值操作，不注重对极限内涵的理解，本章内容从深入介绍极限的内涵切入，以最小的篇幅向读者展现了微积分的本质和整体框架。

第 3 章主要讲解线性代数。我们在小学学了一维数值的加减乘除，线性代数就是多维数值的加减乘除，本章介绍了多维数值如何做加法，以及这样做的现实意义是什么，还介绍了多维数值的空间结构和函数。

第 4 章侧重讲解构建概率的数学模型。我们对概率、可能性这些生活常识原本并不感到陌生，但数学家却为它们建立了一套让我们感到非常陌生的数学模型，本章将从自然现象、从我们的直觉出发，展现对概率进行数学建模的全过程，让读者真正理解数学家的意图。

第 5 章将概率论中的多个重要计算、重要模型可视化，突破以往只能靠死记硬背，不学就忘的局面。本章还会介绍平面中散点的整体走向和排列形状，以及它们分别代表的几何意义。

第 6 章讲解数理统计，剖析数学建模过程，帮助理解各种分布的构造过程和意义，而不是像教程那样直接教读者套公式，因为读者并不缺分析问题的智慧，只是不知道数学家构建的数学公式为什么有用。

本书适合具有初中二年级以上数理水平的所有人阅读。如果你在没有开始学习相应学科之前阅读本书，书中的观点和结论你不仅能够全部看懂，还会有一种非常通透的美妙体验。从这个层面来说，本书有很好的科普效果。如果之后你还需要正式学习这门学科，那么你相当于在主动研究这门学科，你甚至可以从教科书的任何一页开始学习，看到教科书中的任何一个主题，都能够明白教科书编写者的编写意图，就像看着编写者在你面前讲解，会在一种轻松愉快的氛围下深谙相应学科的本质与整体框架。

如果你在阅读本书之前已经跟着教科书学习过相应学科，本书不仅可以帮助你解决还未想通、还未找到本质的问题，告别只做熟悉数值操作的熟练工，还可以让你将这门学科的本质与直觉联系起来。这样一来，不管过多长时间，你都不会忘记这门学科是怎么回事。因为如果只是熟悉数值操作，用不了三个月就会全部忘掉，但是本书不仅让你不会忘记，而且会将你对这门学科的领悟程度拉高一个层次。有一个有趣的现象，跟着教科书学过一遍的朋友总担心没学过的朋友看不懂，这只是先入为主的印象而已，没学过的读者更容易适应书中的观点和结论。

如果你是大学老师或者相关专业人员，看一看新的观点和视角，不亦乐乎。

拉丁文有句谚语："越是荒谬越有人相信。"以上阅读指导就在陈述一个荒谬的事实，因为它荒谬，所以我确信无比。

吹嘘不是喜欢数学的人应有的风格，对于以上营销宣传语言，如果你读后感觉不适或有异议，我也不会脸红，但欢迎就此与我交流。特别感谢本书的策划人姚新军老师，在姚老师提出将这些内容出书之前，我对出书完全是门外汉，也从未想过可以将这些内容出书，感谢姚老师专业的指导与建议。

最后再说一遍，让读者轻松看完之后有强烈的通透感是我的唯一目标。

感谢你看到这些内容，如果你有比书中更好的观点和想法，请不吝分享，与我联系。我希望书中的内容能够像网络词条一样，不断迭代，不断进化，启发更多人。书中的内容虽经过了仔细的斟酌和校对，但难免有错误，还请指正。

杨同学

2025.5.9

目 录

第 1 章　乐理：音乐中的数学

音乐是在人们表达内心情绪的过程中逐渐形成的一门艺术，是先于逻辑的。随着科学的不断发展，音乐中存在的规律慢慢被揭开。音乐理论传统的叙述顺序由于受到音乐理论发展过程的影响，常会给人一种凌乱、不成体系、堆砌的感觉。如今，关于音乐中的那些基本规律，人们都找到了科学解释。那么是不是有一种新的叙述方式，可以将乐理按照人们的自然直觉叙述出来，并使之成为人们的自然直觉呢？本章内容就是对这种叙述方式的尝试，希望可以为你带来阅读上的轻松感和理解上的通透感。

【第一节】两种自然直觉

本章内容只有 7000 字左右，如果读者看完后，在理解字面意思的基础上，还能够形成下面将要阐述的两种观念，说明读者获取到的信息跟作者想要传递的信息完全一致，那么乐理对你来说已经是一种自然直觉，任何有关乐理的问题，就算是第一次听到的乐理名词，你都知道该怎样去理解它的本质，而且有足够的信心自己解决以后可能遇到的所有乐理问题。对于本章内容，你可以直接从第二节开始看，最后再来验证自己是否已经形成了以下两种观念。

如果我们没有被物理测量启发，在我们的惯性思维里，会很自然地认为事物都对加法有意义，这是因为我们最熟悉、最容易被量化的物理量是质量和长度，而质量和长度刚好都对加法有意义。比如，2 斤苹果不仅拎起来感觉分量是 1 斤苹果的 2 倍，而且看起来也是 1 斤苹果的 2 倍，同样 3 斤苹果无论拎起来还是看起来也都是 1 斤苹果的 3 倍。长度跟质量一样，也具有类似的特点。这种经验让我们形成了根深蒂固的观念，认为事物都对加法有意义。

事实上，除了质量和长度（空间）对加法有意义，我们其他的自然感知基本上都对加法没有意义。比如，人的听觉对音量的感觉，人的视觉对亮度的感觉，人的味觉对咸淡的感觉，人的嗅觉对气味的感觉，都不对加法有意义。也就是说，声音的能量增加 1 倍，听起来的响度并不是比原来增加了 1 倍；光的能量增加了 1 倍，看起来也并不是比原来亮了 1 倍，比如天刚蒙蒙亮的时候，光的能量只要增加一点点，我们就会感觉比原来亮了很多，而大白天的时候，光的能量增加好多倍，我们也不会感觉比原来亮了多少，只有在中间半亮不亮的一个很小的区间里，光的能量与我们感觉到的亮度之间才会比较接近对加法有意义。很明显，人的视觉对亮度的感觉比较复杂，事实上，人的视觉对亮度的感觉具有对数上的意义，我们的味觉和嗅觉也都是如此。

人的耳朵对音量的感觉也是如此，比较值得庆幸的是，人的耳朵对音高的感觉没有那么复杂，它既没有对加法有意义，也没有对对数有意义，而是对乘法有意义。比如，100Hz 和 200Hz 的两个声音听起来的距离感，跟 200Hz 和 400Hz 的两个声音听起来的距离感才是一样的，换句话说，如果想要在 100Hz 和 200Hz 中间找一个与 100Hz 和 200Hz 距离感相同的音，这个音的频率并不是 150 Hz，而是 $100 \times \sqrt{2} \approx 141.4\text{Hz}$。即 100Hz 和 141.4Hz 的两个声音听起来的距离感 $141.4 \div 100 \approx \sqrt{2}$，跟 141.4Hz 和 200Hz 的两个声音听起来的距离感 $200 \div 141.4 \approx \sqrt{2}$ 是一样的。

另一种观念与中学物理中的共振有关。只是简单了解共振的物理意义是不够的，我们应该对共振有物理直觉。在过去，一些桥梁的质量不够好，军队在经过桥梁的时候，不能齐步走，因为齐步走会形成合力，能量会产生叠加，容易将桥踩塌；同样，两个乐音中相同频率的声音也会发生这种现象，形成共振，能量叠加增强，当我们一起弹奏或者顺序弹奏这两个乐音时就会觉得很和谐、很好听；而如果没有相同频率的声音，或相同频率的声音能量太弱，那就不会形成明显的叠加增强，不同频率的声音还会相互抵消，而没有共振的两个声音放在一起听起来就很不和谐。对共振有物理直觉很重要，否则我们就得去死记"小整数倍"。

【第二节】声音的本质

我们能够听到拨动琴弦或者敲桌子的声音，是因为琴弦和桌面发生了振动，这种振动通过空气向四面八方传播，当传播到我们的耳朵里，使耳鼓膜振动时，我们就听到了声音。所以，声音是由声源的振动引起的，而这种振动有两个非常重要的技术指标，就是频率和振幅，如图 1.1 所示。

	声音的频率	声音的振幅
概念描述	每秒声波振动的次数	声音的音量，响度
听力范围	$20\,\text{Hz} \sim 20{,}000\,\text{Hz}$	$20\,\mu\text{Pa} \sim 200{,}000{,}000\,\mu\text{Pa}$
人的感受	频率低，听起来比较低沉、飘渺 频率高，听起来比较高亢、激越	振幅低，表示声音小 振幅高，表示声音大

图 1.1　声音的频率和振幅

概念上，频率就是每秒声波振动的次数，振幅就是声音的音量，也就是响度。从听力角度来看，人能够听到的声音频率范围是 20Hz 到 20,000Hz，一旦超出这个频率范围，我们就听不到了，也就是说，对于一个每秒低于 20 次的振动，或每秒高于 2 万次的振动，我们都不可能听到声音。

声音的音量如果用空气压强来表示，人能够听到的声音音量的范围大约是 20μPa 到 2 亿 μPa，也就是说，人能够听到的最大音量和最小音量之间，声音的功率差了 1,000 万倍，用功率单位直接表示音量的大小很不方便，因为如果将别针落地的音量用标尺上的 1 厘米表示，那么夜总会迪厅里的音量就得用 30 千米表示，所以音量通常不直接用功率单位表示，而是用分贝（dB）来表示。

如果两个声音的功率分别是 P_1 和 P_2，那么这两个声音之间的分贝数就是 $10 \cdot \lg \frac{P_2}{P_1}$。也就是说，10dB 就是两个声音的功率比值是 10，20dB 就是两个声音的功率比值是 100，30 分贝就是两个声音的功率比值是 1,000……当我们说一个声音比另一个声音高 40 分贝，就是指这个声音的功率是那个声音的 10,000 倍。我们平常说的某个声音是 50 分贝，是以人的听力门槛作为标准的，是指这个声音的音量比听力门槛高 50 分贝，也就是说这个声音的功率是听力门槛声音的 100,000 倍。

从人的感受来说，频率比较低的声音听起来比较低沉、缥缈；频率比较高的声音听起来比较高亢、激越。换句话说，音高的变化在本质上就是频率的变化。声音的振幅比较直观，振幅低音量小，振幅高音量大。简单来说，频率主导音高，振幅主导音量。比如，别针落地的声音，音量小但频率高；迪厅里舞曲的声音正好相反，音量大但频率低。

【第三节】噪音与乐音的区别

自然界不存在单一频率的声音，单一频率的声音只有在精密的实验室里才有可能获得。也就是说，我们平常听到的所有声音，比如风声、雨声、水滴声，都是由同时振动的很多不同频率的声音组合在一起形成的。如果各种频率声音的音量非常杂乱，没有任何一个频率声音的音量占有绝对优势，那么给我们的感觉就没有固定的音高，就是噪音。

音乐的声音就是我们平常说的乐音，能够给我们一种清晰的音高感和音色感，那是因为每一个乐音都有一个固定的频率序列。

如图 1.2 所示，我们以一个 400Hz 的乐音为例，它的频率除了 400Hz，还有一系列 400Hz 的整数倍频率。也就是说，一个 400Hz 的乐音里所包含的频率有：400 Hz、800 Hz、1,200 Hz、1,600 Hz、2,000 Hz，以此类推。在这个比较整齐的频率序列里，最低的 400Hz 叫作基础频率，它的音量往往占有明显的优势，因为只有它的能量占有明显优势，我们才会有清晰的音高感，我们将它叫作基音，而其他的频率较高能量较弱的部分，我们将它们叫作泛音。我们的耳朵不会将泛音听成清晰的音高，而会将它们听成音色。也就是说，要判断一个乐音是用哪种乐器演奏出来的，我们依靠的就是泛音。

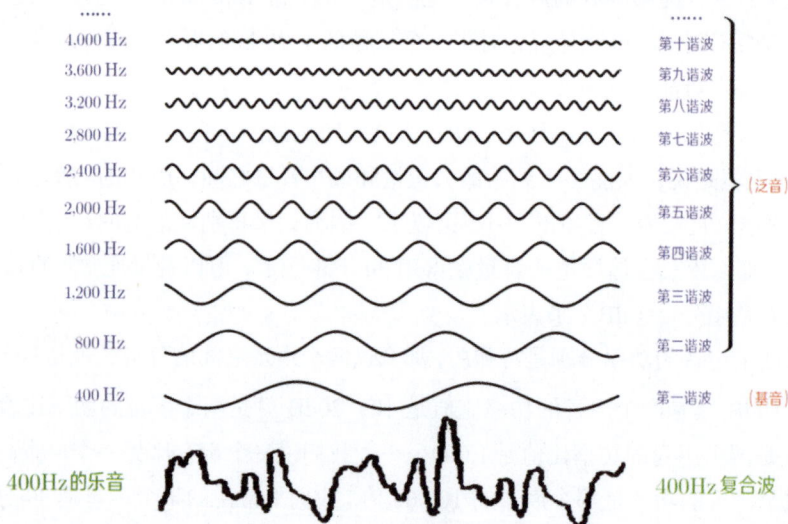

图 1.2　乐音的声波频率构成

鼓声之所以没有钢琴声那样具有清晰的音高感，就是因为鼓声的泛音序列没有钢琴声那样整齐、标准。

【第四节】我们为什么可以轻松分辨钢琴与吉他的声音

用不同的乐器分别弹奏一个 400Hz 的乐音，如果将这些乐音里的 400Hz 的振动单独提取出来，也就是将它们的泛音部分全部去掉，那么我们听到的将会是完全一样的声音。也就是说，如果没有泛音，所有的乐器都会发出一样的声音。我们之所以能够辨别出不同的乐器，就是因为每种乐器都有自己独特的泛音序列，其中各振动频率的能量，总的来说是频率越高，能量越低。但是各个频率之间音量的比例，每种乐器都有自己独有的比例，人们发明出各种各样的乐器，就是因为这些乐器都有自己独特的泛音。

有人还做了另一种实验，比如将 400Hz 乐音里的 400Hz 的振动去掉，只听它的泛音部分，最终听到的还是 400Hz 的音高。也就是说，虽然这个泛音里根本没有 400Hz 的振动，但它听起来却依然是 400Hz 的音高。有的书上将泛音叫作谐音，就是和谐的声音，还有的书上将泛音叫作和声。

从某种意义上讲，正是由于泛音的存在，才成就了音乐这门艺术，因为音乐中的旋律或者说曲调，也是由泛音支撑的，我们可能会认为是因为音高的变化才产生了旋律，其实不然。如果没有泛音的支撑，我们将不同音高的乐音演奏出来，其实并不好听。两个不同音高的乐音顺序弹奏出来让我们觉得好听，是因为它们的泛音部分产生了共振。

比如一个 400Hz 的乐音和一个 600Hz 的乐音顺序弹奏的时候，它们的泛音部分都有一个 1,200Hz 的振动，如图 1.3 所示，这两个 1,200Hz 的振动就会产生共振，这部分就会显得很突出，这就是这两个乐音组合起来演奏的时候会很和谐、很好听的原因。在这里，你可能会想，2,400Hz 也是 400 和 600 的公倍数，为什么不考虑 2,400Hz 的共振呢？因为泛音序列的能量随着整数倍的增加在逐渐衰减，2,400Hz 共振的能量比 1,200Hz 共振低得多，不起主导作用，顶多只是锦上添花，3,600Hz 共振的能量就更低了，有的书上将这种规律称为频率的小整数倍，本质上就是在描述频率的共振。

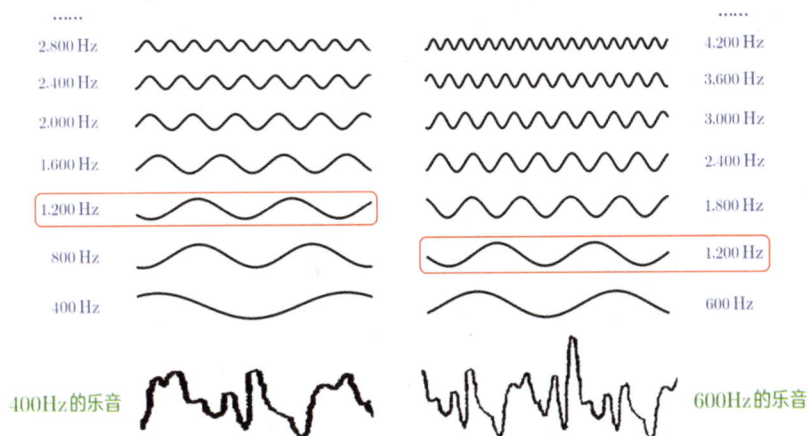

图 1.3　两个乐音的泛音部分产生共振

同样，和弦也是由泛音支撑起来的，同时弹奏至少 3 个不同的音符，就叫作和弦。只要明白了泛音，再复杂的和弦我们也可以将它们分析清楚。

【第五节】音符的音高是怎样确定下来的

下面我们继续围绕泛音的叠加共振这个核心，谈一谈 do re mi fa sol la si 这些音符是怎么来的。也就是说，我们到底应该选哪个频率的乐音作为音符。

先来看几个数据，人能够听到的频率范围是 20 Hz ~20,000Hz，而听着比较舒适的频率范围是 100Hz~4,000Hz，如图 1.4 所示。这个范围也正好是钢琴的频率范围，所以钢琴被誉为乐器之王，其他乐器的频率范围相对要窄一些，而且基本上都在钢琴的频率范围之内，如图 1.5 所示。

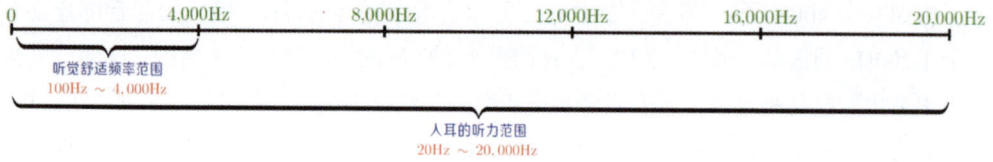

图 1.4   听力的频率范围

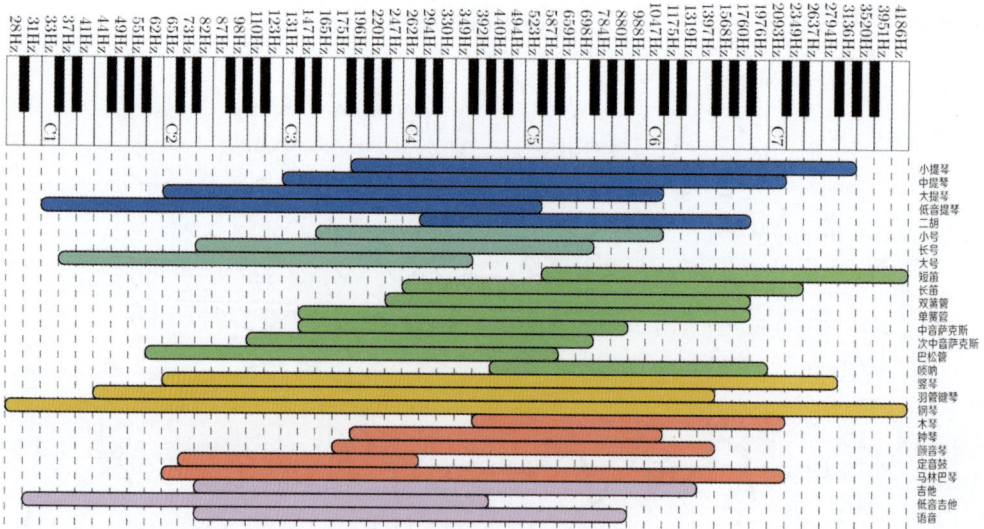

图 1.5   各种乐器的频率范围

人的耳朵对音高的感受,也就是对频率高低的感受,是倍数关系,比如100Hz到200Hz的距离感、200Hz到400Hz的距离感,以及150Hz到300Hz的距离感,我们听起来会觉得是一样的,也可以说它们的音程是相等的。换句话说,100Hz到200Hz的音程跟150Hz到300Hz的音程是相等的。

现在我们开始选音高,假定从50Hz开始选,那么50Hz、100Hz、200Hz、400Hz、800Hz、1,600Hz、3,200Hz、6,400Hz、12,800Hz这几个音会首先被选择,如图1.6所示。因为它们的泛音最容易形成共振。可以看到,前面的几个音,频率挨得比较近,越到后面相隔越远,实际上其中任何两个相邻的音之间的音程都是一样的。也就是100Hz到200Hz的音程,跟3,200Hz到6,400Hz的音程是相等的。现在的问题是,这么几个音就将整个频段全部分完了,这说明这些音之间的跨度太大,也就是相邻音之间的音程太远,而且去掉4,000Hz以上的几个音之后,就剩不了几个音了。

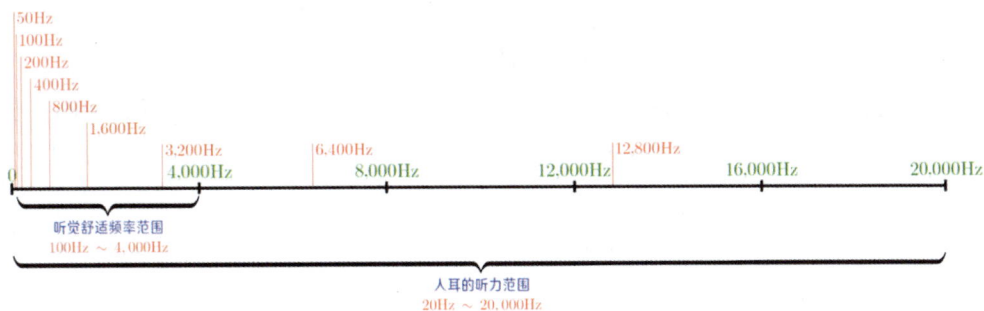

图 1.6　音符频率的选定

　　接下来，就要在这剩下的几个跨度很大的音之间进行细分，比如在 100Hz 到 200Hz 之间细分，如图 1.7 所示。从泛音共振的视角来看，它们的中间点 150Hz 就是最佳选择，150Hz 无论是跟 100 Hz，还是跟 200Hz 之间的音程都很和谐，也就是说它们的泛音很容易产生共振。因为 300 Hz 就是 100Hz 和 150Hz 的共振频率，600Hz 就是 150Hz 和 200Hz 的共振频率，而且 300Hz 和 600Hz 在各自的泛音序列中的能量都很强。

$$\frac{150}{133.33} = \frac{9}{8} = 1.125$$

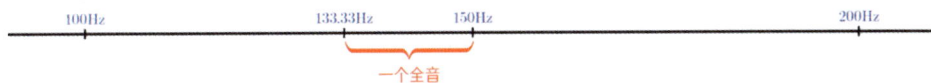

$$\frac{133.33}{100} = \frac{200}{150} = 1.3333 \approx \left(\frac{150}{133.33}\right)^{2.5} = 1.125^{2.5}$$

图 1.7　细分 100Hz 到 200Hz 之间的频率

　　仅次于 150Hz 的则是 $\frac{1}{3}$ 处，也就是 133.33Hz，它跟 100Hz 和 200Hz 都比较和谐，但是它跟刚才的 150Hz 就没有那么和谐了。也就是说，133.33Hz 与 150Hz 的泛音序列中，相同频率的泛音在各自的泛音序列中比较靠后，能量相对较弱，这说明 133.33Hz 到 150Hz 之间的音程已经分得比较细了，我们就将 133.33Hz 到 150Hz 之间的这个音程作为一个标准，称其为一个全音。也就是说，一个全音的频率比是 150Hz 比 133.33Hz，实际上是 9 比 8，因为这里的 133.33 是近似来的，那么一个全音的频率比值就是 1.125。我们注意到，前面的 100Hz 到 133.33 Hz，与后面的 150Hz 到 200Hz 的音程完全一样：

$$\frac{133.33}{100} = \frac{200}{150} = 1.3333$$

　　而且 100Hz 到 133.33Hz 之间的音程非常接近一个全音的 2.5 次方，注意是 2.5 次方，不是 2.5 倍，是等比不是等差。150Hz 到 200Hz 之间的音程当然也是一个全音的 2.5 次方。即

$$\frac{133.33}{100} = \frac{200}{150} \approx 1.125^{2.5}$$

于是我们将 100Hz 到 133.33Hz 之间的音程分成两个全音一个半音，那么 100Hz 到 112.5Hz 就是第一个全音，112.5Hz 到 126.5625Hz 就是第二个全音，剩下的部分就只有全音的一半了。同样，将 150Hz 到 200Hz 之间的音程也分成两个全音一个半音，这样就一共有了 7 个音，如图 1.8 所示。我们用 ABCDEFG 给它们取个名字，那么后面的 200Hz C 正好是前面 100Hz C 频率的 2 倍。200Hz C 正好是这个音阶的结束，同时又是下个音阶的开始。

$$\frac{150}{133.33} = \frac{9}{8} = 1.125$$

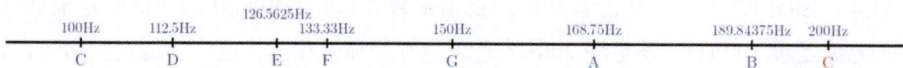

$$\frac{133.33}{100} = \frac{200}{150} = 1.3333 \approx \left(\frac{150}{133.33}\right)^{2.5} = 1.125^{2.5}$$

$$100 \times 1.125 = 112.5 \qquad\qquad 150 \times 1.125 = 168.75$$
$$112.5 \times 1.125 = 126.5625 \qquad\qquad 168.75 \times 1.125 = 189.84375$$
$$126.5625 \times 1.125^{0.5} \approx 133.33 \qquad\qquad 189.84375 \times 1.125^{0.5} \approx 200$$

图 1.8 将 100Hz 到 200Hz 的频段分成 7 个有序间隔

使用同样的方法，我们可以找出下一个音阶，也就是 200Hz 到 400Hz 之间的所有音，以此类推，也可以找出 400Hz 到 800Hz 以及更高音阶里的所有音，如图 1.9 所示。很明显，在每个音阶里的 7 个音，都可以通过以上方法找出来，我们看到在某个音阶里的任何一个音符，它的频率的 2 倍正好等于它在下一个音阶里的频率，比如第一个音阶里的 G 是 150 Hz，它的 2 倍 300Hz 就是下一个音阶里 G 的频率。

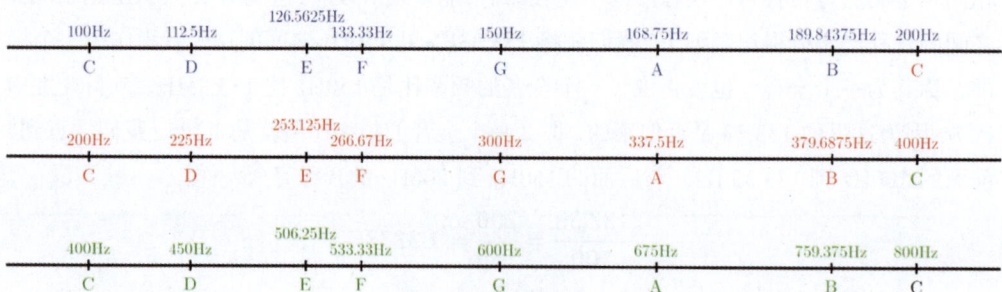

图 1.9 每个音阶都同样分成 7 个有序间隔

还是回到 100Hz 到 200Hz 这个音阶范围内，我们能看到刚刚确定的这几个音之间的音程关系是全音、全音、半音、全音、全音、全音、半音，也就是全全半全全全半，像这样定出来的音阶，我们将它叫作自然大调式音阶，如图 1.10 所示。

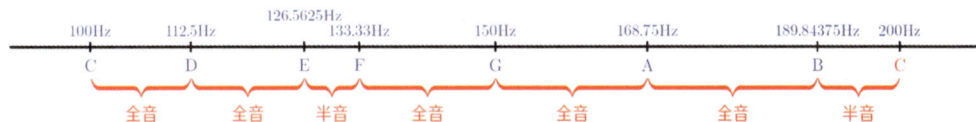

图 1.10　自然大调式音阶

早期人们是完全凭感觉听出来这些音的，可能是这些音就像自然形成的一样，所以叫它自然大调式音阶。世界各地的音乐调式有很多种，也就是说大家选音符的方式、选音符的算法各不相同，并不是只有自然大调式音阶，如图 1.11 所示。

各种调式音阶				
1	伊奥尼亚音阶（自然大调）	1 2 3 4 5 6 7 1	15	中国民族音阶	1 2 3 5 6 1
2	爱奥尼亚音阶（自然小调）	1 2 ♭3 4 5 ♭6 ♭7 1	16	大调五声音阶	1 2 3 5 6 1
3	和声大调音阶	1 2 3 4 5 ♭6 7 1	17	小调五声音阶	1 ♭3 4 5 ♭7 1
4	和声小调音阶	1 2 ♭3 4 5 ♭6 7 1	18	日本音阶	1 ♭2 4 5 ♭7 1
5	旋律大调音阶	1 2 3 4 5 ♭6 ♭7 1	19	吉普赛音阶	1 ♭3 ♯4 5 ♭6 7 1
6	旋律小调音阶	1 2 ♭3 4 5 6 7 1	20	匈牙利音阶	1 ♮2 3 ♯4 5 6 ♭7 1
7	多利亚音阶	1 2 ♭3 4 5 6 ♭7 1	21	匈牙利小调音阶	1 2 ♭3 ♯4 5 ♭6 7 1
8	弗利几亚音阶	1 ♭2 ♭3 4 5 ♭6 ♭7 1	22	博普爵士音阶	1 2 3 4 5 6 ♭7 7 1
9	大弗利几亚音阶	1 ♭2 3 4 5 ♭6 ♭7 1	23	布鲁斯音阶	1 ♭3 4 ♭5 5 ♭7 1
10	利底亚音阶	1 2 3 ♯4 5 6 7 1	24	混合布鲁斯音阶	1 ♭3 3 4 ♭5 5 ♭7 1
11	大利底亚音阶	1 2 3 ♯4 5 6 ♭7 1	25	辅助布鲁斯音阶	1 2 ♭3 3 4 ♯4 5 6 ♭7 1
12	混合利底亚音阶	1 2 3 4 5 6 ♭7 1	26	全半减音阶	1 2 ♭3 4 ♭5 ♭6 6 7 7 1
13	洛克里亚音阶	1 ♭2 ♭3 4 ♭5 ♭6 ♭7 1	27	半全减音阶	1 ♭2 ♭3 3 5 5 6 7 1
14	超级洛克里亚音阶	1 ♭2 ♭3 ♭4 ♭5 ♭6 ♭7 1	28	全音音阶	1 2 3 ♯4 ♯5 ♯6 1

图 1.11　各种调式音阶

从图 1.11 中可以看到，中国古代用的是五声调式，也就是宫商角徵羽，它相当于在自然大调式音阶中去掉了 F 和 B，它的每个音阶里的音程关系是：全音、全音、1.5 个全音、全音、1.5 个全音，如图 1.12 所示。它的音程里就没有很不和谐的半音，可能中国古代人们不喜欢别扭的半音，而那些蓝调摇滚则偏爱这种别扭的半音。也就是说，各种调式都有自己选择音符的偏好，从而导致最终确定下来的音符个数，以及音符之间的音程关系有所差别。

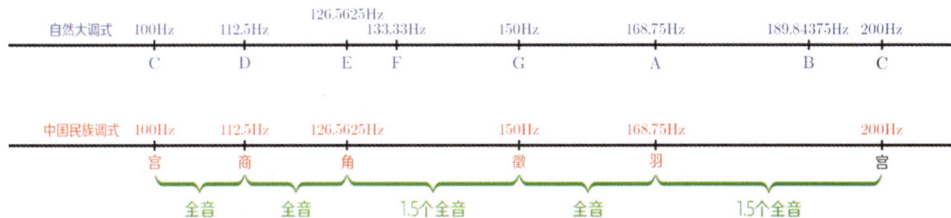

图 1.12　中国五声调式

【第六节】十二平均律

既然不同人群选择音符的偏好各有不同,那么有没有办法可以制定一套统一的标准,让不同人群都能够从这种标准里选出各自偏好的音符呢?

有人就想到一个办法,比如从 100Hz 到 200Hz 之间,按照倍数关系平均分成 12 份,注意是倍数关系,不是加法关系,是等比不是等差。那么相邻两个频率之间的比值就是 $\sqrt[12]{2}$,这就是十二平均律,如图 1.13 所示。

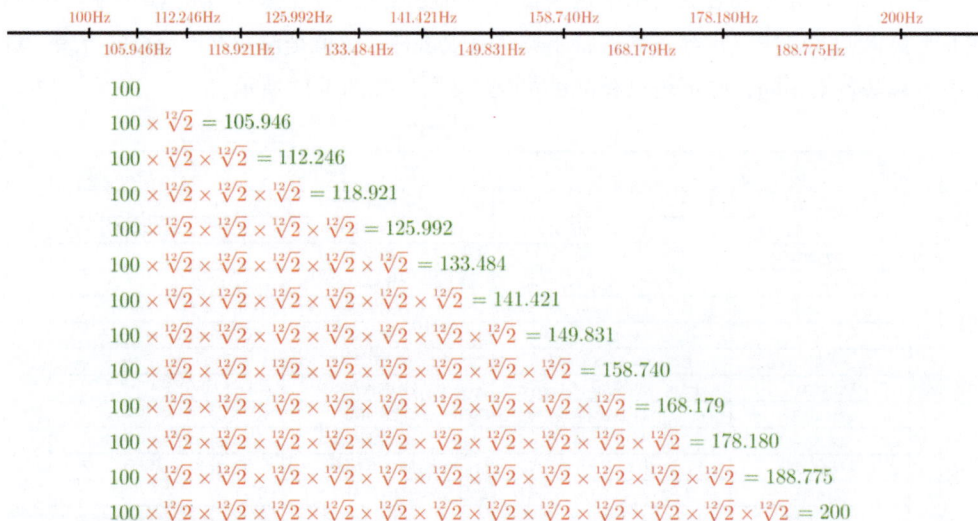

图 1.13　十二平均律

分成 12 份之后,就有了 12 个音,这样被绝对平均化之后,我们发现,相邻的每两个音之间的音程非常接近前面提到的自然律中的半音,当然这样的两个半音加在一起的音程,也非常契合自然律中的一个全音,将十二平均律与之前的自然律放在一起对比,可以发现契合度确实非常高,如图 1.14 所示。

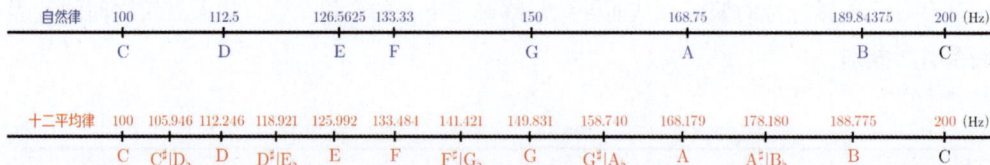

图 1.14　自然律与十二平均律频率对比

这样一来,无论是哪种调式,有几个音符,都可以从这 12 个音符中挑出自己需要的。我们的钢琴、吉他都是基于十二平均律设计的,也就是说,钢琴的任何相邻的两个键之间,频率比都是 $\sqrt[12]{2}$;同样,吉他的每一根弦上相邻的两个品之间的频率比,也都是 $\sqrt[12]{2}$。

十二平均律这种绝对平均的另一个优点，就是让移调变得非常容易，如果将一首乐曲里的每一个音符都向前或者向后移动一个音，就实现了整首乐曲整体降低半个音或者升高半个音。

将 100Hz 到 200Hz 的频率范围分成 12 份之后，就有了 13 个音，这 13 个音与 100Hz 之间的音程可以用另一种方式来描述，即度数，如图 1.15 所示。100Hz 跟 100Hz 之间的音程叫纯一度，任何音自己跟自己的音程就是纯一度；第二个音与 100Hz 之间的音程叫小二度，也就是说，半音就等于小二度；第三个音与 100Hz 之间的音程叫大二度，也就是全音就等于大二度；后面的音与 100Hz 之间的音程依次叫作小三度、大三度、纯四度，第七个音与 100Hz 之间的音程有两个名称，叫作升四度或者降五度，再后面依次是纯五度、小六度、大六度、小七度、大七度，最后一个是纯八度。也就是说，100Hz 到 200Hz 就是一个八度音程，同样地，350Hz 到 700Hz 也是一个八度音程。

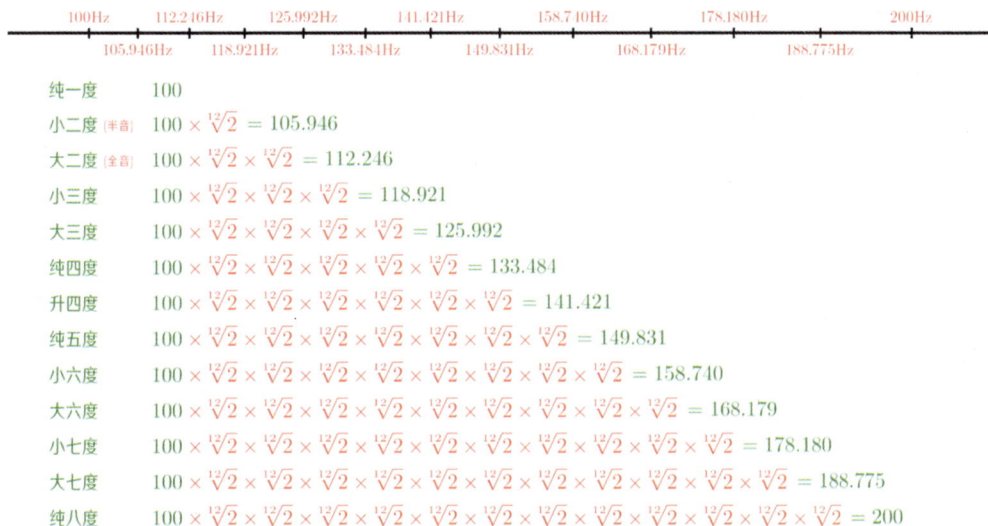

100Hz	112.246Hz	125.992Hz	141.421Hz	158.740Hz	178.180Hz		200Hz
	105.946Hz	118.921Hz	133.484Hz	149.831Hz	168.179Hz	188.775Hz	

纯一度　　　100

小二度 [半音]　$100 \times \sqrt[12]{2} = 105.946$

大二度 [全音]　$100 \times \sqrt[12]{2} \times \sqrt[12]{2} = 112.246$

小三度　　$100 \times \sqrt[12]{2} \times \sqrt[12]{2} \times \sqrt[12]{2} = 118.921$

大三度　　$100 \times \sqrt[12]{2} \times \sqrt[12]{2} \times \sqrt[12]{2} \times \sqrt[12]{2} = 125.992$

纯四度　　$100 \times \sqrt[12]{2} \times \sqrt[12]{2} \times \sqrt[12]{2} \times \sqrt[12]{2} \times \sqrt[12]{2} = 133.484$

升四度　　$100 \times \sqrt[12]{2} \times \sqrt[12]{2} \times \sqrt[12]{2} \times \sqrt[12]{2} \times \sqrt[12]{2} \times \sqrt[12]{2} = 141.421$

纯五度　　$100 \times \sqrt[12]{2} \times \sqrt[12]{2} \times \sqrt[12]{2} \times \sqrt[12]{2} \times \sqrt[12]{2} \times \sqrt[12]{2} \times \sqrt[12]{2} = 149.831$

小六度　　$100 \times \sqrt[12]{2} \times \sqrt[12]{2} \times \sqrt[12]{2} \times \sqrt[12]{2} \times \sqrt[12]{2} \times \sqrt[12]{2} \times \sqrt[12]{2} \times \sqrt[12]{2} = 158.740$

大六度　　$100 \times \sqrt[12]{2} \times \sqrt[12]{2} \times \sqrt[12]{2} \times \sqrt[12]{2} \times \sqrt[12]{2} \times \sqrt[12]{2} \times \sqrt[12]{2} \times \sqrt[12]{2} \times \sqrt[12]{2} = 168.179$

小七度　　$100 \times \sqrt[12]{2} \times \sqrt[12]{2} \times \sqrt[12]{2} \times \sqrt[12]{2} \times \sqrt[12]{2} \times \sqrt[12]{2} \times \sqrt[12]{2} \times \sqrt[12]{2} \times \sqrt[12]{2} \times \sqrt[12]{2} = 178.180$

大七度　　$100 \times \sqrt[12]{2} \times \sqrt[12]{2} \times \sqrt[12]{2} \times \sqrt[12]{2} \times \sqrt[12]{2} \times \sqrt[12]{2} \times \sqrt[12]{2} \times \sqrt[12]{2} \times \sqrt[12]{2} \times \sqrt[12]{2} \times \sqrt[12]{2} = 188.775$

纯八度　　$100 \times \sqrt[12]{2} \times \sqrt[12]{2} \times \sqrt[12]{2} \times \sqrt[12]{2} \times \sqrt[12]{2} \times \sqrt[12]{2} \times \sqrt[12]{2} \times \sqrt[12]{2} \times \sqrt[12]{2} \times \sqrt[12]{2} \times \sqrt[12]{2} \times \sqrt[12]{2} = 200$

图 1.15　用度数描述音程

这种用度数描述音程的方式是按照旧式的习惯，从自然大调式中延续过来的，原本自然大调式中的一个音阶从 C 到下一个 C 正好有 8 个音，那么一个音就是一度，8 个音就是八度。但是有了十二平均律之后，发现二度音中间又多了一个音程小一点儿的音，于是就将多出来的这个音程小一点儿的音叫作小二度，原本的二度就叫作大二度。度数描述的是音程的相对距离，只要两个音相隔一个半音，那么这两个音之间的音程就是小二度；如果两个音相隔 11 个半音，那么这两个音之间的音程就是大七度；如果两个音相隔 12 个半音，那么这两个音之间的音程就是八度。

【第七节】国际音高标准

　　理论上一种调式的音符可以从任何我们希望的频率开始，可以想象，如果大家都太过随意，各吹各的调，将很不利于交流合作。于是，国际上规定中音的 A 是 440Hz，这样一来，所有音符的频率就固定了下来，从而避免了乐器音高的参差不齐，如图 1.16 所示。

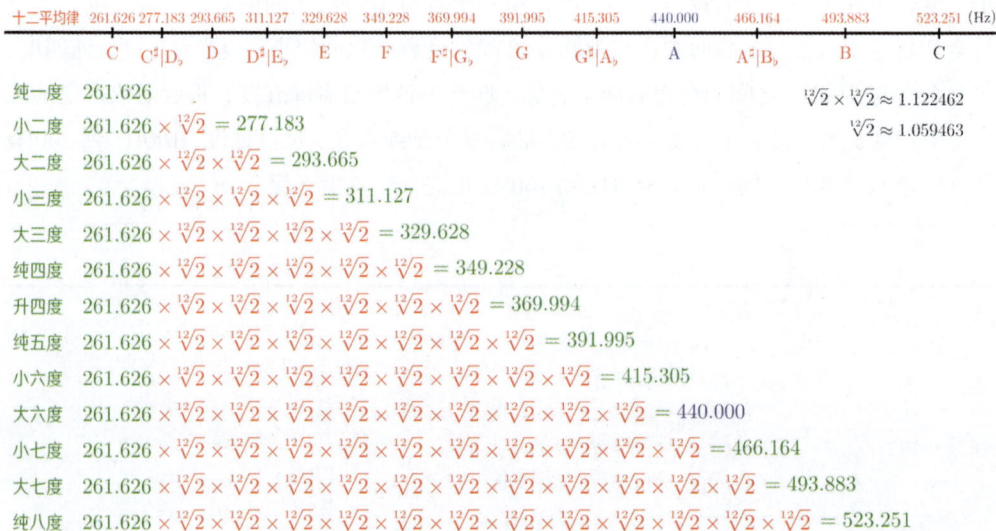

十二平均律	261.626	277.183	293.665	311.127	329.628	349.228	369.994	391.995	415.305	440.000	466.164	493.883	523.251 (Hz)
	C	C♯|D♭	D	D♯|E♭	E	F	F♯|G♭	G	G♯|A♭	A	A♯|B♭	B	C

纯一度	261.626
小二度	$261.626 \times \sqrt[12]{2} = 277.183$
大二度	$261.626 \times \sqrt[12]{2} \times \sqrt[12]{2} = 293.665$
小三度	$261.626 \times \sqrt[12]{2} \times \sqrt[12]{2} \times \sqrt[12]{2} = 311.127$
大三度	$261.626 \times \sqrt[12]{2} \times \sqrt[12]{2} \times \sqrt[12]{2} \times \sqrt[12]{2} = 329.628$
纯四度	$261.626 \times \sqrt[12]{2} \times \sqrt[12]{2} \times \sqrt[12]{2} \times \sqrt[12]{2} \times \sqrt[12]{2} = 349.228$
升四度	$261.626 \times \sqrt[12]{2} \times \sqrt[12]{2} \times \sqrt[12]{2} \times \sqrt[12]{2} \times \sqrt[12]{2} \times \sqrt[12]{2} = 369.994$
纯五度	$261.626 \times \sqrt[12]{2} \times \sqrt[12]{2} \times \sqrt[12]{2} \times \sqrt[12]{2} \times \sqrt[12]{2} \times \sqrt[12]{2} \times \sqrt[12]{2} = 391.995$
小六度	$261.626 \times \sqrt[12]{2} \times \sqrt[12]{2} \times \sqrt[12]{2} \times \sqrt[12]{2} \times \sqrt[12]{2} \times \sqrt[12]{2} \times \sqrt[12]{2} \times \sqrt[12]{2} = 415.305$
大六度	$261.626 \times \sqrt[12]{2} \times \sqrt[12]{2} \times \sqrt[12]{2} \times \sqrt[12]{2} \times \sqrt[12]{2} \times \sqrt[12]{2} \times \sqrt[12]{2} \times \sqrt[12]{2} \times \sqrt[12]{2} = 440.000$
小七度	$261.626 \times \sqrt[12]{2} \times \sqrt[12]{2} \times \sqrt[12]{2} \times \sqrt[12]{2} \times \sqrt[12]{2} \times \sqrt[12]{2} \times \sqrt[12]{2} \times \sqrt[12]{2} \times \sqrt[12]{2} \times \sqrt[12]{2} = 466.164$
大七度	$261.626 \times \sqrt[12]{2} \times \sqrt[12]{2} \times \sqrt[12]{2} \times \sqrt[12]{2} \times \sqrt[12]{2} \times \sqrt[12]{2} \times \sqrt[12]{2} \times \sqrt[12]{2} \times \sqrt[12]{2} \times \sqrt[12]{2} \times \sqrt[12]{2} = 493.883$
纯八度	$261.626 \times \sqrt[12]{2} \times \sqrt[12]{2} \times \sqrt[12]{2} \times \sqrt[12]{2} \times \sqrt[12]{2} \times \sqrt[12]{2} \times \sqrt[12]{2} \times \sqrt[12]{2} \times \sqrt[12]{2} \times \sqrt[12]{2} \times \sqrt[12]{2} \times \sqrt[12]{2} = 523.251$

$$\sqrt[12]{2} \times \sqrt[12]{2} \approx 1.122462$$
$$\sqrt[12]{2} \approx 1.059463$$

图 1.16　国际标准音高

　　前面提到的音名 CDEFGAB，它们都是在国际音高的标准下定义的，也就是说这些音的频率都是固定的，中音 C 的频率就是 261.626Hz，如果不是 261.626Hz，它就不是中音 C。换句话说，一架标准的钢琴上，每个音都有自己唯一确定的频率值，如图 1.17 所示。前面我们为了让频率的数值看起来更加直观，说中音 C 的音高是 100Hz，在这里要修正一下，中音 C 是一个确定值，它只能是 261.626Hz，事实上，我们是给 261.626Hz 的这个乐音取了个名字，叫作中音 C。还有几个值要补充一下，在自然律中，一个全音的频率比是 1.125，按照国际通用的十二平均律的标准，一个全音的频率比是 1.122462，也就是 $\sqrt[6]{2}$，半音的频率比就是 1.059463。很明显，它们与自然律的全音、半音非常接近，所以用十二平均律代替自然律是没有问题的。

频率(Hz) / 音符 / 八度	A	A♯|B♭	B	C	C♯|D♭	D	D♯|E♭	E	F	F♯|G♭	G	G♯|A♭
O1	27.500	29.135	30.868	32.703	34.648	36.708	38.891	41.203	43.654	46.249	48.999	51.913
O2	55.000	58.270	61.735	65.406	69.296	73.416	77.782	82.407	87.307	92.499	97.999	103.826
O3	110.000	116.541	123.471	130.813	138.591	146.832	155.563	164.814	174.614	184.997	195.998	207.652
O4	220.000	233.082	246.942	261.626	277.183	293.665	311.127	329.628	349.228	369.994	391.995	415.305
O5	440.000	466.164	493.883	523.251	554.365	587.330	622.254	659.255	698.456	739.989	783.991	830.609
O6	880.000	932.328	987.767	1046.502	1108.731	1174.659	1244.508	1318.510	1396.913	1479.978	1567.982	1661.219
O7	1760.000	1864.655	1975.533	2093.005	2217.461	2349.318	2489.016	2637.020	2793.826	2959.955	3135.963	3322.438
O8	3520.000	3729.310	3951.066	4186.009	注：$\sqrt[12]{2} \approx 1.059463$							

图 1.17 钢琴音高与频率对照

介绍完音名，接下来介绍唱名，唱名就是 do re mi fa sol la si，这是一个意大利人为了方便将谱子唱出来采用的名称，其实以前世界各地的人们都有自己特有的唱名，只不过只有 do re mi fa sol la si 直到今天还在一定的范围内继续使用，这 7 个音的读音本身没有任何实际意义，它们只是一首诗歌每一行歌词的第一个音节，唱名的 7 个音是从自然大调式中衍生而来的，与自然大调式的 7 个音是对应的，比较适合用来唱简谱的自然大调式音阶。唱名跟音名不同，音名的每个音的频率都是固定的，而唱名却不一定，它分两种，一种是固定的，另一种是不固定的。

固定唱名法可被理解为唱名跟音名一一对应，固定不变，如图 1.18 所示。它的好处就是当我们看到乐谱上每一个音符的音名时，就会立刻想到这些音名所对应的唱名，以及它们在乐器上所对应的弹奏位置，唱名更加适合简谱，因为简谱上有比较直观的数字联系，我国早期多半都用这种固定唱名法。

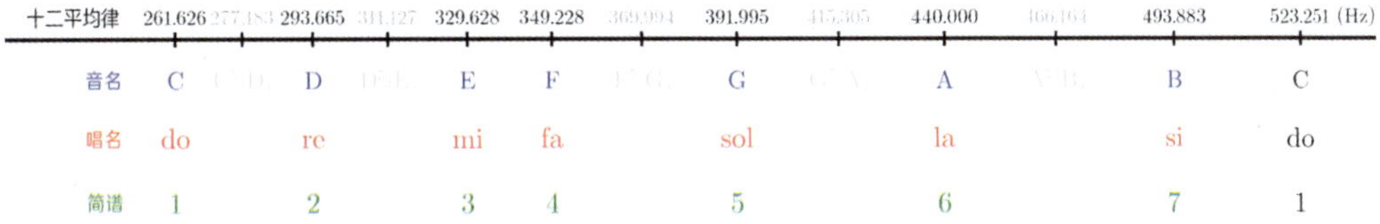

十二平均律	261.626	277.183	293.665	311.127	329.628	349.228	369.994	391.995	415.305	440.000	466.164	493.883	523.251 (Hz)
音名	C		D		E	F		G		A		B	C
唱名	do		re		mi	fa		sol		la		si	do
简谱	1		2		3	4		5		6		7	1

图 1.18 自然大调式与固定唱名法

另一种不固定的唱名法叫作首调唱名法。我们知道自然大调式的音阶是由全全半全全全半组成的，这里的全全半全全全半模式多半是从音高 C 开始，直到下一个 C，我们将从音高 C 开始的自然大调式音阶叫作自然 C 大调音阶，如图 1.19 所示。很明显，如果全全半全全全半这种模式是从音高 D 开始，到下一个 D 结束，那么我们就将它叫作自然 D 大调音阶，自然 D 大调音阶可被理解为是将自然 C 大调音阶的每一个音往后移两个键，也就是移两个半音。那么用首调唱名法唱 C 大调的时候，C 就是 do，唱 D 大调的时候，D 就是 do。也就是说，首调唱名法只关心全全半全全全半这种模式是从哪个音开始的，这种模式下开始的那个音就是 do。

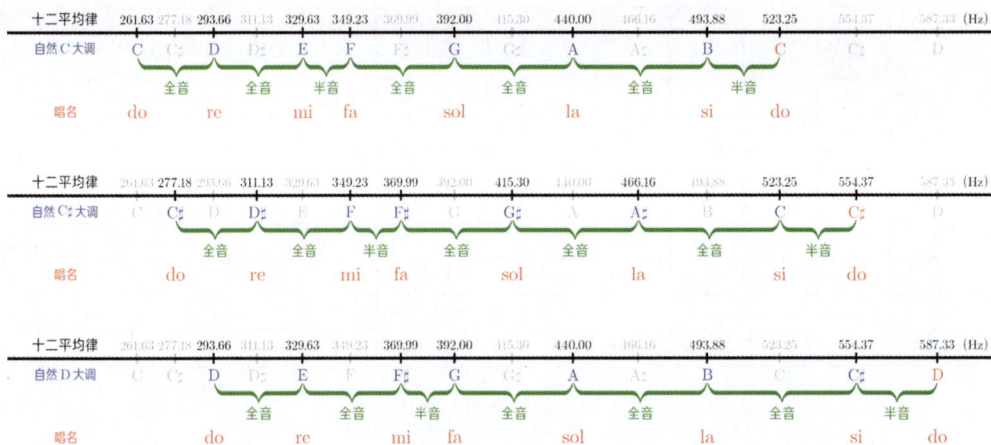

图 1.19   自然大调式与首调唱名法

【第八节】乐谱

将乐曲里的声音信息写下来得到的就是乐谱,对于任何一首乐曲,它的全部信息用 4 个参数就能够准确描述。

- 第一个参数就是所有的音符。

- 第二个参数是每个音符的时间值,也就是每个音符持续的时间长度。

- 第三个参数是音符的演奏力度,是重弹还是轻弹。

- 第四个参数是音符的音色,就是音符要由什么乐器演奏出来,或由什么人唱出来。

我们通常看到的乐谱,再简化也会将第一个参数和第二个参数描述清楚。至于第三个参数,有些乐谱会描述,有些乐谱不会描述;而第四个参数,绝大部分乐谱都不会具体描述。

我们发现,后面的 3 个参数很直观,完全符合我们的直觉。问题就在第一个参数上,也就是说,我们对不同的音符及其音程变化,总感觉似懂非懂。我们的生活经验是,一首自己喜欢的歌曲,我们听上一阵子,就能跟着一起唱,很快我们也能将它单独唱出来,能唱出来就说明我们已经听懂了。也就是说,音的音高及相互之间的音程已经留在我们的意识里了,但这个时候如果让我们将歌曲里的音符都写出来,我们可能写不出来。

这就像我们平常看到房间里有各种物品,如果问某件具体的物品有多大,桌子比椅子高多少,虽然在我们的印象里它们有大小、有高低,但是我们却说不出它们的准确值。

如果我们平常养成了一种随手带一把尺子的习惯，遇到各种物品都量一下，那么久而久之，我们看到一件物品，就能够准确说出它的尺寸。

同样，音高也需要这样一把"尺子"，而乐谱就是这把尺子，我们可以养成跟着原曲唱简谱的习惯：

- 挑自己喜欢的歌曲，并学会唱。

- 找来乐谱（简谱）。

- 看着乐谱，不要再唱歌词，而是用"啦啦啦"跟着原曲唱。

- 跟着原曲用唱名唱简谱。

- 关掉原曲，打开节拍器，跟着节拍器用唱名唱简谱。

保持这种跟着原曲唱简谱的习惯，将我们喜欢的所有歌曲都练一练，久而久之，我们就可以像当初学母语一样，将对音高的丈量潜移默化地变为本能意识，与直觉无缝衔接，这就是视唱练耳。视唱练耳跟我们学习一门外语一样，不可一蹴而就，需要一个耳濡目染、潜移默化的过程。

刚开始学视唱练耳的人，比较容易纠结要不要练习绝对音高，一开始就想练绝对音高，就好像我们刚开始学语文就想将整个字典里的字一个一个都背下来，我们写文章是在练习不同的字、不同的语句之间的搭配，就算将字典里所有的字都背下来，该不会写还是不会写，而且单个字越看越感觉陌生，很难形成有效的记忆。

乐理内容就到这里，还记得第一节提到的两种观念吗？

第 2 章　微积分：神奇的计算方法

　　微积分的底层是一种神奇的计算方法。一些用常规方法无法计算的结果，依靠这种在数学上叫作极限的计算方法就可以计算出来。这种计算方法又可以细分成两种类型，一种是微分，另一种是积分。传统的教程会将微积分的本质与应用混在一起介绍，本章我们会撇开应用，先着重介绍微分和积分的本质，然后专门研究它们在应用场景中的作用和地位，用通俗的语言，专治微积分课本不容易看懂以及看完课本仍是一团乱麻的症状。

【第一节】微积分的本质

　　微积分跟我们最熟悉的加法一样，都属于算法。加法是将多个数量合在一起，变成一个总数，例如$2 + 3 = 5$，那么微积分是用来计算什么的呢？它又是怎样计算的呢？

　　一个无法用常规方法计算出来的数值，如果存在同时符合以下 3 个条件的动态过程，那么通过这个人为构造出来的动态过程，就能够准确计算出原本无法计算的结果。

- 动态过程的每个具体状态值都可以被计算出来，并且具有统一的数学形式。

- 动态过程的每个具体状态值的计算不能依赖最终结果。

- 动态过程的所有具体状态值必须具有无限接近最终结果的趋势。

　　比如圆的面积公式πr^2，就可以用以上计算方法推导出来。

　　首先，圆不是常规的三角形、长方形、多边形，我们无法用常规方法来计算圆的面积。但是，根据圆的特点，我们可以构建圆的内接正多边形，如图 2.1 所示。显然，圆的内接正多边形不是一个单一的结果，它包括正三角形、正方形、正五边形……正n边形，这里的n是一个可以无限大的正整数，这样就有无限多个内接正多边形。虽然圆的任何一个内接正多边形的面积都不可能等于圆的面积，但是内接正多边形的面积具有以下 3 个特征：

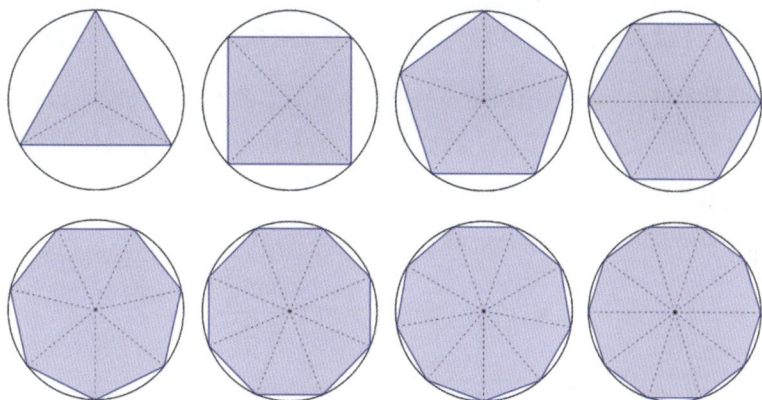

图 2.1　圆的内接正多边形

第一，每个内接正多边形的面积都可以被计算出来，并且具有统一的数学形式。

$$n \cdot \left(r \cdot \sin\frac{\pi}{n}\right) \cdot \left(r \cdot \cos\frac{\pi}{n}\right) = r^2 \cdot \frac{n}{2} \cdot \sin\frac{2\pi}{n} = \pi r^2 \cdot \frac{\sin\frac{2\pi}{n}}{\frac{2\pi}{n}}$$

第二，每个内接正多边形的面积表达式不依赖圆的面积，且可变参数只有 n。

第三，随着 n 的增大，内接正多边形的面积无限接近圆的面积。

在这里，无限多个内接正多边形的面积值就是我们构建的**动态过程**，它本质上是一个有序的**无穷数列**，也就是一个**无限靠近的过程**，我们形容它是动态的，是因为它在**永无休止地靠近**，也就是没有最近，只有更近。我们可以将 n 叫作动态过程的**动态系数**或者**靠近系数**，将具体某个内接正多边形的面积值叫作动态过程的**状态值**。将内接正多边形面积的统一表达式 $\pi r^2 \cdot \frac{\sin\frac{2\pi}{n}}{\frac{2\pi}{n}}$ 叫作这个动态过程的**通式**，其实就是无穷数列的通式，或者说状态值的通式。不难看出，通式中只有一个可变参数 n，不同状态值之间的差别就是动态系数 n 的取值不同。

以上动态过程为我们提供了两个重要信息：第一是随着内接正多边形边数 n 的增大，内接正多边形的形状在无限接近圆的形状；第二是随着内接正多边形边数 n 的增大，内接正多边形的表达式 $\pi r^2 \cdot \frac{\sin\frac{2\pi}{n}}{\frac{2\pi}{n}}$ 在无限接近 πr^2 这个数值，所以圆面积的准确值就是 πr^2。

换一种说法，动态过程携带了同一事物的两种不同数学形式，本例中即内接正多边形的两种不同数学形式：一种是几何形式，或者说图像形式；另一种是代数形式，或者说表达式形式。虽然二者都在无限变化，无限接近圆的真实面积，但是**表达式在无限接近的过程中会"不小心泄露"圆面积的真实值**。

介绍微积分时，大家都习惯像这样从求圆的面积开场，但事实上，求圆的面积并不是微积分最好的例子，因为这个例子会在最关键的环节上掉链子。在以上分析中，我们相当于直接告诉了读者表达式 $\frac{\sin\frac{2\pi}{n}}{\frac{2\pi}{n}}$ 随着 n 的增大会无限接近 1。如果你还在念初中，这一点并不是显而易见的，不过不用纠结，从下一节开始，我们介绍的动态过程通式趋向某个值都是显而易见的。在下一节中，我们再深入理解趋向某个值的具体细节。

推导圆面积公式 πr^2 时，我们的动态过程也可以是圆的外切正多边形，如图 2.2 所示。外切正多边形面积的统一数学形式，或者说该动态过程的通式就是

$$n \cdot r \cdot \left(r \cdot \tan\frac{\pi}{n}\right) = \pi r^2 \cdot \frac{\tan\frac{\pi}{n}}{\frac{\pi}{n}}$$

这个动态过程同样携带了外切正多边形的两种不同数学形式。随着动态系数 n 的增大，外切正多边形的形状在无限接近圆的形状，而其通式 $\pi r^2 \cdot \frac{\tan\frac{\pi}{n}}{\frac{\pi}{n}}$ 在无限接近 πr^2 这个数值，所以圆面积的准确值就是 πr^2。

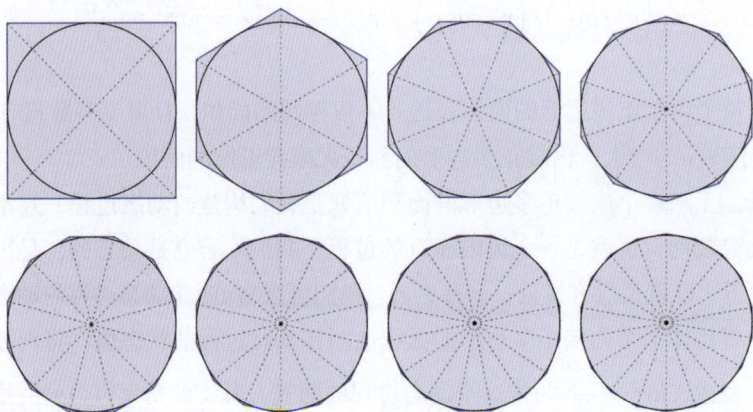

图 2.2　圆的外切正多边形

以上计算方法在数学上叫作求极限，微积分的本质就是对极限这种计算方法的应用。我们刚刚只是对极限的思想进行了文字描述，后面会继续围绕这种计算方法做深入介绍。

【第二节】求曲边图形的面积

现在用上一节介绍的计算方法来计算曲边图形的面积，如图 2.3 中的绿色区域，这是函数 $y = x^2$ 与 x 轴在 0 到 1 区间围成的面积。由于这块面积有一条边是曲线，因此无法用常规方法来计算，那么这里是否能构造出动态过程呢？或者说是否能构造出一个无限接近这块面积的无穷数列呢？

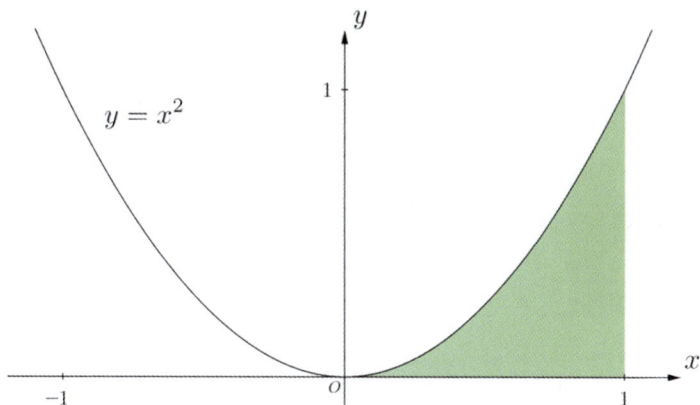

图 2.3　求曲边图形的面积

在回答以上问题之前，我们先介绍一个数学名词——**黎曼和**（**Riemann Sum**），它是由德国数学家黎曼在 27 岁时提出的，黎曼和的大致意思可以这样描述：将一个函数的某个区间任意分成 n 份，然后在每个子区间内作一个长方形，所有长方形的面积和就是函数在这个区间的黎曼和，如图 2.4 所示。

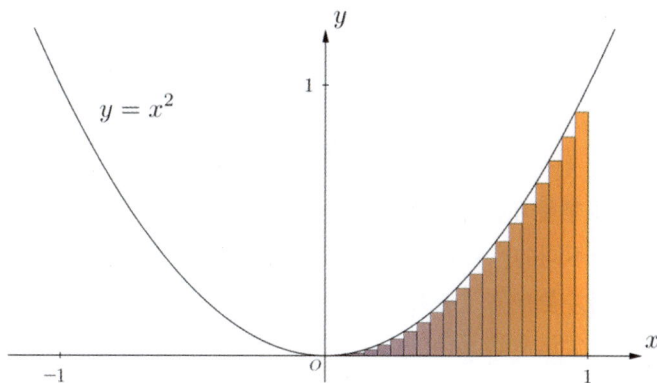

图 2.4　函数在 0 到 1 区间的黎曼和

黎曼和中的长方形有三条边是完全确定的，这三条边分别是：与横轴重合的边，以及与子区间的左右边界重合的两条边。关于这些长方形的第四条边没有做严格规定，只要其与函数图像有交点即可，如图 2.5 所示三种情况，长方形的面积和都是函数在该区间上的黎曼和。黎曼和在划分区间的时候可以等分，也可以不等分，如图 2.6 所示。另外，将区间分成多少份完全可以根据实际需要来定。很明显，区间被划分的份数越多，计算出来的黎曼和就越接近要计算的曲边图形的面积。

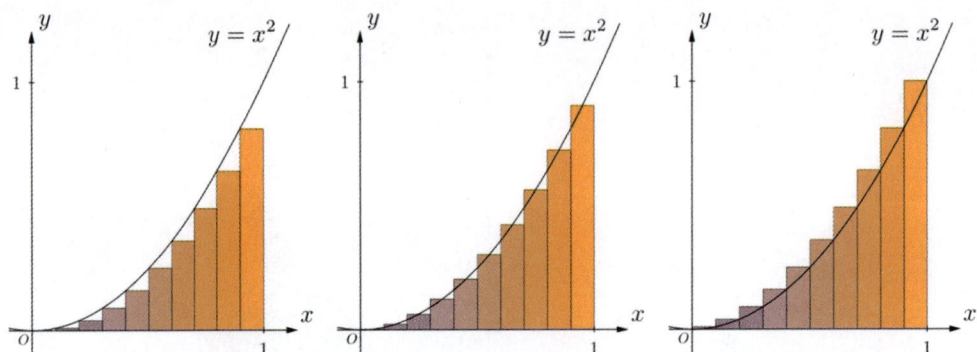

图 2.5   黎曼和中长方形第四条边的不同位置

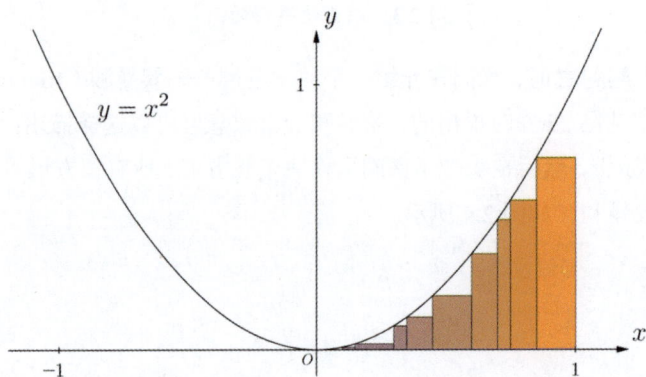

图 2.6   黎曼和区间的不等分划分

接下来，在利用黎曼和构建动态过程的时候，我们会等分区间，至于长方形的第四条边，我们会选三个不同的位置来做测试。如图 2.7 所示，长方形第四条边通过的点分别为子区间函数图像最左侧的点、最右侧的点，以及子区间的中点所对应函数图像上的点。在这里，读者也可以尝试着选其他的点做测试，比如"子区间的 $\frac{1}{3}$ 处或 $\frac{1}{4}$ 处等。

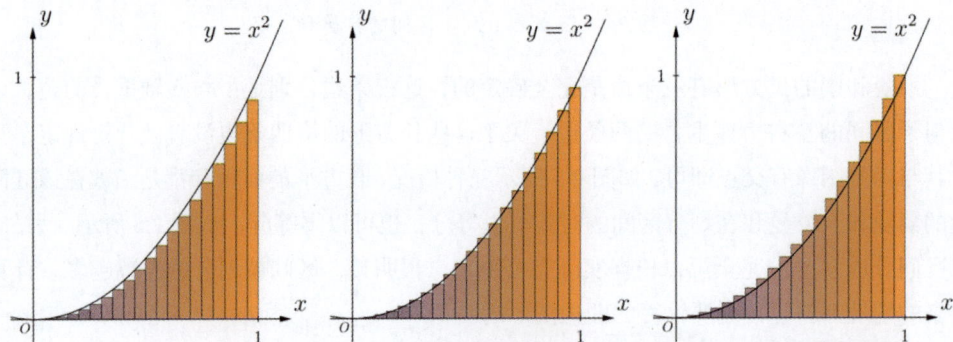

图 2.7   第四条边在不同位置的黎曼和

从黎曼和得到启发，我们可以改造第四条边，并对其做严格规定，将其改为子区间左右两个端点所对应函数图像上的点的连接线，如图 2.8 所示。这样一来，黎曼和就不再是所有长方形的面积和了，而是所有梯形（也可能含三角形或矩形）的面积和。

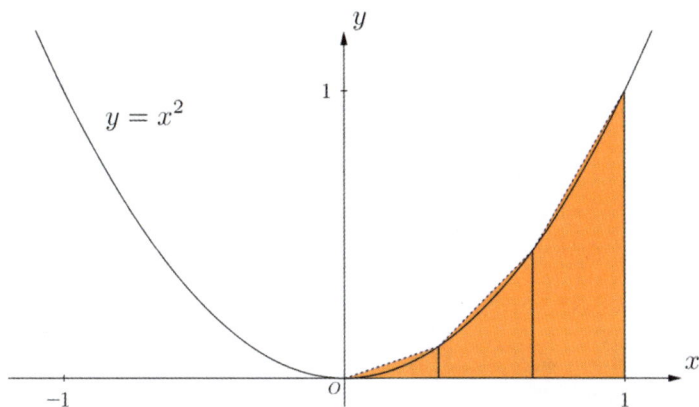

图 2.8 规范后的黎曼和

下面，我们将用以上四种面积和分别构建动态过程，看看结果有什么区别。首先，用改造过的黎曼和来构建动态过程。

当一等分 0 到 1 区间时，改造过的黎曼和就是图 2.9 中左边蓝色区域的面积，这时计算出来的面积

$$\frac{1}{2} \cdot \frac{1}{1} \cdot \left(\frac{1}{1}\right)^2 = \frac{1}{2}$$

与真实面积之间的误差就是图 2.9 中右边红色区域的面积。

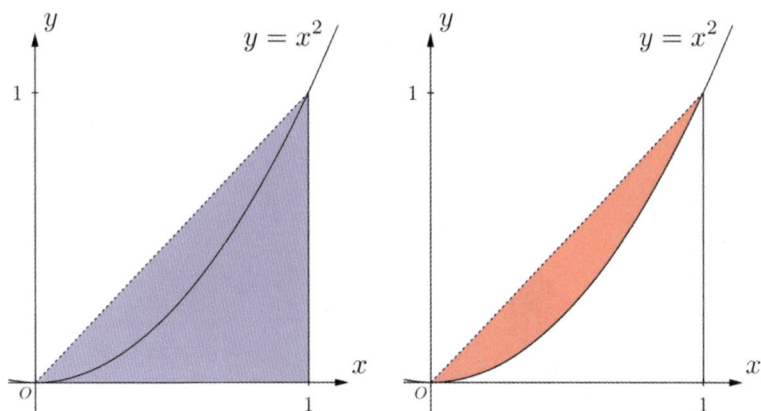

图 2.9 一等分规范后的黎曼和及误差

当二等分 0 到 1 区间时，改造过的黎曼和就是图 2.10 中左边蓝色区域的面积，这时计算出来的面积

$$\frac{1}{2} \cdot \frac{1}{2} \cdot \left(\frac{1}{2}\right)^2 + \frac{1}{2} \cdot \frac{1}{2} \cdot \left[\left(\frac{1}{2}\right)^2 + \left(\frac{2}{2}\right)^2\right] = \frac{3}{8}$$

与真实面积之间的误差就是图 2.10 中右边红色区域的面积。很明显，比一等分时误差小了很多。

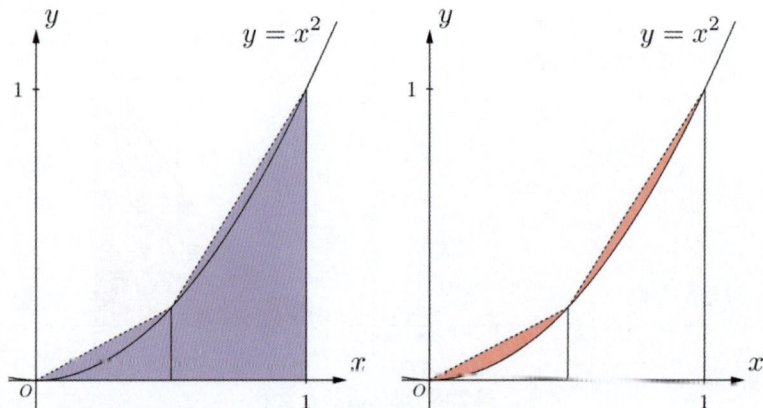

图 2.10   二等分规范后的黎曼和及误差

当三等分 0 到 1 区间时，改造过的黎曼和就是图 2.11 中左边蓝色区域的面积，这时计算出来的面积

$$\frac{1}{2} \cdot \frac{1}{3} \cdot \left(\frac{1}{3}\right)^2 + \frac{1}{2} \cdot \frac{1}{3} \cdot \left[\left(\frac{1}{3}\right)^2 + \left(\frac{2}{3}\right)^2\right] + \frac{1}{2} \cdot \frac{1}{3} \cdot \left[\left(\frac{2}{3}\right)^2 + \left(\frac{3}{3}\right)^2\right] = \frac{19}{54}$$

与真实面积之间的误差就是图 2.11 中右边红色区域的面积。很明显，这样持续下去误差会一直减小。

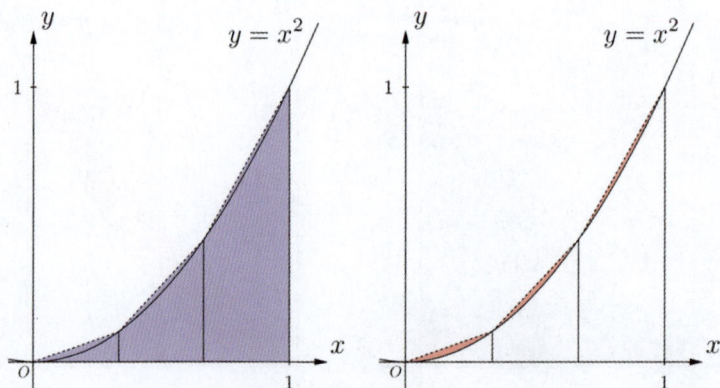

图 2.11   三等分规范后的黎曼和及误差

当四等分 0 到 1 区间时，改造过的黎曼和就是图 2.12 中左边蓝色区域的面积，这时计算出来的面积

$$\frac{1}{2} \cdot \frac{1}{4} \cdot \left(\frac{1}{4}\right)^2 + \frac{1}{2} \cdot \frac{1}{4} \cdot \left[\left(\frac{1}{4}\right)^2 + \left(\frac{2}{4}\right)^2\right] + \frac{1}{2} \cdot \frac{1}{4} \cdot \left[\left(\frac{2}{4}\right)^2 + \left(\frac{3}{4}\right)^2\right] + \frac{1}{2} \cdot \frac{1}{4} \cdot \left[\left(\frac{3}{4}\right)^2 + \left(\frac{4}{4}\right)^2\right] = \frac{11}{32}$$

与真实面积之间的误差就是图 2.12 中右边红色区域的面积。

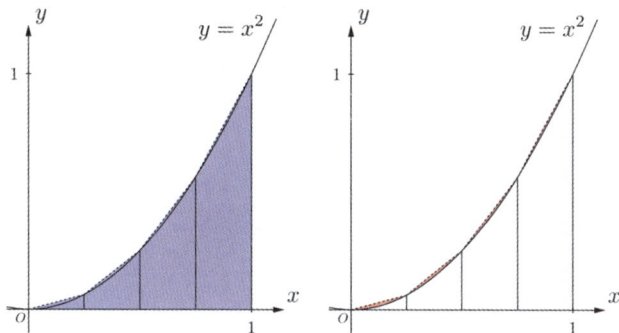

图 2.12　四等分规范后的黎曼和及误差

以此类推，当n等分 0 到 1 区间时，改造过的黎曼和计算出来的面积就是

$$\frac{1}{2} \cdot \frac{1}{n} \cdot \left(\frac{1}{n}\right)^2 + \frac{1}{2} \cdot \frac{1}{n} \cdot \left[\left(\frac{1}{n}\right)^2 + \left(\frac{2}{n}\right)^2\right] + \frac{1}{2} \cdot \frac{1}{n} \cdot \left[\left(\frac{2}{n}\right)^2 + \left(\frac{3}{n}\right)^2\right] + \cdots + \frac{1}{2} \cdot \frac{1}{n} \cdot \left[\left(\frac{n-1}{n}\right)^2 + \left(\frac{n}{n}\right)^2\right]$$

$$= \frac{1}{2n} \cdot \left[\left(\frac{1}{n}\right)^2 + \left(\frac{1}{n}\right)^2 + \left(\frac{2}{n}\right)^2 + \left(\frac{2}{n}\right)^2 + \left(\frac{3}{n}\right)^2 + \cdots + \left(\frac{n-1}{n}\right)^2 + \left(\frac{n}{n}\right)^2\right]$$

$$= \frac{1}{2n} \cdot \left[\left(\frac{1}{n}\right)^2 + \left(\frac{1}{n}\right)^2 + \left(\frac{2}{n}\right)^2 + \left(\frac{2}{n}\right)^2 + \left(\frac{3}{n}\right)^2 + \cdots + \left(\frac{n-1}{n}\right)^2 + \left(\frac{n}{n}\right)^2 + \left(\frac{n}{n}\right)^2 - 1\right]$$

$$= \frac{1}{2n} \cdot \left\{2 \cdot \left[\left(\frac{1}{n}\right)^2 + \left(\frac{2}{n}\right)^2 + \left(\frac{3}{n}\right)^2 + \cdots + \left(\frac{n-1}{n}\right)^2 + \left(\frac{n}{n}\right)^2\right] - 1\right\}$$

$$= \frac{1}{n} \cdot \left[\left(\frac{1}{n}\right)^2 + \left(\frac{2}{n}\right)^2 + \left(\frac{3}{n}\right)^2 + \cdots + \left(\frac{n-1}{n}\right)^2 + \left(\frac{n}{n}\right)^2\right] - \frac{1}{2n}$$

$$= \frac{1}{n} \cdot \left[\frac{1^2 + 2^2 + 3^2 + \cdots + (n-1)^2 + n^2}{n^2}\right] - \frac{1}{2n}$$

$$= \frac{\frac{1}{6}n(n+1)(2n+1)}{n^3} - \frac{1}{2n}$$

$$= \frac{2n^2 + 3n + 1}{6n^2} - \frac{1}{2n}$$

$$= \frac{1}{3} + \frac{1}{2n} + \frac{1}{6n^2} - \frac{1}{2n}$$

$$= \frac{1}{3} + \frac{1}{6n^2}$$

也就是说，$\frac{1}{3} + \frac{1}{6n^2}$ 就是该动态过程的通式。

如果改用第四条边通过子区间函数图像最左侧端点的黎曼和来构造动态过程，如图 2.13 所示，那么黎曼和的通式就是

$$0 + \frac{1}{n} \cdot \left(\frac{1}{n}\right)^2 + \frac{1}{n} \cdot \left(\frac{2}{n}\right)^2 + \cdots + \frac{1}{n} \cdot \left(\frac{n-1}{n}\right)^2$$

$$= \frac{1}{n} \cdot \left(\frac{1}{n}\right)^2 + \frac{1}{n} \cdot \left(\frac{2}{n}\right)^2 + \cdots + \frac{1}{n} \cdot \left(\frac{n-1}{n}\right)^2 + \frac{1}{n} \cdot \left(\frac{n}{n}\right)^2 - \frac{1}{n}$$

$$= \frac{1^2}{n^3} + \frac{2^2}{n^3} + \cdots + \frac{(n-1)^2}{n^3} + \frac{n^2}{n^3} - \frac{1}{n}$$

$$= \frac{1^2 + 2^2 + \cdots + (n-1)^2 + n^2}{n^3} - \frac{1}{n}$$

$$= \frac{\frac{1}{6}n(n+1)(2n+1)}{n^3} - \frac{1}{n}$$

$$= \frac{2n^2 + 3n + 1}{6n^2} - \frac{1}{n}$$

$$= \frac{1}{3} + \frac{1}{6n^2} - \frac{1}{2n}$$

也就是说，$\frac{1}{3} + \frac{1}{6n^2} - \frac{1}{2n}$ 就是该动态过程的通式。

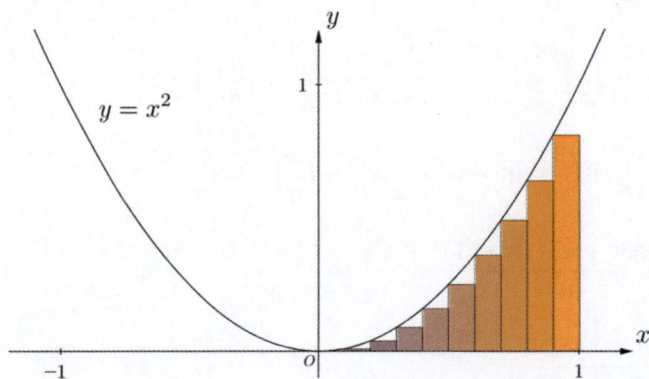

图 2.13 函数的黎曼和（长方形的第四条边与子区间函数最左侧的点相交）

如果小长方形的第四条边通过的点为子区间的中点在函数图像上对应的点，如图 2.14 所示，那么黎曼和的通式就是

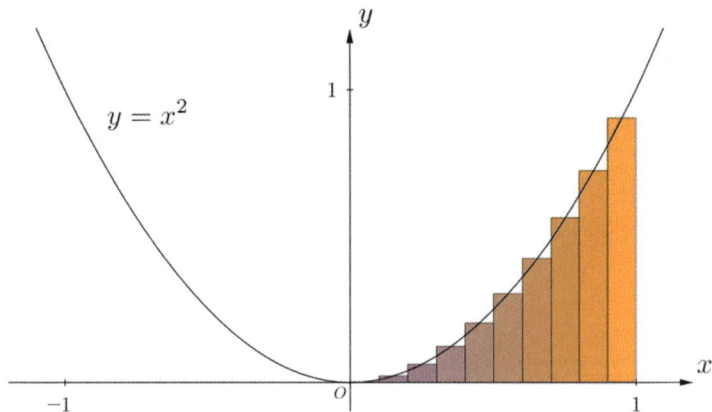

图 2.14 函数的黎曼和（长方形的第四条边与子区间的中点在函数图像上对应的点相交）

$$\frac{1}{n} \cdot \left(\frac{1}{n} - \frac{1}{2n}\right)^2 + \frac{1}{n} \cdot \left(\frac{2}{n} - \frac{1}{2n}\right)^2 + \cdots + \frac{1}{n} \cdot \left(\frac{n}{n} - \frac{1}{2n}\right)^2$$

$$= \frac{1}{n} \cdot \left(\frac{2-1}{2n}\right)^2 + \frac{1}{n} \cdot \left(\frac{4-1}{2n}\right)^2 + \cdots + \frac{1}{n} \cdot \left(\frac{2n-1}{2n}\right)^2$$

$$= \frac{(2-1)^2}{4n^3} + \frac{(4-1)^2}{4n^3} + \cdots + \frac{(2n-1)^2}{4n^3}$$

$$= \frac{(2-1)^2 + (4-1)^2 + \cdots + (2n-1)^2}{4n^3}$$

$$= \frac{\frac{1}{3}n(4n^2 - 1)}{4n^3}$$

$$= \frac{4n^2 - 1}{12n^2}$$

$$= \frac{1}{3} - \frac{1}{12n^2}$$

也就是说，$\frac{1}{3} - \frac{1}{12n^2}$ 就是该动态过程的通式。

如果小长方形的第四条边通过子区间中函数最右侧的端点，如图 2.15 所示，那么黎曼和的通式就是

$$\frac{1}{n} \cdot \left(\frac{1}{n}\right)^2 + \frac{1}{n} \cdot \left(\frac{2}{n}\right)^2 + \cdots + \frac{1}{n} \cdot \left(\frac{n}{n}\right)^2$$

$$= \frac{1^2}{n^3} + \frac{2^2}{n^3} + \cdots + \frac{n^2}{n^3} = \frac{1^2 + 2^2 + \cdots + n^2}{n^3} = \frac{\frac{1}{6}n(n+1)(2n+1)}{n^3} = \frac{2n^2 + 3n + 1}{6n^2}$$

$$= \frac{1}{3} + \frac{1}{6n^2} + \frac{1}{2n}$$

也就是说，$\frac{1}{3} + \frac{1}{6n^2} + \frac{1}{2n}$就是该动态过程的通式。

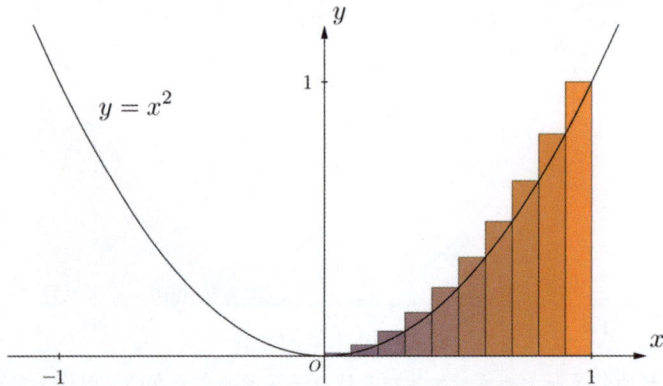

图 2.15   函数的黎曼和（长方形的第四条边与子区间函数最右侧的点相交）

以上我们构造了四个动态过程，或者说构造了四个有序的无穷数列。以改造过的黎曼和为例，如图 2.16 所示，这个动态过程同样携带了所有梯形面积的两种数学形式，一种是几何形式，另一种是代数形式，这个动态过程的通式是$\frac{1}{3} + \frac{1}{6n^2}$。

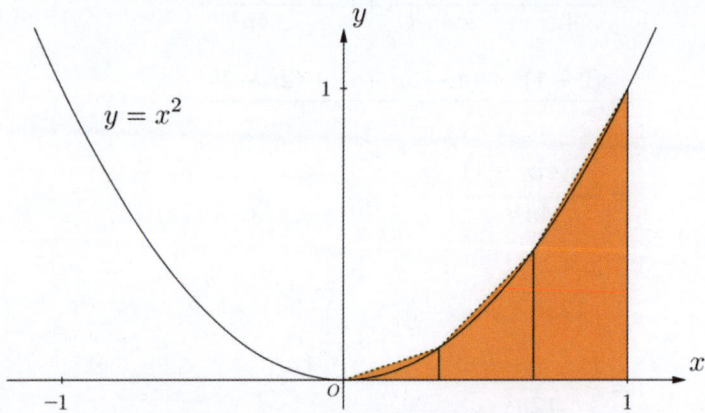

图 2.16   构造梯形几何形式的面积和

从几何上看，无论n取多大，图像终究还是一堆梯形，而不是真正的曲边图形，也就是说，无论细分到什么程度，误差都存在。虽然误差永远存在，但是只要分得够细，即只要n取得够大，这一堆梯形的形状与曲边图形的形状想要多接近，就可以多接近。

从代数上看，无论n取多大，表达式$\frac{1}{3} + \frac{1}{6n^2}$终究不会等于$\frac{1}{3}$，但是只要$n$取得够大，表达式$\frac{1}{3} + \frac{1}{6n^2}$的结果就跟$\frac{1}{3}$想要多接近，就可以多接近。

所以，综合以上对几何形式和代数形式的同步分析，表达式$\frac{1}{3} + \frac{1}{6n^2}$在无限接近的过程中"不小心泄露"了曲边图形的准确面积就是$\frac{1}{3}$。数学上，我们用表达式

$$\lim_{n\to\infty}\left(\frac{1}{3}+\frac{1}{6n^2}\right)=\frac{1}{3}$$

来表达这个计算结果，读作：当n趋于无穷大时，$\frac{1}{3}+\frac{1}{6n^2}$的极限是$\frac{1}{3}$。

　　这个表达式可以这样理解：随着n不断增大，表达式$\frac{1}{3}+\frac{1}{6n^2}$会无限靠近$\frac{1}{3}$。也可以理解成：随着$n$不断增大，表达式$\frac{1}{3}+\frac{1}{6n^2}$与$\frac{1}{3}$的距离没有最小，只有更小。还可以理解成：在$n$趋于无穷大时，$\frac{1}{3}+\frac{1}{6n^2}$趋于$\frac{1}{3}$。这相当于在问：当$n$不断增大的时候，$\frac{1}{3}+\frac{1}{6n^2}$在干什么？显然，当$n$不断增大时，$\frac{1}{3}+\frac{1}{6n^2}$在无限靠近$\frac{1}{3}$。很明显，我们要找的结果一定不是动态过程的任何一个状态值，因为任何一个状态值都有误差，但是这些状态值的趋势会让我们发现它们在无限靠近某个值，这个值就是我们要的结果，数学上将这个值叫作$\frac{1}{3}+\frac{1}{6n^2}$在$n$趋于无穷大时的**极限（limit）**。

　　以上我们翻来覆去试图用不同的描述方式介绍极限这种计算方法，这些描述方式或许让你觉得都不够好，但是，相信你已经理解极限的意义了。当你真正理解了极限的意义之后，你会发现极限的概念很难简单地表达清楚。在这一点上，牛顿也没有找到很好的办法，牛顿之后的很多数学家也都没有找到更好的表达方式，所以以上就是现在大家勉强接受的表达方式。除此之外，还有一种大家勉强接受的表达方式，大致是这么说的：如果存在一个常数，比如$\frac{1}{3}$，只要表达式$\frac{1}{3}+\frac{1}{6n^2}$中的唯一可变参数$n$增大到一定程度以后，总能使我们的表达式$\frac{1}{3}+\frac{1}{6n^2}$与这个常数$\frac{1}{3}$的距离小于事先给定的任意正数$\varepsilon$，那么这个常数$\frac{1}{3}$就是表达式$\frac{1}{3}+\frac{1}{6n^2}$在$n$趋于无穷大时的极限。这么说可能会被批评，下面换个说法，意义完全一样。

　　对于含有可变参数n的表达式$f(n)$，如果存在常数a，无论给定的正数ε有多小，总存在正整数N，使得当$n>N$时，不等式

$$|f(n)-a|<\varepsilon$$

成立，那么就称常数a是x_n在n趋于无穷大时的极限，写作

$$\lim_{n\to\infty}f(n)=a$$

或

$$f(n)\to a\quad(n\to\infty)$$

　　人类研究数学有几千年的历史，但极限这种计算方法直到 17 世纪才被发现，它存在两种视角的转换，第一种视角是构造一个无穷无尽的动态过程，第二种视角是看这个过程在靠近谁。简单来说，第一种视角是无限靠近视角或者无限细分视角，第二种视角是极限视角。几千年来人们都痴迷于第一种视角，因为就算没有第二种视角，第一种视角也是相当有价值的。比如，我们用一个圆的内接正二十边形的面积来代替圆的面积，计算出来的结果就已经非常接近圆的真实面积了，就实用性来讲已经很好了，而且第一种视角还很有趣，它表现出来的无穷无尽让人们充满好奇，这也是我们在第一节中说求圆

的面积并不是微积分最好例子的原因，求圆的面积在体现第一种视角方面非常完美，但在关键的第二种视角，它的表达式不够直观，对初学者并不友好。换句话说，介绍微积分的例子，如果第二种视角体现得不够好，那么第一种视角越完美，这个例子就越欠佳，能够将第二种视角完美体现出来的例子才是好例子。

我们平常可能会听到有些已经学过微积分的人还在说"永远也走不完，永远也走不出去，极限计算的还是近似值"之类的话，这说明他仍然困在了第一种视角里的无穷无尽中没出来，我们确实很容易被第一种视角吸引，并且陷在里面出不来，这可能是人们很晚才发现第二种视角的原因，也是微积分很难被理解的原因。从以上的多个例子中可以看到，真正"出力的"其实还是我们最着迷的第一种视角，第二种视角只是发现了第一种视角原本就存在的价值。所以，第一个发现极限视角的人很了不起，他没有着迷于有趣的无穷无尽，而是发现了这种无穷无尽刚好在靠近谁。

对于 1 公里的路程，如果每次走剩下路程的一半，那么无论走多少次都走不到终点，人们很早就对这种可以将有限值无限细分的问题着迷。古书上也有：一尺之棰，日取其半，万世不竭。从极限视角来看，这两个例子构造的动态过程分别是在向 1 公里和 1 尺无限靠近，其最终计算出来的结果就是 1 公里和 1 尺。我们想想，第一次走的 0.5 公里是怎么来的呢？就是 1 公里的一半，也就是说状态值 0.5 公里是依赖结果 1 公里的，那么既然都知道了结果是 1 公里，再构建动态过程来靠近这个结果，岂不相当于谜底就在谜面上？这就是我们算法的第二个条件要求状态值不能依赖最终结果的原因。以上动态过程的通式是

$$\frac{1}{2}+\frac{1}{2}\cdot\frac{1}{2}+\frac{1}{2}\cdot\frac{1}{2}\cdot\frac{1}{2}+\cdots+\left(\frac{1}{2}\right)^n=\left(\frac{1}{2}\right)^1+\left(\frac{1}{2}\right)^2+\left(\frac{1}{2}\right)^3+\cdots+\left(\frac{1}{2}\right)^n=1-\frac{1}{2^n}$$

显然，对于这个抱着结果求结果的动态过程通式，无论 n 取多大的值，$1-\frac{1}{2^n}$ 都不会等于 1，但是随着 n 不断增大，$1-\frac{1}{2^n}$ 与 1 的距离要多近就可以有多近，即 $\lim_{n\to\infty}\left(1-\frac{1}{2^n}\right)=1$。

我们知道 $\frac{1}{3}$ 是一个准确的值，循环小数 $0.\dot{3}$ 可以看成一个动态过程，这里的 3 无论循环多少次，循环小数 $0.\dot{3}$ 都达不到 $\frac{1}{3}$，但是随着循环位数的不断增加，循环小数 $0.\dot{3}$ 会无限靠近 $\frac{1}{3}$。换句话说，循环小数 $0.\dot{3}$ 永远小于 $\frac{1}{3}$，随着循环位数的不断增加，循环小数 $0.\dot{3}$ 与 $\frac{1}{3}$ 的距离想要多小就可以多小。同理，循环小数 $0.\dot{9}$ 永远不可能等于 1，但是随着循环位数的不断增加，循环小数 $0.\dot{9}$ 与 1 的距离没有最小，只有更小。也就是说，循环小数 $0.\dot{9}$ 随着循环位数的不断增加，极限是 1。

微积分的本质就是对极限这种计算方法的应用，如果混合运算中不含有极限这种计算方法，那么这个混合运算就跟微积分没有直接关系。从这个意义上来说，曹冲称象就不涉及微积分，因为它不涉及极限视角。我们认为，曹冲称象有点像微积分的唯一理由是其中包含拆分之后再合并，这跟我们计算动态过程通式的时候，有时会用到拆分之后再合并有点像。下一节我们将会看到动态过程通式的计算可以只拆分不合并。换句话说，

拆分之后再合并不是计算动态过程通式所必需的。

【第三节】求曲线的切线

这一节我们继续用极限解决实际问题。如图 2.17 所示，还是函数$y = x^2$的图像，这次我们来计算通过函数曲线上$(1,1)$这个点的切线。什么是切线呢？在本例中，就是沿着函数曲线方向，与函数曲线只有一个交点的直线，那么函数曲线$y = x^2$在点$(1,1)$处的切线，就是沿着曲线的方向，与曲线只有$(1,1)$这个交点的直线；如果一条直线与函数$y = x^2$的图像有两个交点，那么这条直线就叫作函数$y = x^2$的割线。

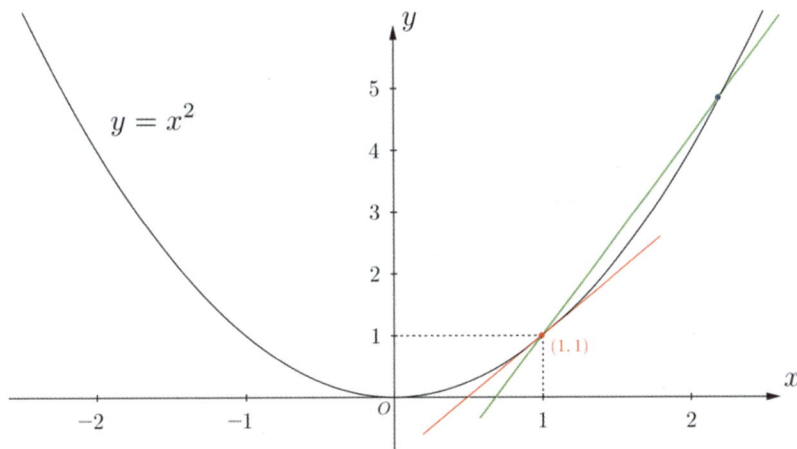

图 2.17　函数图像的切线与割线

我们知道，要求一条通过某个固定点的直线$y = kx + b$，只要求出这条直线的斜率k就可以了，那么怎样构造动态过程，利用极限思想来计算这个斜率k呢？

我们注意到，过$(1,1)$这个点的切线看起来好像只有一条，但是割线明显有无数条。我们设$(1,1)$这个点为P，通过P点作函数曲线$y = x^2$的一条割线PQ，那么Q点的坐标可以写成(x, x^2)，如图 2.18 所示。这样，割线PQ的斜率k_{PQ}就有了一个统一的表达式

$$k_{PQ} = \frac{x^2 - 1}{x - 1} = x + 1$$

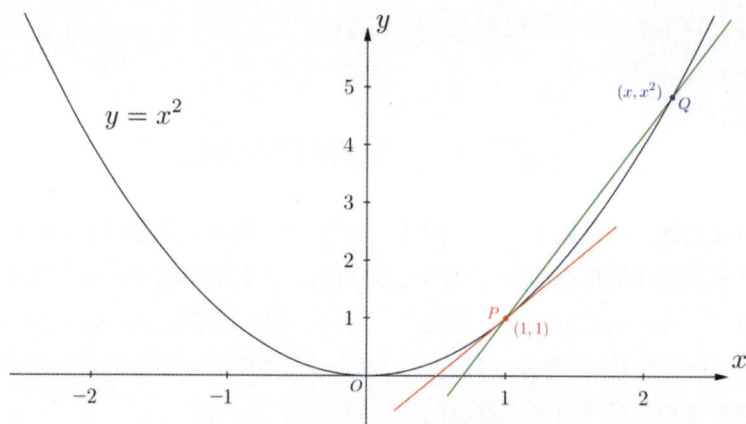

图 2.18   用割线的斜率构建动态过程

　　显然，我们用通过 P 点的割线斜率构建了一个动态过程，相当于用割线的斜率构建了一个有序的无穷数列，动态过程的通式也有了，而且不依赖切线的斜率。现在只有一个问题，就是怎样让这个动态过程变得有序。从图像上看，我们只要让 Q 点沿着函数曲线向 P 点靠近，割线 PQ 就会围绕 P 点旋转，割线的斜率就会向切线的斜率靠近，如图 2.19 所示。我们可以想象这个靠近的动画，也可以看作者在网络平台上发布的微积分讲解视频。Q 点沿着函数曲线向 P 点靠近的过程对应到自变量 x 上，就表现为 x 向 1 靠近的过程。这样我们的动态过程就构建好了。

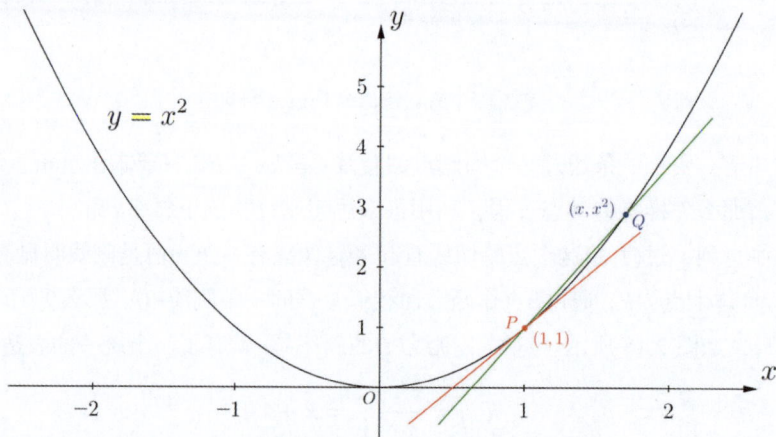

图 2.19   割线逐渐靠近切线

　　这个动态过程同样携带了割线的两种数学形式。

　　从几何上看，无论点 Q 向点 P 靠得多近，其连线终究也只是割线，但是只要点 Q 向点 P 靠得够近，割线与切线要有多接近，就可以有多接近。

从代数上看，无论x向 **1** 靠得多近，割线的斜率$x + 1$终究也不可能等于 **2**，但是只要x向 **1** 靠得够近，割线的斜率$x + 1$与 **2** 要有多接近，就可以有多接近。

综合以上对割线几何形式和代数形式的同步分析，割线斜率的代数形式在不断靠近切线斜率的过程中，"泄露"了切线的斜率k就是 2，极限表达式为

$$\lim_{x \to 1} \frac{x^2 - 1}{x - 1} = \lim_{x \to 1}(x + 1) = 2$$

读作：当x趋于 1 时，$x + 1$的极限是2。也就是当x趋于 1 时，$x + 1$会趋于2，这是显而易见的。

你可能注意到了，表达式$\lim\limits_{x \to 1}\frac{x^2-1}{x-1}$中有一个坑，就是$x$不能等于 1。稍加思考你会发现，我们的动态过程完美避开了这个坑。在以上分析中，我们一直在让x无限靠近 1，但从来没有让x等于 1，因为如果$x = 1$，从几何图像上来看，割线就不存在了；从代数表达式上来看，分母为 0，表达式无意义。

以上问题中，我们表达点Q沿着函数曲线向点P靠近的过程，使用了x趋于 1。要表达同样的意义，我们还有一种更通用的方式。在这里，x趋于 1，本质上就是x与 1 的距离趋于 0。我们将x与 1 之间的距离用Δx来表示，那么x趋于 1 就等价于Δx趋于 0，点Q的坐标就是$(1 + \Delta x, (1 + \Delta x)^2)$，如图 2.20 所示。在这里，$\Delta x$就是点$Q$和点$P$在横轴方向上的距离。这时，割线的斜率就是

$$k_{PQ} = \frac{(1 + \Delta x)^2 - 1}{\Delta x} = \frac{1 + 2\Delta x + \Delta x^2 - 1}{\Delta x} = \Delta x + 2$$

显然，动态过程的通式变成了$\Delta x + 2$，这个动态过程同样携带了割线的两种数学形式。

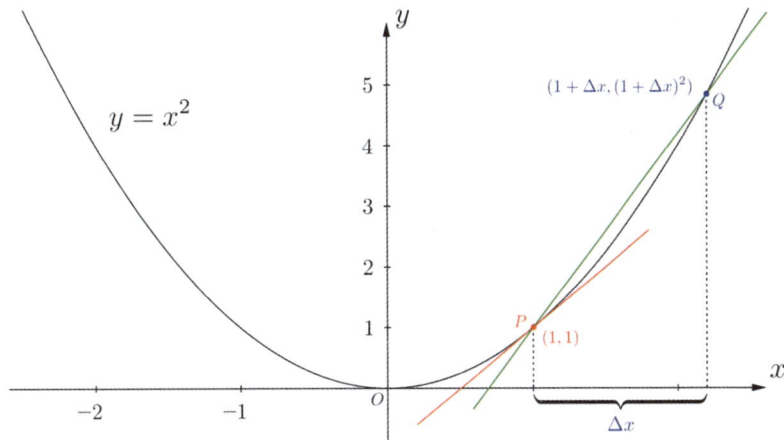

图 2.20　重新表达点Q

从几何上看，无论点Q向点P靠得多近，割线终究不是切线，但是只要点Q向点P靠得够近，割线与切线要有多接近，就可以有多接近。

从代数上看，无论Δx有多小，割线的斜率$\Delta x + 2$终究也不可能等于2，但是只要Δx够小，割线的斜率$\Delta x + 2$与2要有多接近，就可以有多接近。

所以，综合以上对割线几何形式和代数形式的同步分析，切线的斜率k就是2，极限表达式为

$$\lim_{\Delta x \to 0} \frac{(1 + \Delta x)^2 - 1}{\Delta x} = \lim_{\Delta x \to 0}(\Delta x + 2) = 2$$

像这样Δx趋于0，我们通常将它说成趋于无穷小。也就是说，无论x是趋于2，趋于3，趋于–2，趋于–5，趋于坐标轴的原点，只要是趋于某个值，实际上就是与这个值的距离Δx趋于无穷小。所以，趋于某个值和趋于无穷小，只是表达角度的不同，在本质上是一样的。x趋于3，通常写成$x \to 3$，x趋于无穷大，通常写成$x \to \infty$，Δx趋于无穷小，通常写成$\Delta x \to 0$。

现在我们知道了，函数$y = x^2$在点$(1,1)$上的切线斜率是2，那么$y = 2x - 1$就是过点$(1,1)$的切线，而且过这个点的切线是唯一的，如图2.21所示。

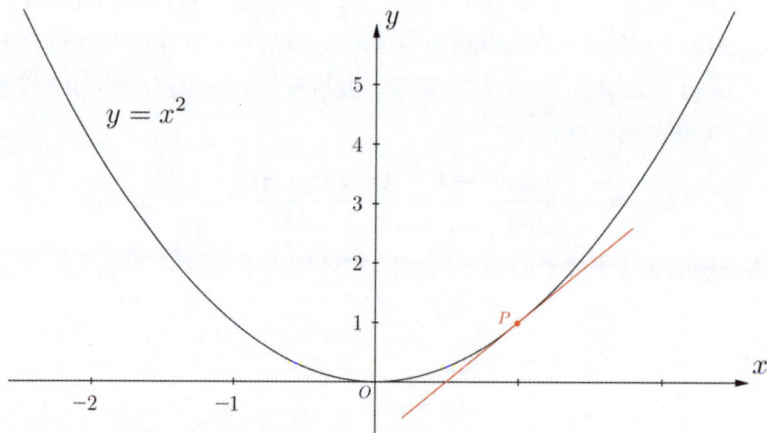

图 2.21　过点(1,1)的切线

下面，我们来计算函数$y = x^2$在点$(\frac{3}{2}, \frac{9}{4})$处的切线斜率，如图2.22所示。显然，我们可以用$x \to \frac{3}{2}$和$\Delta x \to 0$两种不同视角来计算：

$$k = \lim_{x \to \frac{3}{2}} \frac{x^2 - \frac{9}{4}}{x - \frac{3}{2}} = \lim_{x \to \frac{3}{2}}(x + \frac{3}{2}) = 3$$

$$k = \lim_{\Delta x \to 0} \frac{\left(\frac{3}{2} + \Delta x\right)^2 - \frac{9}{4}}{\Delta x} = \lim_{\Delta x \to 0}(\Delta x + 3) = 3$$

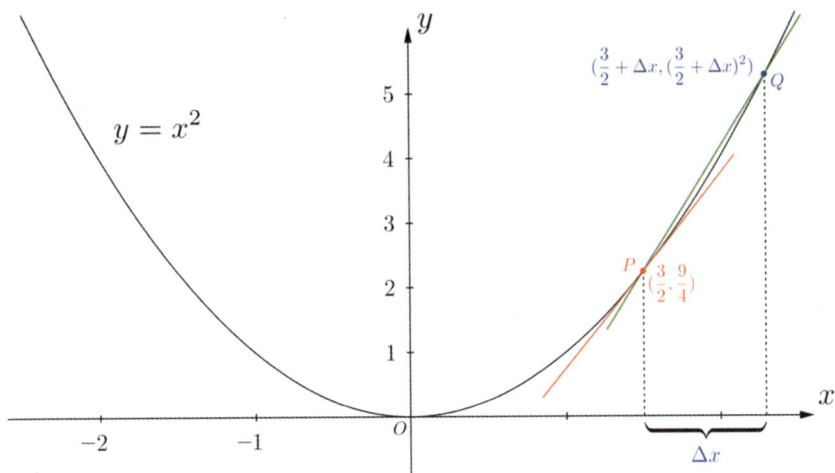

图 2.22 过点$(\frac{3}{2}, \frac{9}{4})$的切线

同样，我们来计算函数$y = x^2$在点$(2,4)$处的切线斜率，如图 2.23 所示。

$$k = \lim_{x \to 2} \frac{x^2 - 4}{x - 2} = \lim_{x \to 2}(x + 2) = 4$$

$$k = \lim_{\Delta x \to 0} \frac{(2 + \Delta x)^2 - 4}{\Delta x} = \lim_{\Delta x \to 0}(\Delta x + 4) = 4$$

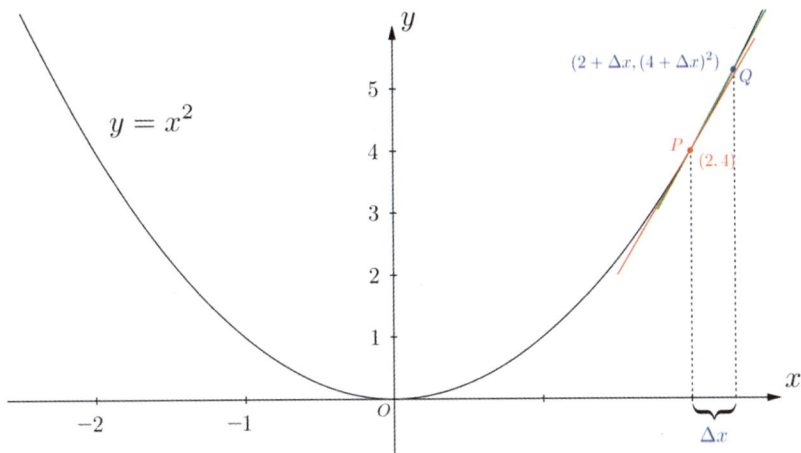

图 2.23 过点$(2,4)$的切线

接下来，我们计算函数$y = x^2$在任意点(x, x^2)处的切线斜率，如图 2.24 所示。这时我们发现x趋于具体值不好用了。所以只有

$$k = \lim_{\Delta x \to 0} \frac{(x + \Delta x)^2 - x^2}{\Delta x} = \lim_{\Delta x \to 0} \frac{2x \cdot \Delta x + \Delta x^2}{\Delta x} = \lim_{\Delta x \to 0}(\Delta x + 2x) = 2x$$

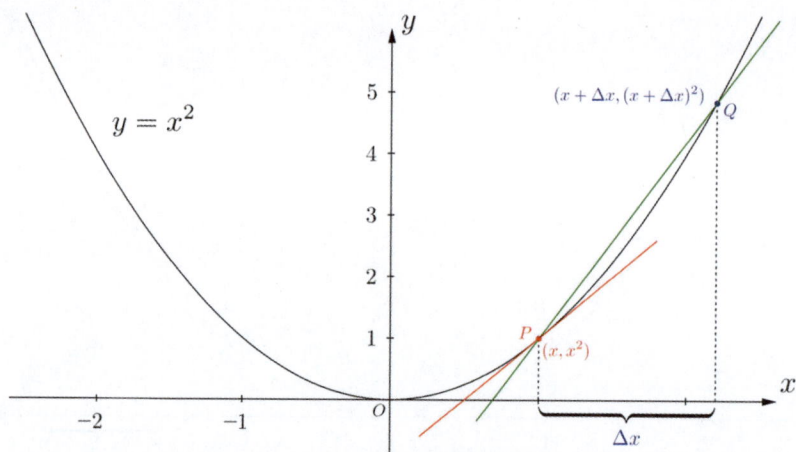

图 2.24   过任意点的切线斜率

这个结果告诉我们，函数$y = x^2$在任意点(x, x^2)处的切线斜率，就是这个点的横坐标值的 2 倍。很明显，我们之前计算的几个具体值都符合这个特征。如果函数$y = x^2$表达的是某个做直线运动物体的路程函数，那么这个物体的速度函数就是$y = 2x$，如图 2.25所示。

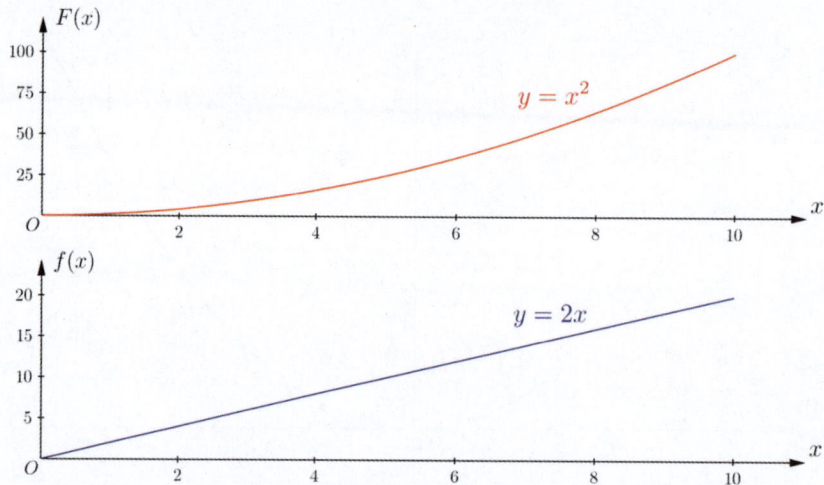

图 2.25   直线运动物体的路程函数和速度函数

关于如何构造动态过程，其实可以将其看成一个数学小游戏。有几个经典有趣可以用来练手的例子，如：已知圆半径r，构造同心圆环（当长方形看）求圆面积；已知球半径r，求球的表面积或体积；已知圆面积πr^2，求圆周长；已知圆周长$2\pi r$，求圆面积……如果你还发现了哪些有趣的动态过程，不妨试试，看看你构建的动态过程是不是比网络平台上其他人构建的更独特。

构建出动态过程之后，接下来的主要工作就是对其通式求极限。教科书上就是从求表达式的极限开场的，这种安排看似直奔主题，但对于初学者来说，缺少为什么要这样操作的自然直觉。久而久之，看到$\lim\limits_{x \to 2}(x + 2)$，就理解成小学数学$2 + 2 = 4$了。所以，理解极限的内涵，让极限成为我们的自然直觉是本书微积分部分的重要目标，我们希望读者能够看到微积分的所有内容都是怎样与极限的内涵联系在一起的。

【第四节】趋于无穷大与趋于无穷小的区别

以上计算中，动态过程的可变参数有的趋于无穷大，有的趋于无穷小，趋于无穷大与趋于无穷小有什么区别呢？我们能不能反过来，在计算曲边图形面积的时候用趋于无穷小，在计算切线斜率的时候用趋于无穷大呢？

你可能会这样想，曲边图形的面积实际上等于黎曼和加上误差，我们计算黎曼和的时候，可变参数趋无穷大，如果改为直接计算误差，是不是就可以让可变参数趋于无穷小呢？当然不行，因为直接计算误差遇到的问题会与直接计算曲边图形面积完全一样，事实上误差也属于曲边图形的面积，所以还是应该计算黎曼和。那么计算黎曼和可不可以用趋于无穷小的可变参数呢？当然可以。

前面用改造过的黎曼和作动态过程计算曲边图形的面积时，可变参数被设置为等分 0 到 1 区间的份数n，如果改为用每个子区间的长度Δx作为可变参数，如图 2.26 所示，那么改造过的黎曼和的通式就是

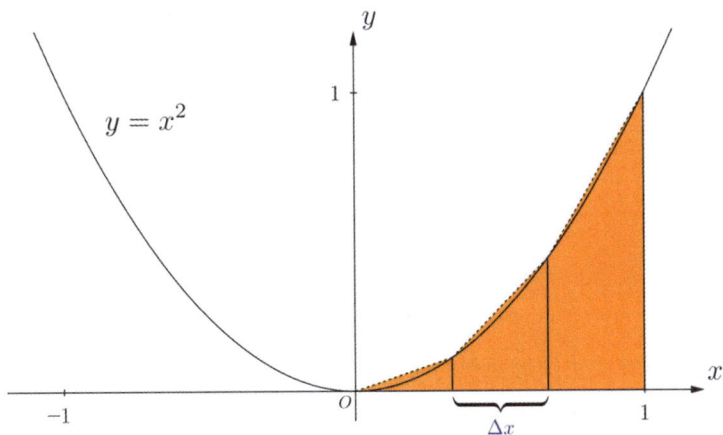

图 2.26　设子区间的长度为可变参数

$$\frac{1}{2} \cdot \Delta x \cdot \Delta x^2 + \frac{1}{2} \cdot \Delta x \cdot [\Delta x^2 + (2\Delta x)^2] + \cdots + \frac{1}{2} \cdot \Delta x \cdot \left\{\left[\left(\frac{1}{\Delta x}-1\right)\Delta x\right]^2 + \left(\frac{1}{\Delta x}\Delta x\right)^2\right\}$$

$$= \frac{1}{2} \cdot \Delta x \cdot \left\{\Delta x^2 + \Delta x^2 + (2\Delta x)^2 + \cdots + \left[\left(\frac{1}{\Delta x}-1\right)\Delta x\right]^2 + \left(\frac{1}{\Delta x}\Delta x\right)^2\right\}$$

$$= \frac{1}{2} \cdot \Delta x \cdot \left\{\Delta x^2 + \Delta x^2 + (2\Delta x)^2 + \cdots + \left[\left(\frac{1}{\Delta x}-1\right)\Delta x\right]^2 + \left(\frac{1}{\Delta x}\Delta x\right)^2 + \left(\frac{1}{\Delta x}\Delta x\right)^2 - 1\right\}$$

$$= \Delta x \cdot \left\{\Delta x^2 + (2\Delta x)^2 + \cdots + \left[\left(\frac{1}{\Delta x}-1\right)\Delta x\right]^2 + \left(\frac{1}{\Delta x}\Delta x\right)^2 - \frac{1}{2}\right\}$$

$$= \Delta x \cdot \left\{\Delta x^2 + (2\Delta x)^2 + \cdots + \left[\left(\frac{1}{\Delta x}-1\right)\Delta x\right]^2 + \left(\frac{1}{\Delta x}\Delta x\right)^2\right\} - \frac{\Delta x}{2}$$

$$= \Delta x \cdot \left[1^2 \cdot \Delta x^2 + 2^2 \cdot \Delta x^2 + \cdots + \left(\frac{1}{\Delta x}-1\right)^2 \cdot \Delta x^2 + \left(\frac{1}{\Delta x}\right)^2 \cdot \Delta x^2\right] - \frac{\Delta x}{2}$$

$$= \Delta x \cdot \Delta x^2 \cdot \left[1^2 + 2^2 + \cdots + \left(\frac{1}{\Delta x}-1\right)^2 + \left(\frac{1}{\Delta x}\right)^2\right] - \frac{\Delta x}{2}$$

$$= \Delta x^3 \cdot \frac{1}{6} \cdot \frac{1}{\Delta x} \cdot \left(\frac{1}{\Delta x}+1\right)\left(\frac{2}{\Delta x}+1\right) - \frac{\Delta x}{2}$$

$$= \Delta x^2 \cdot \frac{1}{6} \cdot \frac{1+\Delta x}{\Delta x} \cdot \frac{2+\Delta x}{\Delta x} - \frac{\Delta x}{2}$$

$$= \frac{(1+\Delta x)(2+\Delta x)}{6} - \frac{\Delta x}{2}$$

$$= \frac{2+3\Delta x + \Delta x^2}{6} - \frac{\Delta x}{2}$$

$$= \frac{1}{3} + \frac{\Delta x^2}{6}$$

于是就有

$$\lim_{\Delta x \to 0}\left(\frac{1}{3}+\frac{\Delta x^2}{6}\right) = \frac{1}{3}$$

也就是说，计算曲边图形面积的时候，动态过程的可变参数既可以设置成趋于无穷大的参数，也可以设置成趋于无穷小的参数，主要看怎样设置计算起来会更方便。换句话说，动态过程的可变参数究竟是趋于无穷大，还是趋于无穷小，完全取决于可变参数的设置。更直接的理解就是，n趋于无穷大的时候，事实上$\frac{1}{n}$就会趋于无穷小，即

$$n \to \infty \ \Rightarrow \ \frac{1}{n} \to 0$$

同样，距离Δx趋于无穷小的时候，$\frac{1}{\Delta x}$就会趋于无穷大。

$$\Delta x \to 0 \ \Rightarrow \ \frac{1}{\Delta x} \to \infty$$

所以，任何趋于无穷小的计算，理论上都可以转换成趋于无穷大的计算，反之也行。趋于无穷大或趋于无穷小对动态过程来说没有本质的区别。

将前面计算切线斜率的可变参数趋于无穷小转换成趋于无穷大，最简单的办法就是直接设点 Q 与点 P 在横轴上的距离为 $\frac{1}{m}$，如图 2.27 所示，则有

$$\lim_{m\to\infty} \frac{\left(x + \frac{1}{m}\right)^2 - x^2}{x + \frac{1}{m} - x} = \lim_{m\to\infty} \frac{x^2 + \frac{2x}{m} + \frac{1}{m^2} - x^2}{\frac{1}{m}} = \lim_{m\to\infty}\left(2x + \frac{1}{m}\right) = 2x$$

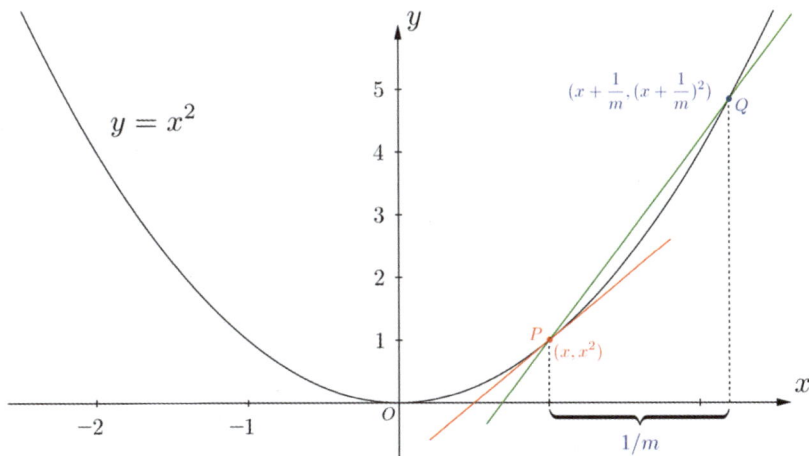

图 2.27　重新设置割线的可变参数

刚刚计算曲边图形的面积时其实也是这么做的，原来设置 0 到 1 区间划分的份数为 n，后来相当于直接设置 0 到 1 区间划分的份数为 $\frac{1}{\Delta x}$。

可以看到，虽然不能用可变参数趋于无穷大或趋于无穷小来区分求面积和求斜率，但是我们得到的经验是，计算曲边图形的面积时，设置趋于无穷大的可变参数，运算起来比较方便；计算曲线在某点的斜率时，设置趋于无穷小的可变参数，运算起来更方便。是什么原因造成了这种结果呢？或者说为什么我们计算曲边图形面积的时候，不知不觉就设置了一个趋于无穷大的参数，而计算曲线在某点的斜率时，则刚好相反呢？

出现这种结果说明这两种动态过程存在微妙的区别，区别就在于计算结果的类型是集体还是个体。当计算结果的类型是集体，比如面积、体积、路程，我们计算的时候主要工作是求和或者说合并，主要用到的是加法和乘法，这时设置趋于无穷大的可变参数比较方便计算；当计算结果的类型是个体，比如斜率、速度、加速度，我们计算的时候主要工作是细分或者说拆分，主要用到的是减法和除法，这时设置趋于无穷小的可变参数更有利于计算。在微积分中，计算结果类型为个体的计算通常被称为微分，微分的时

候一般设置趋于无穷小的可变参数会更方便；计算结果类型为集体的计算通常被称为积分，积分的时候一般设置趋于无穷大的可变参数更方便。所以，微积分就是两种计算：微分计算和积分计算，或者说**微分**（differential）和**积分**（integral）。

以上介绍了微积分最基础的内容，如果你都能够理解，那么你已经站在了理解微积分的最佳角度。微积分就是以极限这种计算技巧为基础的学科。

【第五节】位移函数与速度函数

一个做直线运动的物体，该怎样描述它的运动状态呢？通常我们会从两种不同的视角来描述，一种是位移函数，一种是速度函数，有时还会用到加速度函数。这三种函数的横坐标是相同的，都是时间，只有纵坐标的意义不同。

如图 2.28 所示，这是一个做匀速直线运动物体的位移函数和速度函数，运动物体沿直线运动的速度是 2m/s，从起点开始计时，10s 后到达终点，我们相当于从两种不同视角描述了同一个物体的运动状态。

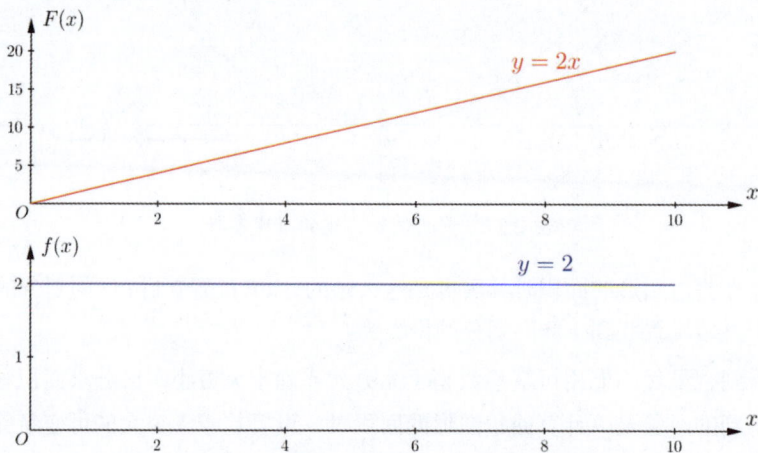

图 2.28 　运动物体的路程函数与速度函数

从数量关系的角度来看，运动物体在每个时刻的速度，在速度函数的视角里，就是对应时刻速度函数的函数值；在位移函数的视角里，就是对应时刻位移函数曲线的变化率。函数在某个点的变化率、切线斜率、实时速度，只是名字不同，本质上是一回事，后面我们还会再给它取好几个名字。很明显，如果函数图像是直线，在某个点的变化率就是直线的斜率，换句话说，**速度函数在某个时刻的函数值一定等于位移函数在对应时刻的变化率**。为什么有这样的等量关系呢？因为它们都在描述同一个运动物体的同一个参数，这个参数就是物体的速度。速度函数用函数值来表示它，位移函数用对应时刻的变化率来表示它，这两者如果不相等，就说明我们描述错了。这个等量关系跟微积分没有任何关系，微积分只是计算方法。就像无论加法存不存在，两个苹果和三个苹果放在一起都是五个苹果，我们不能因为 $2 + 3 = 5$，就认为两个苹果和三个苹果放在一起是五个苹果是因为加法的存在。

同样，运动物体在任意两个时刻之间的位移，在位移函数的视角里，就是两个时刻的函数值相减；在速度函数的视角里，就是在两个时刻之间与横轴围成的面积，如图 2.29 所示。换句话说，**一个运动物体在两个时刻之间的位移一定等于速度函数在对应区间与横轴围成的面积**。为什么有这样的等量关系呢？同样的原因，因为它们只是在从不同视角描述同一个运动物体的同一个参数。这个参数就是物体在两个时刻之间的位移，位移函数用两个函数值相减来表示它，速度函数用一块面积来表示它，如果这两个数值不相等，只能说明我们的函数图像画错了。

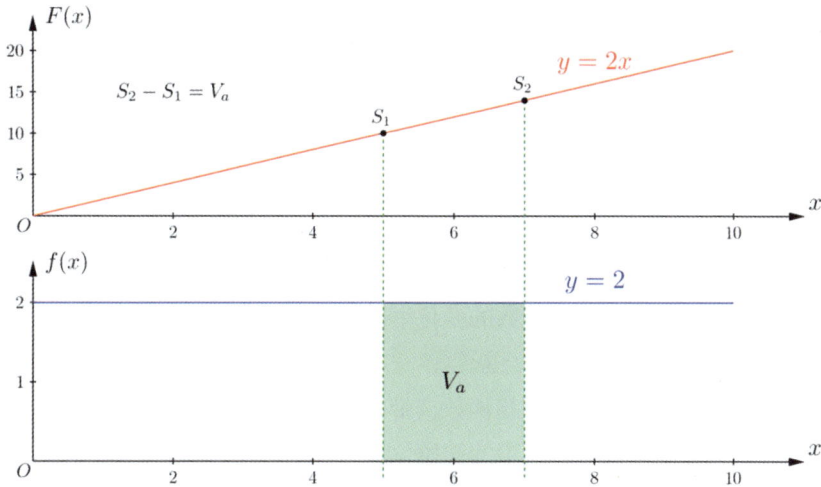

图 2.29　物体位移在不同视角下的展示方式

以上关于函数之间的数值规律属于一个函数与它的变化率函数之间的基本规律，在任何情况下都成立，就算函数图像是杂乱的"毛刺"，**速度函数在某个时刻的函数值也照样等于位移函数在对应时刻的变化率**，**运动物体在两个时刻之间的位移也照样等于速度函数在对应区间与横轴围成的面积**，这两个数量关系无需任何其他依据支撑，因为一个函数与它的变化率函数本质上只是在从不同视角描述同一事物。

从函数图像的形状来看，如果一个运动物体先做匀速直线运动，然后做加速运动，之后再做减速运动，对应的位移函数、速度函数和加速度函数如图 2.30 所示。在这个例子中，位移函数图像永远不会断裂，它由三段不同的曲线组成，也就是在不同的区间有不同的函数表达式；速度函数图像也不会断裂，它也是由三段不同的曲线组成的；加速度函数也是由三段不同的曲线组成的，但是断裂成了三截，它本质上是速度函数的变化率函数。换句话说，对于位移函数和速度函数的图像，在两段不同曲线的交界处永远不会断裂，只是过渡得不够丝滑，看上去像一个"拐点"，如图 2.30 中蓝色的点所示；而加速度函数图像在两段不同曲线的交界处就不一样了，它可能会直接断裂，就如图 2.30 中红色的竖线处所示。[1]

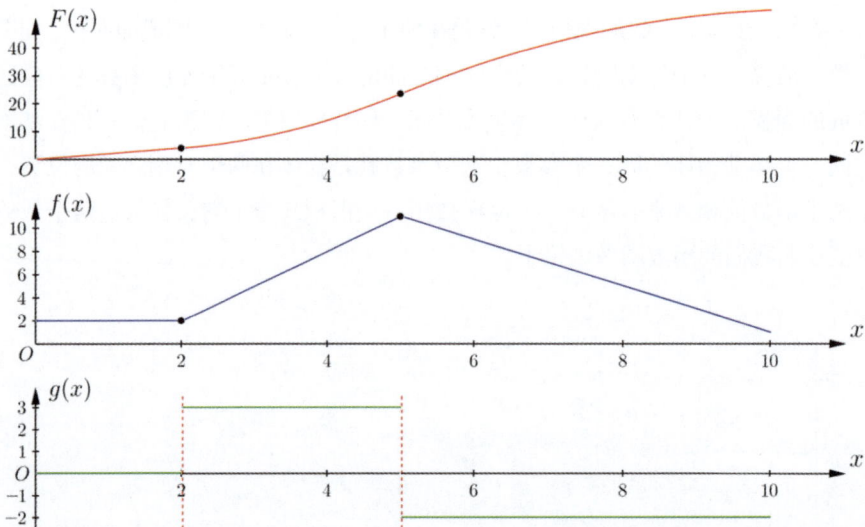

图 2.30   运动物体的三种函数图像会不会断裂

不难发现，一个没有断裂的函数的变化率函数可能会断裂，也可能不会；一个运动物体的位移函数和速度函数一定不会断裂。

从携带信息量的角度来看，位移函数携带了速度函数中的全部信息，速度函数跟位移函数相比较，只是缺少位移函数中的初始位置信息。同样，速度函数携带了加速度函数中的全部信息，加速度函数跟速度函数相比较，只是缺少速度函数中的初始速度信息。换句话说，如果运动物体的位移函数是确定的，那么它的速度函数、加速度函数都是确定的；反过来则稍有不同，如果加速度函数是确定的，那么速度函数曲线的形状是确定的，但在 y 轴方向的位置是不确定的，只有知道了某个时刻的具体速度才能够将速度函数的位置也确定下来；同样，如果速度函数是确定的，那么位移函数曲线的形状也是确定的，但在 y 轴方向的位置是不确定的，如图 2.31 所示，只有知道了某个时刻的具体位置才能够将位移函数的位置也确定下来。

---

① 力是物体运动的原因，经典力学认为力可以突然产生，而相对论认为力不可以突然产生，它从无到有一定需要一个过程，只是这个过程有时太快了，被经典力学忽略了。经典力学中的突然发生，在相对论中多半是指以光速发生。在这里，我们是按照经典力学的观点，认为力可以突然产生，所以加速度函数会发生断裂。函数只是一种描述工具，不论力是不是可以突然产生，函数都可以进行准确描述。

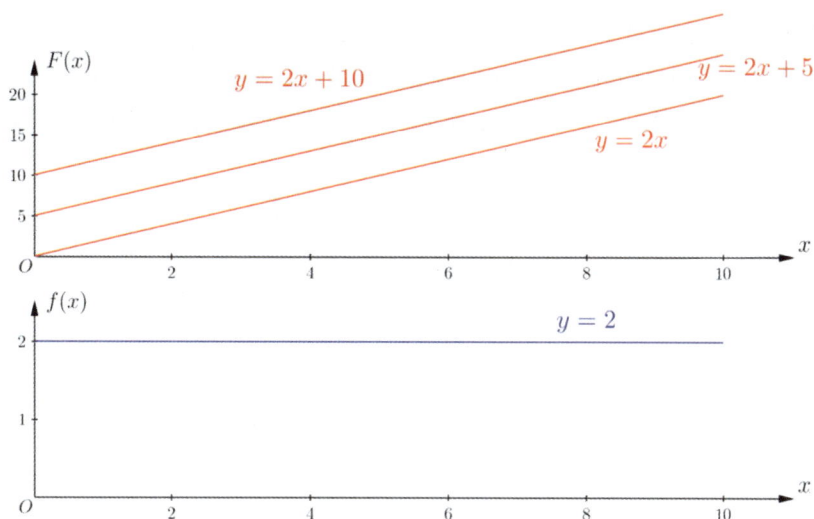

图 2.31　速度函数只能确定位移函数的形状

这一节描述的所有内容跟微积分完全没有关系，这些都是基本的数理常识，或者说函数的基本规律，我们应该充分理解上述内容之后，再进入下面的内容。

【第六节】微分与积分

一个运动物体的位移函数与速度函数只是在从不同视角描述其运动状态，由此可以引申出：一个函数与它的变化率函数只是在从不同视角描述同一事物的变化规律。那么在一个函数与它的变化率函数之间相互转换，就相当于在看待同一事物的不同视角之间进行相互转换。这一节我们就来研究怎样在同一事物的不同视角之间相互转换。换成运动物体的位移函数和速度函数来说就是：已知位移函数的情况下，如何计算相应的速度函数；以及已知速度函数的情况下，如何计算相应的位移函数。

先来看已知位移函数计算相应速度函数的情况。

比如位移函数是$y = x^2$，那么相应的速度函数就是$y = 2x$，具体的计算过程见第三节的最后一个计算，这是一个微分运算。

不难发现，在已知位移函数求解对应速度函数的时候，必须分段求解，因为位移函数在某个时间区间内可能有多种运动规则，不同的运动规则对应着不同的位移函数表达式，而我们构造动态过程时需要物体按照同一种规则运动。很明显，虽然位移函数图像一定不会断裂，但其在不同的时间区间遵循不同的运动规则是可能的。所以，在已知位移函数计算速度函数时，必须将位移函数按照不同的运动规则分段。在这里，求解出来的速度函数也叫作位移函数的微分函数。换句话说，一个函数的变化率函数，也被称作该函数的**微分函数**。

初等函数的微分公式表就是这么来的，相当于将所有初等函数都当作某个运动物体的位移函数，然后通过微分运算求出对应的速度函数，初等函数的微分公式表如表 2.1 所示。当看到这个微分公式表的时候，应该意识到，这里的每个公式都用到了微分运算。

表 2.1 初等函数微分公式表

函数	微分函数
c	0
x^n	nx^{n-1}
$\sin x$	$\cos x$
$\cos x$	$-\sin x$
$\tan x$	$\sec^2 x$
$\cot x$	$-\csc^2 x$
$\sec x$	$\sec x \cdot \tan x$
$\csc x$	$-\csc x \cdot \cot x$
a^x	$a^x \ln a$
e^x	e^x
$\log_a x$	$\dfrac{1}{x \ln a}$
$\ln x$	$\dfrac{1}{x}$
$\arcsin x$	$\dfrac{1}{\sqrt{1-x^2}}$
$\arccos x$	$-\dfrac{1}{\sqrt{1-x^2}}$
$\arctan x$	$\dfrac{1}{1+x^2}$
$\text{arccot}\, x$	$-\dfrac{1}{1+x^2}$

举个例子，我们来看看初等函数 $f(x) = x^n$ 的微分函数是怎样计算出来的，这里的 n 是已知的正整数。

函数 $f(x) = x^n$ 上的任意一个点 P 可表示为 (x, x^n)，设函数图像上的点 Q 和点 P 在横轴方向上的距离为 Δx，则点 Q 的坐标可表示为 $(x + \Delta x, (x + \Delta x)^n)$，那么相应的动态过程通式，也就是割线 PQ 的斜率可表示为

$$k_{PQ} = \frac{(x + \Delta x)^n - x^n}{x + \Delta x - x}$$

$$= \frac{C_n^0 x^n + C_n^1 x^{n-1} \Delta x + C_n^2 x^{n-2} \Delta x^2 + \cdots + C_n^n \Delta x^n - x^n}{\Delta x}$$

$$= \frac{C_n^1 x^{n-1} \Delta x + C_n^2 x^{n-2} \Delta x^2 + \cdots + C_n^n \Delta x^n}{\Delta x}$$

$$= C_n^1 x^{n-1} + C_n^2 x^{n-2} \Delta x + \cdots + C_n^n \Delta x^{n-1}$$

于是，函数 $f(x) = x^n$ 的微分函数 $f'(x)$ 就是

$$f'(x) = \lim_{\Delta x \to 0} \frac{(x + \Delta x)^n - x^n}{x + \Delta x - x}$$

$$= \lim_{\Delta x \to 0} (C_n^1 x^{n-1} + C_n^2 x^{n-2} \Delta x + \cdots + C_n^n \Delta x^{n-1})$$

$$= C_n^1 x^{n-1}$$

$$= n x^{n-1}$$

很明显，如果运动物体的位移函数是 $f(x) = x^3$，那么它的速度函数就是 $f'(x) = 3x^2$，也可以写成 $d(x^3) / dx = 3x^2$ 或 $d(x^3) = 3x^2 dx$，它的加速度函数就是 $f''(x) = 2 \cdot 3 \cdot x^1$，如果对加速度函数再求变化率函数，就是 $f'''(x) = 1 \cdot 2 \cdot 3 \cdot x^0$，即 $f'''(x) = 1 \times 2 \times 3 = 3!$。可以看出，如果对函数 $f(x) = x^n$ 求 n 次微分，结果将是 n 的阶乘，其函数图像是一条水平线。从微分公式表中可以看到，对自然常数的指数函数 $f(x) = e^x$ 无论做多少次微分，结果都等于它本身。像这样对函数多次求微分函数，叫作对函数的**高阶微分**，速度函数就是位移函数的一阶微分函数，加速度函数是位移函数的二阶微分函数，显然，加速度函数也是速度函数的一阶微分函数。

接下来，我们看看怎样在已知物体速度函数的情况下，求解物体的位移函数。

比如速度函数是 $f(x) = 2$，那么位移函数就是速度函数图像在某个区间与横轴围成的面积，如图 2.32 所示。

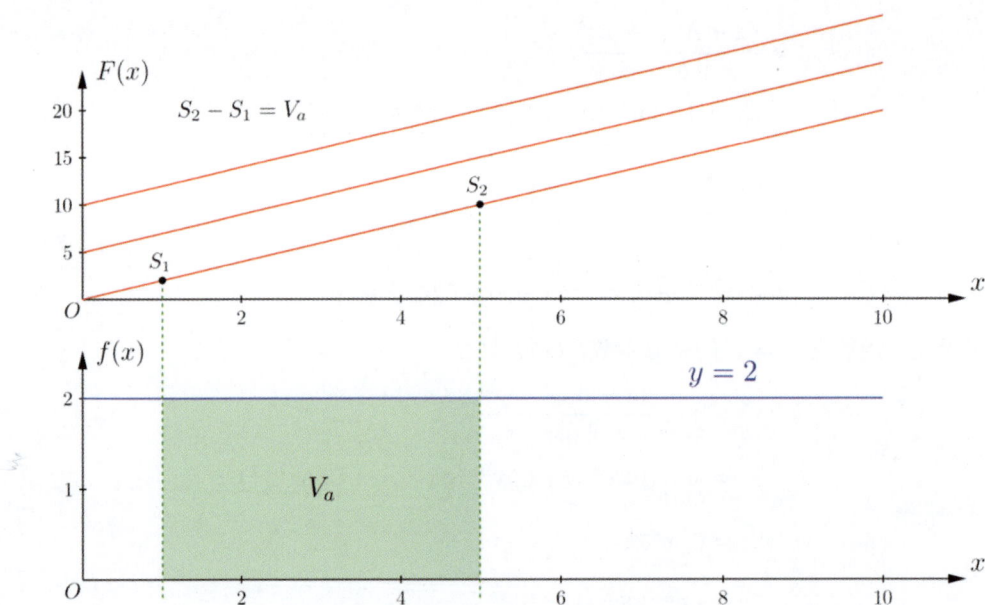

图 2.32　计算速度函数围成的面积

　　如果想知道 0s 到 1s 的位移，那就计算速度函数在 0 到 1 区间内与横轴围成的面积，结果是 $2 \times (1-0) = 2$。

　　如果想知道 2s 到 4s 的位移，那就计算速度函数在 2 到 4 区间内与横轴围成的面积，结果是 $2 \times (4-2) = 4$。

　　如果想知道 0s 到 xs 的位移，那就计算速度函数在 0 到 x 区间内与横轴围成的面积，结果是 $2 \times (x-0) = 2x$，即对应的位移函数是 $F(x) = 2x$。

　　如果想知道 1s 到 xs 的位移，那就计算速度函数在 1 到 x 区间内与横轴围成的面积，结果是 $2 \times (x-1) = 2x-2$，即对应的位移函数是 $F(x) = 2x-2$。

　　如果想知道 2s 到 xs 的位移，那就计算速度函数在 2 到 x 区间内与横轴围成的面积，结果是 $2 \times (x-2) = 2x-4$，即对应的位移函数是 $F(x) = 2x-4$。

　　我们发现，已知速度函数求位移函数的时候，位移函数的形状是确定的，或者说位移函数的主体结构是确定的，在本例中表现为其中都包含 $2x$。只要能够确定运动物体的初始位置，或者知道物体在任意时刻的位置，位移函数的图像就能够确定下来。换句话说，速度函数中没有携带运动物体的初始位置参数，所以我们将速度函数 $f(x) = 2$ 的位移函数写成 $F(x) = 2x + C$，这里的 C 表示一个待定的常数。只要知道了物体在任意时刻的具体位置，这个常数 C 就能够确定下来。

　　同理，假如速度函数是 $f(x) = 2x$，如图 2.33 所示。

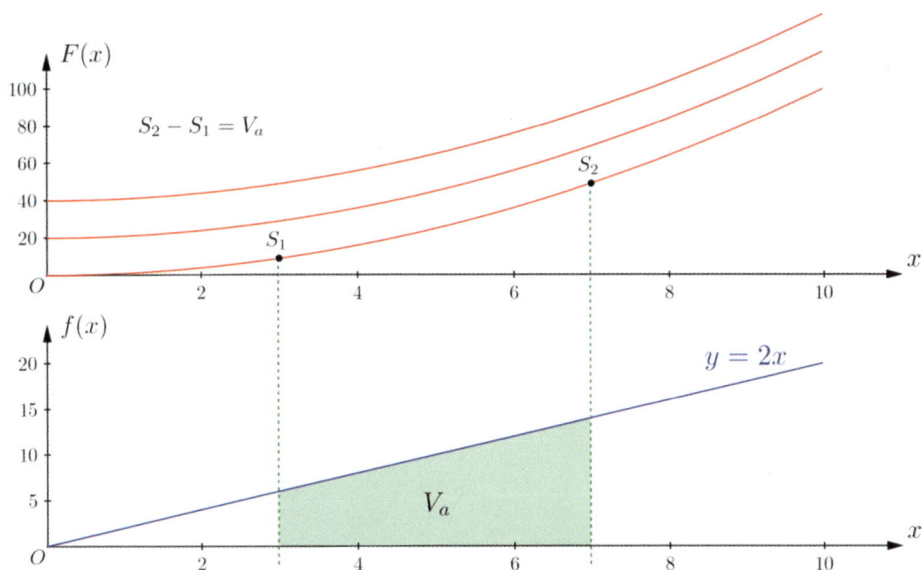

图 2.33 计算速度函数围成的面积

如果想知道 0s 到 xs 的位移，那就计算速度函数在 0 到 x 区间内与横轴围成的面积，结果是 $\frac{1}{2} \times 2x \times (x-0) = x^2$，即对应的位移函数是 $F(x) = x^2$。

如果想知道 1s 到 xs 的位移，那就计算速度函数在 1 到 x 区间内与横轴围成的面积，结果是 $\frac{1}{2} \times (2+2x) \times (x-1) = x^2 - 1$，即对应的位移函数是 $F(x) = x^2 - 1$。

如果想知道 2s 到 xs 的位移，那就计算速度函数在 2 到 x 区间内与横轴围成的面积，结果是 $\frac{1}{2} \times (4+2x) \times (x-2) = x^2 - 4$，即对应的位移函数是 $F(x) = x^2 - 4$。

所以，速度函数 $f(x) = 2x$ 的位移函数就是 $F(x) = x^2 + C$。

请注意，以上已知速度函数求位移函数的两个例子中，我们没有构造动态过程，没有用极限求位移函数，原因很清楚，这里的面积是矩形和梯形，不用极限就能够计算出来。

现在假设已知速度函数是 $f(x) = x^2$，如图 2.34 所示。这时计算面积就得使用积分运算。

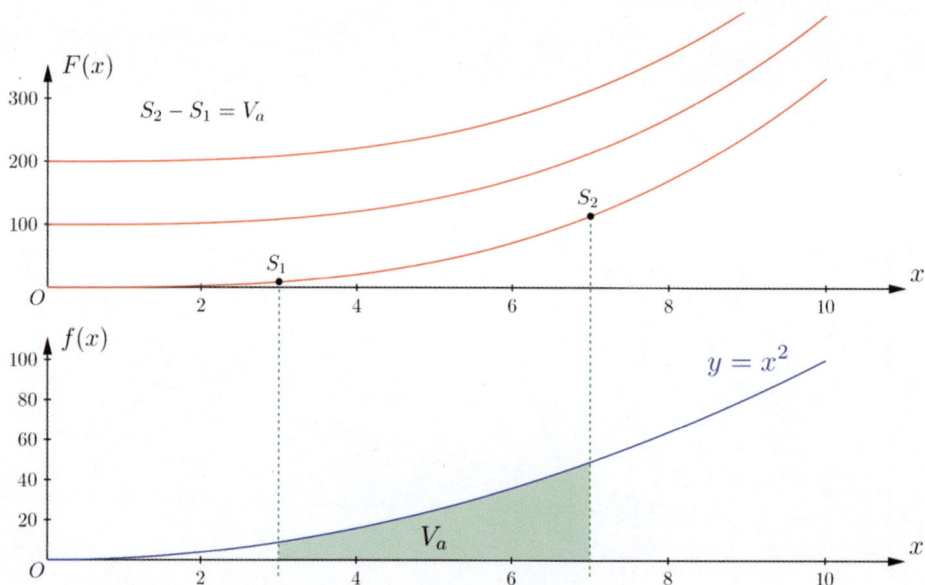

图 2.34　计算速度函数围成的面积

　　如果想知道 0s 到1s 的位移，那就计算速度函数$f(x) = x^2$在 0 到1区间内与横轴围成的面积，结果是$\frac{1}{3}$，这个结果我们在一开始就计算过了。事实上，我们现在可以计算函数$f(x) = x^2$在任意指定区间内围成的面积，像这样求函数在某个指定区间内与横轴围成的面积叫作**定积分**。函数$f(x) = x^2$在 0 到 1 区间上围成的面积写成定积分形式如下：

$$\int_0^1 x^2 \, \mathrm{d}x = \lim_{n \to \infty} \left(\frac{1}{3} + \frac{1}{6n^2} \right) = \frac{1}{3}$$

　　定积分的写法很形象，先是积分符号，接着是积分下限与积分上限，主体部分是被积函数x^2，最后面的$\mathrm{d}x$表示对区间的细分，在这里被积函数x^2与$\mathrm{d}x$写成这种相乘的形式很合理，x^2相当于细分区间的高度，$\mathrm{d}x$表示细分区间的宽度，它们相乘自然就是细分区间的面积。

　　定积分的积分上限和下限都是固定的，都是确定的值，本质上就是函数自变量x的取值范围。如果将定积分的上限或者下限直接用x代替，比如

$$\int_0^x x^2 \, \mathrm{d}x$$

或者

$$\int_x^1 x^2 \, \mathrm{d}x$$

我们会发现，计算方法没有变化，只是结果不再是一个确定的值，而是一个含有x的表达式。还是用改造过的黎曼和来构造动态过程，那么 0 到x区间的通式就是

$$\frac{1}{2} \cdot \frac{x}{n} \cdot \left(\frac{x}{n}\right)^2 + \frac{1}{2} \cdot \frac{x}{n} \cdot \left[\left(\frac{x}{n}\right)^2 + \left(\frac{2x}{n}\right)^2\right] + \cdots + \frac{1}{2} \cdot \frac{x}{n} \cdot \left[\left(\frac{(n-1)x}{n}\right)^2 + \left(\frac{nx}{n}\right)^2\right]$$

$$= \frac{x}{2n} \cdot \left[\left(\frac{x}{n}\right)^2 + \left(\frac{x}{n}\right)^2 + \left(\frac{2x}{n}\right)^2 + \cdots + \left(\frac{(n-1)x}{n}\right)^2 + \left(\frac{nx}{n}\right)^2\right]$$

$$= \frac{x}{2n} \cdot \left[\left(\frac{x}{n}\right)^2 + \left(\frac{x}{n}\right)^2 + \left(\frac{2x}{n}\right)^2 + \cdots + \left(\frac{(n-1)x}{n}\right)^2 + \left(\frac{nx}{n}\right)^2 + \left(\frac{nx}{n}\right)^2 - x^2\right]$$

$$= \frac{x}{2n} \cdot \left\{2 \cdot \left[\left(\frac{x}{n}\right)^2 + \left(\frac{2x}{n}\right)^2 + \cdots + \left(\frac{(n-1)x}{n}\right)^2 + \left(\frac{nx}{n}\right)^2\right] - x^2\right\}$$

$$= \frac{x}{n} \cdot \left[\left(\frac{x}{n}\right)^2 + \left(\frac{2x}{n}\right)^2 + \cdots + \left(\frac{(n-1)x}{n}\right)^2 + \left(\frac{nx}{n}\right)^2\right] - \frac{x^3}{2n}$$

$$= \frac{x^3}{n} \cdot \left[\frac{1^2 + 2^2 + \cdots + (n-1)^2 + n^2}{n^2}\right] - \frac{x^3}{2n}$$

$$= \frac{\frac{1}{6}n(n+1)(2n+1)x^3}{n^3} - \frac{x^3}{2n}$$

$$= \left(\frac{2n^2 + 3n + 1}{6n^2} - \frac{1}{2n}\right)x^3$$

$$= \left(\frac{1}{3} + \frac{1}{2n} + \frac{1}{6n^2} - \frac{1}{2n}\right)x^3$$

$$= \frac{x^3}{3} + \frac{x^3}{6n^2}$$

所以，函数 $f(x) = x^2$ 在 0 到 x 区间上围成的面积写成定积分形式如下：

$$\int_0^x x^2\,\mathrm{d}x = \lim_{n \to \infty} \left(\frac{x^3}{3} + \frac{x^3}{6n^2}\right) = \frac{x^3}{3}$$

我们将函数 $f(x) = x^2$ 在不同区间围成的面积都列出来对比一下，你也不妨试试以下结果跟你计算的是否一致。

$$\int_1^2 x^2\, \mathrm{d}x = \lim_{n\to\infty}\left(\frac{7}{3}+\frac{1}{6n^2}\right)=\frac{7}{3}$$

$$\int_0^1 x^2\, \mathrm{d}x = \lim_{n\to\infty}\left(\frac{1}{3}+\frac{1}{6n^2}\right)=\frac{1}{3}$$

$$\int_0^2 x^2\, \mathrm{d}x = \lim_{n\to\infty}\left(\frac{8}{3}+\frac{1}{6n^2}\right)=\frac{8}{3}$$

$$\int_0^x x^2\, \mathrm{d}x = \lim_{n\to\infty}\left(\frac{x^3}{3}+\frac{x^3}{6n^2}\right)=\frac{x^3}{3}$$

$$\int_1^x x^2\, \mathrm{d}x = \lim_{n\to\infty}\left(\frac{x^3}{3}-\frac{1}{3}+\frac{(x-1)^3}{6n^2}\right)=\frac{x^3}{3}-\frac{1}{3}$$

$$\int_2^x x^2\, \mathrm{d}x = \lim_{n\to\infty}\left(\frac{x^3}{3}-\frac{8}{3}+\frac{(x-2)^3}{6n^2}\right)=\frac{x^3}{3}-\frac{8}{3}$$

所以，速度函数 $f(x)=x^2$ 的位移函数就是

$$F(x)=\frac{x^3}{3}+C$$

位移函数也被称为速度函数的**积分函数**。理论上，初等函数的积分函数都可以按照以上方式计算出来，初等函数的积分公式表如表 2.2 所示。这相当于将所有初等函数都当作某个运动物体的速度函数，然后通过积分运算求出对应的位移函数。位移函数除了被称为速度函数的积分函数，还被称为其**原函数**。

表 2.2　初等函数积分公式表

函数	积分函数
k	$kx+c$
x^n	$\frac{x^{n+1}}{n+1}+c$
$\frac{1}{x}$	$\ln\|x\|$
a^x	$\frac{a^x}{\ln a}+c$
e^x	e^x+c
$\cos x$	$\sin x+c$
$\sin x$	$-\cos x+c$
$\sec^2 x$	$\tan x+c$
$\csc^2 x$	$-\cot x+c$

（续表）

函数	积分函数
$\sec x \cdot \tan x$	$\sec x + C$
$\csc x \cdot \cot x$	$-\csc x + C$
$\dfrac{1}{1 + x^2}$	$\arctan x + C$
$\dfrac{1}{\sqrt{1 - x^2}}$	$\arcsin x + C$

我们注意到，当定积分的上限或下限变成不确定的x后，计算出来的结果会随x值而变化，也就是说，结果不再是一个确定的值，而是一个表达式，我们通常将这种计算叫作**不定积分**，不定积分通常直接写成如下形式：

$$\int x^2 \, \mathrm{d}x = \frac{x^3}{3} + C$$

定积分与不定积分之间的关系可以用以下表达式来理解：

$$\int x^2 \, \mathrm{d}x = \int_a^x x^2 \, \mathrm{d}x + b = \frac{x^3}{3} + C$$

在这里，表达式中的a, b, C都是待定常数。

与高阶微分类似，对被积函数反复做积分就是**多重积分**，位移函数是速度函数的一重积分，位移函数是加速度函数的二重积分。

我们知道，**运动物体在两个时刻之间的位移，在任何情况下都等于速度函数在对应区间与横轴围成的面积**，就算运动物体在某个时间区间内有成百上千种运动规则，并且函数图像的形状复杂到就像"毛刺"，以上的等量关系都依然存在，只是这种等量关系我们无法用微积分的语言来描述。但是，如果运动物体在某个时间区间里只有一种运动规则，也就是运动物体在这个时间区间内可以构造出动态过程，我们就能够用微积分的语言来描述以上等量关系，这个等量关系叫作微积分基本公式：

$$F(b) - F(a) = \int_a^b f(x) \, \mathrm{d}x$$

我们反复强调，位移函数与速度函数，或者说一个函数与它的微分函数，本质上是从不同视角描述同一事物。从微积分基本公式，我们可以深刻感受到视角转换的重要意义，同样是两个时刻之间的位移，从位移函数视角来看只不过是两个函数值的差，从速度函数视角来看却是一个复杂的积分运算，显然，从加速度视角来看就更复杂了。反过来，如果要考察的是物体的速度，那么速度函数视角显然是最佳视角，这正是我们需要在不同视角之间来回转换的根本原因。这种视角的转换意义重大，它不仅能够将要考察的量变得更直观，更容易计算，更易于理解，还可能让我们发现以前从未发现的数值规律。说不定你也可以发现别人从未发现的数值规律，就像泰勒发现了泰勒多项式那样，那么你发现的数值规律也可能会被写进微积分的教科书，并以你的名字来命名。微积分的教科书就是以这种方式发展起来的，有人发现了新的规律，有人发现了新的应用，有人发现了某些复杂的流程可以优化，就连微分和积分都不是同时发现的。

由于微积分可以帮助我们在不同视角的函数之间进行转换，所以物理学家说：所有的物理现象都可以用微分方程的语言来描述。我们知道，物理本质上是在研究物质的变化规律，这些变化规律可以用函数来表示，而一个函数可以通过变换视角让一些物理规律变得更直观更易于理解。将一个函数转换视角就是求解微分方程。前面无论是已知位移函数求解速度函数，还是已知速度函数求解路程函数，都属于求解微分方程。换句话说，凡是含有求解函数不同视角函数的等式统称为**微分方程**。

微分运算与积分运算虽然可以帮助转换视角，但是我们应该注意到，微分运算会丢失原函数的部分信息，而积分运算却不会丢失被积函数的任何信息。这似乎也解释了为什么微分运算看起来总是要比积分计算简单，就像 $2+3=5$ 不仅计算简单，而且结果唯一。但是，如果反过来问 5 可以由什么数相加而成，则不仅计算变得复杂了，而且结果还不是唯一的。

【第七节】结束语

在以上计算中，我们发现微分和积分的计算量不在一个级别，积分比微分的计算量大得多。也就是说，已知位移函数比较容易计算出速度函数，但是已知速度函数计算位移函数的计算量巨大。在实际操作中，由于积分运算比微分运算更依赖查表，我们还会利用函数与变化率函数之间的数量关系，尽量避免计算积分，比如利用微积分基本公式

$$F(b) - F(a) = \int_a^b f(x)\,\mathrm{d}x$$

只需要知道原函数的两个函数值，就可避免计算等式右边的定积分。如果将微积分基本公式中的上限或下限用变量 x 代替，则有

$$F(x) - F(a) = \int_a^x f(x)\,\mathrm{d}x = \int f(x)\,\mathrm{d}x + b$$

即

$$F(x) - F(a) - b = \int f(x)\,\mathrm{d}x$$

$$\int f(x)\,\mathrm{d}x = F(x) + c$$

很明显，上一节已知速度函数求位移函数我们就是这么操作的。

　　本部分内容，我们之所以将应用场景与微积分的计算分开介绍，就是希望读者能够清晰地看到，哪些内容属于基础数理，哪些属于微积分，这样就可以更清楚地意识到自己的薄弱环节究竟在哪里，到底是不明白基础数理，还是不明白微积分。随着对微积分越来越熟悉，我们会慢慢对函数图像的形状产生直觉，比如看到了一个位移函数图像，凭直觉就能知道它的速度函数图像大概会是什么样子，它的加速度函数图像大概会是什么样子。

　　微分运算在求函数曲线上一个确定点的切线斜率时，计算结果是一个具体的值，而将函数曲线上的点用代数式表示时，同样的计算方法，计算结果就是一个新的函数。微分运算支撑了一系列数学概念，包括：切线、切线斜率、实时速度、瞬时速度、变化率、变化率函数、微分、微分函数、导数、导函数、平均变化率的极限、平均速度的极限，这些概念没有本质区别，只是有的更关注具体的点，有的更关注整个函数曲线，而且有时界限是很模糊的，比如当说变化率时，到底是指单个点的变化率，还是所有点的变化率，我们只能根据上下文来判断。所以，既可以看成微分运算支撑了这一系列数学概念，也可以看成微分运算在不同的应用场景中被取了不同的名字。

　　在教科书中，**导数**（derivative）成了微分运算的代名词，笔者个人不喜欢这个翻译。首先，在本质上导数并没有比其他的那些名词更特别。其次，导数不像其他名词有叙事感，比如切线、实时速度都有很强的叙事感。其实导数的原词根是有叙事感的，它有衍生、将一个事物变换成另一种形式展示的意思。

　　与学加减乘除不一样，虽然微积分也是一种算法，但是，我们的课本习惯从细节入手，掺杂的东西太多，战线拉得过长，如果能在正式学习微积分之前，就了解微积分的整体框架和本质，那么正式学的时候就可以轻松一些，愉快一些。

第3章　线性代数：数值的加减乘除

我们在小学数学中学习了一维数值的加减乘除，那么怎样将一维数值的加减乘除，推广到二维、三维，乃至任意维数值呢？线性代数就在研究多维数值的加减乘除。凡是可以分开来理解的事物，都可以转换成多维数值的形式。当然，没有事物不可以分开理解，所以，所有事物都可以转换成多维数值的形式。比如我们在小学计算 $1234 \times 5 = 6170$

时，用竖式将被乘数挨个处理，其实这种处理也可以变成 $5 \times \begin{bmatrix} 4 \\ 30 \\ 200 \\ 1000 \end{bmatrix} = \begin{bmatrix} 20 \\ 150 \\ 1000 \\ 5000 \end{bmatrix}$ 的分项处

理形式。在这里，我们只是将原本心算的部分用数学形式表达出来了，当这样操作的时候，事实上相当于将原来的计算变成了一个四维数值的计算。生活经验告诉我们，将一件事分项处理，会将复杂的问题简单化、系统化、条理化，这样更利于理解，更利于各部门协同作业。在线性代数中，我们将这种分项处理的智慧概括成多维数值的加减乘除。

【第一节】线性代数的本质

我们最通透、最实用的数学知识是小学学习的加减乘除，它是一维数值的加减乘除，而线性代数则要研究任意维数值的加减乘除。换句话说，一维数值的加减乘除，我们所有人都驾轻就熟，那么二维数值的加减乘除该怎么做呢？十维数值的加减乘除又该怎么做呢？或者说，怎样将我们最熟悉的一维数值的加减乘除推广到任意维数值呢？将一维数值的加减乘除推广到任意维数值又有什么现实意义呢？

我们每个人学数学最成功的一段经历，就是学加减乘除，加减乘除的基础是加法。我们从刚开始学走路、学说话的时候，就开始全方位接触加法，对加法形成了很好的直觉，所以到正式学数学的时候，从加法衍生到减法，又衍生到乘法、除法……都会非常自然。

我们学数学也有一段非常不成功的经历，就是学微积分。微积分的本质是极限，极限的概念从高中就开始铺垫，到大学又接着铺垫，但结果很糟糕，跟没铺垫差不多。你可能还没有内化微积分跟极限的关系，课本就直接给出了微分公式表和积分公式表，然后就是套公式。实际情况是，只要公式套得熟练，考试就能过关，甚至得满分。这就相

当于在还完全不知道加法是什么的时候，就直接记乘法表，我们不用懂 7×8 代表什么意义，只要记住它等于 56，考试会这么出题，我们这么答就对了。这样搞的结果就是毕业三个月就全忘记了，跟没学差不多，因为纯粹只是熟练数值操作，只能当时记得，过一阵子就全忘了。

线性代数的课本更加直接，完全没有铺垫，直接就是记公式，套公式。

本章将会铺垫线性代数的本质，看完这部分内容，你将会明白：之前学的都是一维数值，线性代数就是要将数值从一维扩展到二维、三维、四维……n 维。一维数值最符合我们的自然直觉，我们每个人天生就会，一维数值的基础或者说公理是加法，我们从一维数值的加法可以衍生出减法，衍生出乘法、除法……我们还知道一维数值的函数，其中最简单的是线性函数 $y = kx + b$，此外还有非线性函数，比如 $y = x^2$ 就是非线性函数。多维数值跟一维数值一样，也是以加法为基础，或者说以加法为公理，然后衍生出减法、乘法、除法……多维数值也同样有函数，其中最简单的也是线性函数，此外也有非线性函数。通过本章内容了解了多维数值的加法，以及多维数值最简单的函数——线性函数后，我们就站在了理解多维数值的最佳角度，会感到醍醐灌顶，变得触类旁通，多维数值就会像一维数值一样，融入我们的自然直觉。

在我们的习惯思维里，数值就是一个一个的单一值，比如对一部手机的描述，它的屏幕大小是 5.5 英寸，内存有 128GB，价格是 1,000 元，重量是 125 克。虽然这些数值是在描述同一部手机，但是我们习惯认为这 4 个值的意义完全不一样，分开理解会更加清楚，更符合我们的自然直觉。生活中的大量例子都是这样的，这也正是我们没有形成多维数值观念的原因。再比如，打麻将抛骰子的时候，明明需要同时表达两个骰子的点数才能将骰子的状态表达清楚，但是我们依然没能形成多维数值的观念。还有地球的经度和纬度也没能让我们真正形成多维数值的观念。生活中，我们一直在跟一维数值打交道，一直在跟数值家族中最小的小弟打交道，以至于在数学家向我们介绍数值家族中的其他成员时，我们感到非常陌生。

对于一维数值，我们所有人都是自然启蒙的，至于多维数值的启蒙，应该是从高中的受力分析才开始的。当两个力的方向成一条直线时，每个力可以用一个一维数值来表示，那么两个力的合力就是两个一维数值相加；当两个力的方向不在一条直线上时，每个力可以用一个二维数值来表示，那么两个力的合力就是两个二维数值相加；不在同一个平面上的三个力相加，可以看成是三个三维数值相加。如果你现在还在念初中，这种受力分析理解起来会感到相当吃力，这是正常的。因为就算是高中的学生在刚接触这种不在同一直线上的受力分析时，也都需要适应一段时间才能有直觉，可见形成多维数值的观念确实有难度。

在多维数值的观念里，一个二维数值虽然是由两个数值组合而成的，但依然算一个数值，它是一个二维数值。也就是说，一个 n 维数值就是由 n 个数值按照一定的顺序组成的数值。

线性代数里的线性是什么意思呢?

从广义上来说,线性就是均匀分布的意思。事实上,在我们的潜意识里,数值从来都是线性的。比如:数轴上的数值,我们认为它们就应该均匀分布,4 就应该在 3 和 5 的正中间,如果偏了我们就会认为它不是 4,也就是说,在我们的自然直觉里,数轴上的数值就应该均匀排列,这就是一种线性。我们熟悉的还有线性函数$y = kx + b$,将它可视化到平面直角坐标系里,它是一条直线。从形式来说,任何一组均匀排列的输入值,通过一个函数转换后,如果它们的输出值依然保持均匀排列,那么这个函数就是线性函数。

想想看,函数$y = kx + b$就是这样的,比如$y = 2x$,对于 1,3,5,7 这几个均匀排列的输入值,函数的输出值分别是 2,6,10,14,依然保持均匀排列,对于其他输入也有同样结论,所以$y = 2x$是线性函数。在这里,函数$y = 2x$的输入值是一维的,输出值也是一维的,而我们接下来要研究的线性函数,输入值可以是任意维度的。

实践证明,理解多维数值的捷径,就是研究多维数值的线性函数,因为多维数值的线性函数既简单,又可以让我们轻松领悟到多维数值的各种关键特性。可以说,明白了多维数值的线性函数之后,多维数值的非线性函数、各种运算,不知不觉就会成为我们的自然直觉。

【第二节】一次函数$y = kx + b$

$y = kx + b$是我们初中时就非常熟悉的函数,下面用线性代数的观点,或者说用研究多维数值的方法,重新包装这个函数。

先去掉函数中的常数项b,这样函数$y = kx$就会通过原点,如图 3.1 所示。这样简化既可以充分体现函数的线性特征,又可以让计算模型尽可能简单,而且更有利于我们深入理解线性函数及多维数值的内涵。所以,我们平常说的线性代数,只是研究了线性函数这个大家族中的一部分,我们只研究原点不动的情况,也就是原点在函数线性变换之后依然在原点的情况。换句话说,我们研究的线性代数其实只是一般线性代数的一个子代数。仔细想想,这种优化是很合理的,因为那些原点在变换后会移动的线性函数,可以通过平移变化而来,因此没有必要将它并到计算模型里来,并进来只会让模型更加复杂,线性特征也会变得更加混乱。我们只要真正理解了这种简化的子代数,对于一般线性代数自然就触类旁通了。

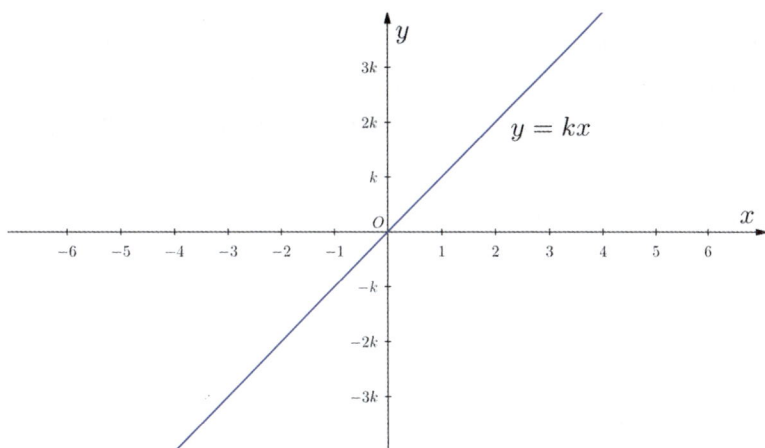

图 3.1　图像为直线的一次函数$y = kx$

下面来看一个具体的线性函数$y = 2x$，在初中的时候，我们是将这个函数画在平面直角坐标系里，如图 3.2 所示。但是，现在我们不能再将它画在平面直角坐标系里了，这样会严重误导我们，因为那时画在平面直角坐标系里，只是为了将这个函数可视化。现在，这个函数的输入值是一维的，输出值也是一维的，一维的数值我们只会画在数轴上，二维的数值才会画在平面直角坐标系里。所以在这里，输入值是一条数轴，输出值是另一条数轴。也就是说，我们要将输入值和输出值的数轴分开画，两条数轴是独立的。这样一来，任何一维函数实际上就是要为这两条数轴上的点建立对应关系。

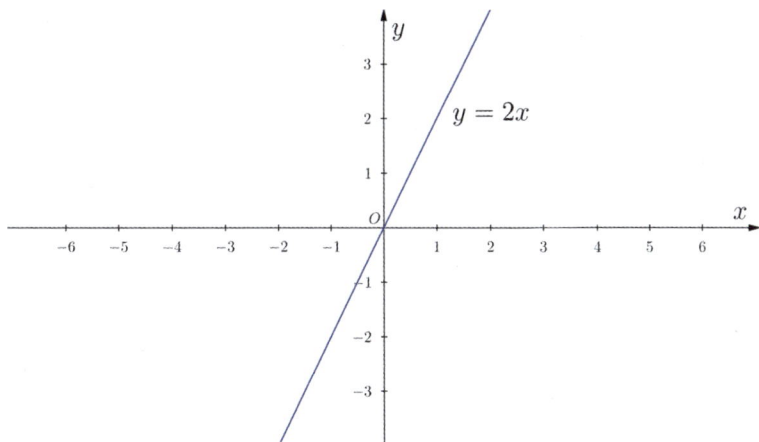

图 3.2　函数$y = 2x$的传统画法

对于$y = 2x$这个函数来说，它的所有输入值就是整条数轴，我们就将这条由所有输入值构成的数轴，叫作$y = 2x$的输入空间，也就是输入值的取值范围；跟输入值对应的所有输出值也会是整条数轴，我们将这条由所有输出值构成的数轴叫作$y = 2x$的输出空间，也就是输出值的取值范围。换句话说，当我们将一维数值可视化到数轴上的时候，对于一维数值的函数，输入空间是一条数轴，输出空间也是一条数轴。

看到以上操作，你可能已经猜到了，在线性代数的观点里，就是要用直线上的点来可视化一维数值，用平面上的点来可视化二维数值，用三维直角坐标系上的点来可视化三维数值。

接着来看函数$y = 2x$输入空间中具体的值。我们先在输入空间中随便找一个值，比如 3，这个 3 就是输入空间中的一个值，这是一个一维的值，它也是输入空间中的一个点。如果将这个点跟原点连接起来，如图 3.3 所示，就有了一条既有长度又有方向的线段，且线段的方向朝右，我们将这个既有长度又有方向的线段叫作向量。这样一来，一维数值、数轴上的点、向量这三者之间就可以一一对应起来，这三者相当于是同一事物的三种不同数学形式。也就是说，一维数值空间中的 **3**，有三种不同的数学形式来描述，分别是：一维数值 3，数轴上 3 这个点，以及向量 **3**。同理，二维数值$\begin{bmatrix}2\\3\end{bmatrix}$、平面直角坐标系中的点$\begin{bmatrix}2\\3\end{bmatrix}$，以及向量$\begin{bmatrix}2\\3\end{bmatrix}$，是描述二维数值空间的三种不同形式。换句话说，数值空间既可以用数值来描述，也可以用点来描述，还可以用向量来描述。从向量的视角来描述数值时，数值对我们来说不仅有画面感，而且给我们提供了全新的操作方式。接下来，我们将用一种全新的观点来表达向量 **3**，我们认为向量 **3** 是对另一个非 0 向量进行伸缩的结果。

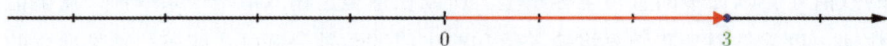

图 3.3　一维数值空间中的向量

比如，向量 **3** 可以看成是对向量 **6** 缩短一半的结果，也就是向量 **6** 乘以 0.5 的结果，写作：

$$6 \times 0.5 = 3$$

向量 **3** 也可以看成是由向量 **-1.5** 乘以 **-2** 的结果，也就是对向量 **-1.5** 反向拉伸 2 倍的结果，写作：

$$-1.5 \times (-2) = 3$$

在这里，向量 **6** 和向量 **-1.5** 都是向量 **3** 的基向量，或者说都是向量 **3** 的单位向量。也就是说，我们将伸缩前的原始向量叫作基向量或者单位向量。我们认为，每个向量都可以看成是由基向量经过一定的伸缩形成的，所有非 0 向量都可以用作基向量。在一维数值的所有基向量中，我们将基向量 **1** 叫作一维数值的标准基向量。这样一来，向量x就可以看成是由标准基向量 **1** 乘以x的结果，即

$$x = x \cdot 1$$

有时也用括号来表示向量，即

$$[x] = x \cdot [1]$$

不用粗体，不写括号才是我们最熟悉的一维向量形式，如

$$x = x \cdot 1$$

才是我们最熟悉的写法。

向量x除了可以看成是对标准基向量 1 拉伸的结果，也可以看成是对任意非 0 向量拉伸的结果，即

$$x = b \cdot a$$

其中b可以是任意实数。也就是说，这里的基向量a可以不是标准基向量，它可以是任意非 0 向量。所以向量 3 既可以看成是将标准基向量 1 拉伸 3 倍的结果，也可看成是将基向量 2 拉伸 1.5 倍的结果。

你可能会觉得这里的基向量有点多此一举。事实上，基向量是线性代数中最有智慧的表达方式，它让数值关系的表达变得简单直观，虽然我们也可以用其他的表达技巧来替代，但是基向量这种表达方式最巧妙。这一点在一维空间中可能感觉还不是很强烈，到下一节的二维空间里，我们就会感受到它的魅力，它是人们在研究直角坐标系时的一个最重要的、最有决定意义的发明。

在基向量的表达技巧下，我们的一维线性函数$y = 2x$就有了一种全新的理解方式：它的输入空间就是对标准基向量 1 任意拉伸的结果，输出空间就是对基向量 2 做同样拉伸的结果。这样一来，表达一维线性函数的时候，我们只需要表达清楚输出空间的基向量是什么就可以了，比如表达函数$y = 2x$，我们只需要表达输出空间的基向量是 2 就可以了。

通过以上分析我们看到，一维线性函数就是对输入空间和输出空间中不同的基向量做同样的拉伸。比如$y = 2x$这个线性函数输入空间中的 4 就是对标准基向量 1 拉伸 4 倍的结果，对应的输出空间中的 8 就是对基向量 2 同样拉伸 4 倍的结果。所以，在新的观点下，要表达一个线性函数，我们只需要关注基向量的变化即可。

在线性代数中，对单个向量的任意拉伸也叫作对向量的数乘。换句话说，用任何实数乘以某个向量就叫作对这个向量的数乘。数学家还给对一个向量的数乘取了个名字，叫作线性组合，对一维向量线性组合得到的所有向量的集合就叫作这个向量的张成（span）空间。显然，一维向量的张成空间不但是一条直线，而且是一条与这个向量共线的直线。张成在英文里有扫描的意思，也就是说，随意伸缩某个向量能够扫过的所有空间就是这个向量的张成空间。很明显，一个向量所在的直线就是这个向量的张成空间。

线性组合和张成空间是线性代数里的行话，有了新名词，我们再叙述一遍一维线性函数。一维线性函数的输入空间就是对标准基向量 1 线性组合张成出来的空间，输出空间就是新的基向量的张成空间。在这里，确保这个函数是线性函数而不是其他非线性函数的关键是线性组合。也就是说，在输入空间和输出空间中，分别对基向量做了同样的

线性组合，才确保了这个函数是线性函数。当我们说张成空间的时候，就是指线性组合的所有结果。

特别地，将原点叫作 **0** 向量，对 **0** 向量做任意拉伸依然是 **0** 向量，因为用任何实数乘以 **0** 都得 **0**，所以 **0** 向量的张成空间还是 **0**。

【第三节】二维线性函数

本节仿照上一节，将线性函数从一维推广到二维，二维数值的空间结构可以用平面直角坐标系可视化。显然，二维数值、平面直角坐标系中的点、平面直角坐标系中的向量这三者一一对应。

二维空间中有两个标准基向量，如图 3.4 所示，一个是横轴 x 方向上的标准基向量 $\begin{bmatrix} 1 \\ 0 \end{bmatrix}$；另一个是纵轴 y 方向上的标准基向量 $\begin{bmatrix} 0 \\ 1 \end{bmatrix}$。

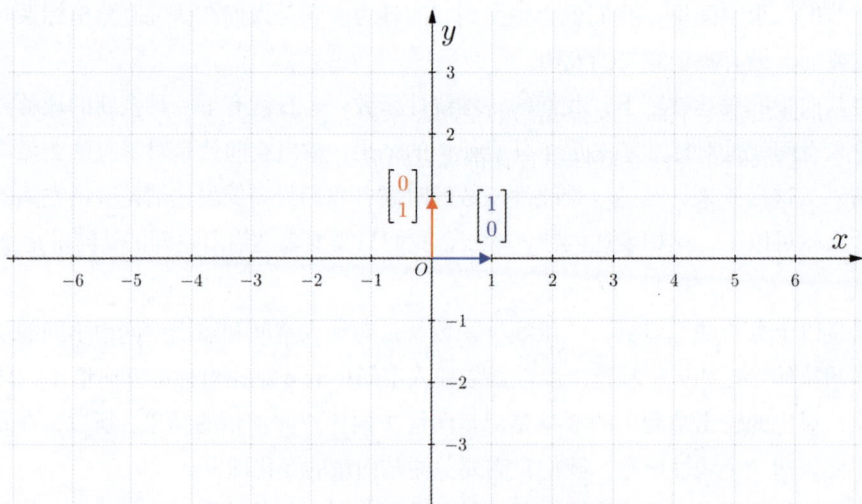

图 3.4　二维空间中的两个标准基向量

那么向量 $\begin{bmatrix} 3 \\ -2 \end{bmatrix}$ 就可以看成是将 x 轴方向上的标准基向量 $\begin{bmatrix} 1 \\ 0 \end{bmatrix}$ 拉伸 3 倍，再将 y 轴方向的标准基向量 $\begin{bmatrix} 0 \\ 1 \end{bmatrix}$ 拉伸 -2 倍，最后将这两个向量相加，即

$$3\begin{bmatrix} 1 \\ 0 \end{bmatrix} + (-2)\begin{bmatrix} 0 \\ 1 \end{bmatrix} = \begin{bmatrix} 3 \\ 0 \end{bmatrix} + \begin{bmatrix} 0 \\ -2 \end{bmatrix} = \begin{bmatrix} 3 \\ -2 \end{bmatrix}$$

如图 3.5 所示，我们就得到了向量 $\begin{bmatrix} 3 \\ -2 \end{bmatrix}$。显然，用这种方法，我们可以得到整个平面中的所有向量

$$x\begin{bmatrix} 1 \\ 0 \end{bmatrix} + y\begin{bmatrix} 0 \\ 1 \end{bmatrix} = \begin{bmatrix} x \\ 0 \end{bmatrix} + \begin{bmatrix} 0 \\ y \end{bmatrix} = \begin{bmatrix} x \\ y \end{bmatrix}$$

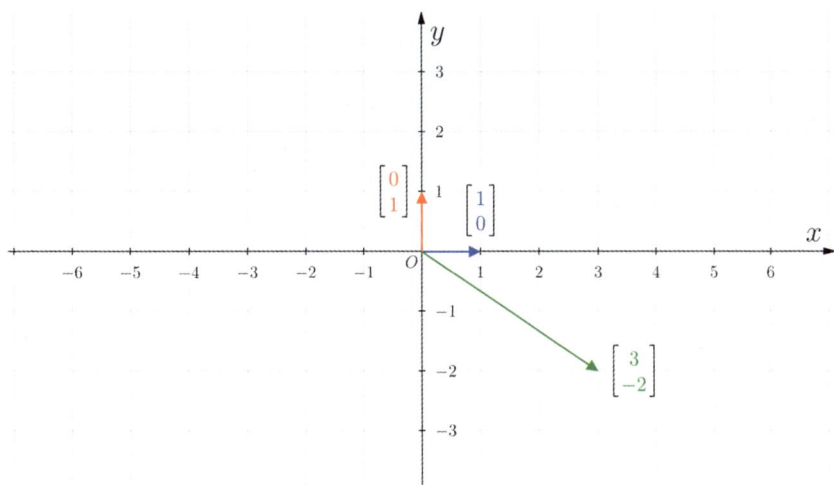

图 3.5　向量可以看作是基向量拉伸的结果

以上表达式也称为对平面直角坐标系中的两个标准基向量的线性组合。也就是说，对平面直角坐标系中的两个标准基向量进行任意拉伸之后，再将拉伸的结果相加，就是对两个标准基向量的线性组合。很明显，对平面直角坐标系中的两个标准基向量线性组合，可以张成出整个平面。发挥我们的空间想象力，不难发现，对平面直角坐标系中的任意两个不共线的非零向量线性组合，都可以张成出整个平面，即

$$x\begin{bmatrix} a \\ b \end{bmatrix} + y\begin{bmatrix} c \\ d \end{bmatrix} = \begin{bmatrix} ax \\ bx \end{bmatrix} + \begin{bmatrix} cy \\ dy \end{bmatrix} = \begin{bmatrix} ax + cy \\ bx + dy \end{bmatrix}$$

以上表达式叫作对向量 $\begin{bmatrix} a \\ b \end{bmatrix}$ 和 $\begin{bmatrix} c \\ d \end{bmatrix}$ 的线性组合，$\begin{bmatrix} ax + cy \\ bx + dy \end{bmatrix}$ 就是向量 $\begin{bmatrix} a \\ b \end{bmatrix}$ 和 $\begin{bmatrix} c \\ d \end{bmatrix}$ 的张成空间。

在以上对二维基向量线性组合的计算中，用到了向量的加法和向量的数乘，我们注意到向量的数乘本质上也是向量的加法，因为

$$2.5\begin{bmatrix} a \\ b \end{bmatrix} = \begin{bmatrix} a \\ b \end{bmatrix} + \begin{bmatrix} a \\ b \end{bmatrix} + \begin{bmatrix} 0.5a \\ 0.5b \end{bmatrix}$$

所以，二维向量的加法相当于被人为规定为对应维度的数值相加，即

$$\begin{bmatrix} a \\ b \end{bmatrix} + \begin{bmatrix} c \\ d \end{bmatrix} = \begin{bmatrix} a + c \\ b + d \end{bmatrix}$$

为什么要这样规定二维向量的加法呢？或者说为什么要这样规定二维数值的加法呢？没有为什么，就是觉得它合理，由它衍生出来的众多结论也非常合理，我们没有理由反对这样做加法。向量加法就是一个公理，由这个公理衍生出来的所有结论不仅很合理，还可以完美兼容我们最熟悉的一维数值的加法。其实一维数值的加法就是向量加法在一维时的表现。如果问向量加法为什么合理，这跟问 $2 + 3 = 5$ 为什么合理是一样的。向量加法并不是无中生有。事实上，在高中的受力分析、速度分解中，我们都能够看到这种合理性。向量加法完美契合了受力分析和速度分解，也完美契合了我们的直觉。

二维的向量加法还体现了一种平行四边形原则，如图 3.6 所示。因为两个向量相加得

到的新向量

$$\begin{bmatrix} 3 \\ -1 \end{bmatrix} + \begin{bmatrix} 1 \\ 2 \end{bmatrix} = \begin{bmatrix} 3+1 \\ -1+2 \end{bmatrix} = \begin{bmatrix} 4 \\ 1 \end{bmatrix}$$

就是由这两个向量确定的平行四边形的对角线，对那些在高中被受力分析摧残过的人来说，应该可以很快找到直觉。

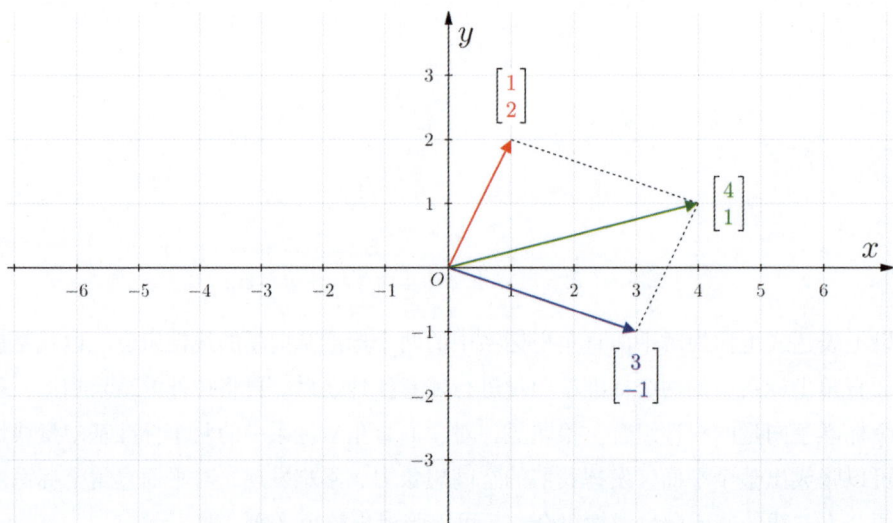

图 3.6 二维向量加法的平行四边形特性

　　知道了二维数值及二维数值的加法，接下来介绍二维数值的线性函数。对于二维数值的线性函数，不要着急写它的数学表达式，我们先从直观的图像来看二维线性函数应该是什么样子。

　　从直观的图像来说，任何均匀排列的二维数值经过函数转换后，如果它们依然可以保持均匀排列，那么这个函数就是二维线性函数。可以想象，如果将平面直角坐标系整体平移或者旋转，那么二维数值的相对位置不会发生改变，任何原本均匀排列的二维数值在变换后依然会保持均匀排列。所以，将平面直角坐标系整体平移或者旋转都属于线性函数。由于我们规定了只研究原点在变换前后保持不变的线性函数，所以现在要研究的二维线性函数，不仅需要任何均匀排列的二维数值在变换之后依然能够保持均匀排列，还需要原点在变换之后保持不变。

　　为了更形象地表达二维线性函数的特点，我们为平面直角坐标系添加均匀排列的网格，如图 3.7 所示。这样一来，这些网格的每个交叉点对应的向量，或者说这些网格的交叉点对应的二维数值，就是输入空间中均匀排列的点，我们的目标就是让这些交叉点在经过函数变换之后依然能够保持均匀排列，而且原点位置保持不变。

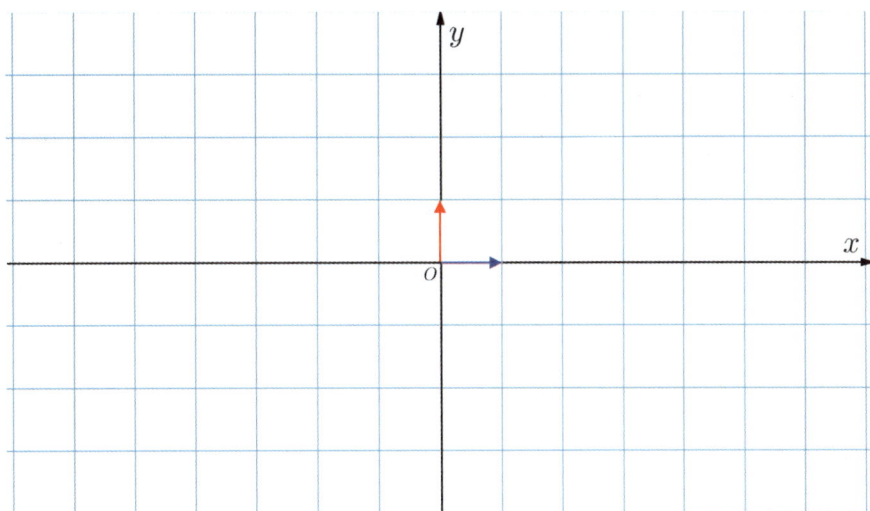

图 3.7　为坐标系添加均匀的网格

如图 3.8、图 3.9、图 3.10 所示，图像中的灰色网格表达的是二维线性函数的输入空间，蓝色网格表达的是输出空间。以上三种变换都属于线性变换，它们的共同点是网格的交叉点在变换之后依然保持均匀排列，且原点始终保持不变。这种变换的动画效果，参见作者在网络平台上发布的线性代数视频，在视频中读者可以更直观地看到变换的全过程。在这三幅图像中，输入空间中的向量 $\begin{bmatrix} 1 \\ 1 \end{bmatrix}$ 在线性变换之后，分别被变换到了 $\begin{bmatrix} 4 \\ 2 \end{bmatrix}$、$\begin{bmatrix} 3 \\ 3 \end{bmatrix}$、$\begin{bmatrix} 2 \\ 3 \end{bmatrix}$，网格在变换前后始终保持相互平行且等距分布，原点的位置始终没有变。

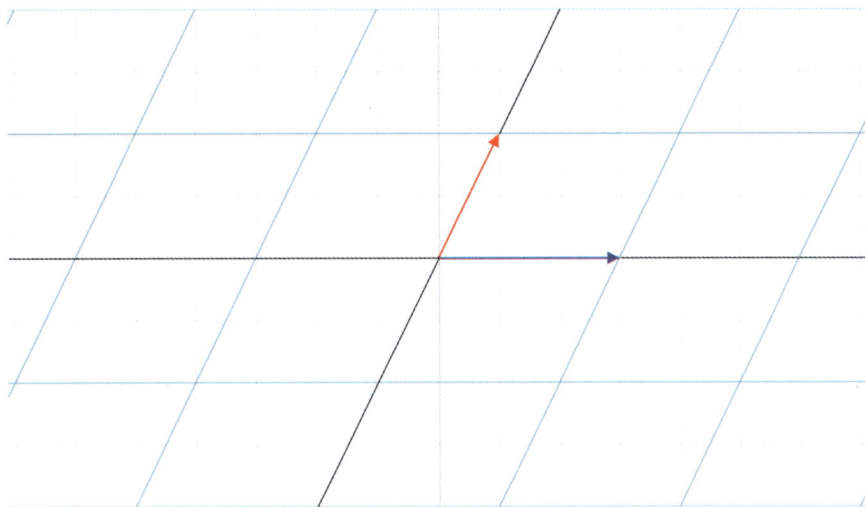

图 3.8　变换后交叉点依然保持均匀排列（1）

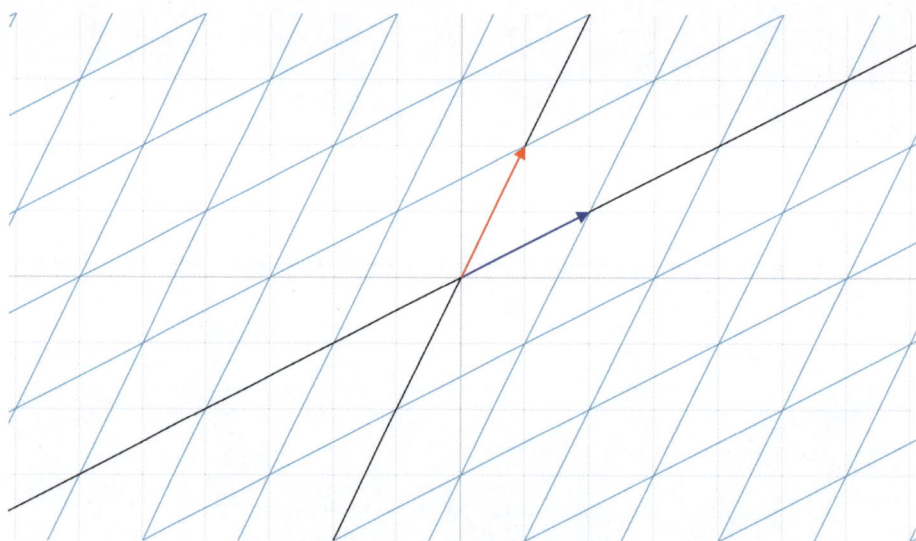

图 3.9   变换后交叉点依然保持均匀排列（2）

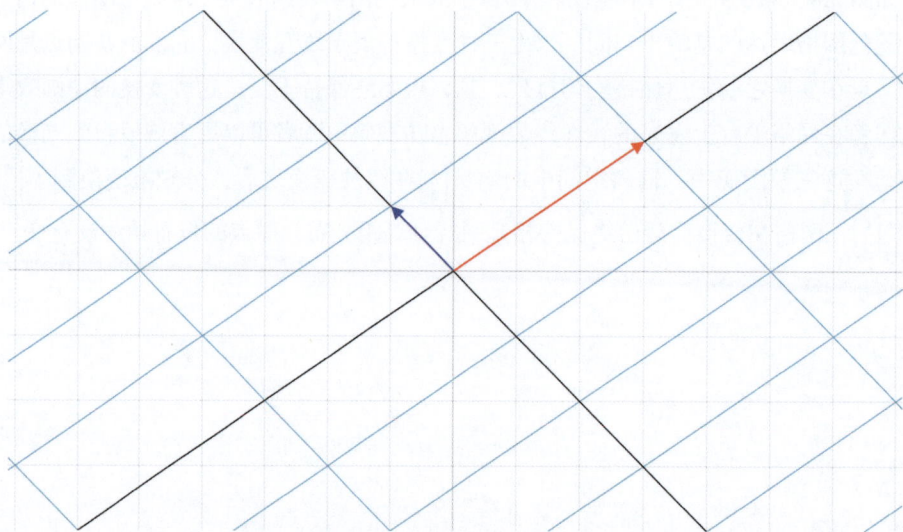

图 3.10   变换后交叉点依然保持均匀排列（3）

以上线性函数怎样用数值来表达呢？基向量的魅力在这里就会展现出来，不管这些变换多么令人眼花缭乱，我们只需要知道两个基向量去了哪里，就能够知道输入空间中的任何一个点在变换之后会落在什么位置。

在上一节，我们说线性函数的输入空间就是对标准基向量线性组合张成出来的空间，输出空间是对新的基向量线性组合张成出来的空间，线性函数只需要表达清楚基向量的去向即可。这个结论对二维线性函数也适用，二维线性函数的输入空间就是对两个标准基向量 $\begin{bmatrix} 1 \\ 0 \end{bmatrix}$ 和 $\begin{bmatrix} 0 \\ 1 \end{bmatrix}$ 线性组合张成出来的空间，输出空间是对两个新的基向量线性组合张成出来的空间。比如输入空间中的任意向量 $\begin{bmatrix} x \\ y \end{bmatrix}$，它就是对输入空间中两个标准基向量拉伸的结果：

$$x \begin{bmatrix} 1 \\ 0 \end{bmatrix} + y \begin{bmatrix} 0 \\ 1 \end{bmatrix} = \begin{bmatrix} x \\ 0 \end{bmatrix} + \begin{bmatrix} 0 \\ y \end{bmatrix} = \begin{bmatrix} x \\ y \end{bmatrix}$$

如果将标准基向量 $\begin{bmatrix} 1 \\ 0 \end{bmatrix}$ 移动到 $\begin{bmatrix} 3 \\ -2 \end{bmatrix}$，将标准基向量 $\begin{bmatrix} 0 \\ 1 \end{bmatrix}$ 移动到 $\begin{bmatrix} 2 \\ 1 \end{bmatrix}$，然后直接对新的基向量做同样拉伸：

$$x \begin{bmatrix} 3 \\ -2 \end{bmatrix} + y \begin{bmatrix} 2 \\ 1 \end{bmatrix} = \begin{bmatrix} 3x \\ -2x \end{bmatrix} + \begin{bmatrix} 2y \\ y \end{bmatrix} = \begin{bmatrix} 3x + 2y \\ -2x + y \end{bmatrix}$$

这里，$\begin{bmatrix} 3x + 2y \\ -2x + y \end{bmatrix}$ 就是 $\begin{bmatrix} x \\ y \end{bmatrix}$ 在变换之后的位置。从以上表达式可以看到，在输入空间与输出空间中，对基向量的拉伸比例是完全一样的，都是分别乘以 x 和 y，再将结果相加，不同的只是基向量。以上变换过程如表 3.1 所示，对应的变换图像如图 3.11 所示。

表 3.1　线性变换的流程

空间	基向量	拉伸	表达式	结果
输入空间	标准基向量 $\begin{bmatrix} 1 \\ 0 \end{bmatrix}$ $\begin{bmatrix} 0 \\ 1 \end{bmatrix}$	$x \begin{bmatrix} 1 \\ 0 \end{bmatrix} + y \begin{bmatrix} 0 \\ 1 \end{bmatrix}$	$\begin{bmatrix} 1 & 0 \\ 0 & 1 \end{bmatrix} \begin{bmatrix} x \\ y \end{bmatrix}$	$\begin{bmatrix} x \\ y \end{bmatrix}$
输出空间	新的基向量 $\begin{bmatrix} 3 \\ -2 \end{bmatrix}$ $\begin{bmatrix} 2 \\ 1 \end{bmatrix}$	$x \begin{bmatrix} 3 \\ -2 \end{bmatrix} + y \begin{bmatrix} 2 \\ 1 \end{bmatrix}$	$\begin{bmatrix} 3 & 2 \\ -2 & 1 \end{bmatrix} \begin{bmatrix} x \\ y \end{bmatrix}$	$\begin{bmatrix} 3x + 2y \\ -2x + y \end{bmatrix}$

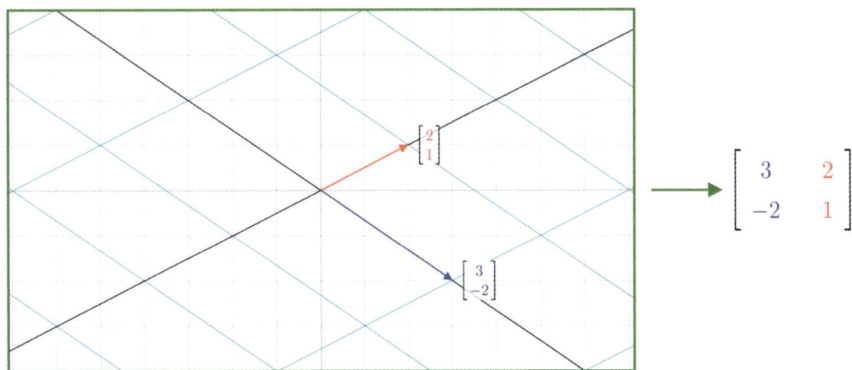

图 3.11　二维线性变换

我们用一个新的符号来表示二维线性函数的表达式，将第一个变换后的基向量 $\begin{bmatrix} 3 \\ -2 \end{bmatrix}$ 放在左边，第二个变换后的基向量 $\begin{bmatrix} 2 \\ 1 \end{bmatrix}$ 放在右边，然后用一个括号将它们括起来，即

$$\begin{bmatrix} 3 & 2 \\ -2 & 1 \end{bmatrix}$$

这就是我们的线性函数，在线性代数里叫作矩阵。很明显，矩阵仅仅告诉了我们两个标准基向量的去向。对线性函数来说，这个信息已经足够了。

有了矩阵的概念，二维线性函数的输入空间就可以表达成

$$x \begin{bmatrix} 1 \\ 0 \end{bmatrix} + y \begin{bmatrix} 0 \\ 1 \end{bmatrix} = \begin{bmatrix} x \\ y \end{bmatrix} = \begin{bmatrix} 1 & 0 \\ 0 & 1 \end{bmatrix} \begin{bmatrix} x \\ y \end{bmatrix}$$

二维线性函数的输出空间就可以表达成

$$x \begin{bmatrix} a \\ b \end{bmatrix} + y \begin{bmatrix} c \\ d \end{bmatrix} = \begin{bmatrix} ax + cy \\ bx + dy \end{bmatrix} = \begin{bmatrix} a & c \\ b & d \end{bmatrix} \begin{bmatrix} x \\ y \end{bmatrix}$$

很明显，输入空间与输出空间的唯一区别就是基向量，拉伸程度是完全一样的。我们将矩阵 $\begin{bmatrix} 1 & 0 \\ 0 & 1 \end{bmatrix}$ 叫作单位矩阵，因为它包含的基向量就是我们的标准基向量。我们的二维线性函数就是

$$f(x, y) = \begin{bmatrix} a & c \\ b & d \end{bmatrix} \begin{bmatrix} x \\ y \end{bmatrix} = \begin{bmatrix} ax + cy \\ bx + dy \end{bmatrix}$$

如果你有兴趣，将一维线性函数 $f(x) = kx$ 与二维线性函数 $f(x, y) = \begin{bmatrix} a & c \\ b & d \end{bmatrix} \begin{bmatrix} x \\ y \end{bmatrix}$ 放在一起对比一下，就会发现：如果站在基向量的视角，这两个函数具有统一的描述方式。

在上一节中，我们对单个一维向量任意拉伸，也就是对单个向量的线性组合可以张成出一条与这个向量共线的直线。很明显，在二维空间中同样如此，对单个非 0 向量的线性组合得到的张成空间也是与这个向量共线的直线。不难想象，在二维空间中，对两个不共线的非 0 向量线性组合得到的张成空间就是整个平面。而对两个共线的非 0 向量线性组合得到的张成空间仍然是一条直线，而且是一条与这两个向量共线的直线。

【第四节】三维线性函数

用同样的方法，我们看看怎样将二维线性函数推广到三维，三维数值的空间结构可以用三维直角坐标系可视化。那么，三维数值、三维直角坐标系中的点、三维直角坐标系中的向量这三者也是一一对应的。

在三维直角坐标系中，有三个标准基向量 $\begin{bmatrix} 1 \\ 0 \\ 0 \end{bmatrix}, \begin{bmatrix} 0 \\ 1 \\ 0 \end{bmatrix}, \begin{bmatrix} 0 \\ 0 \\ 1 \end{bmatrix}$，如图 3.12 所示。那么三维线性函数的输入空间 $\begin{bmatrix} x \\ y \\ z \end{bmatrix}$ 就是将 x 轴上的基向量 $\begin{bmatrix} 1 \\ 0 \\ 0 \end{bmatrix}$ 拉伸 x 倍，将 y 轴上的基向量 $\begin{bmatrix} 0 \\ 1 \\ 0 \end{bmatrix}$ 拉伸 y 倍，将 z 轴上的基向量 $\begin{bmatrix} 0 \\ 0 \\ 1 \end{bmatrix}$ 拉伸 z 倍。即

$$x \begin{bmatrix} 1 \\ 0 \\ 0 \end{bmatrix} + y \begin{bmatrix} 0 \\ 1 \\ 0 \end{bmatrix} + z \begin{bmatrix} 0 \\ 0 \\ 1 \end{bmatrix} = \begin{bmatrix} x \\ 0 \\ 0 \end{bmatrix} + \begin{bmatrix} 0 \\ y \\ 0 \end{bmatrix} + \begin{bmatrix} 0 \\ 0 \\ z \end{bmatrix} = \begin{bmatrix} x \\ y \\ z \end{bmatrix}$$

这就相当于明确了输入空间中的所有向量与标准基向量之间的关系。那么对于三维线性函数的输出空间，只要跟踪三个基向量的最终去向就可以了。

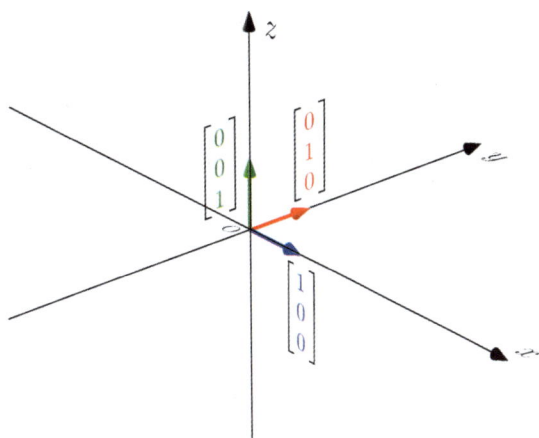

图 3.12　三维空间中的三个标准基向量

比如第一个基向量 $\begin{bmatrix}1\\0\\0\end{bmatrix}$ 最终去了 $\begin{bmatrix}0\\3\\6\end{bmatrix}$，第二个基向量 $\begin{bmatrix}0\\1\\0\end{bmatrix}$ 最终去了 $\begin{bmatrix}1\\4\\7\end{bmatrix}$，第三个基向量 $\begin{bmatrix}0\\0\\1\end{bmatrix}$ 最终去了 $\begin{bmatrix}2\\5\\8\end{bmatrix}$，那么我们的线性函数就要对这三个新的基向量做同样的拉伸：

$$x\begin{bmatrix}0\\3\\6\end{bmatrix}+y\begin{bmatrix}1\\4\\7\end{bmatrix}+z\begin{bmatrix}2\\5\\8\end{bmatrix}=\begin{bmatrix}0x\\3x\\6x\end{bmatrix}+\begin{bmatrix}y\\4y\\7y\end{bmatrix}+\begin{bmatrix}2z\\5z\\8z\end{bmatrix}=\begin{bmatrix}0x+y+2z\\3x+4y+5z\\6x+7y+8z\end{bmatrix}$$

我们的三维线性函数就是

$$f(x,y,z)=\begin{bmatrix}0&1&2\\3&4&5\\6&7&8\end{bmatrix}\begin{bmatrix}x\\y\\z\end{bmatrix}=\begin{bmatrix}0x+y+2z\\3x+4y+5z\\6x+7y+8z\end{bmatrix}$$

在这里，矩阵 $\begin{bmatrix}0&1&2\\3&4&5\\6&7&8\end{bmatrix}$ 仅仅告诉了我们三个基向量最终去了哪里，但对线性函数来说，信息已经足够了。我们将以上线性变换的流程做成表格，如表 3.2 所示。

表 3.2　三维线性变换的流程

空间	基向量	拉伸	表达式	结果
输入空间	标准基向量 $\begin{bmatrix}1\\0\\0\end{bmatrix}\begin{bmatrix}0\\1\\0\end{bmatrix}\begin{bmatrix}0\\0\\1\end{bmatrix}$	$x\begin{bmatrix}1\\0\\0\end{bmatrix}+y\begin{bmatrix}0\\1\\0\end{bmatrix}+z\begin{bmatrix}0\\0\\1\end{bmatrix}$	$\begin{bmatrix}1&0&0\\0&1&0\\0&0&1\end{bmatrix}\begin{bmatrix}x\\y\\z\end{bmatrix}$	$\begin{bmatrix}x\\y\\z\end{bmatrix}$
输出空间	新的基向量 $\begin{bmatrix}0\\3\\6\end{bmatrix}\begin{bmatrix}1\\4\\7\end{bmatrix}\begin{bmatrix}2\\5\\8\end{bmatrix}$	$x\begin{bmatrix}0\\3\\6\end{bmatrix}+y\begin{bmatrix}1\\4\\7\end{bmatrix}+z\begin{bmatrix}2\\5\\8\end{bmatrix}$	$\begin{bmatrix}0&1&2\\3&4&5\\6&7&8\end{bmatrix}\begin{bmatrix}x\\y\\z\end{bmatrix}$	$\begin{bmatrix}0x+y+2z\\3x+4y+5z\\6x+7y+8z\end{bmatrix}$

在上一节中，我们对两个不共线的非 0 向量线性组合，张成出来的空间就是这两个

向量所在的平面。在三维空间中同样如此，对任意两个不共线的非 0 向量线性组合，张成出来的空间也是这两个向量所在的平面。

我们想一想，如果对三维空间中的三个非 0 向量随意拉伸，再对它们做向量加法，能够张成出一个什么样的空间呢？换句话说，三维空间中的三个非 0 向量线性组合，它的张成空间会是什么样子呢？

我们可以这样思考，如果三维空间中有两个不共线的向量，那么这两个不共线的向量就能够张成出它们所在的平面，这样一来，第三个向量就有两种情况。如果第三个向量不在前两个向量所确定的平面内，那么随意拉伸第三个向量，由前两个向量确定的平面就可以扫过整个三维空间。如果第三个向量就在前两个向量所确定的平面之内，那么随意拉伸第三个向量，张成的空间就不会增加，还是原来的平面，我们认为该向量不是独立的，它不能独当一面，跟前两个向量是有关联的，只是前两个向量的某种线性组合，我们将这种情况称为线性相关（Linearly Independent）。显然，如果前两个向量无法通过线性组合张成出第三个向量，那么第三个向量跟前两个向量之间就是线性无关的。在英文语义里，线性无关有独立的、不依赖的、可独当一面的意思。

简单来说，不能增加张成空间的向量与原张成空间之间的关系就是线性相关，反之就是线性无关。

很明显，两个不共线的非 0 向量线性无关，两个共线的非 0 向量线性相关。反过来说也成立，如果两个向量线性相关，那么它们就是共线的，通过拉伸其中一个向量，就能得到另一个，或者说对其中一个向量的某种线性组合，就能够张成出另一个。

同样，如果三个向量都落在同一个平面里，也是线性相关的，因为其中任意两个向量的某种线性组合就能够张成出第三个向量。

经过以上分析，我们就能得出一个显而易见的结论：单个向量最多只能张成出一条直线，当然它也能张成出零空间，数乘 0 就是零空间；两个向量最多只能张成出一个平面，它们共线时就只能张成出一条直线，它们都数乘 0 时，也可以张成出零空间；三个向量最多只能张成出三维空间，它们共面时就只能张成出一个平面，它们共线时就只能张成出一条直线，不管它们是否共面共线，都数乘 0 就可以张成出零空间。

现在我们知道，对三维空间进行线性变换，本质上就是重新定位三个基向量的位置，那么三个基向量张成出来的最多只可能是三维空间。所以，对三维空间进行线性变换，输出空间最多只能是三维的，我们将线性变换后的空间的维数叫作秩。如果线性变换后的空间维数是 3 维，我们也可以说这个线性变换的秩是 3，而且这个变换是满秩变换。如果三维空间线性变换后，三个基向量都跑到同一个面上去了，那么变换后就成了一个二维平面，这个变换就不是满秩变换。以此类推，二维空间线性变换后如果还是二维空间，那么这个变换也是满秩变换。

【第五节】任意维线性函数

我们的空间想象力到三维就到头了，我们无法想象四维空间的样子，无法想象四维空间中的四个标准基向量两两相互垂直，也无法想象五维的空间是什么样子，百维的空间又是什么样子。但是，我们的模型会告诉我们高维空间是什么样子。

我们以四维为例，四维数值、四维空间中的点、四维空间中的向量这三者之间也是一一对应的。四维空间的四个标准基向量是 $\begin{bmatrix}1\\0\\0\\0\end{bmatrix},\begin{bmatrix}0\\1\\0\\0\end{bmatrix},\begin{bmatrix}0\\0\\1\\0\end{bmatrix},\begin{bmatrix}0\\0\\0\\1\end{bmatrix}$，四维线性函数的输入空间 $\begin{bmatrix}x\\y\\z\\w\end{bmatrix}$ 就是将第一维上的基向量 $\begin{bmatrix}1\\0\\0\\0\end{bmatrix}$ 拉伸 x 倍，将第二维上的基向量 $\begin{bmatrix}0\\1\\0\\0\end{bmatrix}$ 拉伸 y 倍，将第三维上的基向量 $\begin{bmatrix}0\\0\\1\\0\end{bmatrix}$ 拉伸 z 倍，将第四维上的基向量 $\begin{bmatrix}0\\0\\0\\1\end{bmatrix}$ 拉伸 w 倍。即

$$x\begin{bmatrix}1\\0\\0\\0\end{bmatrix}+y\begin{bmatrix}0\\1\\0\\0\end{bmatrix}+z\begin{bmatrix}0\\0\\1\\0\end{bmatrix}+w\begin{bmatrix}0\\0\\0\\1\end{bmatrix}=\begin{bmatrix}x\\0\\0\\0\end{bmatrix}+\begin{bmatrix}0\\y\\0\\0\end{bmatrix}+\begin{bmatrix}0\\0\\z\\0\end{bmatrix}+\begin{bmatrix}0\\0\\0\\w\end{bmatrix}=\begin{bmatrix}x\\y\\z\\w\end{bmatrix}$$

这就相当于明确了输入空间中的所有向量与标准基向量之间的关系。至于四维线性函数的输出空间，只要跟踪四个基向量的最终去向就可以了。

比如第一个基向量 $\begin{bmatrix}1\\0\\0\\0\end{bmatrix}$ 最终去了 $\begin{bmatrix}0\\3\\6\\9\end{bmatrix}$，第二个基向量 $\begin{bmatrix}0\\1\\0\\0\end{bmatrix}$ 最终去了 $\begin{bmatrix}1\\4\\7\\1\end{bmatrix}$，第三个基向量 $\begin{bmatrix}0\\0\\1\\0\end{bmatrix}$ 最终去了 $\begin{bmatrix}2\\5\\8\\2\end{bmatrix}$，第四个基向量 $\begin{bmatrix}0\\0\\0\\1\end{bmatrix}$ 最终去了 $\begin{bmatrix}3\\6\\9\\3\end{bmatrix}$，那么我们的线性函数就要对这四个新的基向量做同样的拉伸：

$$x\begin{bmatrix}0\\3\\6\\9\end{bmatrix}+y\begin{bmatrix}1\\4\\7\\1\end{bmatrix}+z\begin{bmatrix}2\\5\\8\\2\end{bmatrix}+w\begin{bmatrix}3\\6\\9\\3\end{bmatrix}=\begin{bmatrix}0x\\3x\\6x\\9x\end{bmatrix}+\begin{bmatrix}y\\4y\\7y\\y\end{bmatrix}+\begin{bmatrix}2z\\5z\\8z\\2z\end{bmatrix}+\begin{bmatrix}3w\\6w\\9w\\3w\end{bmatrix}=\begin{bmatrix}0x+y+2z+3w\\3x+4y+5z+6w\\6x+7y+8z+9w\\9x+y+2z+3w\end{bmatrix}$$

我们的四维线性函数就是

$$f(x,y,z,w)=\begin{bmatrix}0&1&2&3\\3&4&5&6\\6&7&8&9\\9&1&2&3\end{bmatrix}\begin{bmatrix}x\\y\\z\\w\end{bmatrix}=\begin{bmatrix}0x+y+2z+3w\\3x+4y+5z+6w\\6x+7y+8z+9w\\9x+y+2z+3w\end{bmatrix}$$

在这里，矩阵 $\begin{bmatrix} 0 & 1 & 2 & 3 \\ 3 & 4 & 5 & 6 \\ 6 & 7 & 8 & 9 \\ 9 & 1 & 2 & 3 \end{bmatrix}$ 仅仅告诉了我们四个基向量最终去了哪里，但对线性函数来说，信息已经足够了。我们将以上线性变换的流程做成表格，如表 3.3 所示。

表 3.3　四维线性变换的流程

空间	基向量	拉伸	表达式	结果
输入空间	标准基向量 $\begin{bmatrix}1\\0\\0\\0\end{bmatrix}\begin{bmatrix}0\\1\\0\\0\end{bmatrix}\begin{bmatrix}0\\0\\1\\0\end{bmatrix}\begin{bmatrix}0\\0\\0\\1\end{bmatrix}$	$x\begin{bmatrix}1\\0\\0\\0\end{bmatrix}+y\begin{bmatrix}0\\1\\0\\0\end{bmatrix}+z\begin{bmatrix}0\\0\\1\\0\end{bmatrix}+w\begin{bmatrix}0\\0\\0\\1\end{bmatrix}$	$\begin{bmatrix}1&0&0&0\\0&1&0&0\\0&0&1&0\\0&0&0&1\end{bmatrix}\begin{bmatrix}x\\y\\z\\w\end{bmatrix}$	$\begin{bmatrix}x\\y\\z\\w\end{bmatrix}$
输出空间	新的基向量 $\begin{bmatrix}0\\3\\6\\9\end{bmatrix}\begin{bmatrix}1\\4\\7\\1\end{bmatrix}\begin{bmatrix}2\\5\\8\\2\end{bmatrix}\begin{bmatrix}3\\6\\9\\3\end{bmatrix}$	$x\begin{bmatrix}0\\3\\6\\9\end{bmatrix}+y\begin{bmatrix}1\\4\\7\\1\end{bmatrix}+z\begin{bmatrix}2\\5\\8\\2\end{bmatrix}+w\begin{bmatrix}3\\6\\9\\3\end{bmatrix}$	$\begin{bmatrix}0&1&2&3\\3&4&5&6\\6&7&8&9\\9&1&2&3\end{bmatrix}\begin{bmatrix}x\\y\\z\\w\end{bmatrix}$	$\begin{bmatrix}0x+y+2z+3w\\3x+4y+5z+6w\\6x+7y+8z+9w\\9x+y+2z+3w\end{bmatrix}$

虽然我们不知道四维空间是什么样子，四维及四维以上的数值空间对我们来说是抽象的，但是对四维空间中的单个向量的线性组合，张成出来的空间是一条直线；不共线的两个向量线性组合，张成出来的空间是一个平面；不共面的三个向量的张成空间是一个三维空间；四个线性无关的向量线性组合，就能张成出一个满秩的四维空间。

这一节我们就到这里。通过这一节我们知道，数值空间可以延伸到任意维。事实上，数值空间可以看成平直几何的几何空间，我们最熟悉的平直几何是平面几何和立体几何，平面几何是二维平直几何，立体几何是三维平直几何。事实上，平直几何可以延伸到任意维。关于平直几何维度的延伸，读者可以参看第 4 章第 7 节。

【第六节】函数与变换

在线性代数中，通常将线性函数说成线性变换。在英文的语境中，变换（transformation）有过程的意思，而函数（function）更多是功能的意思，它看起来更关注结果。所以在线性代数里，用变换比用函数显得更加形象，这就像我们看动画片，动画里的物体转动的时候，我们不仅能够看到转动结果，连转动过程也很清楚。

不知道大家注意到没有，在前面几节的讲解中，我们始终是在描述同一个空间的变化过程，总是将空间从一种状态"掰"到另一种状态，描述的始终是同一个空间的变化。我们知道，函数描述的变化要宽泛得多，只要每个输入值都有唯一的输出值与之对应，它就是函数。函数并不关心输入对象与输出对象是不是同一个对象，所以函数里面不仅有变换的意思，也可以有映射（mapping），也就是对应的意思。也就是说，函数的输入对象与输出对象只要符合函数的对应关系就行。

换句话说，我们可以让一条数轴直接与三维空间中的一条直线对应，也可以让一个二维平面与三维中的平面对应，还可以让三维空间与二维空间对应。

下面就来写一个线性函数，让它将一个一维的空间，也就是一条直线对应到三维空间中去。还是之前的方法，看基向量的变化。线性变换流程如表 3.4 所示。

表 3.4　一维到三维线性变换

空间	基向量	拉伸	表达式	结果
输入空间	标准基向量 1	$x \cdot 1$	$1x$	x
输出空间	新的基向量 $\begin{bmatrix}1\\1\\1\end{bmatrix}$	$x\begin{bmatrix}1\\1\\1\end{bmatrix}$	$\begin{bmatrix}1\\1\\1\end{bmatrix}x$	$\begin{bmatrix}x\\x\\x\end{bmatrix}$

从一维向三维空间中做线性变换的时候，基向量的原始位置就是数轴上的向量 1，也就是说我们只有一个标准基向量，所以只需要在三维空间中找一个向量与它对应就可以了，比如向量 $\begin{bmatrix}1\\1\\1\end{bmatrix}$，那么从变换流程表中可以看到，对一维基向量的拉伸就是 x 乘以 1，对三维基向量做同样拉伸，就是 x 乘以这个新的基向量。我们可以想象，拉伸 $\begin{bmatrix}1\\1\\1\end{bmatrix}$ 这个向量会张成出一条怎样的直线。以上过程写成函数形式就是

$$f(x) = \begin{bmatrix}1\\1\\1\end{bmatrix} x$$

自变量 x 写在右边，左边这个 $\begin{bmatrix}1\\1\\1\end{bmatrix}$ 现在就不是向量了，它是一个 3×1 矩阵，矩阵的读法是先行后列，这里可以读作 3 乘 1 矩阵。

接下来再看一个变换流程如表 3.5 所示的线性变换,它将二维数值线性变换成三维数值，或者说将二维平面变换到三维空间中。很明显，二维平面的标准基向量只有两个，就是 $\begin{bmatrix}1\\0\end{bmatrix}$ 和 $\begin{bmatrix}0\\1\end{bmatrix}$，所以我们需要在三维空间中找两个向量作为变换后的基向量，比如向量 $\begin{bmatrix}3\\2\\1\end{bmatrix}$ 和 $\begin{bmatrix}1\\2\\3\end{bmatrix}$，然后分别对输入空间和输出空间的基向量做同样拉伸，在输入空间中拉伸的是 $\begin{bmatrix}1\\0\end{bmatrix}$ 和 $\begin{bmatrix}0\\1\end{bmatrix}$，即

$$x\begin{bmatrix}1\\0\end{bmatrix} + y\begin{bmatrix}0\\1\end{bmatrix} = \begin{bmatrix}x\\0\end{bmatrix} + \begin{bmatrix}0\\y\end{bmatrix} = \begin{bmatrix}x\\y\end{bmatrix}$$

在输出空间中拉伸的就是 $\begin{bmatrix}3\\2\\1\end{bmatrix}$ 和 $\begin{bmatrix}1\\2\\3\end{bmatrix}$，即

$$x\begin{bmatrix}3\\2\\1\end{bmatrix} + y\begin{bmatrix}1\\2\\3\end{bmatrix} = \begin{bmatrix}3x\\2x\\x\end{bmatrix} + \begin{bmatrix}y\\2y\\3y\end{bmatrix} = \begin{bmatrix}3x+y\\2x+2y\\x+3y\end{bmatrix}$$

显然，这里是在对三维空间中的两个不共线的向量做线性组合，输出空间就是三维空间中的一个平面，即由向量 $\begin{bmatrix}3\\2\\1\end{bmatrix}$ 和 $\begin{bmatrix}1\\2\\3\end{bmatrix}$ 确定的平面。

表 3.5　二维到三维线性变换

空间	基向量	拉伸	表达式	结果
输入空间	标准基向量 $\begin{bmatrix}1\\0\end{bmatrix}$　$\begin{bmatrix}0\\1\end{bmatrix}$	$x\begin{bmatrix}1\\0\end{bmatrix} + y\begin{bmatrix}0\\1\end{bmatrix}$	$\begin{bmatrix}1&0\\0&1\end{bmatrix}\begin{bmatrix}x\\y\end{bmatrix}$	$\begin{bmatrix}x\\y\end{bmatrix}$
输出空间	新的基向量 $\begin{bmatrix}3\\2\\1\end{bmatrix}$　$\begin{bmatrix}1\\2\\3\end{bmatrix}$	$x\begin{bmatrix}3\\2\\1\end{bmatrix} + y\begin{bmatrix}1\\2\\3\end{bmatrix}$	$\begin{bmatrix}3&1\\2&2\\1&3\end{bmatrix}\begin{bmatrix}x\\y\end{bmatrix}$	$\begin{bmatrix}3x+y\\2x+2y\\x+3y\end{bmatrix}$

以上变换写成函数形式为

$$f(x,y) = \begin{bmatrix}3&1\\2&2\\1&3\end{bmatrix}\begin{bmatrix}x\\y\end{bmatrix}$$

还是自变量在右边，矩阵在左边，显然这是一个 3×2 矩阵。

　　以上两个例子都是将低维空间对应到高维空间，下面来看将高维空间中的向量对应到低维空间中的情况。在看这个例子之前，我们先稍稍修正一下前面介绍的一个结论，前面在从一维往三维变换时，我们是将一维空间和三维空间当成完全不同的两类对象来看的，也就是说变换是针对不同对象的对应关系，而不是将同一个对象硬"掰"过去的。其实不一定，这完全要看我们怎么理解，我们完全可以将刚才的一维直线想象成原本就在三维空间中，这样一来，同样可以理解成是对同一个对象在变换，所以这里就看我们怎么理解。也就是说，事实只有一个，但是可以有两种理解方式。这也说明，函数的映射概念在线性代数中区别并不是那么明显。在线性代数中，将所有的函数都叫作变换，也是比较合理的。

　　下面来将三维数值线性变换成二维数值，或者说将三维空间变换到二维空间，变换的流程如表 3.6 所示。显然，三维空间有三个标准基向量 $\begin{bmatrix}1\\0\\0\end{bmatrix},\begin{bmatrix}0\\1\\0\end{bmatrix},\begin{bmatrix}0\\0\\1\end{bmatrix}$，我们需要在二维空间中找三个向量来表示基向量变换之后的位置，比如 $\begin{bmatrix}3\\1\end{bmatrix},\begin{bmatrix}2\\4\end{bmatrix},\begin{bmatrix}1\\4\end{bmatrix}$，然后分别对输入空间和输出空间的基向量做同样拉伸，在输入空间中拉伸的是 $\begin{bmatrix}1\\0\\0\end{bmatrix},\begin{bmatrix}0\\1\\0\end{bmatrix},\begin{bmatrix}0\\0\\1\end{bmatrix}$，即

$$x\begin{bmatrix}1\\0\\0\end{bmatrix}+y\begin{bmatrix}0\\1\\0\end{bmatrix}+z\begin{bmatrix}0\\0\\1\end{bmatrix}=\begin{bmatrix}x\\0\\0\end{bmatrix}+\begin{bmatrix}0\\y\\0\end{bmatrix}+\begin{bmatrix}0\\0\\z\end{bmatrix}=\begin{bmatrix}x\\y\\z\end{bmatrix}$$

在输出空间中拉伸的就是 $\begin{bmatrix}3\\1\end{bmatrix},\begin{bmatrix}2\\4\end{bmatrix},\begin{bmatrix}1\\4\end{bmatrix}$，即

$$x\begin{bmatrix}3\\1\end{bmatrix}+y\begin{bmatrix}2\\4\end{bmatrix}+z\begin{bmatrix}1\\4\end{bmatrix}=\begin{bmatrix}3x\\x\end{bmatrix}+\begin{bmatrix}2y\\4y\end{bmatrix}+\begin{bmatrix}z\\4z\end{bmatrix}=\begin{bmatrix}3x+2y+z\\x+4y+4z\end{bmatrix}$$

写成函数形式为

$$f(x,y,z)=\begin{bmatrix}3&2&1\\1&4&4\end{bmatrix}\begin{bmatrix}x\\y\\z\end{bmatrix}$$

还是自变量在右边，矩阵在左边，显然这是一个 2×3 矩阵。

表 3.6　三维到二维线性变换

空间	基向量	拉伸	表达式	结果
输入空间	标准基向量 $\begin{bmatrix}1\\0\\0\end{bmatrix}\begin{bmatrix}0\\1\\0\end{bmatrix}\begin{bmatrix}0\\0\\1\end{bmatrix}$	$x\begin{bmatrix}1\\0\\0\end{bmatrix}+y\begin{bmatrix}0\\1\\0\end{bmatrix}+z\begin{bmatrix}0\\0\\1\end{bmatrix}$	$\begin{bmatrix}1&0&0\\0&1&0\\0&0&1\end{bmatrix}\begin{bmatrix}x\\y\\z\end{bmatrix}$	$\begin{bmatrix}x\\y\\z\end{bmatrix}$
输出空间	新的基向量 $\begin{bmatrix}3\\1\end{bmatrix}\begin{bmatrix}2\\4\end{bmatrix}\begin{bmatrix}1\\4\end{bmatrix}$	$x\begin{bmatrix}3\\1\end{bmatrix}+y\begin{bmatrix}2\\4\end{bmatrix}+z\begin{bmatrix}1\\4\end{bmatrix}$	$\begin{bmatrix}3&2&1\\1&4&4\end{bmatrix}\begin{bmatrix}x\\y\\z\end{bmatrix}$	$\begin{bmatrix}3x+2y+z\\x+4y+4z\end{bmatrix}$

看到这个矩阵，你可能会怀疑这还是线性的吗？绝对是线性的。我们可以将二维空间也想象成三维空间，只是三个新的基向量的第三维都是 0。也就是说，我们还是在从三维到三维变换，只是三个新的基向量位置比较特殊，它们都在一个平面上。

如果将三维数值线性变换成一维数值，也就是将三维空间变换到一维数轴上，三个基向量的位置就会更加特殊，线性变换流程如表 3.7 所示。在这里，输入空间是三维空间，有三个标准基向量 $\begin{bmatrix}1\\0\\0\end{bmatrix},\begin{bmatrix}0\\1\\0\end{bmatrix},\begin{bmatrix}0\\0\\1\end{bmatrix}$，我们需要在数轴上找三个向量来表示基向量变换之后的位置，比如 **2,4,1**，然后分别对输入空间和输出空间的基向量做同样拉伸，在输入空间中拉伸的是 $\begin{bmatrix}1\\0\\0\end{bmatrix},\begin{bmatrix}0\\1\\0\end{bmatrix},\begin{bmatrix}0\\0\\1\end{bmatrix}$，即

$$x\begin{bmatrix}1\\0\\0\end{bmatrix}+y\begin{bmatrix}0\\1\\0\end{bmatrix}+z\begin{bmatrix}0\\0\\1\end{bmatrix}=\begin{bmatrix}x\\0\\0\end{bmatrix}+\begin{bmatrix}0\\y\\0\end{bmatrix}+\begin{bmatrix}0\\0\\z\end{bmatrix}=\begin{bmatrix}x\\y\\z\end{bmatrix}$$

在输出空间中拉伸的就是 **2,4,1**，即

$$x\cdot\mathbf{2}+y\cdot\mathbf{4}+z\cdot\mathbf{1}=2x+4y+z$$

写成函数形式有

$$f(x,y,z) = \begin{bmatrix} 2 & 4 & 1 \end{bmatrix}\begin{bmatrix} x \\ y \\ z \end{bmatrix}$$

还是自变量在右边，矩阵在左边，显然这是一个 1×3 矩阵。我们仍然可以将它想象成是三维到三维的变换，只是三个新的基向量位置比较特殊，在一条直线上，它们的第二维和第三维都是 0。

表 3.7　三维到一维线性变换

空间	基向量	拉伸	表达式	结果
输入空间	标准基向量 $\begin{bmatrix}1\\0\\0\end{bmatrix}\begin{bmatrix}0\\1\\0\end{bmatrix}\begin{bmatrix}0\\0\\1\end{bmatrix}$	$x\begin{bmatrix}1\\0\\0\end{bmatrix}+y\begin{bmatrix}0\\1\\0\end{bmatrix}+z\begin{bmatrix}0\\0\\1\end{bmatrix}$	$\begin{bmatrix}1&0&0\\0&1&0\\0&0&1\end{bmatrix}\begin{bmatrix}x\\y\\z\end{bmatrix}$	$\begin{bmatrix}x\\y\\z\end{bmatrix}$
输出空间	新的基向量 $2\ 4\ 1$	$x\cdot2+y\cdot4+z\cdot1$	$\begin{bmatrix}2&4&1\end{bmatrix}\begin{bmatrix}x\\y\\z\end{bmatrix}$	$2x+4y+z$

【第七节】复合函数 $g(f(x))$

本节将对矩阵做更深一层的理解，对矩阵的意义做一个更准确的界定。如图 3.13 所示，这是一个二维空间，我们可以用矩阵 $\begin{bmatrix}3&1\\0&2\end{bmatrix}$ 对它做线性变换，图 3.14 就是变换后的结果。想一想，如果对现在的输出空间再做一次线性变换，结果会是什么样子呢？

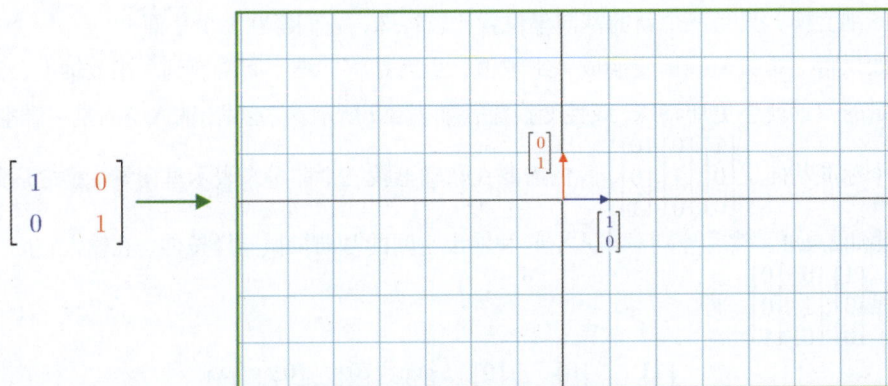

图 3.13　单位矩阵下的二维数值

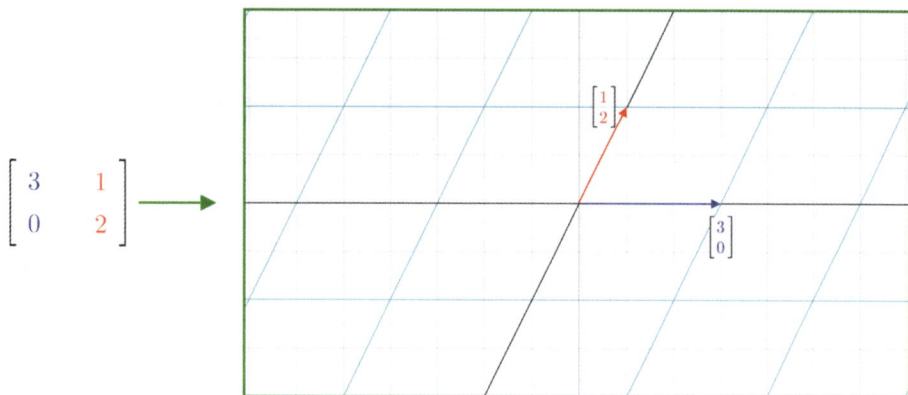

图 3.14　线性变换后的二维数值

很明显，这相当于我们中学学过的复合函数，比如 $f(x) = 2x$，$g(x) = 3x$，那么

$$g\big(f(x)\big) = 3 \times 2x = 6x$$

这是我们最熟悉的复合函数，下面我们来看，从基向量的视角，或者说从矩阵的视角复合函数应该怎样表达。

可以想象，对二维空间做两次线性变换的综合效应，或者说对二维数值做两次线性变换的最终结果，肯定可以用一个新的矩阵来描述。第一次线性变换当然也可以用一个矩阵来描述，现在的问题是，第二次变换应该怎样描述？还有，三者（第一次变换的矩阵、最终变换的矩阵，以及第二次变换）之间的关系又该怎样描述呢？

在这里，我们直接给出结论，第二次变换仍然用矩阵表示，你可能会这样想：第二次变换的矩阵直接指明基向量最终的位置可不可以呢？也就是说，第二个矩阵与最终变换的矩阵是一样的行不行呢？肯定不行。因为如果这样做，我们的矩阵就无法兼容复合函数的所有性质。事实上，矩阵可以完美兼容复合函数。

前面说过，矩阵的每一列表达的是一个新的基向量，或者说矩阵的列是在表达基向量的最终坐标值。深入理解之后我们会发现这样说不准确，矩阵的列本质上并不是在表达基向量的最终坐标值，前面介绍的那些矩阵都是单个矩阵作用在向量上，如

$$f(x,y) = \begin{bmatrix} a & c \\ b & d \end{bmatrix} \begin{bmatrix} x \\ y \end{bmatrix}$$

在这种单个矩阵的情况下，碰巧矩阵的列就等于新的基向量最终的坐标值。其实上述二维线性函数的表达式中相当于省略了一个单位矩阵 $\begin{bmatrix} 1 & 0 \\ 0 & 1 \end{bmatrix}$，上述表达式原本可以写成

$$f(x,y) = \begin{bmatrix} a & c \\ b & d \end{bmatrix} \begin{bmatrix} 1 & 0 \\ 0 & 1 \end{bmatrix} \begin{bmatrix} x \\ y \end{bmatrix}$$

所以矩阵 $\begin{bmatrix} a & c \\ b & d \end{bmatrix}$ 真正变换的是单位矩阵 $\begin{bmatrix} 1 & 0 \\ 0 & 1 \end{bmatrix}$ 中的两个标准基向量 $\begin{bmatrix} 1 \\ 0 \end{bmatrix}$ 和 $\begin{bmatrix} 0 \\ 1 \end{bmatrix}$。很明显，对标准基向量 $\begin{bmatrix} 1 \\ 0 \end{bmatrix}$ 做矩阵 $\begin{bmatrix} a & c \\ b & d \end{bmatrix}$ 变换：

$$\begin{bmatrix} a & c \\ b & d \end{bmatrix} \begin{bmatrix} 1 \\ 0 \end{bmatrix} = 1\begin{bmatrix} a \\ b \end{bmatrix} + 0\begin{bmatrix} c \\ d \end{bmatrix} = \begin{bmatrix} a \\ b \end{bmatrix} + \begin{bmatrix} 0 \\ 0 \end{bmatrix} = \begin{bmatrix} a \\ b \end{bmatrix}$$

新的基向量正好就是 $\begin{bmatrix} a \\ b \end{bmatrix}$，同样对标准基向量 $\begin{bmatrix} 0 \\ 1 \end{bmatrix}$ 做矩阵 $\begin{bmatrix} a & c \\ b & d \end{bmatrix}$ 变换：

$$\begin{bmatrix} a & c \\ b & d \end{bmatrix} \begin{bmatrix} 0 \\ 1 \end{bmatrix} = 0\begin{bmatrix} a \\ b \end{bmatrix} + 1\begin{bmatrix} c \\ d \end{bmatrix} = \begin{bmatrix} 0 \\ 0 \end{bmatrix} + \begin{bmatrix} c \\ d \end{bmatrix} = \begin{bmatrix} c \\ d \end{bmatrix}$$

新的基向量正好就是 $\begin{bmatrix} c \\ d \end{bmatrix}$。也就是说，二维线性函数

$$f(x,y) = \begin{bmatrix} a & c \\ b & d \end{bmatrix} \begin{bmatrix} 1 & 0 \\ 0 & 1 \end{bmatrix} \begin{bmatrix} x \\ y \end{bmatrix}$$

中

$$\begin{bmatrix} a & c \\ b & d \end{bmatrix} \begin{bmatrix} 1 & 0 \\ 0 & 1 \end{bmatrix} = \begin{bmatrix} \begin{bmatrix} a & c \\ b & d \end{bmatrix}\begin{bmatrix} 1 \\ 0 \end{bmatrix} & \begin{bmatrix} a & c \\ b & d \end{bmatrix}\begin{bmatrix} 0 \\ 1 \end{bmatrix} \end{bmatrix} = \begin{bmatrix} a & c \\ b & d \end{bmatrix}$$

这就好比 $5 \times 1 = 5$ 这个表达式中有两个 5，前一个 5 是放大系数，后一个 5 是最终的结果。因为在这里被放大的对象 1 很特殊，导致放大系数跟最终结果在数量上相等。换句话说，矩阵里的列相当于前面的那个 5，而不是后面的那个 5。所以，矩阵里的列本质上并不是在表达基向量最终的坐标值。当我们这样看待矩阵的时候，线性函数的复合函数的表达式就出来了，比如两个二维线性函数

$$f(x,y) = \begin{bmatrix} a & c \\ b & d \end{bmatrix} \begin{bmatrix} x \\ y \end{bmatrix}$$

和

$$g(x,y) = \begin{bmatrix} e & g \\ f & h \end{bmatrix} \begin{bmatrix} x \\ y \end{bmatrix}$$

那么

$$g(f(x,y)) = \begin{bmatrix} e & g \\ f & h \end{bmatrix} \begin{bmatrix} a & c \\ b & d \end{bmatrix} \begin{bmatrix} x \\ y \end{bmatrix}$$

这个复合函数中的

$$\begin{bmatrix} e & g \\ f & h \end{bmatrix} \begin{bmatrix} a & c \\ b & d \end{bmatrix} = \begin{bmatrix} \begin{bmatrix} e & g \\ f & h \end{bmatrix}\begin{bmatrix} a \\ b \end{bmatrix} & \begin{bmatrix} e & g \\ f & h \end{bmatrix}\begin{bmatrix} c \\ d \end{bmatrix} \end{bmatrix} = \begin{bmatrix} ae+bg & ce+dg \\ af+bh & cf+dh \end{bmatrix}$$

以上就是矩阵乘法的表达式，那么二维线性函数的复合函数就是

$$g(f(x,y)) = \begin{bmatrix} e & g \\ f & h \end{bmatrix} \begin{bmatrix} a & c \\ b & d \end{bmatrix} \begin{bmatrix} x \\ y \end{bmatrix} = \begin{bmatrix} ae+bg & ce+dg \\ af+bh & cf+dh \end{bmatrix} \begin{bmatrix} x \\ y \end{bmatrix}$$

所以最后的结论就是，矩阵始终是在对现有的基向量做变换，而不是在直接告诉我们基向量的实际坐标。

要想让矩阵的列刚好就是基向量的实际坐标，矩阵变换的必须是标准基向量。从刚才的计算可以看到，矩阵作用在单位矩阵上时，结果就等于它自己，比如：

$$\begin{bmatrix} a & c \\ b & d \end{bmatrix} \begin{bmatrix} 1 & 0 \\ 0 & 1 \end{bmatrix} = \begin{bmatrix} a & c \\ b & d \end{bmatrix}$$

$$\begin{bmatrix} a & d \\ b & e \\ c & f \end{bmatrix} \begin{bmatrix} 1 & 0 \\ 0 & 1 \end{bmatrix} = \begin{bmatrix} a & d \\ b & e \\ c & f \end{bmatrix}$$

$$\begin{bmatrix} a & b & c \end{bmatrix} \begin{bmatrix} 1 & 0 & 0 \\ 0 & 1 & 0 \\ 0 & 0 & 1 \end{bmatrix} = \begin{bmatrix} a & b & c \end{bmatrix}$$

有了矩阵乘法，多维线性函数的复合函数就变得跟中学学过的复合函数一样，具有复合函数的所有性质。在复合函数的性质里，函数顺序不可以颠倒，矩阵也是这样。以二维矩阵为例，如果先做剪切变换 $\begin{bmatrix} 1 & 1 \\ 0 & 1 \end{bmatrix}$，如图 3.15 所示；再做旋转变换 $\begin{bmatrix} 0 & -1 \\ 1 & 0 \end{bmatrix}$，如图 3.16 所示，表达式是

$$\begin{bmatrix} 0 & -1 \\ 1 & 0 \end{bmatrix} \begin{bmatrix} 1 & 1 \\ 0 & 1 \end{bmatrix} \begin{bmatrix} x \\ y \end{bmatrix} = \begin{bmatrix} 0 & -1 \\ 1 & 1 \end{bmatrix} \begin{bmatrix} x \\ y \end{bmatrix}$$

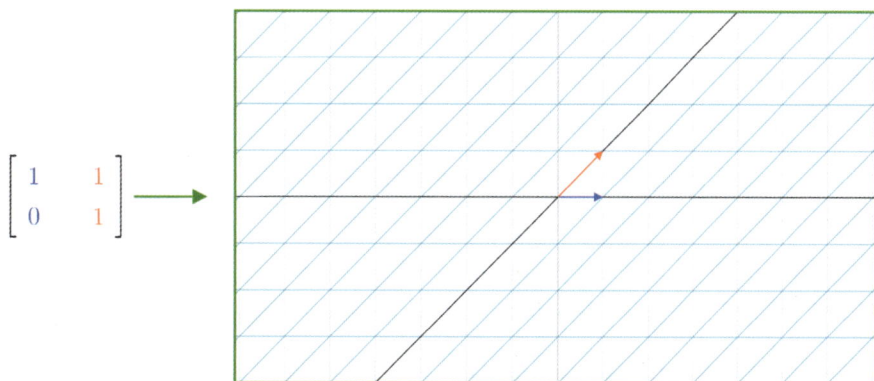

图 3.15　剪切变换

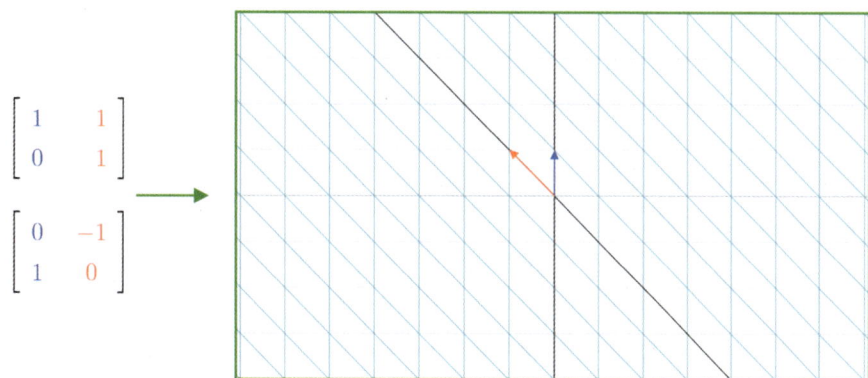

图 3.16　旋转变换

下面反过来，如果先做旋转变换 $\begin{bmatrix} 0 & -1 \\ 1 & 0 \end{bmatrix}$，如图 3.17 所示；再做剪切变换 $\begin{bmatrix} 1 & 1 \\ 0 & 1 \end{bmatrix}$，如图 3.18 所示，表达式是

$$\begin{bmatrix} 1 & 1 \\ 0 & 1 \end{bmatrix} \begin{bmatrix} 0 & -1 \\ 1 & 0 \end{bmatrix} \begin{bmatrix} x \\ y \end{bmatrix} = \begin{bmatrix} 1 & -1 \\ 1 & 0 \end{bmatrix} \begin{bmatrix} x \\ y \end{bmatrix}$$

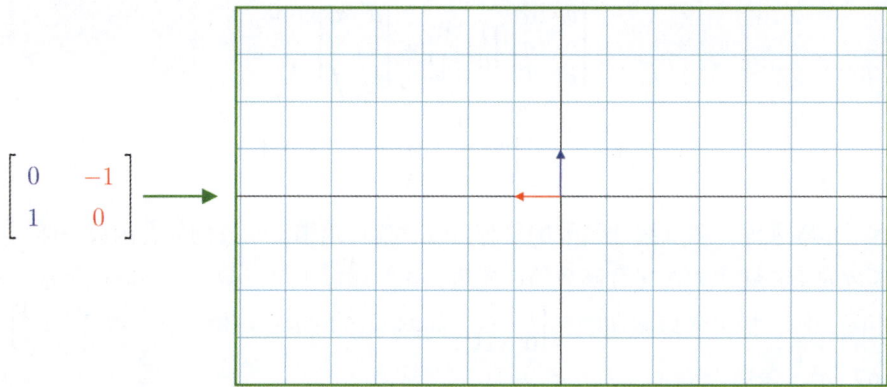

图 3.17 旋转变换

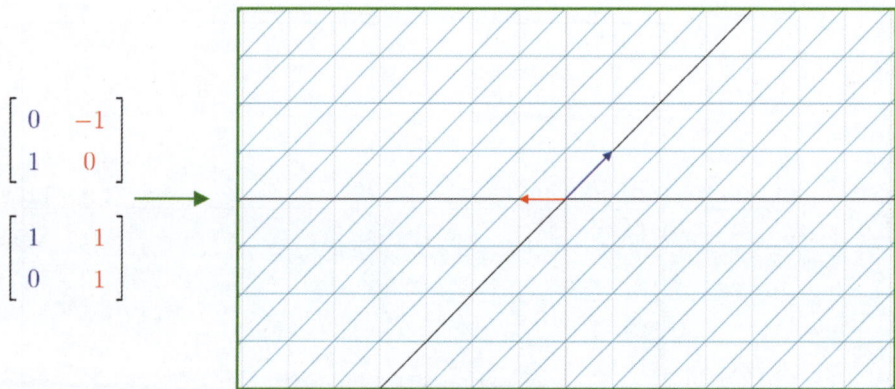

图 3.18 剪切变换

很明显，矩阵颠倒顺序结果不一样。虽然复合函数中矩阵的顺序不可以颠倒，但是矩阵的计算顺序不用分先后，这跟复合函数的性质也完全一样。以前面先做旋转再做剪切的复合变换为例，可以跟上式一样先计算矩阵乘法：

$$\begin{bmatrix} 1 & 1 \\ 0 & 1 \end{bmatrix} \begin{bmatrix} 0 & -1 \\ 1 & 0 \end{bmatrix} \begin{bmatrix} x \\ y \end{bmatrix} = \begin{bmatrix} 1 & -1 \\ 1 & 0 \end{bmatrix} \begin{bmatrix} x \\ y \end{bmatrix} = \begin{bmatrix} x - y \\ x \end{bmatrix}$$

也可以先计算矩阵与向量的乘法：

$$\begin{bmatrix} 1 & 1 \\ 0 & 1 \end{bmatrix} \begin{bmatrix} 0 & -1 \\ 1 & 0 \end{bmatrix} \begin{bmatrix} x \\ y \end{bmatrix} = \begin{bmatrix} 1 & 1 \\ 0 & 1 \end{bmatrix} \begin{bmatrix} -y \\ x \end{bmatrix} = \begin{bmatrix} x - y \\ x \end{bmatrix}$$

很明显，两种计算顺序的结果是一样的。

以上介绍了矩阵的乘法，接下来再来看一个特殊的矩阵乘法。想一想，如果有一个二维矩阵 $\begin{bmatrix} 3 & 2 \\ -2 & 1 \end{bmatrix}$，那么这个矩阵对二维空间的线性变换如图 3.19 所示。下面我们准备做第二次变换，将空间原封不动转回来，相当于先一把将它"掰"走，再一把将它"掰"回来。那么实现"掰"回来的矩阵就叫作刚才"掰"走的矩阵 $\begin{bmatrix} 3 & 2 \\ -2 & 1 \end{bmatrix}$ 的逆矩阵。矩阵 $\begin{bmatrix} a & c \\ b & d \end{bmatrix}$ 的逆矩阵通常写成 $\begin{bmatrix} a & c \\ b & d \end{bmatrix}^{-1}$，那么，我们就有如下表达式：

$$\begin{bmatrix} a & c \\ b & d \end{bmatrix}^{-1}\begin{bmatrix} a & c \\ b & d \end{bmatrix} = \begin{bmatrix} 1 & 0 \\ 0 & 1 \end{bmatrix}$$

也就是说，逆矩阵乘以原矩阵等于一个什么都不做的矩阵，也就是单位矩阵。

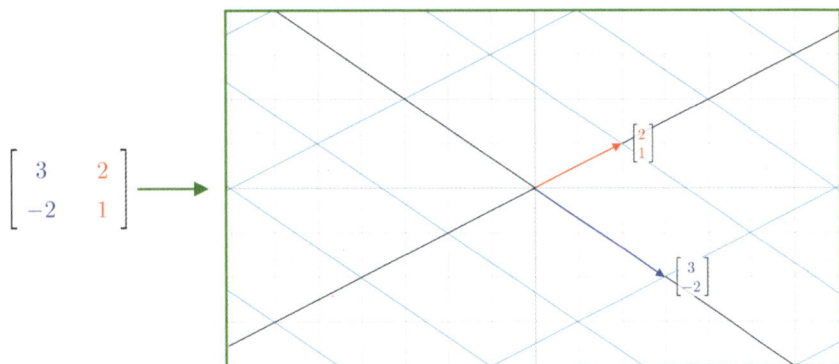

图 3.19　线性变换

很明显，知道一个矩阵，要求它的逆矩阵，只要代入矩阵乘法的表达式就能够计算出来。比如，对于上例有

$$\begin{bmatrix} 3 & 2 \\ -2 & 1 \end{bmatrix}^{-1} = \begin{bmatrix} \dfrac{1}{7} & -\dfrac{2}{7} \\ \dfrac{2}{7} & \dfrac{3}{7} \end{bmatrix}$$

在线性代数的观点下，对于多元一次方程组，比如

$$\begin{cases} 2x + 5y + 3z = -3 \\ 4x + 0y + 8z = 0 \\ 1x + 3y + 0z = 2 \end{cases}$$

有一个非常形象的表达，它就是一个三维向量 $\begin{bmatrix} x \\ y \\ z \end{bmatrix}$，经过一个矩阵 $\begin{bmatrix} 2 & 5 & 3 \\ 4 & 0 & 8 \\ 1 & 3 & 0 \end{bmatrix}$ 的线性变换，变成另一个三维向量 $\begin{bmatrix} -3 \\ 0 \\ 2 \end{bmatrix}$，即

$$\begin{bmatrix} 2 & 5 & 3 \\ 4 & 0 & 8 \\ 1 & 3 & 0 \end{bmatrix}\begin{bmatrix} x \\ y \\ z \end{bmatrix} = \begin{bmatrix} -3 \\ 0 \\ 2 \end{bmatrix}$$

只要等式两边同乘这个矩阵的逆矩阵：

$$\begin{bmatrix} 2 & 5 & 3 \\ 4 & 0 & 8 \\ 1 & 3 & 0 \end{bmatrix}^{-1}\begin{bmatrix} 2 & 5 & 3 \\ 4 & 0 & 8 \\ 1 & 3 & 0 \end{bmatrix}\begin{bmatrix} x \\ y \\ z \end{bmatrix} = \begin{bmatrix} 2 & 5 & 3 \\ 4 & 0 & 8 \\ 1 & 3 & 0 \end{bmatrix}^{-1}\begin{bmatrix} -3 \\ 0 \\ 2 \end{bmatrix}$$

那么左边就消掉了，即

$$\begin{bmatrix} 1 & 0 & 0 \\ 0 & 1 & 0 \\ 0 & 0 & 1 \end{bmatrix} \begin{bmatrix} x \\ y \\ z \end{bmatrix} = \begin{bmatrix} 2 & 5 & 3 \\ 4 & 0 & 8 \\ 1 & 3 & 0 \end{bmatrix}^{-1} \begin{bmatrix} -3 \\ 0 \\ 2 \end{bmatrix}$$

$$\begin{bmatrix} x \\ y \\ z \end{bmatrix} = \begin{bmatrix} 2 & 5 & 3 \\ 4 & 0 & 8 \\ 1 & 3 & 0 \end{bmatrix}^{-1} \begin{bmatrix} -3 \\ 0 \\ 2 \end{bmatrix}$$

上式中，将后面这部分算出来，就得到了方程组的解。

我们在中学时代就熟知的方程组，如果从多维数值这个全新的视角来描述，就是一个多维数值，经过一种函数变换，变成另一个多维数值。当这个变换是线性变换时，方程组就是多元一次方程组；当这个变换是非线性变换时，方程组就不是一次方程组。这相当于我们为中学时代的方程组找到了一套全新的描述语言。在这里，是多维数值的函数变换顺便解决了方程组问题，而不是由方程组问题诞生了线性代数。

【第八节】行列式和特征值

一维的空间是一条直线，它的空间大小就是长度；二维的空间是平面，它的空间大小是面积；三维的空间是立体空间，它的空间大小是体积；至于四维的空间大小，我们不用管它叫什么，只要知道，四维、五维……任意维的空间照样都有大小。我们知道，二维空间中直线的空间大小是 0，三维空间中平面的空间大小是 0，四维空间中三维立体的空间大小是 0。也就是直线的面积为 0，平面的体积为 0，这些都是数学常识。本节我们将讨论线性变换时空间大小的变化。

以二维的线性变换为例，我们知道，二维的空间大小是面积，在对二维空间做线性变换时，会造成面积的变化，如图 3.20 和图 3.21 所示。平面中的任何一块面积，在变换后与变换前的面积比例一定是一样的，那么这个值怎么计算呢？

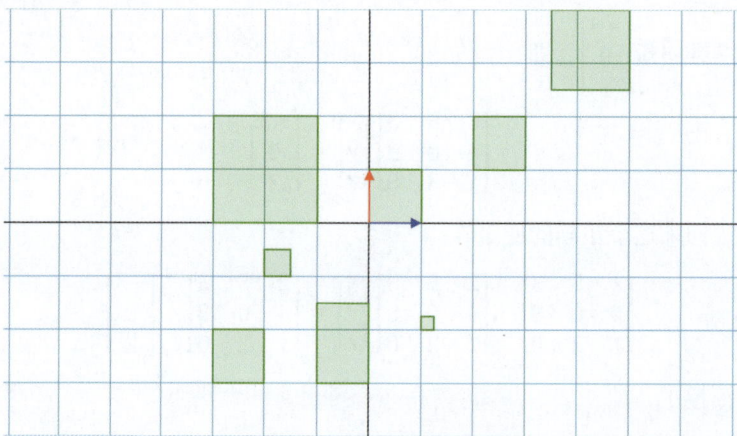

图 3.20　变换前的区域面积

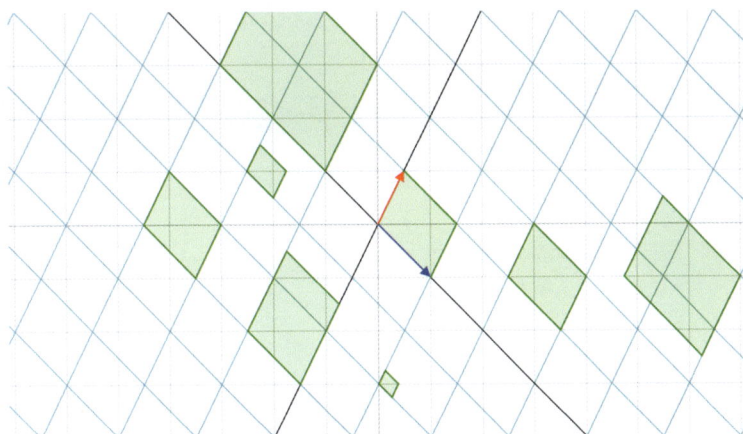

图 3.21 变换后的区域面积

最简单的办法，就是直接看两个基向量围成的平行四边形的面积在怎样变化。如图 3.22 所示，在变换之前这个面积当然是 1，我们只要看线性变换之后两个新的基向量围成的面积。如图 3.23 所示，绿色区域的面积值就是矩阵 $\begin{bmatrix} 3 & 1 \\ 1 & 2 \end{bmatrix}$ 在线性变换后与线性变换前面积的比值。变换前后空间大小的比值在英文里叫 determinant，意思是"重要的值，具有判断意义的参数"，中文翻译成行列式。矩阵 $\begin{bmatrix} a & c \\ b & d \end{bmatrix}$ 的行列式一般写成

$$\begin{vmatrix} a & c \\ b & d \end{vmatrix}$$

或

$$\det\left(\begin{bmatrix} a & c \\ b & d \end{bmatrix}\right)$$

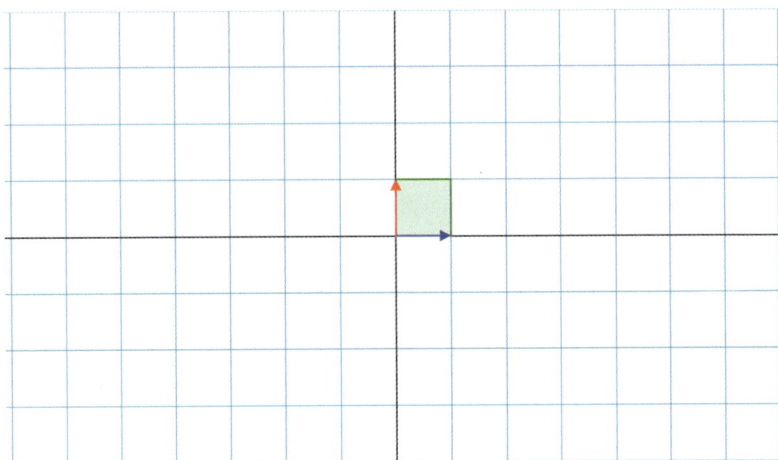

图 3.22 标准基向量围成的空间

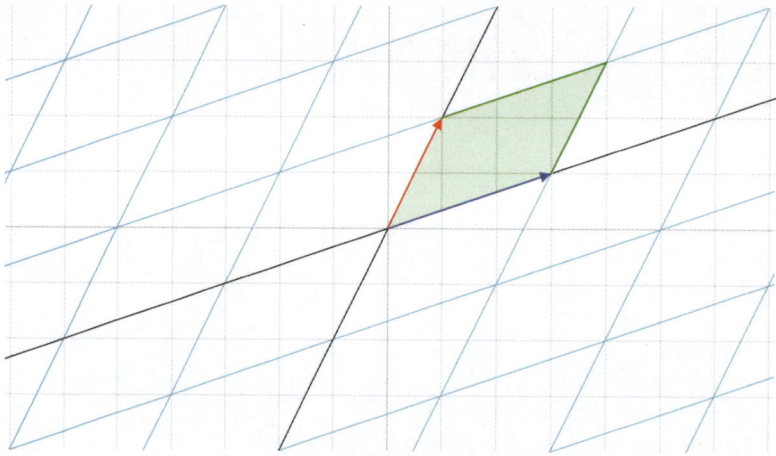

图 3.23 新的基向量围成的空间

平面中行列式的计算方法可以从图 3.24 中直观理解。

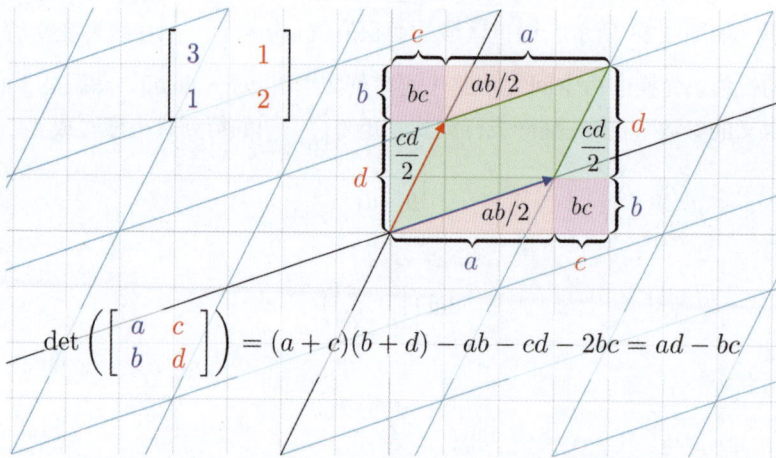

$$\det\left(\begin{bmatrix} a & c \\ b & d \end{bmatrix}\right) = (a+c)(b+d) - ab - cd - 2bc = ad - bc$$

图 3.24 二维线性变换行列式的直观理解

想象一下,如果线性变换中两个基向量慢慢靠拢,靠得越近,空间就会被挤压得越小,如图 3.25 所示。挤压到一条直线时,如图 3.26 所示,两个基向量围成的面积就是 0,也就是行列式为 0。如果继续挤压,如图 3.27 所示,两个基向量就互换位置了,这时两个基向量围成的面积为负值。

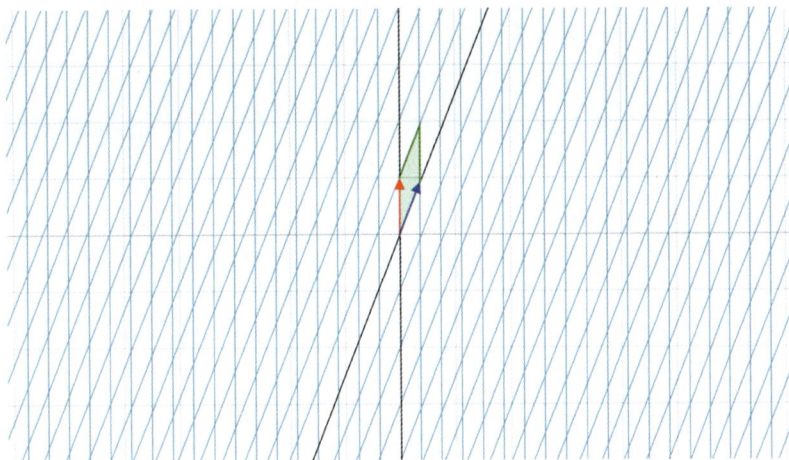

图 3.25　基向量靠拢挤压空间

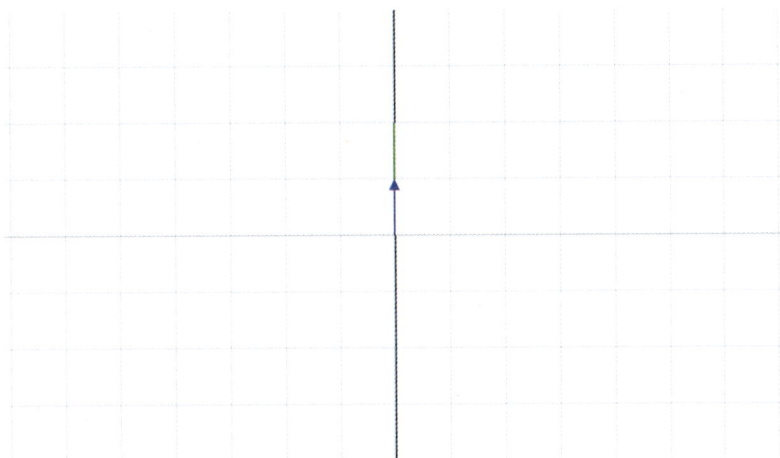

图 3.26　基向量共线

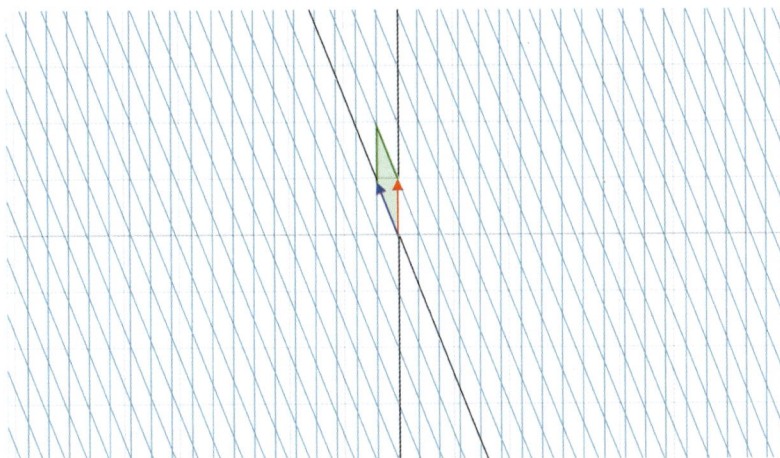

图 3.27　基向量交错后空间为负值

很明显，我们可以通过求矩阵的行列式来判断空间的挤压程度。行列式是一个重要的数学工具，可以对一些实际问题提供支持，我们接下来要介绍的特征值就会用到它。

还是以平面为例，如图 3.28 所示，做线性变换时，很多向量的方向都发生了旋转，就算两个基向量的方向都不发生旋转，如图 3.29 所示，有些向量的方向也可能会发生旋转。但是我们也发现，就算两个基向量的方向都发生旋转，如图 3.30 所示，依然有可能有些向量的方向不会发生旋转。图 3.30 中的虚线方向上的向量就没有发生旋转。

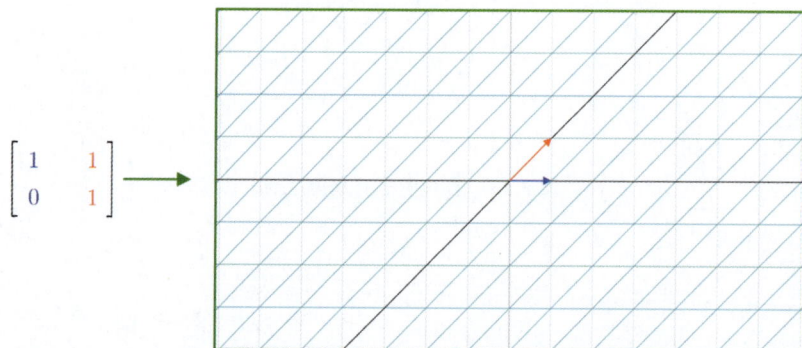

$$\begin{bmatrix} 1 & 1 \\ 0 & 1 \end{bmatrix} \longrightarrow$$

图 3.28　有些向量的方向在线性变换时可能发生旋转

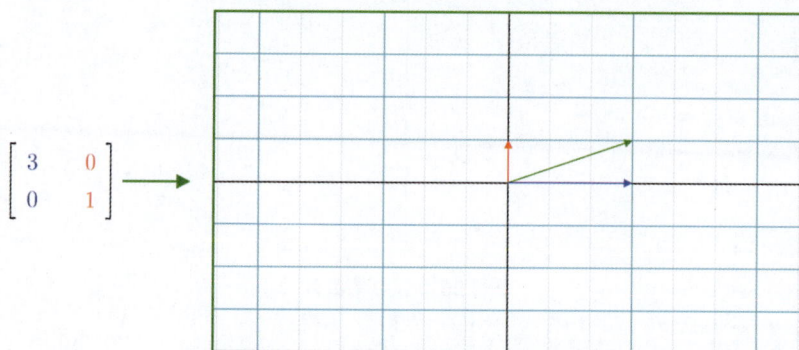

$$\begin{bmatrix} 3 & 0 \\ 0 & 1 \end{bmatrix} \longrightarrow$$

图 3.29　向量的方向在线性变换时发生旋转

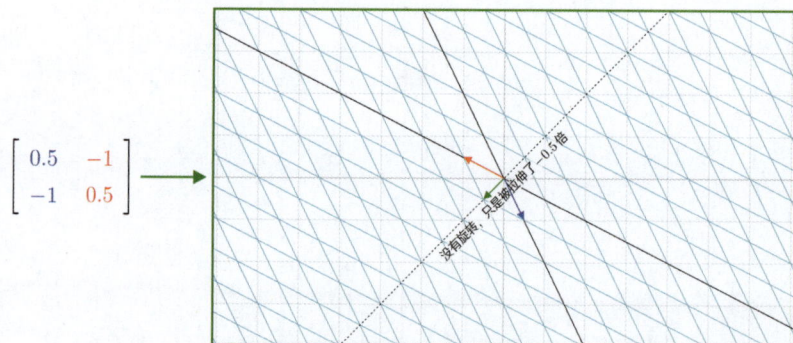

$$\begin{bmatrix} 0.5 & -1 \\ -1 & 0.5 \end{bmatrix} \longrightarrow$$

没有旋转，只是拉伸了 −0.5 倍

图 3.30　不发生旋转的向量

再看图 3.31 这个例子，这个线性变换中，两组箭头方向上的所有向量就都没有发生旋转，只是被拉伸了，这种在变换中没有旋转的向量，称为矩阵的特征向量，对特征向量的拉伸比例叫作特征值。那么，在一个线性变换中，该怎样将那些没有旋转的向量及其特征值找出来呢？

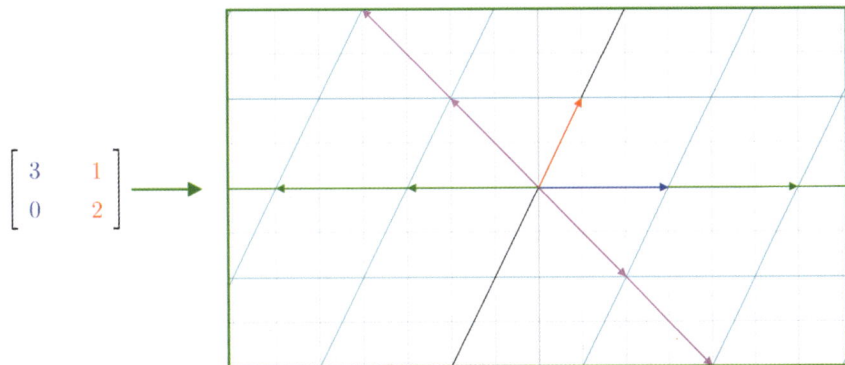

$$\begin{bmatrix} 3 & 1 \\ 0 & 2 \end{bmatrix}$$

图 3.31　特征向量

先假设对输入空间中的任意向量 v，做线性变换 A，显然这里的 A 是一个矩阵。那么 Av 就是输出空间中的所有向量。我们让 Av 等于那些只是做了拉伸的向量 λv，这里的 λ 是一个实数，表示对向量的拉伸比例。那么就有

$$Av = \lambda v$$

显然，我们得到了一个方程，接下来将对这个方程求解。

我们在谈矩阵的时候介绍过，任意向量都可以认为在前面省略了一个单位矩阵 I。如果是二维空间，我们的方程就可以变成

$$Av = \lambda \begin{bmatrix} 1 & 0 \\ 0 & 1 \end{bmatrix} v$$

如果需要表示任意维单位矩阵，我们通常用 I 表示，方程就变成

$$Av = \lambda I v$$

整理这个方程：

$$Av - \lambda I v = 0$$
$$(A - \lambda I)v = 0$$

不难发现，表达式中的 $A - \lambda I$ 是一个新的矩阵，现在这个矩阵需要将输入空间中的向量 v 变换成 0 向量。我们知道，只有将一个平面挤压成一条直线时，才有可能将一个非 0 向量 v 挤压成 0 向量。或者说，只有将 n 维空间挤压成 $n-1$ 维空间时，才有可能将一个非 0 向量 v 挤压成 0 向量。所以，我们就让矩阵 $A - \lambda I$ 的行列式

$$\det(A - \lambda I) = 0$$

也就是将二维挤压到一维，或者说将平面挤压成一条直线。以上方程如果用图 3.31 所示的具体实例来表示就是：

$$\begin{bmatrix} 3 & 1 \\ 0 & 2 \end{bmatrix} v = \lambda v$$

$$\begin{bmatrix} 3 & 1 \\ 0 & 2 \end{bmatrix} v = \lambda \begin{bmatrix} 1 & 0 \\ 0 & 1 \end{bmatrix} v$$

$$\begin{bmatrix} 3 & 1 \\ 0 & 2 \end{bmatrix} v = \begin{bmatrix} \lambda & 0 \\ 0 & \lambda \end{bmatrix} v$$

$$\begin{bmatrix} 3 & 1 \\ 0 & 2 \end{bmatrix} v - \begin{bmatrix} \lambda & 0 \\ 0 & \lambda \end{bmatrix} v = \begin{bmatrix} 0 \\ 0 \end{bmatrix}$$

$$\left(\begin{bmatrix} 3 & 1 \\ 0 & 2 \end{bmatrix} - \begin{bmatrix} \lambda & 0 \\ 0 & \lambda \end{bmatrix} \right) v = \begin{bmatrix} 0 \\ 0 \end{bmatrix}$$

$$\begin{bmatrix} 3 - \lambda & 1 \\ 0 & 2 - \lambda \end{bmatrix} v = \begin{bmatrix} 0 \\ 0 \end{bmatrix}$$

要想将一个非 0 向量 v 线性变换成 0 向量，唯有让矩阵 $\begin{bmatrix} 3 - \lambda & 1 \\ 0 & 2 - \lambda \end{bmatrix}$ 的行列式等于 0 才有可能，于是就有

$$\begin{vmatrix} 3 - \lambda & 1 \\ 0 & 2 - \lambda \end{vmatrix} = 0$$

也就是

$$(3 - \lambda)(2 - \lambda) - 0 \times 1 = 0$$

这样就能够求出 λ 的解，这个实例存在两个解：$\lambda_1 = 2$ 和 $\lambda_2 = 3$。

如果 $\lambda = 2$，那么新矩阵 $\begin{bmatrix} 3 - \lambda & 1 \\ 0 & 2 - \lambda \end{bmatrix}$ 就是 $\begin{bmatrix} 1 & 1 \\ 0 & 0 \end{bmatrix}$，它可以将哪些向量 v 变换成 0 向量呢？我们需要向量 v 满足以下方程：

$$\begin{bmatrix} 1 & 1 \\ 0 & 0 \end{bmatrix} v = \begin{bmatrix} 0 \\ 0 \end{bmatrix}$$

这个方程也可以写成

$$\begin{bmatrix} 1 & 1 \\ 0 & 0 \end{bmatrix} \begin{bmatrix} x \\ y \end{bmatrix} = \begin{bmatrix} 0 \\ 0 \end{bmatrix}$$

求解这个方程：

$$x \begin{bmatrix} 1 \\ 0 \end{bmatrix} + y \begin{bmatrix} 1 \\ 0 \end{bmatrix} = \begin{bmatrix} 0 \\ 0 \end{bmatrix}$$

$$\begin{bmatrix} x \\ 0 \end{bmatrix} + \begin{bmatrix} y \\ 0 \end{bmatrix} = \begin{bmatrix} 0 \\ 0 \end{bmatrix}$$

$$\begin{bmatrix} x + y \\ 0 \end{bmatrix} = \begin{bmatrix} 0 \\ 0 \end{bmatrix}$$

$$x + y = 0$$

显然，向量 $\begin{bmatrix} 1 \\ -1 \end{bmatrix}$ 所在直线上的所有向量，都可以被矩阵 $\begin{bmatrix} 1 & 1 \\ 0 & 0 \end{bmatrix}$ 挤压成 0 向量。也就是说，

向量 $\begin{bmatrix}1\\-1\end{bmatrix}$ 所在直线上的所有向量，在矩阵 $\begin{bmatrix}3&1\\0&2\end{bmatrix}$ 表示的线性变换中不会发生旋转。如图 3.31 中洋红色直线上的所有向量就在线性变换中没有发生旋转，也就是矩阵 $\begin{bmatrix}3&1\\0&2\end{bmatrix}$ 的特征向量，而且特征值是 2，也就是这些向量在线性变换中都被拉伸了 2 倍。

如果 $\lambda=3$，那么新矩阵 $\begin{bmatrix}3-\lambda&1\\0&2-\lambda\end{bmatrix}$ 就是 $\begin{bmatrix}0&1\\0&-1\end{bmatrix}$，它可以将哪些向量 v 变换成 0 向量呢？同样，向量 v 需要满足以下方程：

$$\begin{bmatrix}0&1\\0&-1\end{bmatrix}v=\begin{bmatrix}0\\0\end{bmatrix}$$

这个方程也可以写成

$$\begin{bmatrix}0&1\\0&-1\end{bmatrix}\begin{bmatrix}x\\y\end{bmatrix}=\begin{bmatrix}0\\0\end{bmatrix}$$

求解这个方程：

$$x\begin{bmatrix}0\\0\end{bmatrix}+y\begin{bmatrix}1\\-1\end{bmatrix}=\begin{bmatrix}0\\0\end{bmatrix}$$

$$\begin{bmatrix}y\\-y\end{bmatrix}=\begin{bmatrix}0\\0\end{bmatrix}$$

$$y=0$$

显然，向量 $\begin{bmatrix}1\\0\end{bmatrix}$ 所在直线上的所有向量，也就是 x 轴上的所有向量，都可以被矩阵 $\begin{bmatrix}0&1\\0&-1\end{bmatrix}$ 挤压成 0 向量，在矩阵 $\begin{bmatrix}3&1\\0&2\end{bmatrix}$ 表示的线性变换中不会发生旋转。如图 3.31 中绿色直线上的所有向量就在线性变换中没有发生旋转，也就是矩阵 $\begin{bmatrix}3&1\\0&2\end{bmatrix}$ 的特征向量，而且特征值都是 3。

特征值跟行列式一样，都是线性代数中的重要工具，它们不仅可以使问题变得更直观，还可以提高解决问题的效率。

【第九节】两个向量的夹角

我们上学的时候都遇到过类似这样的问题：甲买玩具花了 40 元，乙买玩具花了 30 元，那么甲乙一共花了多少钱？答：40 加 30 元；甲比乙多花了多少钱？答：40 减 30 元；甲是乙的多少倍？答：40 除以 30。但一般不会有人问 40 乘以 30 代表什么意义。其实 40 乘以 30 照样可以有意义，我们知道 $40\times30=1200$，因为 1200 大于 0，所以，我们就知道甲和乙都买了玩具或者都卖了玩具；如果甲乙花的钱相乘等于 0，我们就能知道甲和乙至少有一个人没有买卖玩具；如果相乘为负数，我们就能知道甲乙肯定是一个人买了玩具，另一个人卖了玩具。这个例子给了我们两点启示：第一，当明白数值之间的逻辑之后，我们将数值翻来覆去做各种组合运算，都可能找出这样组合的现实意义，多维数值也是如此；第二，看似不沾边的东西，可能会暴露出有价值的结果。

比如任意空间中的两个向量，我们还是以二维空间中的两个非 0 向量 $v = \begin{bmatrix} a \\ b \end{bmatrix}$ 和 $w = \begin{bmatrix} c \\ d \end{bmatrix}$ 为例，我们发现，将这两个向量对应的值相乘，再将这些乘积相加，即

$$ac + bd$$

如果 $ac + bd = 0$，这两个非 0 向量的方向就是垂直的。

如果 $ac + bd > 0$，这两个非 0 向量的夹角小于 90°。

如果 $ac + bd < 0$，这两个非 0 向量的夹角大于 90°。

因为 $ac + bd = \|v\|\|w\| \cos\theta$，在这里，$\|v\|$ 表示向量 v 的长度，$\|w\|$ 表示向量 w 的长度，$\cos\theta$ 表示向量 v 和向量 w 夹角的余弦值。也就是说，$ac + bd$ 等于向量 v 和向量 w 长度的乘积，再乘以这两个向量夹角的余弦值。或者说，$ac + bd$ 等于一个向量的长度乘以另一个向量在这个向量上投影的长度，如图 3.32 所示。

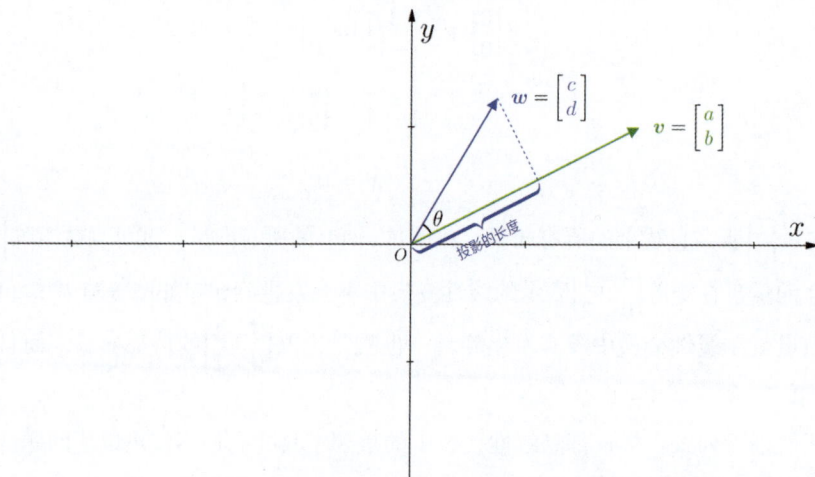

图 3.32　一个向量在另一个向量上的投影

很明显，如果 $ac + bd = \|v\|\|w\| \cos\theta$ 能够成立，确实可以用 $ac + bd$ 来判断两个向量夹角的大小。所以，现在我们只需要证明 $ac + bd = \|v\|\|w\| \cos\theta$ 这个等式成立就行了。

其实这个等式用三角函数就能够推导出来，推导过程如下：

$$ac + bd = \|v\| \cos\theta_1 \cdot \|w\| \cos\theta_2 + \|v\| \sin\theta_1 \cdot \|w\| \sin\theta_2$$
$$= \|v\|\|w\|(\cos\theta_1 \cos\theta_2 + \sin\theta_1 \sin\theta_2)$$
$$= \|v\|\|w\| \cos(|\theta_2 - \theta_1|)$$

这里的 θ_1 和 θ_2 分别是向量 v 和向量 w 与 x 轴的夹角，所以 $\theta = |\theta_2 - \theta_1|$，那么就有

$$ac + bd = \|v\|\|w\| \cos\theta$$

下面用线性代数的方式来证明这个等式成立，在此之前，先了解一个跟这个等式并不直接沾边的线性变换。

我们知道，要想将一个二维平面线性变换成一条通过原点的直线，最简单的办法就是将其中的两个标准基向量直接向这条直线上投影，如图 3.33 所示。我们将两个标准基向量直接向 x 轴所在的直线上投影，显然，这条直线可以看成一根数轴，那么标准基向量 $\begin{bmatrix} 1 \\ 0 \end{bmatrix}$ 在这根数轴上的投影就是 1，标准基向量 $\begin{bmatrix} 0 \\ 1 \end{bmatrix}$ 在这根数轴上的投影就是 0，那么线性变换的流程如表 3.8 所示。这个变换的矩阵 [1　0] 是一个 1×2 矩阵，我们习惯上将这种从高维空间向低维空间变换的矩阵叫作投影矩阵。

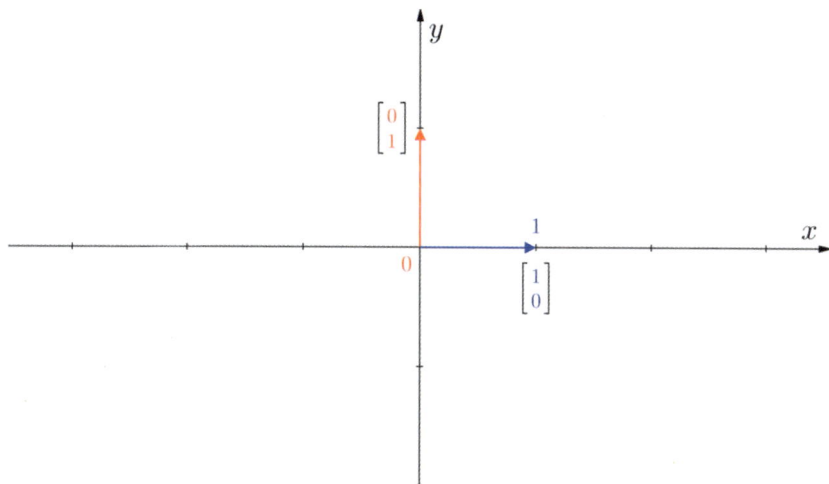

图 3.33　标准基向量投影到 x 轴上

表 3.8　二维到一维线性变换

空间	基向量		拉伸	表达式	结果
输入空间	标准基向量 $\begin{bmatrix} 1 \\ 0 \end{bmatrix}$	$\begin{bmatrix} 0 \\ 1 \end{bmatrix}$	$x\begin{bmatrix} 1 \\ 0 \end{bmatrix} + y\begin{bmatrix} 0 \\ 1 \end{bmatrix}$	$\begin{bmatrix} 1 & 0 \\ 0 & 1 \end{bmatrix}\begin{bmatrix} x \\ y \end{bmatrix}$	$\begin{bmatrix} x \\ y \end{bmatrix}$
输出空间	新的基向量 **1**	**0**	$x \cdot 1 + y \cdot 0$	$\begin{bmatrix} 1 & 0 \end{bmatrix}\begin{bmatrix} x \\ y \end{bmatrix}$	x

以上变换是将二维空间投影到一条比较特殊的直线，即 x 轴上。我们知道，二维空间中通过原点的直线有无数条，而且每条直线都可以看成一条数轴，那么怎样将二维空间投影到任意一条通过原点的直线上呢？

同样的方法，还是看二维空间中的两个标准基向量在这条一般直线上的投影，比如这条一般直线是二维空间中向量 $\begin{bmatrix} a \\ b \end{bmatrix}$ 所在的直线，或者说是由向量 $\begin{bmatrix} a \\ b \end{bmatrix}$ 张成的直线，如图 3.34 所示。这时，这条直线相当于一根数轴，标准基向量 $\begin{bmatrix} 1 \\ 0 \end{bmatrix}$ 在这根数轴上的投影就是 $\frac{a}{\sqrt{a^2+b^2}}$，标准基向量 $\begin{bmatrix} 0 \\ 1 \end{bmatrix}$ 在这根数轴上的投影就是 $\frac{b}{\sqrt{a^2+b^2}}$，线性变换的流程如表 3.9 所示。

这个变换的矩阵 $\left[\frac{a}{\sqrt{a^2+b^2}} \quad \frac{b}{\sqrt{a^2+b^2}}\right]$ 也是一个 1×2 矩阵，它就是将二维空间投影到二维空间中任意直线的投影矩阵，当然这条直线必须通过原点。有了这个投影矩阵，就可以计算出二维空间中的任意向量，比如向量 $\begin{bmatrix} c \\ d \end{bmatrix}$ 会投影到这条直线的什么位置。显然，向量 $\begin{bmatrix} c \\ d \end{bmatrix}$ 在向量 $\begin{bmatrix} a \\ b \end{bmatrix}$ 所在直线上的投影位置就是

$$\left[\frac{a}{\sqrt{a^2+b^2}} \quad \frac{b}{\sqrt{a^2+b^2}}\right]\begin{bmatrix} c \\ d \end{bmatrix} = \frac{ac+bd}{\sqrt{a^2+b^2}}$$

在这里，$\frac{ac+bd}{\sqrt{a^2+b^2}}$ 就是向量 $\begin{bmatrix} c \\ d \end{bmatrix}$ 在向量 $\begin{bmatrix} a \\ b \end{bmatrix}$ 所在直线上投影的长度，即

$$\frac{ac+bd}{\sqrt{a^2+b^2}} = \sqrt{c^2+d^2}\cos\theta$$

所以

$$ac+bd = \sqrt{a^2+b^2}\sqrt{c^2+d^2}\cos\theta = \|\boldsymbol{v}\|\|\boldsymbol{w}\|\cos\theta$$

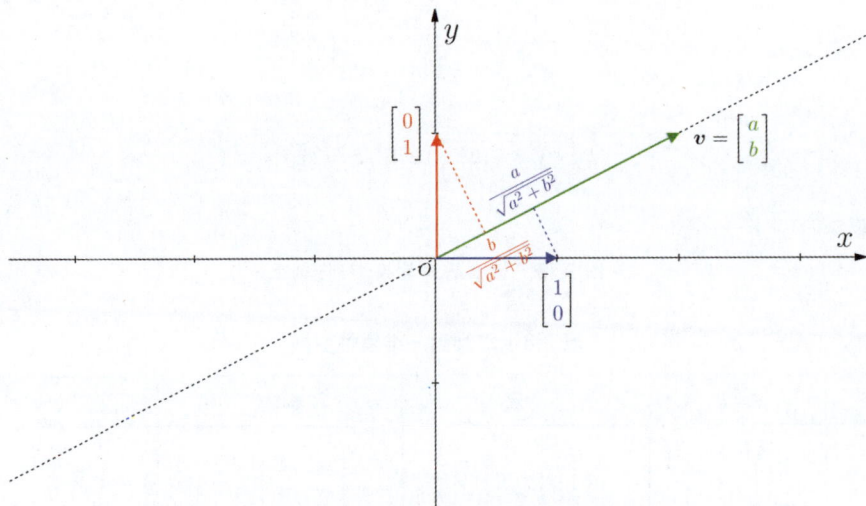

图 3.34　标准基向量投影到某个向量所在的直线

表 3.9　将平面投影到某个向量所在的直线

空间	基向量		拉伸	表达式	结果
输入空间	标准基向量 $\begin{bmatrix} 1 \\ 0 \end{bmatrix}$	$\begin{bmatrix} 0 \\ 1 \end{bmatrix}$	$x\begin{bmatrix} 1 \\ 0 \end{bmatrix} + y\begin{bmatrix} 0 \\ 1 \end{bmatrix}$	$\begin{bmatrix} 1 & 0 \\ 0 & 1 \end{bmatrix}\begin{bmatrix} x \\ y \end{bmatrix}$	$\begin{bmatrix} x \\ y \end{bmatrix}$
输出空间	新的基向量 $\frac{a}{\sqrt{a^2+b^2}}$	$\frac{b}{\sqrt{a^2+b^2}}$	$x\cdot\frac{a}{\sqrt{a^2+b^2}} + y\cdot\frac{b}{\sqrt{a^2+b^2}}$	$\left[\frac{a}{\sqrt{a^2+b^2}} \quad \frac{b}{\sqrt{a^2+b^2}}\right]\begin{bmatrix} x \\ y \end{bmatrix}$	$\frac{ax+by}{\sqrt{a^2+b^2}}$

不难发现，以上结论可以延伸到任意维，三维空间中向量 $\begin{bmatrix} d \\ e \\ f \end{bmatrix}$ 投影到向量 $\begin{bmatrix} a \\ b \\ c \end{bmatrix}$ 张成的直线，投影矩阵就是 $\begin{bmatrix} \dfrac{a}{\sqrt{a^2+b^2+c^2}} & \dfrac{b}{\sqrt{a^2+b^2+c^2}} & \dfrac{c}{\sqrt{a^2+b^2+c^2}} \end{bmatrix}$，向量 $\begin{bmatrix} d \\ e \\ f \end{bmatrix}$ 的投影长度就是

$$\begin{bmatrix} \dfrac{a}{\sqrt{a^2+b^2+c^2}} & \dfrac{b}{\sqrt{a^2+b^2+c^2}} & \dfrac{c}{\sqrt{a^2+b^2+c^2}} \end{bmatrix} \begin{bmatrix} d \\ e \\ f \end{bmatrix} = \dfrac{ad+be+cf}{\sqrt{a^2+b^2+c^2}}$$

即

$$\frac{ad+be+cf}{\sqrt{a^2+b^2+c^2}} = \sqrt{d^2+e^2+f^2}\cos\theta$$

所以

$$ad+be+cf = \sqrt{a^2+b^2+c^2}\sqrt{d^2+e^2+f^2}\cos\theta$$

以此类推，这个结论可以延伸到四维、五维……任意维。

有了判断两个向量夹角的方法，我们发现四维空间中的四个标准基向量 $\begin{bmatrix} 1 \\ 0 \\ 0 \\ 0 \end{bmatrix}, \begin{bmatrix} 0 \\ 1 \\ 0 \\ 0 \end{bmatrix}, \begin{bmatrix} 0 \\ 0 \\ 1 \\ 0 \end{bmatrix}, \begin{bmatrix} 0 \\ 0 \\ 0 \\ 1 \end{bmatrix}$，两两相互垂直，五维空间中的五个标准基向量也是两两相互垂直，百维空间中的 100 个标准基向量同样是两两相互垂直。虽然数值空间超过三维对我们来说都是抽象的，但是代数模型可以帮助我们了解高维空间的内部结构。

【第十节】结束语

在人们的自然感知中，基本都是按照线性来理解事物的，但事物本身多半都不是线性的。比如音符的音高，100Hz 和 200Hz 的音程，跟 200Hz 到 400Hz 的音程听起来才是一样的，也就是说，声音的振动频率本身对乘法有意义。我们的自然感知会将这些非线性的事物线性化，也就是将它们转换成对加法有意义。根据人们的经验，所有不能被线性化的东西，都是我们不懂的东西。换句话说，所有人们能够理解的数理，都可以写成线性的形式，如

$$(x+1)^3 = x^3 + 3x^2 + x + 1$$

$$\begin{bmatrix} 1 & 0 & 0 & 0 \\ 0 & 3 & 0 & 0 \\ 0 & 0 & 3 & 0 \\ 0 & 0 & 0 & 1 \end{bmatrix} \begin{bmatrix} 1 \\ x \\ x^2 \\ x^3 \end{bmatrix} = \begin{bmatrix} 1 \\ 3x \\ 3x^2 \\ x^3 \end{bmatrix}$$

将非线性部分用基向量封装起来，多项式就变成了线性形式。

我们从小就开始学数理知识，读完初中，会有一种掌握了世间所有数理知识和分析

方法的美妙感觉；到了高中，发现学得越多，不懂的更多；到了大学，如果继续深造，就会渐渐发现之前学的很多东西都不正确，或者说没有我们想象中的那样正确。在我们的认知过程中，有那么一阵子会认为：平面几何、经典力学、加减乘除、微积分等都代表的是自然法则，它们都是真实世界本来的样子。事实上，它们只能代表它们自己，它们只是一套计算模型、计算工具，它们都是基于我们自认为正确的某个公理推导出来的一个模型。线性代数就是以向量加法为公理推导出来的一套计算模型，它完美兼容了我们小时候学的一维数值的加减乘除。我们从小就熟悉的一维数值的加减乘除，可以看成是以我们最熟悉的那种加法为公理推导出来的模型。我们在这里所说的公理，可以理解成我们认为它很合理，由它衍生出来的结果也很合理，而且我们找不出可以反驳它的理由。

那么，是不是所有的公理我们都找不出可以反驳的理由呢？有没有哪个公理，我们以前找不出反驳它的理由，后来因为技术的进步又找到了反驳它的理由？如果找到了反驳公理的理由，原来的这套理论还有价值吗？

我们知道地球是圆的，水面其实是球面，但古人不知道，他们用什么方法都无法证明水面不是平面，自然就很容易将水面是平面作为公理，由此不仅可以推导出天圆地方，还可以弄出一套平面几何的理论，这套理论自身当然是完备的，而且非常有实用性，但并不是自然法则。

同样，经典力学也只是一套计算模型，它也是以一些观念和测量结果为公理，也就是以牛顿三定律和万有引力定律为公理推导出来的一套计算工具，也不是自然法则。比如牛顿第二定律就经不住推敲，按照牛顿第二定律，物体在恒定力的作用下，速度会逐渐增加，我们用小车来做实验，似乎也挺对，但是，我们都只是在很低速的情况下做实验，没有条件和能力将小车的速度增加到 2 倍光速，关于小车在高速时的表现我们凭借的是推理和猜测。想想看，如果小车在高速时不是像牛顿第二定律描述的那样，那么牛顿第二定律就不对了，按照牛顿第二定律，速度可以无限增大，这纯粹是没有实验支撑的推理和猜想。还有万有引力定律，如果只是凭借物体的重量与质量有比例关系，那么我们可以找到包括万有引力定律在内的多种方式来解释物体的重力，比如爱因斯坦认为物体的质量会让空间发生弯曲，重力是由于空间的弯曲形成的，也就是说爱因斯坦认为空间不一定都像我们想象的那样是平直的，所以万有引力定律也充满了推理和想当然。也就是说，牛顿三定律只是人们在一定条件下总结的规律，它并不是真理，或者说它并不是真实世界本来的样子。

相对论就是在发现经典力学的公理不正确的情况下，从新的公理衍生出来的一套计算模型，所以我们谈相对论时，首先就应该明白无论是经典力学，还是相对论，都只是基于公理的计算模型，而不是自然法则。否则，一个人在事先默认了经典力学就是真理的情况下，不可能再接受其他跟经典力学不一样的理论。跟经典力学一样，相对论也只是人们在一定条件下总结的规律，它可能也不是真实世界本来的样子，只是以目前的技术手段，人们还没有找到可以反驳它的证据。

当然，经典力学和相对论的初衷都是奔着寻找真理去的，但是牛顿和爱因斯坦都应该很清楚，如果经典力学和相对论里的公理将来被发现与事实不符，那么他们的理论就只能是探索真理过程中的一个模型。虽然我们现在可以肯定经典力学的公理一定不是真实世界本来的样子，但还找不到可以反驳相对论的确切理由，这两个模型的实用性都是毋庸置疑的。事实上，整个工业文明就是在经典力学的框架下形成的，在我们所处时空背景下，经典力学依然是最实用的计算模型，相对论为天体物理的发展作出了不可磨灭的贡献。

古人认为：水面是平直的，天是圆的，地是方的。经典力学认为：空间是平直的，速度可以无限增加。相对论认为：空间不一定是平直的，速度有上限。我们学过的所有数学、物理知识都只是基于公理衍生出来的一种观点、一套理论，或者说都只是一套基于公理推导出来的计算工具、计算模型。虽然我们无法肯定它们是否就是真实世界本来的样子，但是这些计算工具既可以帮助我们解决实际问题，还可以帮助我们探索未知。

第 4 章 概率论：构建概率的数学模型

在日常生活中经常提到概率和可能性，我们从不缺乏理解这些常识的智慧，只是不知道怎样将这些常识变成数学模型。概率的数学建模总体来说确实相对困难，好几代数学家为之前前后后折腾了几百年。经过不断的演化和改进，很多模型变得非常抽象，最终摆到初学者面前时，体验感相当糟糕。本章我们将用很小的篇幅和通俗的语言，从我们的自然感知出发，介绍如何为概率建立数学模型，并与我们的直觉联系起来。

【第一节】公理体系

前面反复提到了公理体系，因为公理体系至关重要。公理体系的思想其实并不复杂，中学生就完全可以理解，但是在我们的教科书里，从小学到大学，公理体系几乎从来没有得到过重视。

公理体系提出迄今已经有 2000 多年了，从欧几里得时代到现在，可以说数学、物理中的所有内容都是在公理体系的框架下形成的。但这一点对所有学过数学、物理的人来说并不都是显而易见的，它并没有成为所有人的集体共识。因为从常识入手学数学、物理更符合人们认知事物的顺序，一般不会有人上小学一年级就去思考常识是从哪里来的。而思考常识是从哪里来的，是公理体系的重要环节，这听起来更像是哲学的研究范畴。按照人们认知事物的顺序，思考常识是从哪里来的比较靠后，而且不是所有人都愿意去思考这个问题。现实情况是，只有那些专门从事某些领域研究的人，才会重视公理体系的思想，对更多的人来说，可能从来都没有听说过公理体系，又或者只是道听途说，所以公理体系没能成为我们所有人的集体共识，很多无谓的争论，都是源于公理思想的缺失。

真理这个词，在一些哲学类的书上经常会被提到，我们平常说话偶尔也会提到。但是在数学、物理中，几乎不会直接说真理这个词，它在科学的语境里被表述成真实世界本来的样子。人们通过对真实世界反复地观察和测量，形成了一些观念或者说结论，我们称之为公理。比如平面几何的五条公理，以及经典力学中的牛顿三定律就是公理。有了公理以后，我们就可以进行逻辑一致性推理，从而得出大量的推论，再将这些推论拿来与真实世界做比较，看看是不是能与真实世界吻合，如果是吻合的，我们就认为公理是有效的。以上关于公理体系的描述可以概括成如图 4.1 所示示意图。

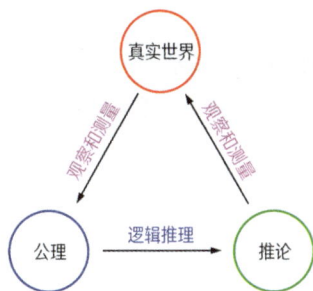

图 4.1 公理体系示意图

一些古代哲学认为公理就是真理，这样一下就把路堵死了。实践证明，如果坚持公理就是真理，他们的理论就很难有修正和发展的机会。公理化体系的思想最重要的点就在这里，公理化体系认为：公理的有效性不能等同于公理就是真理，因为我们提炼和抽象出公理的过程，凭借的是观察和测量；最后将推论与真实世界做比较的过程，凭借的也是观察和测量，这里的观察和测量很有可能不够精确。

比如水面的弯曲程度太小，在以前人们无论用什么样的工具，还是凭想象，都很难发现水面不是平面，当然更不可能发现空间会弯曲，因为空间的弯曲程度比水面的弯曲程度更小，而且空间有可能弯曲，还有可能不弯曲。于是人们就很容易得出水面是平面，空间都是平直状态的结论。在人们找不到理由可以反驳这些结论的时代，水面是平面，空间都是平直状态看起来就像是真实世界本来的样子。但是今天我们知道水面肯定不是平面，所以我们不能说提炼的公理就是真理，只能说目前还找不到可以反驳这个结论的理由，或者说，在目前的技术条件和认知水平下，这个公理看起来很合理，这就是公理不需要证明的原因，除非发现了违背公理的反例，这正是公理体系另一个了不起的地方，勇于接受检验。只要发现一个违背公理的反例，我们就可以围绕新的发现进行追溯，对原有理论进行误差分析，找出问题出在哪里，进而还可能发展出新的理论。相对论就是在发现违背经典力学的反例上建立起来的，牛顿可能不会想到空间可以不是平直的，两个速度叠加其实并不是他想的那个样子。

不过，相对论依然是基于公理的理论，谁也不敢说它描述的就是真实世界本来的样子，尽管它让我们离世界的本质更近了一步。而经典力学在我们所处的时空背景下，依然是最切实有效的计算模型。也就是说，我们已经找到了违背经典力学公理的反例，已经知道它肯定不是真实世界本来的样子，但是经典力学跟相对论计算出来的结论在很多方面非常接近，偏差几乎可以忽略不计，而且经典力学的计算模型更简单，所以经典力学理论对我们来说依然具有极好的实用价值。

另外，图 4.1 中的逻辑推理也是公理体系的一部分，我们也无法肯定现在达成共识的逻辑是正确的，只是还找不到可以反驳现有逻辑的依据，暂且认为现有的逻辑是合理的，说不定将来有一天我们会发现一种更完备的逻辑，现有的逻辑只是这种更完备逻辑的一个近似表现。

所以我们说，所有的数学和物理都是基于公理的理论。化学也是，谁也没有见过原子核是什么样子，电子是什么样子，书上画的那些原子核、电子都是示意图。人们经过实验、思考之后发现，可以将物质理解成粒子，然后通过各种实验来验证这个结论，最后认为将物质理解成粒子非常合理，从而绘制了这些示意图。可能将来有一天还有比它更准确的表述，当然也有可能这就是真理，但这种可能性有多大我们不知道。

下面，我们进入本章主题——概率论，我们要从概率论的公理开始说起。

【第二节】概率论的公理

我们抛一个钢镚儿，它有可能正面朝上，也有可能反面朝上。为什么会这样呢？为什么不是想正面就正面，想反面就反面呢？为什么不是确定的呢？

因为抛钢镚儿的时候，抛出的角度、力度、空气的状态、钢镚儿与桌面的摩擦力度、碰撞力度等，我们都无法控制，所以钢镚儿是正是反不能确定。换句话说，能够决定钢镚儿朝向的条件我们无法准确控制，这才导致钢镚儿是正是反无法控制。反过来说，如果我们能够控制以上所有的条件，那么这个钢镚儿就可以要正面就是正面，要反面就是反面。

所以，钢镚儿的这种不确定性是因人而异的。对正常的人来说，这些条件我们控制不了，所以钢镚儿是不确定的。但是对于那些高速的机器或者孙悟空来说，如果这些条件可以控制，那么钢镚儿的正反就是确定的。

总结一下，钢镚儿出现不确定性的根本原因，就是决定钢镚儿正反面的条件我们无法掌控。既然无法掌控，我们就不要掌控了，就让它自然发生，那么我们就要坦然接受一个事实：我们永远无法提前知道钢镚儿是正面朝上还是反面朝上。

我们知道，钢镚儿除了正面朝上和反面朝上，还有可能立着，这种情形在电影里经常出现。试想一下，如果两个人赌钱，不管钢镚儿正面朝上还是反面朝上都算我赢，钢镚儿立着就算你赢，你能同意吗？

你肯定不会同意，因为这样太不公平。但是如果将规则改一下，正面朝上算我赢，反面朝上算你赢，你可能就会同意，因为这样比较公平。

所以，直觉告诉我们可能性是有大小之分的，钢镚儿立着的可能性是很小的，而正面和反面的可能性差不多，事实上生活中类似的直觉非常普遍。所以我们认为：就像物体有长度，物体的长度是物体的固有属性一样，**可能性大小是事物的固有属性；可能性大小是客观存在的；可能性大小是事物的内在性质。**

我们认为一个物体的长度是一个准确值，可以通过各种尺来测量这个值。虽然我们用不同的尺、不同的测量方法，每次测量出来的值可能会有差异，而且无法确定哪次测量的值就是准确值，但是这并不妨碍我们认同这个物体有一个准确的、确定的长度值。

同样，事物的可能性大小也可以用一种方法来测量。我们将钢镚儿抛 50 次，记录正面朝上的次数，比如是 25 次，那么就完成了一次测量，而且这次的测量值就是

$$\frac{25}{50} = 0.5$$

我们再抛 50 次，记录正面朝上的次数，比如是 24 次，就又完成了一次测量，而且这次的测量值是

$$\frac{24}{50} = 0.48$$

每次测量也可以抛 100 次、抛 1000 次，或者抛 10000 次。将其公式化，我们说每次测量抛 n 次，正面朝上的次数是 m 次，这个 m 常称为频数，就是抛 n 次出现正面朝上的频数。比值

$$\frac{m}{n}$$

称为频率，它反映了这次测量正面朝上的频繁程度。很明显，我们是将频率作为可能性大小的测量值，可能性大小也叫概率。换句话说，频率是概率的测量值。

总结一下，每次测量，钢镚儿正面朝上的频率都在 0.5 附近摆动，抛掷次数越多，频率摆动的幅度越小。这跟我们测量桌子长度的体验感是类似的。

我们认为钢镚儿正面朝上的概率是一个客观存在的准确值，可以通过频率来测量这个值，虽然每次测量的值可能会有差异，而且无法确定哪次测量的值就是准确值，但是这并不妨碍我们认同这个钢镚儿正面朝上的概率是一个准确值，一个确定的值。

所以我们认为，**概率是事物的客观固有属性**。这就是我们的公理，我们认为它很合理，很难找到可以反驳它的理由，由这条公理推导衍生出来的大量结论也都非常合理。

【第三节】概率论的数学模型

为了叙述方便，在提炼概率的数学模型之前，我们先快速介绍一些基本名词。

第一个名词：**随机现象**。像上一节抛钢镚儿那样，由于条件无法掌控，导致会出现两个或两个以上结果的现象，叫作随机现象。

第二个名词：**试验**（experiment）。试验就是指我们要干什么，比如我们想计算 $2 + 3$，看它等于几，这就是一个试验。你可能会想，小学的时候为什么没有直接告诉我们这个词呢？因为没必要，以前我们学数学都是在操作算式，直接说计算什么就行了，现在不同了，一会儿算式，一会儿扔钢镚儿，一会儿扔骰子，把数学家逼急了，就搞出了这么个在中文语境里有点别扭的词。

试验描述了我们打算干什么，它包含一件事从发生到出结果的全过程，比如刚才提到的"2 + 3等于几"的试验，它包含了我们有什么样的条件，这些条件要怎样组合，以及最终的意图和目的是什么。试验结果如果是唯一的，则该试验叫作确定性试验，如果像钢镚儿那样不唯一，则叫作不确定性试验，或者随机试验。

一般情况下，如果一个试验的试验目的很特殊，那么一定会在叙述中将试验目的直接说出来，比如"2 + 3是不是负数""抛一个钢镚儿，钢镚儿的轴心线与桌子边缘的夹角是多少度"。如果试验目的是大家默认的，那么在描述中经常会将其省略掉，比如"请计算2 + 3""我们来扔钢镚儿决定"。

第三个名词：**事件**（event）。在英文的语义里，event 有结果的意思，在概率论中事件就是结果的意思，它是结果的一种比较形象生动的说法。比如我们扔一个钢镚儿，结果是正面朝上，数学家觉得这样说不够形象生动，没有将那种可能发生可能不发生的感觉表达出来，应该说我们扔一个钢镚儿，发生了正面朝上的事件。怎么样，是不是并没有感觉到形象生动？

再看一个例子，比如我们计算2 + 3，结果等于5，如果将它说成"在计算2 + 3的试验中，发生了等于5的事件"，怎么样，是不是有点感觉了？是不是感觉很别扭？难道还能不发生等于5的事件吗？难道还能发生等于6的事件吗？

所以用事件这个词来表达确定性试验的结果就很别扭，而表达随机试验就比较合适，比如"今年的 GDP 发生了负增长事件"。

我个人在刚开始学概率论的时候，关于事件有一个问题感到困惑：对函数$y = 2x$，如果自变量取值为3，那么这个函数就有一个必然结果6，这我能够理解；但是太阳从东方升起，水往低处流，我总认为它们不是必然事件，理由是太阳从东方升起取决于太阳和地球都存在且相互关系保持不变这个条件，水往低处流取决于地球重力场这个条件，我认为这两个条件并不是永恒不变的，所以不能够将太阳从东方升起，水往低处流看成必然事件。换句话说，我认为条件可以被改变的事件，不能看成是必然事件。这里的逻辑错误现在看起来很清楚，我接受了函数$y = 2x$这个条件保持不变，但没有接受地球公转和引力这两个条件保持不变。很明显，如果函数$y = 2x$这个条件可以被改变，自变量取值为3的时候，函数的输出值6也不是必然结果。综上所述我们得出结论：事件依赖于条件，事件是条件的产物，当我们谈到事件时，一定默认了一种确定的条件。在以上三个必然事件中，确定的条件分别是：函数$y = 2x$，地球公转，以及地球重力。我们还发现：当确定的条件是孙悟空和钢镚儿，那么钢镚儿的正反面就是必然事件；当确定的条件是我和钢镚儿，那么钢镚儿的正反面就是随机事件。另外，我们也发现，有些试验可以重复做，有些试验不可以重复做，其根本原因就是这个试验的条件是否可以重复出现。比如抛钢镚儿的试验条件可以重复出现，所以抛钢镚儿试验可以重复做；足球世界杯决赛的试验条件不可以重复出现，所以足球世界杯决赛的结果虽然是随机事件，但不可以重复试验。换句话说，事件一定依赖于一种确定的条件，而这种确定的条件又分为可重复出现的条件和不可重复出现的条件：对于可重复出现的条件，试验就可以反复做；对于不可重复出现的条件，试验就不可以反复做。在实践中，如果试验条件不够明确，往往会明确提示"在相同条件下"；如果有默认的试验条件，往往会省略对试验条件的描述，就像太阳从东方升起，水往低处流。

经过以上解释，随机事件、必然事件、不可能事件的意思应该就很清楚了。

下面总结概率论的数学模型。在上一节抛钢镚儿的试验中，如果按照我们以往学数学的经验，应该先找已知条件。很明显，我们的已知条件就是钢镚儿抛出的角度、力度、空气的状态、钢镚儿与桌面的摩擦力度、碰撞力度等。找到这些已知条件后，经过各种运算，计算出钢镚儿是正面还是反面，按照以往的经验我们就应该这么干。很显然，这个办法在这里不灵了，我们根本无从着手。首先，这些条件我们很难搞到；其次，我们要用什么样的函数才能将这些条件组装到一起呢？显然我们没有办法。既然没有办法，我们就不要管这些条件，让其自然发生，然后直接去看结果，将注意力放到结果上，将所有的结果当作已知条件，再搞清楚各种结果在所有结果中所占的比例，也就是搞清楚各种结果的概率，这样问题就解决了，这就是概率论的数学模型。

这就好像是搞了一个筐，筐里装了所有可能的结果，最后将每种结果所占的比例搞清楚，或者说将每种结果的概率值搞清楚，概率论本质上干的就是这么个事儿。其实，我们抛钢镚儿、掷骰子就是在这么操作。

为了将概率论的数学模型概括得更简洁，我们再来介绍几个名词。我们知道对一个随机试验来说，它有两种或两种以上的结果，这些结果也可以叫作事件。我们将相对于试验目的来说不可再分或不必再分的事件叫作基本事件。换句话说，每次试验的结果就是一个基本事件，因为每次试验有且只有一个结果会发生。那么很自然地，由两个或两个以上基本事件组成的事件，就叫作复合事件。比如掷骰子看点数的随机试验，掷出 1 点的事件是基本事件，掷出奇数点的事件则是复合事件。因为奇数点事件是由 1 点、3 点、5 点这三个基本事件组成的。

基本事件还有个名字叫样本点，所有样本点的集合叫作样本空间。也就是说，我们将一个试验的所有可能结果构成的集体叫作样本空间。比如抛钢镚儿这个试验的样本空间就是正面和反面；掷骰子试验的样本空间就是 1 点、2 点、3 点、4 点、5 点、6 点。很明显，样本空间中的每个元素，比如正面、反面，以及 1 点、2 点等就是样本空间中的样本点。

有了新名词，我们再描述一遍概率论的数学模型，那就是一个随机试验，我们先搞清楚它的样本空间，最后再搞清楚每个样本点的概率。

【第四节】一个随机试验的例子

如图 4.2 所示，这是一道经典的四选一选择题，如果完全不知道题目在说什么，那么就只能硬猜，这就是一个随机试验，样本空间是A、B、C、D，四个样本点A、B、C、D是等可能的，我们猜对的概率就是1/4，猜错的概率是3/4。

تۆۋۆندىكى تاللاش تۈرى ئىچىدىن سانلىق قىممىتى ئەڭ كىچىك

بولغان ھېلىقى تاللاش تۈرىنى تاللاڭ (   )

A 3   B 4   C 5   D 6

图 4.2   经典四选一选择题

对初学者来说，有一种感觉可能会纠缠你很久，你总是不经意地想通过概率值一把猜对，如果我说这是不可能的事情，你可能会想那样的话学概率还有什么意义。我们要明白，**概率值跟单次试验完全没有关系，它从来没有描述过单次试验**，它真正描述的是一个整体结果，或者说是某类行为的结果，而非某个具体动作的结果。在中文的语境中，我们平常说的"抛钢镚儿"，既可以理解成是某类行为，也可以理解成是某个具体动作，它在不同的上下文中意义是有差别的，但这种差别没有引起我们的重视，我们没有对这种差别形成清晰的区分，而概率需要我们对行为与动作有清晰的区分。概率是对"抛钢镚儿"这一类行为的描述，而不是对某次具体动作的描述。所以我们说，**概率描述的是某类行为的结果，而非某个具体动作的结果**。但是，在做随机试验的时候，我们所说的"抛钢镚儿"，有时是指行为，有时是指动作，只要你意识到了在概率论中应该对行为与动作做区分，想区分它们是非常容易的。

在这个选择题的例子中，概率描述的是如果对这道题进行多次选择，能够选中某个结果的比例是多少。所以概率值最多只能帮助我们提高成功率，而永远不能保证单次一定猜对。前面的钢镚儿试验我们已经试过，要想单次一定猜对，就得掌控钢镚儿抛出时的角度、力度、空气的状态、钢镚儿与桌面的摩擦力度、碰撞力度等。显然，这些条件我们掌控不了，所以对于单次试验，选中任何一个结果都有可能，甭管这个结果的概率值多大。

【第五节】数学模型是确定的

我们知道，概率论是研究不确定现象的理论，但是转化成数学模型以后，其中描述的所有内容都是确定的。该数学模型可描述如下：**一个随机试验，先搞清楚它的样本空间，再搞清楚每个样本点的概率。**

对一个随机试验来说，样本空间是确定的。比如掷骰子试验，它有 6 个样本点，这就是它的样本空间，是确定的。再看样本点的概率，前面提到概率是物质的客观固有属性，一个确定的骰子，它的各个样本点的概率是确定的。所以概率论的数学模型里描述的内容都是确定的。

对一个随机试验来说，先找出这个试验的所有可能性，也就是找出所有的样本点，样本点往往是明摆着的，这不是问题，问题是各个样本点的概率是多少。搞清楚样本空间中每个样本点的概率，在概率论中有专门的名词，叫作概率分布，所以我们现在的任务，就是搞清楚样本空间中每个样本点的概率分布情况。

在现实情况下，概率分布不可能都像掷骰子那样是均分的，如果都是均分的，这部分内容到这里就应该结束了。

对一个随机试验来说，它的所有样本点的概率之和是 1，这是我们人为规定的，相当于规定了整体是 1。要求每个样本点的概率，就好比要将 1 公斤面粉分给每个样本点，它们的逻辑是一模一样的，分概率遇到的所有问题，分面粉也一样会遇到。

到目前为止，我们的样本点一会儿是正面、反面，一会儿是 A、B、C、D，一会儿又像是数值（骰子的点数）。换句话说，我们的数学模型还是不够数学化，所以在着手为每个样本点分布概率之前，一般先将所有样本点转换成更统一、更数学的形式。概率论为样本点提供了两种数学形式：一种是将所有样本点转换成数值形式；另一种是将所有样本点转换成集合形式。我们先介绍样本点最本质的形式——数值形式。

【第六节】样本点数值化

在前面的例子中，钢镚儿试验的样本点是正面、反面，骰子试验的样本点是 1 点、2 点、3 点……选择题试验的样本点是 A、B、C、D。很明显，这些样本点有的是数值，有的不是。现在我们不管样本点是不是或者像不像数值，一律根据当前问题的需要，为它们找到一种合适的转换规则，将所有的样本点转换成数值。

比如，我们让钢镚儿的正面是 1，反面是 0；骰子的 1 点转换成数值 1，骰子的 2 点转换成数值 2，这里的转换规则完全根据当前问题的需要而定。比如我们用骰子猜大小，就可以规定 1 点、2 点、3 点是小，4 点、5 点、6 点是大，那么转换规则就可以是：1 点、2 点、3 点都转换成数值 0，4 点、5 点、6 点都转换成数值 1，也就是说不一定非要顺着骰子的点数，它是 5 点就一定要将它转换成数值 5。

可以看出，这里的所谓转换规则，实质上就是一种函数关系，只是跟我们以往接触到的函数稍有一点不同。我们以往接触的函数，输入值、输出值都是数值，而且取值范围往往是整个数轴，但是现在这个函数的输入值是所有的样本点。我们知道：首先，样本点不一定都是数值；其次，样本点可能只有两个，比如钢镚儿的正反面。换句话说，函数输入值的"个数"（自变量的取值范围）有可能少得可怜，搞不好就只有两个值，而且可能不是数值型的。

显然，一个这样的函数，它的输出值的"个数"也可能会少得可怜，可能只有两个值。按照函数的性质，输出值的"个数"可以和输入值的"个数"一样多，也可以比输入值的"个数"少，但一定不会比输入值的"个数"多。这是因为，根据函数的定义，对于每个输入值，只要有唯一的输出值与它对应，就是函数，所以可以多个输入值对应一个输出值，就像前面用骰子猜大小，1 点、2 点、3 点对应的输出值都是 0，4 点、5 点、6 点对应的输出值都是 1，这个转换规则的输入值有 6 个，输出值只有 2 个。

通过这样的转换规则，我们实现了将所有的样本点数值化。在数学中，任何一组数值都可以用变量来表示，或者说任何一组数值都可以概括成一个变量，所以当样本点转换成一组数值后，完全可以借助变量来表示，那么一个样本空间就是一个变量，变量取不同的值就表示样本空间中不同的样本点。数学家们认为取名还可以更形象一些，于是就给被数值化的样本点取了个新名字，叫作随机变量。这样取名的好处是让人一看就知道，这是跟随机现象有关的变量，这个变量的每个取值是与随机现象的每个随机结果对应的。就好像全世界的人都是人，当我们说这个人是亚洲人的时候，我们不仅知道他是一个人，还知道其来自亚洲。

随机变量就是样本点和样本空间的另一种说法。它就是我们的转换规则的所有输出值，就是所有样本点的数值形式，它一定包含所有的样本点，取不同的值就代表不同的样本点。

所以，以后我们提到随机变量，它的意义有可能是全体样本点，也可能是经过转换规则转换出来的全部数值，还有可能是我们的转换规则。不管它指代的是什么，只要明白它们之间的逻辑，都可以马上明白。

现在，我们回过头来看看用骰子猜大小中的这个随机变量，我们就叫它随机变量 X，它的转换规则是：1 点、2 点、3 点对应数值 0，4 点、5 点、6 点对应数值 1。所以这个随机变量 X，既可以代表所有的 6 个样本点，也可以代表猜大小这种转换规则，还可以代表数值 0 和 1。当我们说这个随机变量 X 取值为 1 时，就是指 4 点、5 点、6 点这三个样本点。

再比如掷骰子猜点数的随机变量 Y，它的转换规则就可以是：1 点对应数值 1，2 点对应数值 2，3 点对应数值 3……以此类推，那么这个随机变量Y，也可以代表所有的 6 个样本点，当我们说这个随机变量Y取值为 1 时，就是指 1 点这个样本点。

我们可以看到，猜大小中的随机变量X和猜点数中的随机变量Y，都可以代表所有的 6 个样本点。也就是说，完全一样的样本点，根据不同的观点或视角，可以用不同的转换规则转化成不同的随机变量。而且，我们还注意到，6 个样本点通过转换规则传递给两个随机变量的信息有差异，很明显，样本点传递给随机变量Y的信息更多一些。关于样本点传递给随机变量信息多少的问题，我们再来看一个例子。

这次我们掷两个骰子，一个蓝色的骰子，一个红色的骰子，我们一起掷，观察它们的情况。这个试验一共有 36 个样本点，如图 4.3 所示。

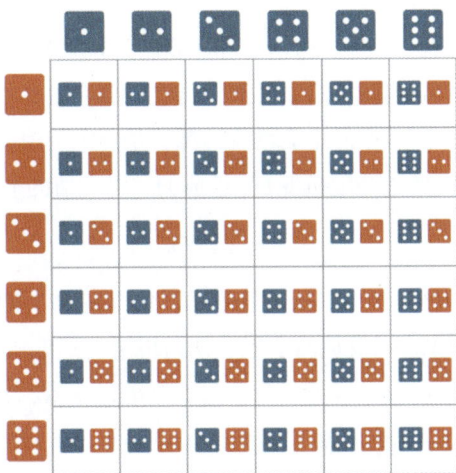

图 4.3　两个骰子的 36 个样本点

下面我们试着用不同的转换规则，或者说以不同的视角，将这 36 个样本点转换成不同的随机变量，如图 4.4 所示。

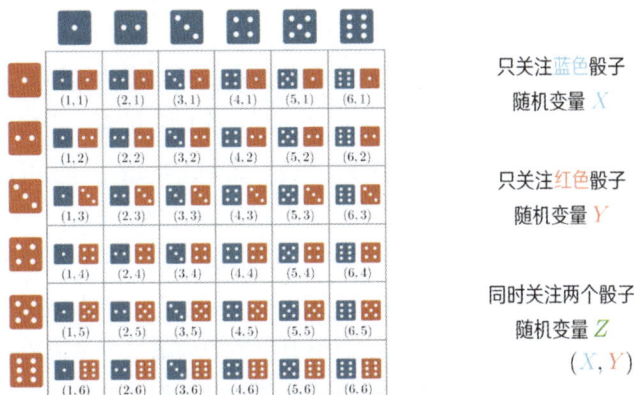

只关注蓝色骰子
随机变量 X

只关注红色骰子
随机变量 Y

同时关注两个骰子
随机变量 Z
(X, Y)

图 4.4　不同视角下的 36 个样本点

我们先只关注蓝色骰子。在 36 个样本点中，蓝色骰子一共有 6 种状态，我们就根据蓝色骰子的信息将所有样本点转换成随机变量X，那么X的取值就可以是

$$1, 2, 3, 4, 5, 6$$

当X取 1 时，表示第 1 列的 6 个样本点；X取 2 时，表示第 2 列的 6 个样本点；以此类推，当X取 6 时，表示第 6 列的 6 个样本点。

同样，我们只关注红色骰子，可以得到随机变量Y，Y的取值也是

$$1, 2, 3, 4, 5, 6$$

当Y取 1 时，表示第 1 行的 6 个样本点；Y取 2 时，表示第 2 行的 6 个样本点；以此类推，当Y取 6 时，表示第 6 行的 6 个样本点。

现在，我们同时关注两个骰子，将所有样本点转换成随机变量Z，那么Z就有 36 个取值，如图 4.4 所示。很明显，在这里Z的取值都是二维数值，X和Y的取值都是一维数值。我们在线性代数部分说过，不管是几维数值，都算是一个数值。在这里，我们的随机变量Z，也可以写成由随机变量X和随机变量Y组成的二维数值的形式：

$$Z = (X, Y)$$

现在我们就有了三个随机变量，从蓝色骰子视角得到的一维随机变量X，从红色骰子视角得到的一维随机变量Y，以及从两个骰子视角得到的二维随机变量(X, Y)。显然，这三个随机变量都能够代表 36 个样本点，只不过二维随机变量Z，也就是(X, Y)这个随机变量描述了样本点更多的细节信息。也就是用一个值对应一个样本点，而没有用一个值对应多个样本点。

很明显，如果是三个骰子，我们同样可以从单个骰子的视角来描述所有样本点，也可以用一个三维的随机变量描述它的所有细节信息。到此为止，你应该已经完全明白我的意图了，你可以试试同时抛三个骰子，从其中两个骰子的视角，也可以描述所有的样本点。我相信，无论同时抛几个骰子，你应该都可以轻松将它的所有样本点，转换成你想要的随机变量。

将现实事物抽象成数学模型，最常见的一种方式就是将事物转换成一个变量，这并不是概率论特有的方式。比如一套房子有 4 个房间：客厅、卧室、厨房和卫生间。我们就可以用变量A将这套房子的房间转换成数学模型，比如$A = 1$表示客厅，$A = 2$表示卧室，$A = 3$表示厨房，$A = 4$表示卫生间。我们也可以用变量B来表示房间，规定变量B有两个取值 0 和 1，房间面积小于等于 10 平米的取 0，房间面积大于 10 平米的取 1，那么$B = 0$时，就表示卫生间，$B = 1$时就表示其他 3 个房间。在这里，变量A与变量B的区别就是看问题的观点和视角不同。所以，如果我们将概率论中的随机变量说成变量，完全没有问题，只是为了更形象，数学家特意将概率论中的变量叫作随机变量，本质上就是将样本点用变量来表示。

【第七节】随机变量的数值特点

通过前面的介绍，我们发现，抛一个骰子的试验，它的样本点用一个一维的数值就能够表达得清清楚楚，也就是随机变量是一维的数值。我们知道，一维的数值可以看成是数轴上的点，或者说直线上的点，那么一个骰子的随机变量就是数轴上的 6 个点，如图 4.5 所示。

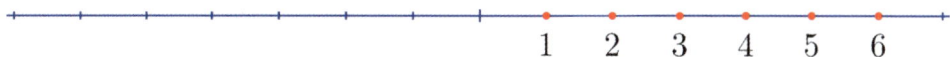

图 4.5　一个骰子的样本空间可以看成数轴上的点

我们接着来看，同时抛两个骰子的试验，它的样本点虽然也可以用一个一维的数值来表示，但是用一个二维的随机变量来表示，才是一个"完美"的表达，也就是用一个二维随机变量才能表达出两个骰子的所有细节。二维的数值可以看成是平面直角坐标系里的点，那么两个骰子的随机变量就是平面直角坐标系上的 36 个点。显然，平面直角坐标系给二维随机变量带来了极好的直觉，平面的面积与样本点的个数明显有数值上的联系，如图 4.6 所示。

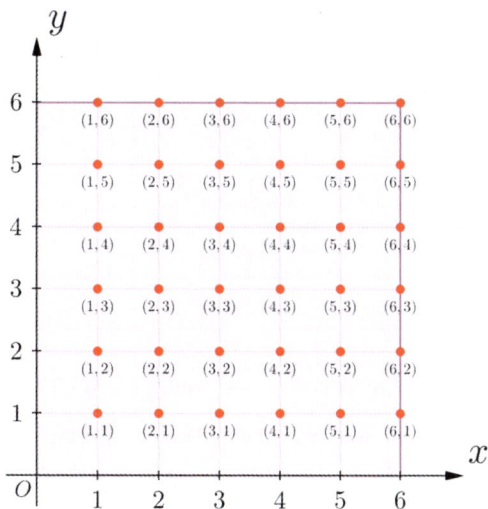

图 4.6　两个骰子的样本空间可以看成平面直角坐标系上的点

同样，同时抛三个骰子的试验，一个三维的随机变量才能表达出三个骰子的所有细节。三维的数值可以看成是三维直角坐标系里的点，那么三个骰子的随机变量就是立体空间上的 216 个点。显然，三维直角坐标系给三维随机变量带来了极好的直觉，立体的体积与样本点的个数明显有数值上的联系，如图 4.7 所示。

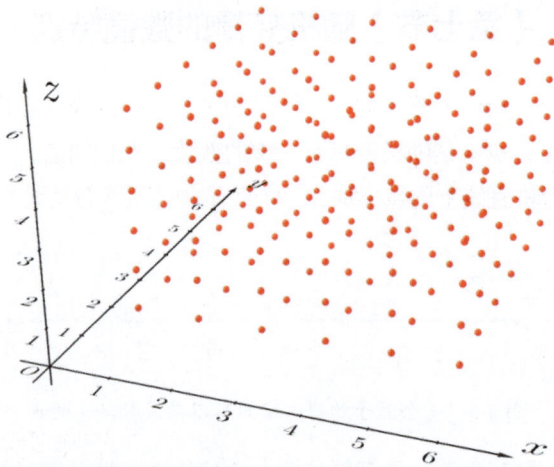

图 4.7 三个骰子的样本空间可以看成三维直角坐标系上的点

以此类推，同时抛四个骰子的试验，一个四维的随机变量才能表达出四个骰子的所有细节。虽然我们对四维的空间失去了直觉，但是四维的空间大小与样本点的个数依然有数值上的联系。在这里，四个骰子的样本点个数应该是 1296 个。我们将以上讨论概括成表 4.1。

表 4.1 随机变量的数值特点

实例	维数	随机变量的取值	随机变量的空间结构	随机变量的空间大小	样本点的个数
一个骰子	1	X	数轴	长度	6
两个骰子	2	(X, Y)	平面直角坐标系	面积	36
三个骰子	3	(X, Y, Z)	三维直角坐标系	体积	216
四个骰子	4	(X, Y, Z, A)	四维平直空间	四维空间	1296

"上帝"只给了我们三个维度的直觉，三个维度以上我们失去了直觉，但也有一种退而求其次的方法，就是树状图，如图 4.8 所示。显然，这种画法可以延伸到任意维度，在这里，从最下面一行开始，每加入一个钢镚儿，样本空间就会变化，一个钢镚儿就是两个样本点，两个钢镚儿就是 4 个样本点，三个钢镚儿就是 8 个样本点，四个钢镚儿就是 16 个样本点。

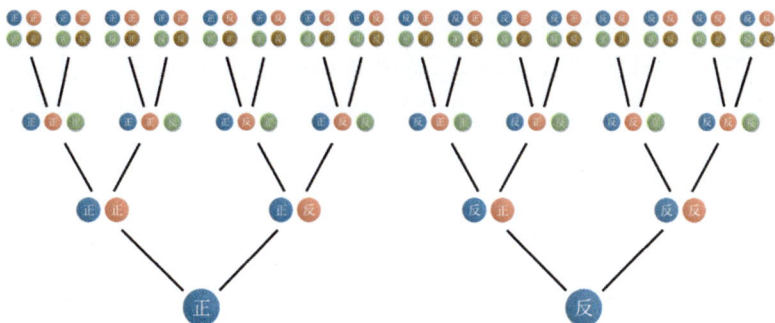

图 4.8 钢镚儿样本点的树状图

我们初中时学过平面几何，平面几何是一种平直空间的二维几何，这种平直空间的几何可以推广到任意维度，推广到三维就是我们熟悉的立体几何。平面几何的空间结构，除了可以像初中那样用 5 条公理来确定，还有一种确定方法，就是空间中任意两点之间的最短距离，也就是任意两点之间的线段长度。平面几何中任意两点之间的线段长度为

$$l = \sqrt{(\Delta x)^2 + (\Delta y)^2}$$

也就是说，只要空间中任意两点之间的距离可以表达成这两点 x 轴和 y 轴方向距离差的平方和，如图 4.9 所示，那么这个空间结构就是平面几何的空间结构。像这样用线段长度定义的几何，被称为线元几何，我们初中定义的那种叫作公理几何。显然，根据线元几何，我们熟悉的立体几何，也就是三维平直空间的几何，它的线段长度就是

$$l = \sqrt{(\Delta x)^2 + (\Delta y)^2 + (\Delta z)^2}$$

四维平直空间的线段长度就是

$$l = \sqrt{(\Delta x)^2 + (\Delta y)^2 + (\Delta z)^2 + (\Delta a)^2}$$

以此类推，还可以有五维、六维、任意维。

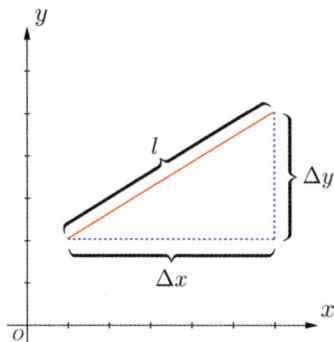

图 4.9 平面几何中两点之间的距离

事实上，随机变量的数值空间就是这种平直几何的几何空间，它可以延伸到任意维。可以想象，这种平直几何的空间大小跟相应维度的随机变量的样本点的个数有数值上的联系。也就是说，计算多维随机变量样本点的个数，可以转换成求相应维度平直几何的空间大小。几何空间大小也叫作几何空间度量，一维的空间大小是长度，二维的空间大小是面积，三维的空间大小是体积。四维的空间大小叫什么名字，我们不用管，我们只要知道，它照样有空间大小。四个骰子的样本点一共有 1296 个，如果骰子都是均匀的，那么这 1296 个样本点的概率都是相同的，每个样本点的概率就是 $\frac{1}{1296}$。显然，我们很容易就实现了目标，完成了对所有样本点的概率分布。

以上谈的是随机变量的数值空间特点，也就是不同维度随机变量的数值特点，相当于将随机变量搬进了坐标系，将随机变量进行了空间化、可视化。

接下来，我们谈随机变量的另一个数值特点。在抛骰子的试验中，我们发现，我们的样本点就是几何空间中一个一个散开的点。比如，抛一个骰子的样本点，就是排列在数轴上一个一个散开的点；抛两个骰子的样本点，就是排列在平面上一个一个散开的点。在这儿，我们以一个骰子为例，它的样本点如图 4.10 所示排列在直线上，分别在数值 1、2、3、4、5、6 的位置。显然，如果这个骰子是均匀的，那么每个样本点的概率就是 $\frac{1}{6}$。

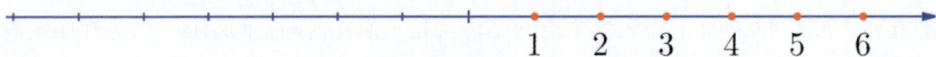

图 4.10   一个骰子的样本空间可以看成数轴上散开的点

下面再看两个类似的例子。第一个例子，一个公共汽车站每 6 分钟一趟公共汽车，现在去公共汽车站等车，那么等到车的时间可能是 1 分钟，可能是 1.1 分钟，也可能是 2 分钟。也就是说，等到车的时间在 0 到 6 分钟之间都有可能，那么样本点或者说随机变量的取值就是 0 到 6 之间的所有实数，也就是数轴上 0 到 6 的整个区间。

再看第二个例子，我们在计算机里用函数随机生成一个 0 到 6 之间的实数。显然，我们生成的实数可能是 1，可能是 1.1，也可能是 2，那么我们的随机变量跟等车时间一样，也是 0 到 6 之间的所有数，也就是数轴上 0 到 6 的整个区间。

很明显，骰子的样本点是数轴上 6 个散开的点，它们不能占满某个数值区间，不存在 1.1、1.2 这样的样本点，而等车时间和计算机随机数的样本点是数轴上 0 到 6 之间所有的实数点，如图 4.11 所示，它们可以占满某个数值区间。我们将像骰子这样的随机变量叫作**离散型随机变量**，将等车时间和计算机随机数这样的随机变量叫作**连续型随机变量**。

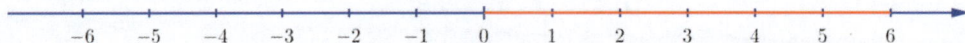

图 4.11   等车时间和计算机随机数的样本空间可以看成数轴上连续的点

现在，我们同样来关注每个样本点的概率。等公共汽车的时候，6 分钟等到车的概率是 1，也就是说，如果等 6 分钟，一定能等到车；5 分钟等到车的概率是 $\frac{5}{6}$，也就是说，如果等 5 分钟，不一定能够等到车，但是等到车的概率很大；4 分钟等到车的概率是 $\frac{4}{6}$；3 分钟等到车的概率是 $\frac{3}{6}$；2 分钟等到车的概率是 $\frac{2}{6}$；1 分钟等到车的概率是 $\frac{1}{6}$。

我们以相似的操作来看计算机生成随机数的例子。显然，生成数字 6 的概率肯定不是 1；生成数字 5 的概率肯定不是 $\frac{5}{6}$；生成数字 4 的概率肯定不是 $\frac{4}{6}$；生成数字 3 的概率肯定不是 $\frac{3}{6}$；生成数字 2 的概率肯定不是 $\frac{2}{6}$；生成数字 1 的概率肯定不是 $\frac{1}{6}$。

原因也很容易发现，等公共汽车的例子中我们考虑的是数轴上的区间，生成随机数的例子中我们考虑的是数轴上的点，数轴上的点本质上是长度为 0 的空间，长度为 0 的空间概率就是 0，所以生成 1 的概率是 0，生成 2 的概率也是 0。因为数轴上 0 到 6 这个长度是 6 的空间，概率是 1，那么在这个长度是 6 的空间里面，任何长度是 0 的空间，概率就是 0。也就是说，在 0 到 6 之间，我们生成任何一个实数的概率都是 0。如果在等公共汽车的例子中，我们也像生成随机数这样，不是考虑区间而是考虑点，你会发现会遇到同样的问题。等公共汽车的例子如果只考虑点，就相当于到公共汽车站后 1 秒钟都不等，也就是到达公共汽车站后等待的时间长度是 0，那么能够等到车的概率当然是 0。换句话说，我们任何时间到达车站，如果等待时间是 0，那么等到车的概率就是 0。这跟我们在 0 到 6 之间生成任何一个实数的概率都是 0 是一样的。

那么问题来了，既然生成任何一个实数的概率都是 0，那么将所有样本点的概率相加之和也应该是 0，但这显然违背了"所有样本点概率之和应该是 1"。你也可能会认为，生成任何一个实数的概率不是 0，而是一个很小很小的数，但这也说不通，因为如果每个样本点是一个很小很小的值，那么它必须得是一个很小很小的长度区间，而不应该是一个点。显然，这里出现了争议，其实这种争议并不是只有概率论才有。

比如，将面粉分到数轴上 0 到 6 的区间上，就数轴上的单个点来说，因为空间大小为 0，分到的面粉自然就是 0，那么数轴上所有的点分到的面粉都是 0，将它们加起来自然也是 0，那么数轴上的面粉跑到哪去了呢？

再比如，一个运动的物体，它在某个时刻的运动距离是多少呢？我们知道，一个时刻就是一个时间长度为 0 的时间区间，时长为 0 的时间内，运动物体运动的距离当然是 0，那么所有的时刻，物体的运动距离都是 0，将它们加起来总距离自然也是 0，这样一来总距离永远是 0，但是物体明明在运动，明明是有距离的。

所以，我们不能认为一段时间是由无数个时刻组成的，也就是说，我们不能认为一条线段是由无数个点组成的。一条线段应该是由很多个微小的线段组成的，因为对一条线段来说，无论将它细分到什么程度，它的每个微小线段都一定有一个长度。也就是说，我们永远不能将一条线段细分成单个的点。换句话说，我们永远不能将一条线段细分成一个一个长度为 0 的空间。而我们所说的点，它的本质就是长度为 0 的空间。

那怎么办呢？数学家最终吸取了生活中的智慧，发现只需要计算几何空间的概率，所有的问题都能够解决，所有的"坑"都能够避开，因为任何一个几何空间的概率，就是样本点会落入这个空间的概率。

我们生活中也是这么避坑的，我们从来不会问某个时刻物体运动了多远，而是问某个时间段物体运动了多远；也不会问铅球上某个点的质量是多少，而会问某个体积的物体质量是多少。

在等公共汽车的例子中，如果想知道 2 分钟能等到车的概率，那么只需要搞清楚长度为 2 的区间的概率。在这个例子中，由于分布是均匀的，任何一个长度为 2 的区间的概率都是$\frac{2}{6}$，这就是我们 2 分钟能等到车的概率，它同时也是我们的样本点会落入这个区间的概率。

所以，对于等车时间这种一维的连续型随机变量，我们只需要搞清楚某个空间长度的概率，它就是我们的样本点会落入这个长度的概率。从更普遍的视角来说，对于连续型随机变量，我们只需要关注它的几何空间，只要能够计算出它的任何一个几何空间的概率，问题就解决了。

仔细想想，我们等公共汽车的时候，心里自然而然默认了这种操作。这种方法非常巧妙地避开了雷区，它只谈点会落在某个区域的概率，这样就只需要知道某个区域的概率，避开了谈单个点的概率。我们应该意识到这种思维很巧妙，但是这其实并不是什么新鲜的东西，我们中学时研究物体的运动，包括前面说的分面粉，我们研究的很多数学模型，事实上都在运用这种思维，只是以往问题没有暴露出来，我们没有太在意。但是，将这种思维运用到概率论上的时候，问题被正式摆到了明面儿上，不能再像以往那样很自然地避开。这种思维在概率论中显得如此特别，本节和下一节会反复从各个角度解释这种思维。在这里，我们能够内化这种思维比学概率论本身更重要，因为它不仅仅是理解概率论的重要环节，从刚才的各种例子可以看到，我们生活中的很多场景都在运用这种思维。

另外，我们以往研究一个对象的时候，多半会直接看这个对象的表现，但是当我们研究样本点的概率时，得先将样本空间搞清楚，因为样本点属于样本空间，离开样本空间单谈样本点没有意义。换句话说，当我们研究样本点概率时，我们得先将这个对象所在的整体研究得一清二楚，最后再看这个对象落在整体的某个局部区域的情况是什么样。

【第八节】点、长度、面积、体积

随着上一节将连续型随机变量拉扯到概率论里来，我们相当于完成了概率论的最后一块拼图。乍一看，连续型随机变量似乎打乱了原有的秩序，事实上，只需要换个视角，你会发现一切又变得那么协调、那么统一。

从空间大小的视角来看，连续型随机变量要解决的是任何一个几何空间的概率是多少，离散型随机变量要解决的是每个点的概率是多少。我们要知道，点也是几何空间。再强调一遍，点也是几何空间。所以，无论是离散型随机变量，还是连续型随机变量，本质上都是在计算几何空间的概率大小。

比如单个骰子的试验，随机变量的全部几何空间就是 6 个点，每个几何空间的概率都是 $\frac{1}{6}$，那么样本点会落入某个几何空间的概率，就是这个几何空间的概率。我们发现，这个叙述方式跟描述等公共汽车时一模一样，所以，如果从几何空间的视角来看，一切都变得那么协调、那么统一。换句话说，在新的视角下，一个随机变量的任何几何空间的概率，就是样本点落入这个几何空间的概率。我们需要真正内化这种巧妙的视角，这种视角让离散型随机变量和连续型随机变量变得协调而且统一。

前面我们说，一个随机试验的所有样本点的概率之和是 1，显然，对于离散型随机变量可以这么说，但是对于连续型随机变量这么说是有问题的。比如前面在 0 到 6 之间产生随机数的试验，所有样本点的概率之和是 0。所以，一个随机试验的所有样本点的概率之和是 1 这个结论，应该改成：**一个随机变量的所有几何空间的概率之和是 1**。这样就将离散型随机变量和连续型随机变量都概括进来了。

之前我们说，概率分布的实质是将每个样本点的概率搞清楚，现在应该说概率分布的实质，就是将随机变量的任何一个几何空间的概率搞清楚。也就是，将样本点可能落入的任何一个几何空间的概率搞清楚。

如果是离散型随机变量，那么几何空间就是点，我们就要将每个点的概率搞清楚；如果是一维连续型随机变量，那么几何空间就是长度，我们就得能够随意计算任何一段长度的概率；如果是二维连续型随机变量，那么几何空间就是面积，我们就得能够随意计算任何一块面积的概率；以此类推，我们可以推广到十维、百维、任意维，如表 4.2 所示。

表 4.2　随机变量的数值空间相当于平直几何的几何空间

类型	随机变量的空间结构	随机变量的全部数值空间	随机变量的某个数值空间
任意维离散型	点	总点数	某部分点
一维连续型	线	总长度	某部分长度
二维连续型	平面	总面积	某部分面积
三维连续型	三维立体	总体积	某部分体积

在数学中，离散型数值与连续型数值是完全不同的两种数值类型。英文中的可数名词和不可数名词就是对"离散型"和"连续型"的区分，可数名词描述的事物往往是"离散型"的，不可数名词描述的事物往往是"连续型"的，这说明在英文的语境中比较在意离散型与连续型的区别，并特意用可数和不可数将它们分开。

从上一节到这一节，反复在强调几何空间的内容，希望我们的观点可以尽可能达成一致。在这里，还有一个问题需要再谈一下，在产生 0 到 6 之间随机数的例子中，我们一般不会直接问产生数字 1 的概率是多少，因为产生任何数字的概率都是 0，这么问没有意义，而应该问产生 0 到 1 之间实数的概率是多少，显然这个概率是 $\frac{1}{6}$，也就是我们的样本点会出现在 0 到 1 之间的概率是 $\frac{1}{6}$。同理，产生 2 到 4 之间实数的概率就是 $\frac{2}{6}$，也就是我们的样本点会出现在 2 到 4 之间的概率是 $\frac{2}{6}$。很明显，产生 0 到 6 之间实数的概率就是 $\frac{6}{6}$，也就是说，我们的样本点一定会出现在 0 到 6 之间。想想看，这跟我们等公共汽车是一样的操作。

在这里，只有一个问题感觉跟等公共汽车有点不一样，等公共汽车的时候，如果等待的时间长度是 0，那么等到车的概率就是 0，这很符合常识，我们是可以接受的。但是产生某个随机数字，比如产生数字 1，明明可以发生，怎么能说概率为 0 呢？

你可能会认为，它应该有一个很小的概率。

当我们认为产生数字 1 的概率不是 0 的时候，其实无形中已经默认了两件事：第一，0 到 6 的区间长度，无论如何都不会细分出大小为 0 的区间，只能细分出很小的区间；第二，我们默认了一个很小的区间，数字 1 就在这个区间里，那么产生数字 1 自然就有一个很小的概率。

这两件事确实非常合理，但是，当我们说产生数字 1 的时候，事实上已经假定了它是一个点，是一个大小为 0 的区间，那么它的概率就是 0。想想看，我们认为数字 1 是线段上的点比较合理，还是认为数字 1 是线段上的一个微小的长度比较合理呢？按照数学里的一贯做法，应该认为它是点更合理，要不然我们很难界定它的大小，容易产生混乱。同样，我们认为点的长度是 0，线的面积是 0，平面的体积是 0。

以上关于这个问题的讨论，相当于有人问：为什么我们不可以从一个铅球上的点取到物质，不可以从运动物体的某个时刻取到距离，却可以从一个连续的数值区间上的点取到数值？我们的回答是，取到的数值和数值区间不是同一类事物，或者说取到的离散型数值与原本的连续型数值不是同类型的数值，既然不是同类型的事物，那就是没有取到同类型的事物，我们假定取到的新"物种"的分量是 0 自然就很合理。只是在铅球和运动物体问题中没有出现新"物种"，没有扰乱我们的注意力，关于这个问题我们就到此为止。

【第九节】概率分布

本节我们来总结概率分布的一般形式。

先说离散型随机变量的概率分布。一维的离散型随机变量就是数轴上离散的点。比如抛一个钢镚儿的试验，我们设钢镚儿的正面是 1，反面是 0。那么如表 4.3 所示表格就能够非常清楚地描述钢镚儿的概率分布情况。

表 4.3　钢镚儿的概率分布表

X	0	1
P	0.5	0.5

这个表格叫作概率分布表。通过查这个表格，我们就知道正面的概率是 0.5，反面的概率也是 0.5。

再比如大头钉，我们设它躺着是 1，撑着是 0，那么它的概率分布表如表 4.4 所示，躺着的概率是 0.8，撑着的概率是 0.2。

表 4.4　大头钉的概率分布表

X	0	1
P	0.2	0.8

再比如一个均匀的骰子，它的概率分布表如表 4.5 所示，每个点数的概率都是 $\frac{1}{6}$。

表 4.5　均匀骰子的概率分布表

X	1	2	3	4	5	6
P	1/6	1/6	1/6	1/6	1/6	1/6

如果是一个偏心的骰子，它的概率分布表可能如表 4.6 所示，同样，每个点的概率一清二楚。当然，所有点的概率之和是 1。

表 4.6　不均匀骰子的概率分布表

X	1	2	3	4	5	6
P	0.12	0.23	0.31	0.12	0.18	0.04

以上四个表格也可以表达成函数图像，如图 4.12 所示，横坐标是随机变量的取值，纵坐标是相应的概率。这样的函数图像叫作概率函数图，它的最大特点就是纵坐标直接表示概率。这跟我们以往见过的函数图像比起来，显得非常奇怪，输入值就那么几个孤零零的值，不是一个数值区间。

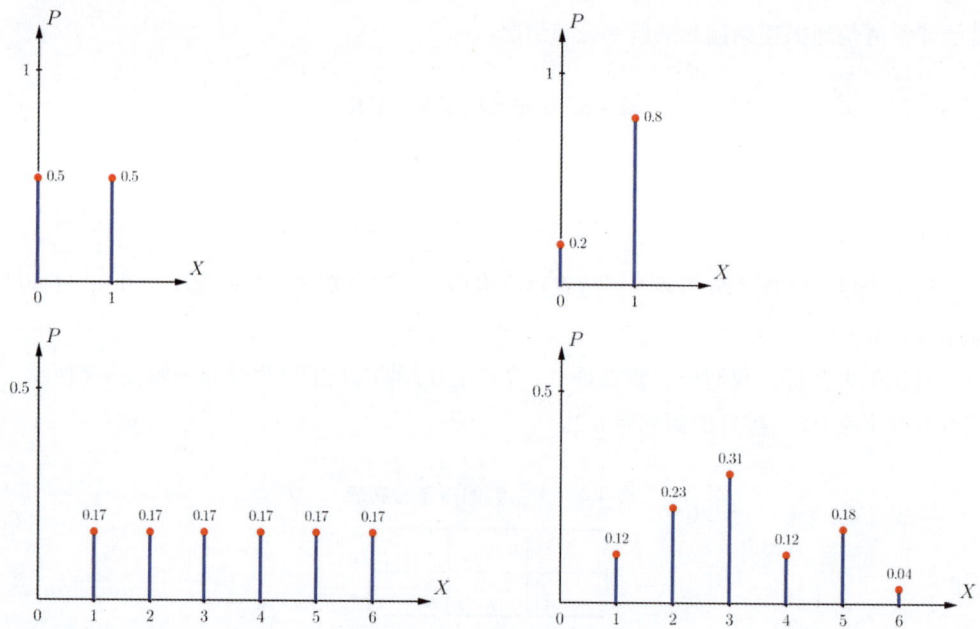

图 4.12   各分布的概率函数图

接着来看二维的离散型随机变量。二维的离散型随机变量就是平面直角坐标系中离散的点，和一维一样，可以用概率分布表和概率函数图表示。抛两个钢镚儿的二维离散型随机变量用概率分布表表示如表 4.7 所示。

表 4.7   二维概率分布表

X	Y	
	0	1
0	0.25	0.25
1	0.25	0.25

而用概率函数图表示则是图 4.13 中四个红色的点。

注意，这里的概率函数图是一个三维坐标图，它的第一维和第二维用来表示随机变量，第三维用来表示概率值。换句话说，二维离散型随机变量的概率函数图，它的随机变量就占用了两个维度。可以想象，三维的离散型随机变量用这种概率函数图表示就很困难了，因为它的随机变量就要占用三个维度，没有多余的维度再来表示概率。表格形式也是，一个三维的离散型随机变量用表格表示也很困难。所以，表格和函数形式只有表达一维、二维是极好的。

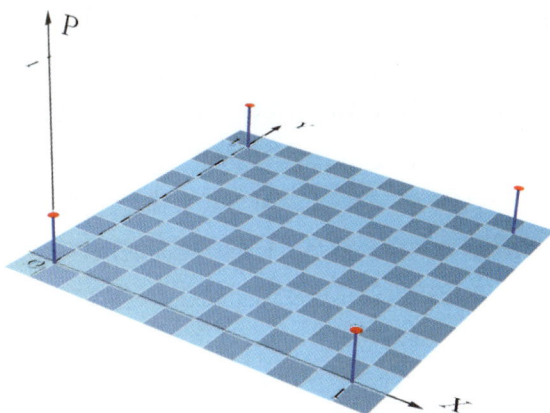

图 4.13　二维概率函数图

下面来看连续型随机变量的概率分布。我们从最简单的一维连续型随机变量开始，就以前面的等公共汽车和产生随机数的随机变量为例，公共汽车每 6 分钟一趟，在 0 到 6 之间产生随机实数，它们的随机变量是一样的，都是数轴上 0 到 6 的长度区间。如图 4.14 所示，我们也试着像离散型随机变量那样，用表格和概率函数图来描述，看看结果会如何。

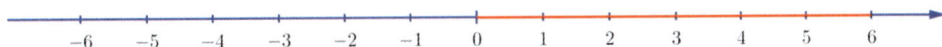

图 4.14　连续型随机变量的样本空间

我们知道，0 到 6 区间上的任何一个数值，都是我们的一个样本点，而且每个样本点的概率都是 0。显然，用表格描述很困难。首先，连续的数没法一个一个列出来，因为任何两个数之间，比如 0.001 到 0.002 之间就有无数个数；其次，每个值对应的概率都是 0，就是列出来也没有意义。再看用函数表示的情况，如果用概率函数图表示，用横坐标表示连续的随机变量倒是完全没问题，但纵坐标表示的是概率，我们知道，所有样本点的概率都是 0，那么连续型随机变量的概率函数图，就是一条 0 到 6 之间与横轴重合的线段。

很明显，对于连续型随机变量，概率分布表和概率函数图完全行不通，但这并不能否认它们是表达一维和二维离散型随机变量最完美、最有效的方式。所以，表达连续型随机变量的概率分布，我们要另找出路。

上一节我们说，一个随机变量的所有几何空间的概率之和是 1，现在这个随机变量的几何空间，就是数轴上 0 到 6 之间的线段长度。那么现在我们要解决的问题，就是将 1 分布到 0 到 6 这个区间上，其实这是我们小学、中学就非常熟悉的数学模型，我们每个人都操作过很多遍了。它相当于我们要将 1 公斤面粉分布到 6 寸长的线段上，相当于我们要将 1 公里的路程分布到 6 分钟的时间上。仔细想想，我们会发现这三种描述的数学模型是完全一样的。

在这里第三种描述"将路程分布到时间上"是我们最熟悉、最容易找到直觉的方式，也就是运动物体 6 分钟走了 1 公里。

现在我们来回顾平常会怎样描述物体的运动。如图 4.15 所示，A、B 两地之间的距离是 1 公里，一个人花 6 分钟从 A 地走到 B 地，在这里可以走走停停，可以想快走就快走，想慢走就慢走，但是不能往回走。我们有两种方式来描述这种运动，一种是路程函数，一种是速度函数，这两种函数的横坐标是一样的，都是时间，而它们的纵坐标，一个是路程，一个是单位路程。单位路程就是速度的物理意义，指单位时间内运动的路程。

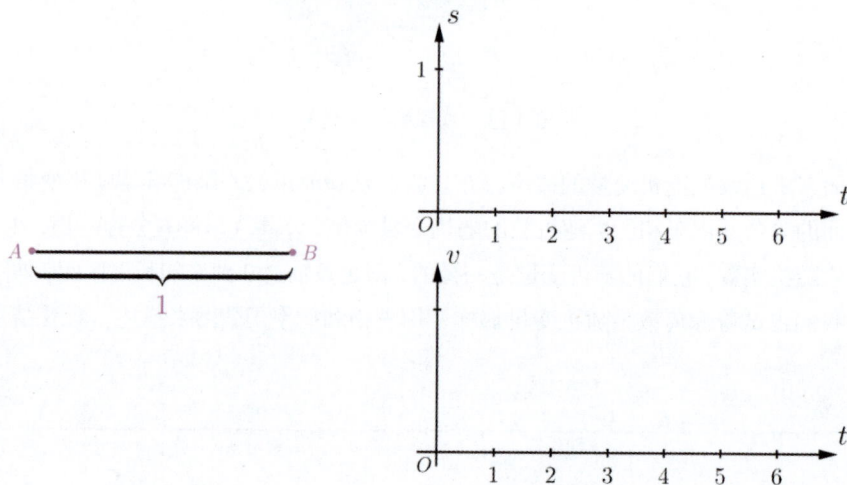

图 4.15　路程函数和速度函数描述物体的运动

无论这个人怎样走完这段路程，我们都可以画出对应的路程函数和速度函数。假设这个人忽快忽慢走完这段路程，我们将它的路程函数和速度函数画出来，如图 4.16 所示。

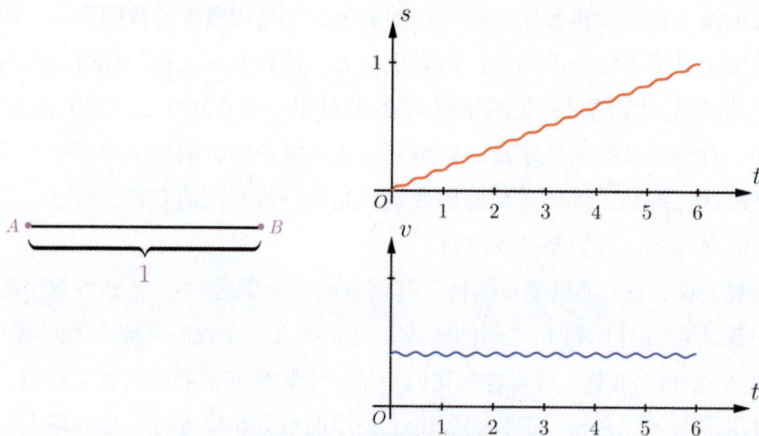

图 4.16　不规则路程和速度示意图

很明显，我们从两个不同的视角描述了同一个运动，那么任意两个时刻之间所走的路程，对路程函数来说就是与两个时刻对应的函数值相减；对速度函数来说，就是速度函数图像与横轴在两个时刻之间围成的面积，如图 4.17 所示。

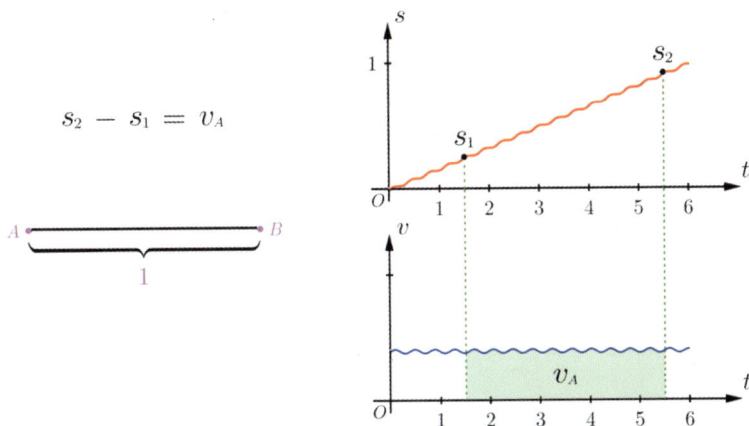

图 4.17 超越微积分基本公式的等量关系

也就是说，速度函数图像与横轴在两个时刻之间围成的面积一定等于路程函数中对应的两个函数值相减。为什么一定相等呢？因为它们都是在描述同一个运动物体的同一个参数，也就是运动物体运动的距离，只不过速度函数用一块儿面积来表示它，路程函数用两个函数值的差来表示它，所以速度函数图像与横轴在两个时刻之间围成的面积永远等于路程函数中对应的两个函数值相减。这个结论可能让我们想起了微积分基本公式，事实上，这个结论比微积分基本公式要宽泛普适得多，在任何情况下都成立，而微积分基本公式只能胜任函数图像很规则的情况。也就是说，函数图像如果不规则，就超出了微积分基本公式能够驾驭的范围，而这个结论无论函数图像规则不规则都成立，这一点在微积分的部分我们特意重点说过。

很明显，如果运动物体的函数图像很不规则，我们计算不了，它必须规则，微积分才能派上用场。我们从初中就开始学物理、数学，我们从不研究不规则的运动方式，概率论同样是这样，只研究分布比较规则的情况。

所以这 1 公里，我们可以匀速地走完，相应的路程函数和速度函数如图 4.18 所示。

也可以匀加速走完，相应的路程函数和速度函数如图 4.19 所示。

路程函数和速度函数还可以如图 4.20 所示。

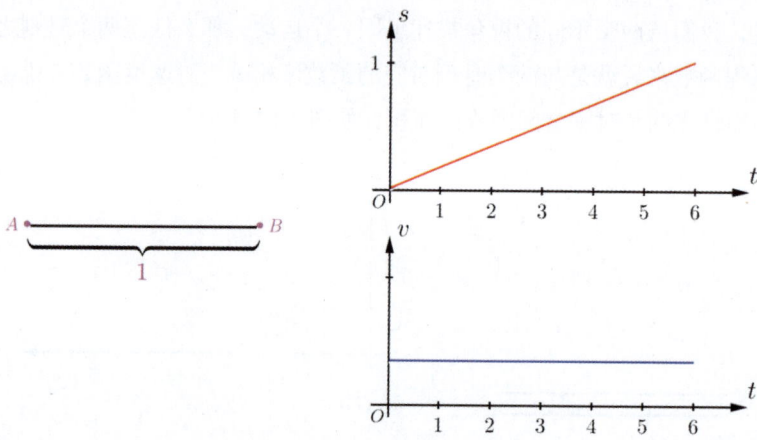

图 4.18　匀速走完 1 公里的函数示意图

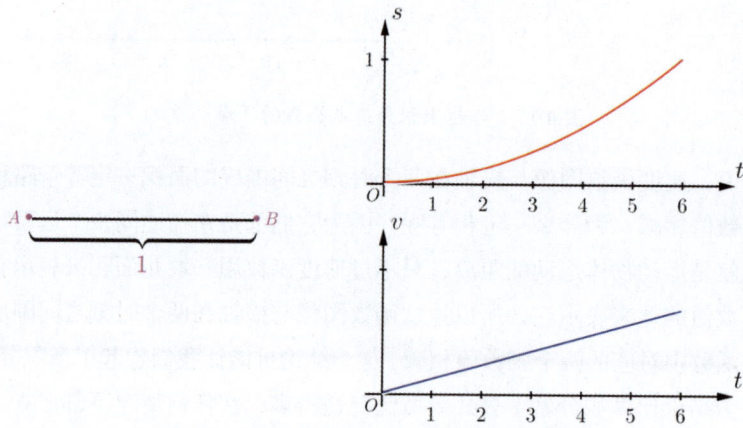

图 4.19　匀加速走完 1 公里的函数示意图

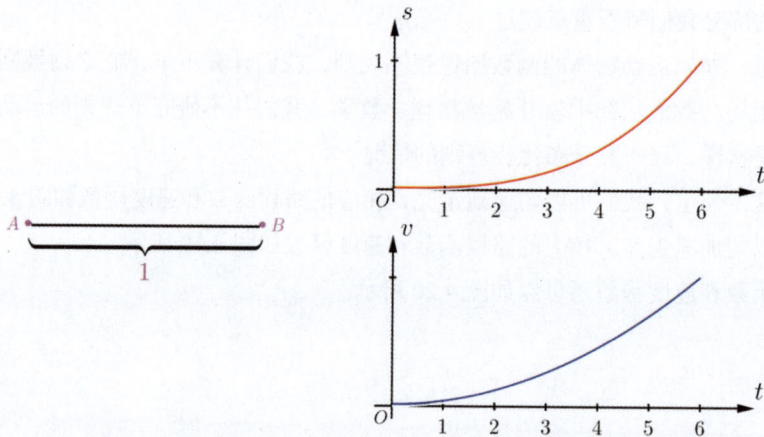

图 4.20　变加速走完 1 公里的函数示意图

在这里，速度函数曲线与横轴围成的面积一定是 1；路程函数永远只可能增加，最终一定增加到 1；路程函数和速度函数携带的信息量是完全一样的。也就是说，路程函数和速度函数完全是等效的，它们只是在从不同视角描述同一个事物，对路程函数微分就能得到速度函数，对速度函数积分就能得到路程函数。

回顾了运动物体的路程与速度，我们可以试试将这个模型转换成分面粉的情况，路程对应的是面粉的重量，速度对应的就是面粉的单位重量，也就是面粉的密度。同样，也可以对应到概率分布上，路程函数对应的函数叫作概率分布函数，速度函数对应的函数叫作概率密度函数。

那么前面等公共汽车和产生随机数的例子，它们的概率分布函数和概率密度函数如图 4.21 所示。

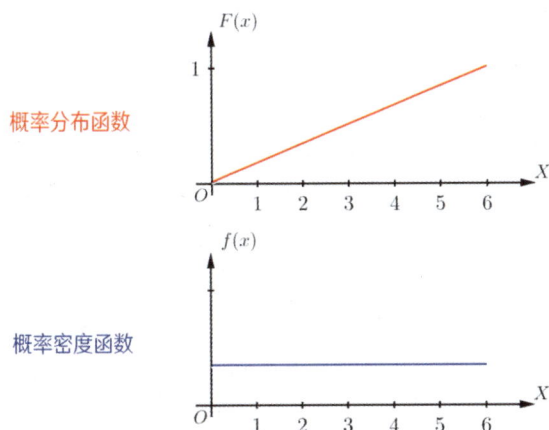

图 4.21　概率分布函数和概率密度函数

这就是 6 分钟匀速走完 1 公里的函数图像。所以，概率分布函数和概率密度函数就是我们表达连续型随机变量概率分布的方法。

在这里，概率密度函数曲线与横轴围成的面积一定是 1；概率分布函数永远只可能增加，最终一定增加到 1；概率分布函数和概率密度函数携带的信息量是完全一样的。也就是说，概率分布函数和概率密度函数完全是等效的，它们只是在从不同视角描述同一个事物，对概率分布函数微分就能得到概率密度函数，对概率密度函数积分就能得到概率分布函数。

这里还要讨论一个问题，我们还是以等车时间的随机变量为例，它的分布函数和密度函数的横坐标都是从 0 到 6 这个区间。也就是说，这两个函数的输入值只是数轴上的一个有限区间，本质上就是我们随机变量的取值，如图 4.22 所示绿色区间部分。这时我们发现，可以不用限定分布函数和密度函数横坐标的取值范围，就让它们的取值范围是整个数轴，只要让那些不在随机变量取值范围之内的区间概率都是 0，同样可以表达完全一样的意义。

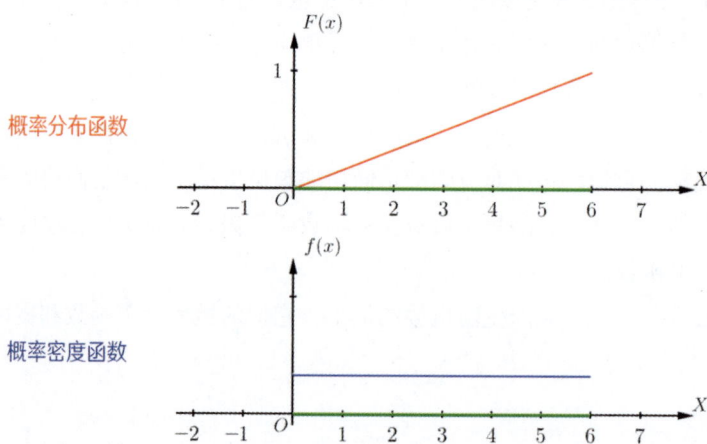

图 4.22　自变量的取值范围是有限区间

也就是说，让−∞到 0 区间上的概率是 0，让 6 到+∞区间上的概率也是 0。如图 4.23
所示，这样改造后，分布函数和密度函数横坐标的取值范围就都是整个数轴。分布函数
的任何一个输入值对应的函数值，就是从−∞到当前输入值这个区间对应的概率值，这个
结论如果对应到运动物体的路程函数，相信所有人都可以马上明白，因为我们从小就熟
悉得不得了的那个路程函数，一直都是在这么操作。同样，密度函数的任何一个输入值
对应的函数值，就是与当前输入值对应样本点的单位概率，如图 4.24 所示。这里我们可
以顺着单位路程、单位重量的方向内化，也就是顺着物体的速度、物质的密度的方向内
化。只要能理解运动物体的速度，那么理解单位概率完全没有问题。

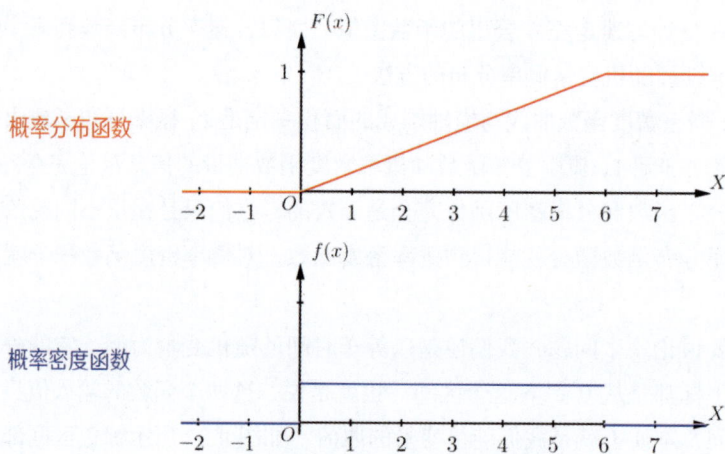

图 4.23　自变量的取值范围可以是整个数轴

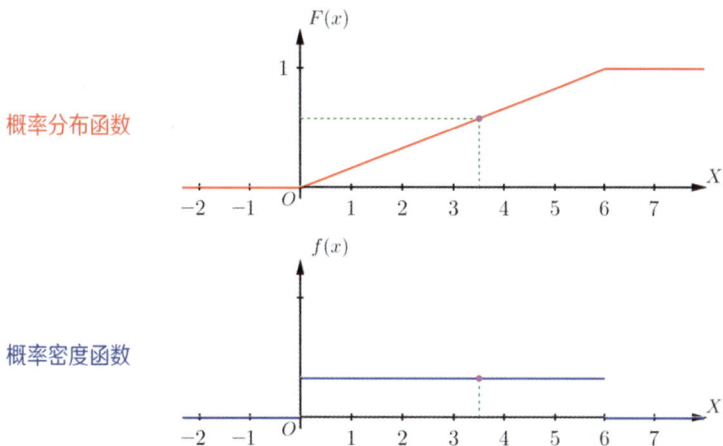

图 4.24　分布函数和密度函数中单个函数值的意义

接下来要更新前面叙述的一个结论。虽然我们前面没有直接说，如果随机变量是连续型的数值，就将这样的随机变量叫作连续型随机变量，但是意思差不多，这样说是不对的。如果只有随机变量的取值是连续型的，只能叫作非离散型随机变量，连续型随机变量不仅需要自身取值是连续的，它的概率分布也得是连续的，也就是概率函数曲线也得是连续的。通俗地说就是，取值是连续的，概率我们能驾驭，有办法计算的随机变量才是连续型随机变量。初级阶段，我们只讨论离散型随机变量和非离散型随机变量中的连续型随机变量，如图 4.25 所示。

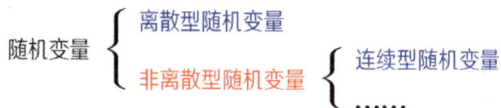

图 4.25　随机变量的类型

有了一维连续型随机变量的概率分布函数和概率密度函数，我们就可以推导出二维连续型随机变量的概率分布函数和概率密度函数。先举两个二维连续型随机变量的实例。

第一个实例，我们来研究中学生的身高和体重，中学生身高一般在 160 公分左右，体重一般在 45 公斤左右。我们知道，只用中学生的身高随机变量H，就能够将所有样本点都概括进来；只用中学生的体重随机变量W，也能够将所有样本点都概括进来。但是用一个二维的随机变量(H,W)可以反映出更多细节，显然，这个二维随机变量(H,W)，可以看成是平面上的一块图形，那么我们的随机变量就是平面上以$(160,45)$这个点为中心的一块图形，如图 4.26 所示。

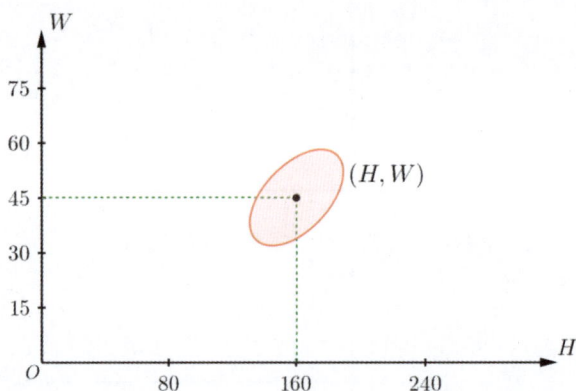

图 4.26　中学生的身高和体重随机变量的样本空间

可以想象，这块图形应该是椭圆形，左下角表示矮小的中学生，右上角表示高大的，左上角表示矮胖的，右下角表示瘦高的。正常情况下，矮胖和瘦高的应该会比较少，所以这个图形呈椭圆形。

再看第二个实例，向靶上掷飞镖。掷飞镖也可以想象成是圆形的靶平躺在地上，然后从靶的正上方让钢珠自由落体，我们来研究钢珠会砸在什么位置。

我们以靶的正中心为原点，建立直角坐标系，那么以原点为中心的圆上的所有点，就是我们的样本点可能落入的位置，如图 4.27 所示。也就是说，我们的随机变量(X, Y)，就是以原点为中心的一块区域。

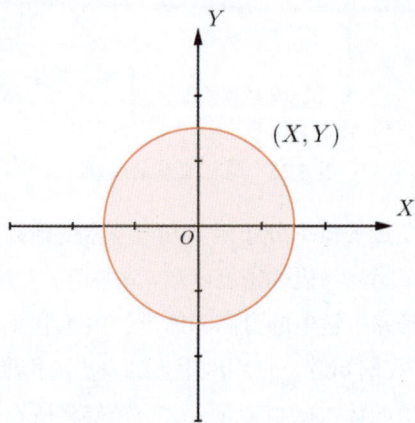

图 4.27　飞镖随机变量的样本空间

现在我们来看这两个例子中概率分布函数和概率密度函数应该是什么样。

在这里，随机变量就占了X轴和Y轴所在的平面，直接就占掉了两个维度，我们只能用三维直角坐标系来表示分布函数和密度函数，如图 4.28 所示。显然，分布函数和密度函数的输入值就是X轴和Y轴所在平面上的所有点。为什么是所有点，而不是平面上的部分点呢？原因前面说过，虽然样本点只是这里的一块区域，但是只要让那些不在取值范围内的点表现为 0 就行了。

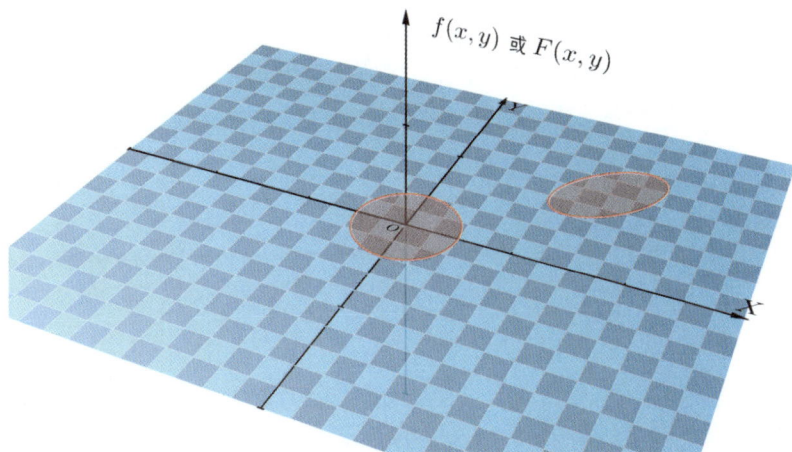

图 4.28　二维随机变量的分布函数和密度函数需要用三维坐标系表示

假设这两个试验的概率都是均匀分布，并且椭圆和圆的面积都是 6，那么掷飞镖的密度函数如图 4.29 所示。

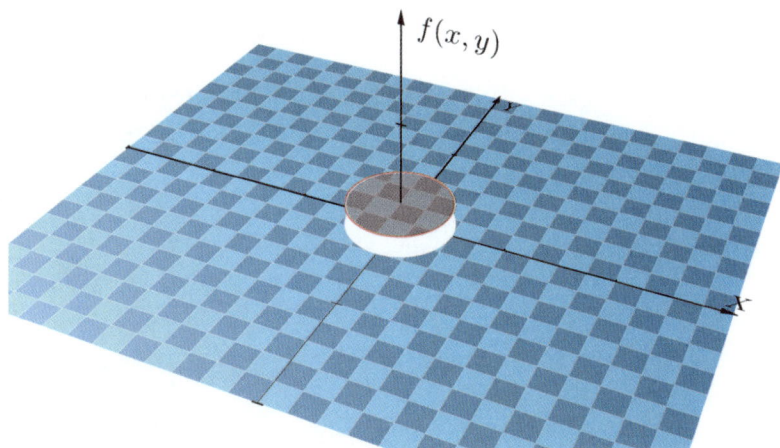

图 4.29　均匀分布的概率密度函数图像

显然，密度函数的图像被分成了两个部分，就像是将 X 轴和 Y 轴所在的平面抠了一个跟圆一样大小的洞，将抠出来的这个部分向上提高了 $\frac{1}{6}$，这就是投飞镖的密度函数图像。而密度函数的函数值，就是留在原地的面和提高了 $\frac{1}{6}$ 的面，这两个面与 XY 平面围成的体积是 1。也就是说，二维连续型随机变量的密度函数图像与 XY 平面围成的体积永远是 1。刚才我们假设这两个实验的概率分布是均匀的，但很明显这两个例子都不会是均匀的，它们都是圆中心的密度比较大，越往边缘密度越小。换句话说就是，密度函数图像就像是一座山，中间高，越往边缘越低，如图 4.30 所示，数学家将这种形状叫作钟形曲线。

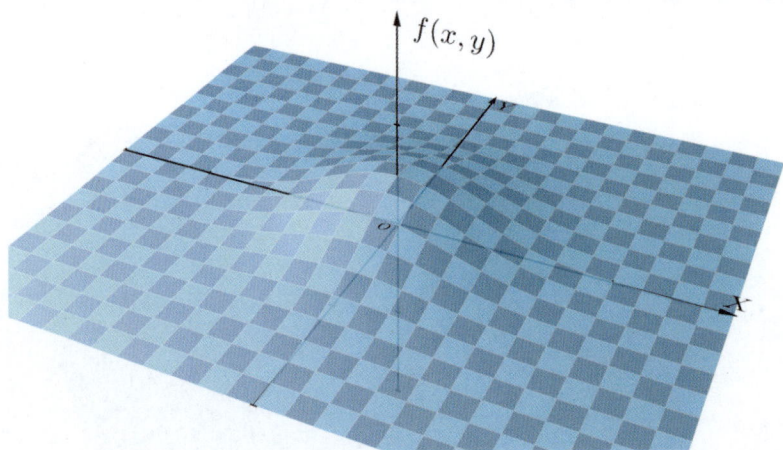

图 4.30   掷飞镖的概率密度函数图像

前面说过，概率论中分布函数和密度函数是完全等价的，它们所携带的信息量完全等效，只是在从不同视角描述同一个现象，也就是所谓分布函数就是对密度函数的积分，飞镖的分布函数图像如图 4.31 所示。

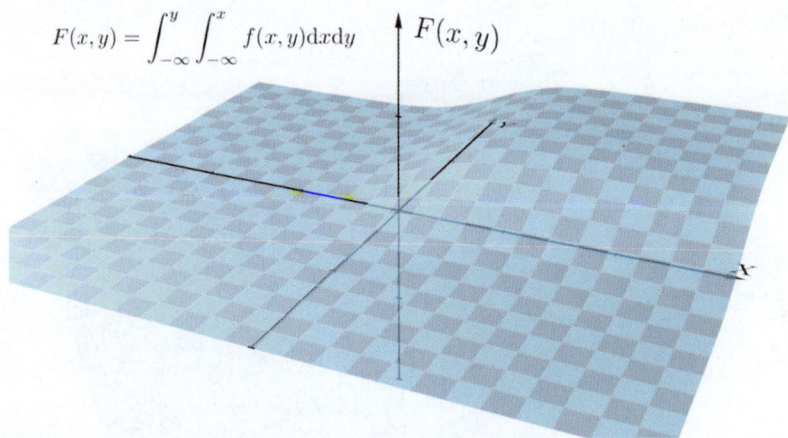

$$F(x,y) = \int_{-\infty}^{y}\int_{-\infty}^{x} f(x,y)\mathrm{d}x\mathrm{d}y$$

图 4.31   掷飞镖的概率分布函数图像

很明显，我们也可以将连续型随机变量扩展到任意维度。

【第十节】正态分布

将一个随机试验的概率分布表达清楚以后，事实上，它已经携带了我们需要的所有信息，而且都是确定的。我们可以通过概率分布信息，计算任意几何空间的概率是多少，计算概率密度最大的位置在哪里，大部分概率会落在哪个区间，以及不同参数怎样相互影响，等等。

我们已经知道，抛一个骰子的试验，它的随机变量X取值可以是

$$1, 2, 3, 4, 5, 6$$

现在如果我们问$2X$，或者说$X + X$可以代表什么意义，乍一听好像有歧义，感觉至少存在两种完全不同的意义。第一种，$2X$还是表示一个骰子的试验，只是将每个样本点重新取了个名字，骰子的 1 点对应随机变量 2，骰子的 2 点对应随机变量 4……以此类推，骰子的 6 点对应随机变量 12。也就是说，$2X$是一个新的随机变量，它表达的还是原来那 6 个样本点。第二种，$2X$表示在原有的一个骰子的基础上，又加入一个骰子。换句话说，样本点发生了本质性的变化，原来只有一个骰子的样本点，现在变成了两个骰子的样本点，两个骰子的 36 个样本点我们是知道的。很明显，它跟$2X$没有很好的数值联系，所以我们放弃这种理解，以后但凡遇到有关单个随机变量的函数，比如

$$3X^2 + 4X + 5$$

它相当于只是给原来的样本点重新取了个名字，样本点本身没有发生变化，只是用一个新的随机变量来表示原来的样本点。

我们接着再来看同时抛两个骰子的情况。跟前面一样一个蓝色骰子，一个红色骰子，这个试验共有 36 个样本点，我们可以从蓝色骰子的视角，将它转换成随机变量X，这个X的取值当然是

$$1, 2, 3, 4, 5, 6$$

也可以从红色骰子的视角，将所有样本点转换成随机变量Y，这个Y的取值也是

$$1, 2, 3, 4, 5, 6$$

还可以用一个二维随机变量(X, Y)表示所有的样本点。现在我们问，$X + Y$ 代表什么意义？

对一个二维的随机变量来说，$X + Y$表示两个骰子的点数和，也就是说新的随机变量$X + Y$并没有改变原有样本点的形态，只是用两个骰子的点数和来表示原有的 36 个样本点。但是我们发现，$X + Y$也能够看成是两个单一骰子试验的合并，也就是说$X + Y$这个新的随机变量样本点发生了本质的变化，它们原来的样本点都是单一骰子，合并之后，样本点是两个骰子，而且新的随机变量$X + Y$是两个骰子的点数和。

显然，从结果来看，无论是两个骰子的随机变量，还是两个单一骰子随机变量的合并，数值结果没有任何区别。所以当我们说$X + Y$时，既可以理解成是一个二维随机变量的函数，也可以理解成是两个随机变量的合并。

下面，我们从两个随机变量合并的视角，来看看两个骰子合并后总点数的分布是什

么样子。如图 4.32 所示，样本点的取值从 2 一直到 12，随机变量取 2 时，只有一个样本点；随机变量取 3 时，一共有 2 个样本点；随机变量取 4 时，一共有 3 个样本点……一直到随机变量取 12 时，只有一个样本点。

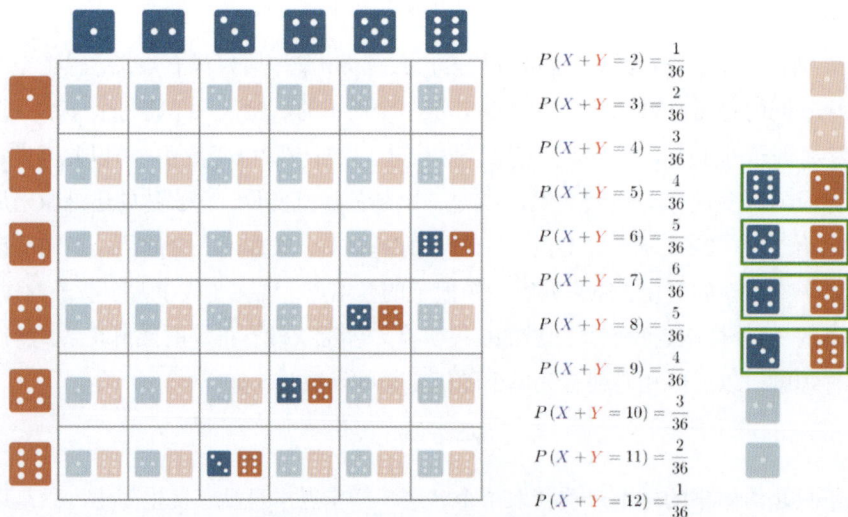

$$P(X+Y=2)=\frac{1}{36}$$
$$P(X+Y=3)=\frac{2}{36}$$
$$P(X+Y=4)=\frac{3}{36}$$
$$P(X+Y=5)=\frac{4}{36}$$
$$P(X+Y=6)=\frac{5}{36}$$
$$P(X+Y=7)=\frac{6}{36}$$
$$P(X+Y=8)=\frac{5}{36}$$
$$P(X+Y=9)=\frac{4}{36}$$
$$P(X+Y=10)=\frac{3}{36}$$
$$P(X+Y=11)=\frac{2}{36}$$
$$P(X+Y=12)=\frac{1}{36}$$

图 4.32　两个骰子点数和的分布

将合并前和合并后的概率函数图像都画出来，我们发现合并前的图像是平的，合并后出现了山峰的形状。如果再合并一个骰子进来，也就是随机变量是三个骰子的总点数，那么山峰就会变得平缓一些，如图 4.33 所示。

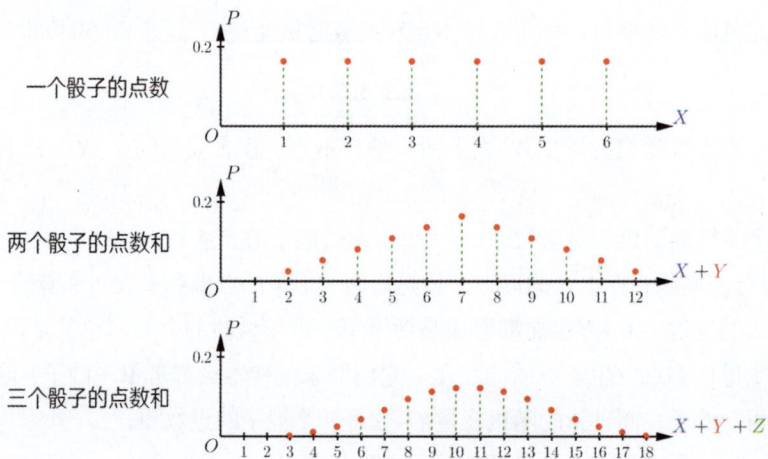

图 4.33　多个骰子点数和的概率函数图像

如果我们不停地加骰子进来，最后图像形状就会越来越趋向于一条对称的钟形曲线。刚才我们用的是均匀的骰子，如果用不均匀的骰子，也就是骰子的每个面的概率不一样，用同样的操作，从一个骰子开始，对骰子反复做叠加，它的概率函数图像形状也会越来越趋向于一个对称的钟形曲线。最后我们发现，无论是离散型随机变量，还是连续型随机变量，还是毫无规则的随机变量，只要对它反复做叠加，图像形状最后都会趋向于一个对称的钟形曲线，不同的只是陡一点缓一点的问题，图像可以体现在平面直角坐标系上，形状就像一座平面的山，如图 4.34 所示。

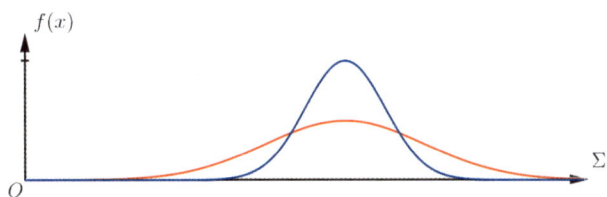

图 4.34　不同一维随机变量叠加后的钟形曲线

如果将二维随机变量用同样的方式反复做叠加，它的图像可以体现在三维直角坐标系上，形状就像一座立体的山，如图 4.35 所示。

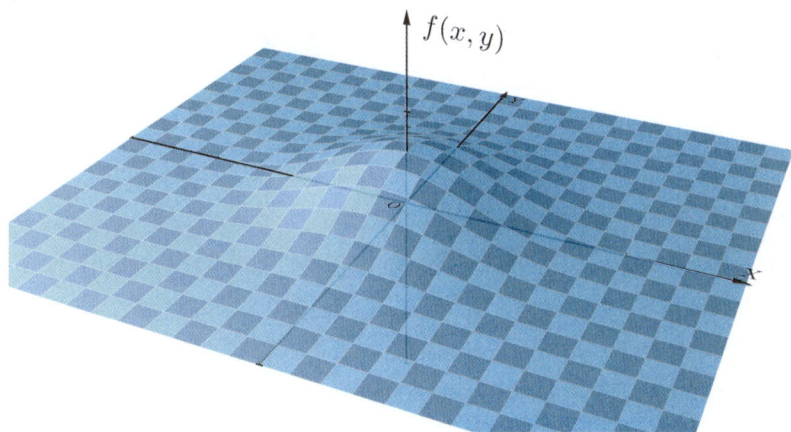

图 4.35　二维随机变量叠加后的钟形图像

计算求解这个钟形曲线的函数图像，一维随机变量概率密度函数的主体结构是

$$e^{-x^2}$$

二维随机变量概率密度函数的主体结构是

$$e^{-x^2-y^2}$$

事实上，它可以延伸到任意维，三维的主体结构就是

$$e^{-x^2-y^2-z^2}$$

四维的主体结构就是

$$e^{-x^2-y^2-z^2-a^2}$$

在一维也就是平面上的标准形式是

$$f(x) = \frac{1}{\sqrt{2\pi}} e^{-\frac{x^2}{2}}$$

在平面上的一般形式是

$$f(x) = \frac{1}{\sqrt{2\pi}\sigma} e^{-\frac{(x-\mu)^2}{2\sigma^2}}$$

显然，它给函数的主结构配了很多系数，这些系数只是为了确保钟形曲线下的面积是1，控制钟形曲线的平移，以及钟形曲线是比较陡还是比较缓。

钟形曲线在二维上的标准形式是

$$f(x) = \frac{1}{2\pi} e^{-\frac{x^2+y^2}{2}}$$

一般形式是

$$f(x) = \frac{1}{2\pi\sigma_1\sigma_2\sqrt{1-\rho^2}} e^{-\frac{\left(\frac{x-\mu_1}{\sigma_1}\right)^2 - 2\rho\frac{x-\mu_1}{\sigma_1}\frac{y-\mu_2}{\sigma_2} + \left(\frac{y-\mu_2}{\sigma_2}\right)^2}{2(1-\rho^2)}}$$

数学上将这种对称的钟形分布叫作正态分布。它是在不受干扰情况下，一种很自然、很正常的分布。这跟我们平常在一个地方扔垃圾一样，最终就是一座"山"。正态分布跟我们的直觉相当吻合，在物理学中叫熵，我们认为它是自然界的普遍规律，是物质的固有属性，所有物质都表现出正态分布。换句话说，我们也可以将它当成公理，从理论上说，如果我们从正态分布出发，就能够推导出前面的概率是物质的固有属性那条公理。

在前面，我们说无法提前知道一个钢锄儿落地后会哪面朝上。因为我们无法掌控钢锄儿抛出时的角度、力度、空气的状态、钢锄儿与桌面的摩擦力度、碰撞力度，现在我们可以从另一个视角来看待这些我们不能掌控的条件。这里的每一个无法掌控的条件，都可以解释成一个随机变量，这些随机变量叠加的和，就是最终钢锄儿正反面的这个随机变量。也就是说，这里的每一个无法掌控的条件，就是一个随机变量，而这个随机变量，同样是由很多个随机变量叠加的结果。所以钢锄儿的这些无法掌控的条件的集体表现，就像是由很多个随机变量叠加，然后结果再叠加，最后叠加出了一个正态分布，也就是一条钟形曲线。由于钢锄儿自身的物质结构特点，将钟形曲线从正中间一分为二，所以正面朝上的概率是 0.5，反面朝上的概率也是 0.5。而一个大头钉，则没有从钟形曲线的正中间切分，所以躺着的概率是 0.8，撑着的概率是 0.2。

也就是说，我们遇到的所有不确定现象，本质上都表现出正态分布，但是由于物体自身的结构特点等原因，它们对正态分布进行了某种切割重组。

也可以说，任何一种分布，都是对正态分布进行了某种特定切割重组的结果，正态分布是自然界的普遍规律，是物质的固有属性。

【第十一节】常见的几种分布

像钢镚儿、大头钉这种只有两个样本点的分布叫作 0-1 分布。凡是随机变量只有两个取值的分布都叫作 0-1 分布，比如用 1 个骰子猜大小，虽然骰子有 6 个样本点，但是猜大小的随机变量只有 2 个取值，所以也是 0-1 分布。本节我们要以 0-1 分布为起点，纯粹依靠推理和计算，推导出常见的各种分布。换句话说，常见的二项分布、泊松分布、指数分布，都可以由一个钢镚儿推导出来。事实上，我们见过的所有分布都可以这样推导出来。

0-1 分布只要换一种描述方式，就是二项分布。比如抛一个钢镚儿，0-1 分布是这样描述的：正面的概率是 0.5，反面的概率是 0.5。而二项分布是这样描述的：有 0 个是正面的概率是 0.5，有 1 个是正面的概率是 0.5，二项分布的视角会死死盯住一个面。

如果两个钢镚儿一起抛，二项分布的视角还是死死盯住一个面，它会这样描述：有 0 个是正面的概率是 0.25，有 1 个是正面的概率是 0.5，有 2 个是正面的概率是 0.25。

如果三个钢镚儿一起抛，二项分布会这样描述：有 0 个是正面的概率是 0.125，有 1 个是正面的概率是 0.375，有 2 个是正面的概率是 0.375，有 3 个是正面的概率是 0.125。

……

我们本着要将它公式化的精神，如果有 n 个钢镚儿一起抛，二项分布会这样描述：有 0 个是正面的概率是 $C_n^0 p^0 (1-p)^n$，有 1 个是正面的概率是 $C_n^1 p^1 (1-p)^{n-1}$，有 k 个是正面的概率是 $C_n^k p^k (1-p)^{n-k}$，一直到有 n 个是正面的概率是 $C_n^n p^n (1-p)^0$，这就是二项分布。因为这里的系数跟二项式展开式里的系数一样，所以叫它二项分布。

在二项分布中，我们只要知道有多少个钢镚儿，以及钢镚儿是正面的概率，就能够知道出现任意个正面的概率是多少。换句话说，只要两个参数（就是这里的 n 和 p）就可以确定一个二项分布，记作 $X \sim b(n,p)$，这里的随机变量 X 是钢镚儿正面朝上的次数。

我们直观地看一下二项分布在不同参数下的分布情况，如图 4.36 所示。

可以看到，k 值在 np 附近时概率较大，随着 p 的增加，分布的峰值在逐渐向右移动。

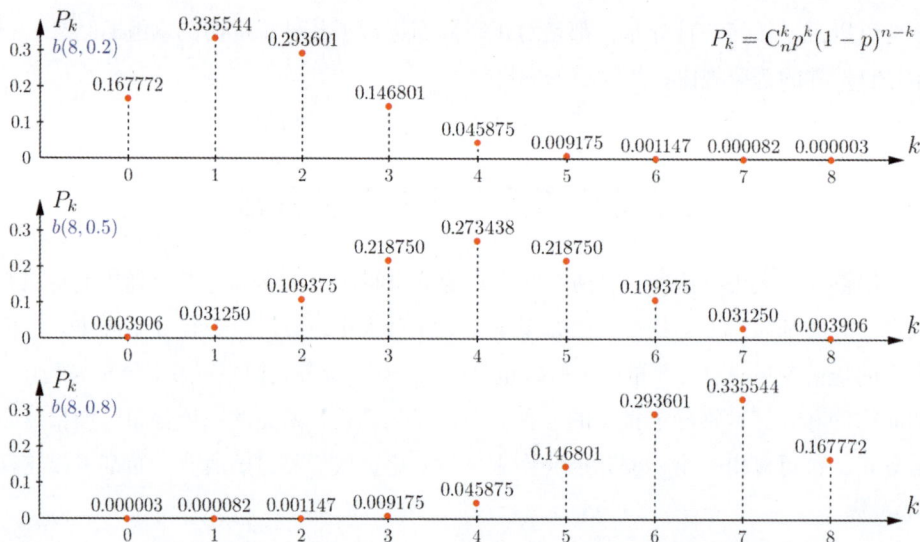

图 4.36 二项分布$b(n,p)$在不同参数下的概率函数图对比

接下来，我们来关注停车场，想一想，一个停车场每天可能进多少辆车呢。显然，可能进 0 辆，可能进 1 辆，可能进 2 辆……也就是 0 到正无穷，所有的非负整数都有可能。换句话说，一天进多少辆车都会有一个概率，比如 1 天进 1 亿辆车，虽然概率很小，但也一定有。

现在，我们问：这个停车场每天进 0 辆车的概率是多少？每天进 1 辆车的概率是多少？每天进 2 辆车的概率是多少？……很明显，停车场上不封顶，每天进多少辆车都会有一个概率。

我们回头看看，二项分布是怎么描述的：有 0 个是正面的概率是多少？有 1 个是正面的概率是多少？有 2 个是正面的概率是多少？……有 n 个是正面的概率是多少？

看出区别了吗？停车场就是一个 n 趋向无穷大的二项分布。那么停车场的概率函数，就是对二项分布的概率函数求极限：

$$\lim_{n \to \infty} (C_n^k p^k (1-p)^{n-k})$$

在这里，我们将组合表达式写全：

$$\lim_{n \to \infty} \left(\frac{n(n-1)\cdots(n-k+1)}{1 \cdot 2 \cdots (k-1) \cdot k} p^k (1-p)^{n-k} \right)$$
$$= \lim_{n \to \infty} \left(\frac{n(n-1)\cdots(n-k+1)}{k!} p^k (1-p)^{n-k} \right)$$

虽然这个表达式看起来很复杂，但是大约在 200 年前就有人发现，只要我们试着去测量表达式中的概率 p，这个极限表达式就会有一个漂亮的解。

于是我们跑到停车场去蹲守，看看一天会有多少辆车进入。蹲守了很多天后，我们发现每天大概有 30 辆车进入，这相当于我们每天抛n次钢镚儿，结果钢镚儿站着的频率基本稳定在 30 次。我们每天抛 10 万次，结果总是大约有 30 次是站着的，显然，我们相当于是在测量这个钢镚儿站着的概率，那么概率

$$p = \frac{30}{n}$$

如果将这个 30 用λ代替，则有

$$p = \frac{\lambda}{n}$$

我们将这个概率代入极限表达式，即

$$\lim_{n \to \infty} \left(\frac{n(n-1)\cdots(n-k+1)}{k!} \left(\frac{\lambda}{n}\right)^k \left(1-\frac{\lambda}{n}\right)^{n-k} \right)$$

$$= \lim_{n \to \infty} \left(\frac{\lambda^k}{k!} \frac{n(n-1)\cdots(n-k+1)}{n^k} \left(1-\frac{\lambda}{n}\right)^n \left(1-\frac{\lambda}{n}\right)^{-k} \right)$$

$$= \lim_{n \to \infty} \left(\frac{\lambda^k}{k!} \left[\frac{n}{n} \frac{n-1}{n} \cdots \frac{n-k+1}{n}\right] \left(1-\frac{\lambda}{n}\right)^n \left(1-\frac{\lambda}{n}\right)^{-k} \right)$$

$$= \lim_{n \to \infty} \left(\frac{\lambda^k}{k!} \left[1 \cdot \left(1-\frac{1}{n}\right) \cdots \left(1-\frac{k+1}{n}\right)\right] \left(1-\frac{\lambda}{n}\right)^n \left(1-\frac{\lambda}{n}\right)^{-k} \right)$$

$$= \frac{\lambda^k e^{-\lambda}}{k!}$$

因为表达式中除了n，其他都是常数，当$n \to \infty$时，

$$1 \cdot \left(1-\frac{1}{n}\right) \cdots \left(1-\frac{k+1}{n}\right) \to 1$$

$$\left(1-\frac{\lambda}{n}\right)^{-k} \to 1$$

$$\left(1-\frac{\lambda}{n}\right)^n \to e^{-\lambda}$$

以上对极限表达式求解的过程叫作泊松定理，这是纯数学计算。我们将这个表达式表达的概率分布叫作泊松分布，记作$X \sim \pi(\lambda)$，这里的随机变量X是一天内车辆可能进入停车场的数量k，读作随机变量X服从参数为λ的泊松分布。很明显，只要一个观测参数λ，就能够确定泊松分布。一个城市一天发生交通事故的数量，一个医院一天就诊患者的数量，都服从泊松分布。

泊松分布在不同参数下的分布情况，如图 4.37 所示。

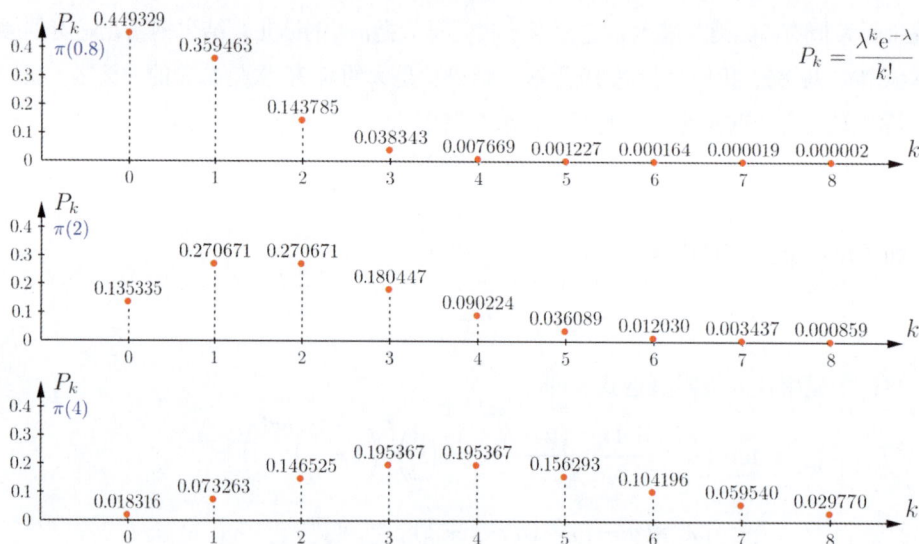

$$P_k = \frac{\lambda^k e^{-\lambda}}{k!}$$

图 4.37   泊松分布$\pi(\lambda)$在不同参数下的概率函数图对比

可以看到，k值在λ附近时概率较大，随着λ的增加，分布逐渐趋于左右对称。请注意，泊松分布概率函数图像中的k值是非负整数，图 4.37 中只画到了 8，省略了 8 后面的部分，而图 4.36 所示二项分布概率函数图像中的k值最大就是 8。

关于泊松分布有三点再提一下。第一，我们跑到停车场去测量的 30 这个测量数据，你可能认为我们测的是二项分布随机变量的平均值，虽然最终 30 确实是随机变量的平均值，但是在测量的时候，它就是 1 天内频数的稳定值，知道了 1 天内频数的稳定值是 30，那么 2 天内频数的稳定值就是 60，0.25 天内频数的稳定值就是 7.5。所以，当我们提到泊松分布的参数λ时，一定与对应的某段时间相关联。换句话说，脱离了时间，参数λ没有意义。参数λ与某段时间相关，由此刚才二项分布的概率

$$p = \frac{\lambda}{n}$$

可能会给我们一种错觉，我们可能会认为二项分布的概率也与时间相关。这太不合理了，概率是事物的固有属性，不应该随时间的长短而变化。没错，概率确实不应该随时间的长短而变化。这里的试验次数n不是一个确定的值，当需要一个更大的稳定值λ时，试验次数n就要相应增加，同时也需要一个更长的时间段。

第二，我们说一个学校 2000 名学生的身高服从正态分布，一般不会说学生的身高是正态分布。不仅如此，一个正态分布函数，我们也说它服从正态分布，一般不说它是正态分布。因为学生身高是有限个离散的数据集，正态分布函数是一个理想的连续型数据集，而正态分布是一种抽象的状态，所以我们相当于是在说某某数据集服从某种状态，数据集和状态不是同一个概念。就算正态分布函数看起来跟正态分布对等，但是函数实际上表达的是某个具体的数据集，不同的正态分布函数对应不同的数据集，而分布表达

的是一种抽象的状态。所以任何一个函数，任何一组数据，不论是离散型的还是连续型的，本质上都是一个具体的数据集，它们只是某种分布的一个具体实例，或者说它们只是某种状态的一个具体实例，我们不能将一种抽象的状态与一个具体的实例对等。简单说，孙悟空和花果山的那些猴子都属于猴子，但是猴子不只有孙悟空和花果山的那些，不能将猴子与花果山的那几只猴子对等，不能将类与实例对等。就像我们会说三个点排列成一条直线，而不会说这三个点是一条直线。

第三，我们知道，对二项分布像刚才那样求极限就是泊松分布。对一个平均每天只有 30 辆车进入的停车场来说，一天有 1000 辆车进入的概率肯定微乎其微，我们用一个 $n = 1000, p = 0.03$ 的二项分布来表达，与用一个 $\lambda = 30, n \to \infty$ 的泊松分布来表达的差别就是，泊松分布会将 1000 辆以上的概率也考虑进来。这种情况二项分布与泊松分布的结果几乎没有差别，可以直接用 $\lambda = np$ 的泊松分布代替以 n, p 为参数的二项分布，这样操作不仅结果接近，而且计算更方便。泊松分布只需要一个观测值 λ 就可以计算，而且可以查表，避免了二项分布中可能面临计算从 1000 个元素中取出 900 个元素的组合数 C_{1000}^{900}。根据经验，当 $n > 20, p < 0.05$ 时，二项分布

$$C_n^k p^k (1-p)^{n-k}$$

的结果与泊松分布

$$\frac{\lambda^k e^{-\lambda}}{k!}$$

的结果就非常接近，这里 $\lambda = np$。

有了泊松分布，我们马上就可以推导出指数分布。有了泊松分布，我们就可以知道这个停车场每天进入任意多辆车的概率，那么一天内没有车进入的概率就是让 $k = 0$，泊松分布就变成

$$\frac{\lambda^k e^{-\lambda}}{k!} = \frac{\lambda^0 e^{-\lambda}}{0!} = e^{-\lambda}$$

这是一天内没有车辆进入的概率，那么两天内没有车辆进入的概率就是将这里的 λ 乘以 2

$$e^{-2\lambda}$$

半天内没有车进入的概率就是 λ 乘以 0.5

$$e^{-0.5\lambda}$$

这里的 λ 就是单位时间内进入车辆的数量，那么，x 天没有车进入的概率就是

$$e^{-\lambda x}$$

于是

$$F(x) = 1 - e^{-\lambda x}$$

就是x天内有车进入的概率。显然，这已经是一个连续型随机变量的概率分布函数了，要求它的概率密度函数，对其概率分布函数微分就行了：

$$f(x) = \lambda e^{-\lambda x}$$

这就是x天内有车进入的概率密度函数。因为这个概率密度函数像一个指数函数，所以，我们就说等待有车进入的时间这个随机变量X服从参数为λ的指数分布，记作$X \sim \mathrm{Exp}(\lambda)$。灯泡的寿命、餐厅就餐排队等待的时间都服从指数分布。

指数分布在不同参数下的分布情况，如图 4.38 所示。

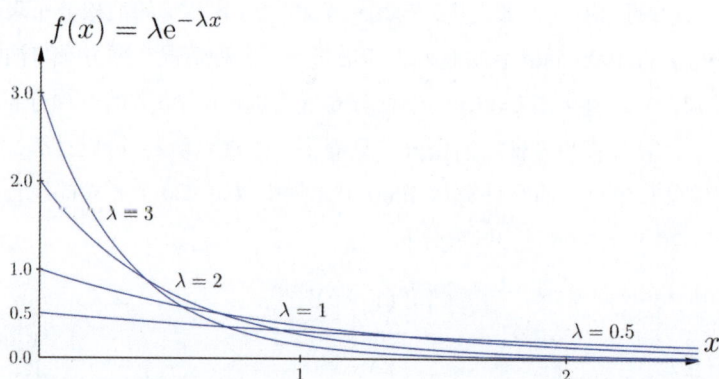

图 4.38   指数分布$\mathrm{Exp}(\lambda)$在不同参数下的概率密度函数图像对比

指数分布的随机变量是非负数，概率密度函数图像无限趋于 0。我们也顺便看一下参数$\lambda = 1$时的概率分布函数和概率密度函数，如图 4.39 所示。

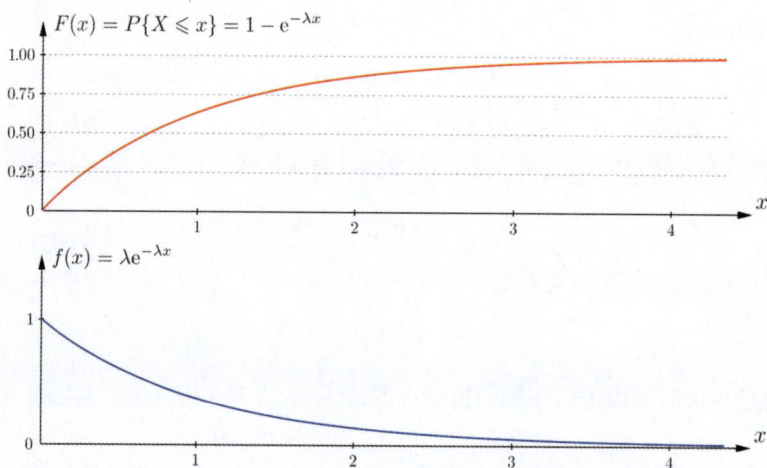

图 4.39   指数分布$\mathrm{Exp}(\lambda)$在$\lambda = 1$时的概率分布函数和概率密度函数

在本例中，泊松分布的随机变量是车的数量，泊松分布是离散型随机变量的分布形式；指数分布的随机变量是等待时长，指数分布是连续型随机变量的分布形式。刚才从离散型到连续型的转变，关键的变化是泊松分布的参数从一个常数λ变成了一个变量λx，这种变化使得泊松分布的参数变成了一个随等待时间x变化的量，而等待时间x是过程量，是连续量，所以指数分布变成了连续型随机变量的分布形式。提示：虽然在指数分布中，它的内核泊松分布的参数已经由原来的λ变成了λx，但依然说服从参数为λ的指数分布，而没有说服从参数为λx的指数分布。稍加思考就会发现这很合理，而这些微妙的小细节可以帮助我们更深刻地理解两种分布的关联与区别。

以上从泊松分布推导出指数分布的过程，事实上实现了对等待时间的数学建模。再梳理一遍我们的建模过程：对任何一个具体的等待时间x，都可以计算出一个泊松分布的参数值λx，知道了泊松分布的参数值，利用泊松分布的概率函数

$$\frac{(\lambda x)^k \mathrm{e}^{-\lambda x}}{k!}$$

就可以知道等待时间为x时k辆车进入的概率，既然可以知道任意多辆车进入的概率，指数分布对泊松分布显然是大材小用了，指数分布的概率分布函数

$$F(x) = 1 - \mathrm{e}^{-\lambda x}$$

只是刻画了等待时间为x时有车进入的概率。

在这里，有车进入的概率应该怎么理解呢？就是至少有 1 辆车进入的概率，那么它就等于有 1 辆车进入的概率，有 2 辆车进入的概率，一直到有无穷多辆车进入的概率之和。既然可以计算等待时间为x时至少有 1 辆车进入的概率，自然也就可以计算等待时间为x时至少有 2 辆车进入的概率：

$$1 - \left[\frac{(\lambda x)^0 \mathrm{e}^{-\lambda x}}{0!} + \frac{(\lambda x)^1 \mathrm{e}^{-\lambda x}}{1!} \right]$$

至少有 3 辆车进入的概率：

$$1 - \left[\frac{(\lambda x)^0 \mathrm{e}^{-\lambda x}}{0!} + \frac{(\lambda x)^1 \mathrm{e}^{-\lambda x}}{1!} + \frac{(\lambda x)^2 \mathrm{e}^{-\lambda x}}{2!} \right]$$

以此类推，等待时间为x时至少有α辆车进入的概率分布函数就是

$$F(x) = 1 - \left[\frac{(\lambda x)^0 \mathrm{e}^{-\lambda x}}{0!} + \frac{(\lambda x)^1 \mathrm{e}^{-\lambda x}}{1!} + \cdots + \frac{(\lambda x)^\alpha \mathrm{e}^{-\lambda x}}{\alpha!} \right]$$

对以上分布函数微分就是等待时间为x时至少有α辆车进入的概率密度函数，即

$$f(x) = \frac{\lambda^\alpha x^{\alpha-1} \mathrm{e}^{-\lambda x}}{\Gamma(\alpha)}$$

因为这个概率密度函数很像伽马函数，所以我们就说等待至少有α辆车进入的时间的随机变量X服从参数为α和λ的伽马分布，记作$X \sim \Gamma(\alpha, \lambda)$。伽马分布概率密度函数中的

$$\Gamma(\alpha) = \int_0^{+\infty} t^{\alpha-1} e^{-t} \, dt$$

下一节我们会专门介绍它。

　　伽马分布在不同参数下的分布情况，如图 4.40 和图 4.41 所示。

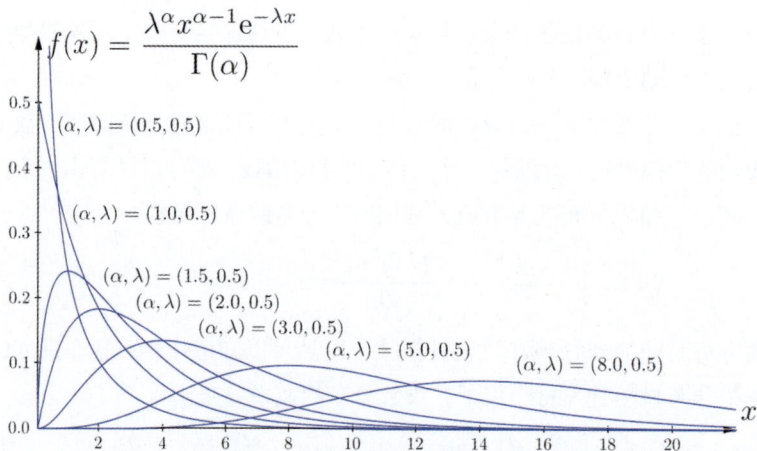

$$f(x) = \frac{\lambda^{\alpha} x^{\alpha-1} e^{-\lambda x}}{\Gamma(\alpha)}$$

图 4.40　伽马分布$\Gamma(\alpha, \lambda)$在α不同时的概率密度函数图像对比

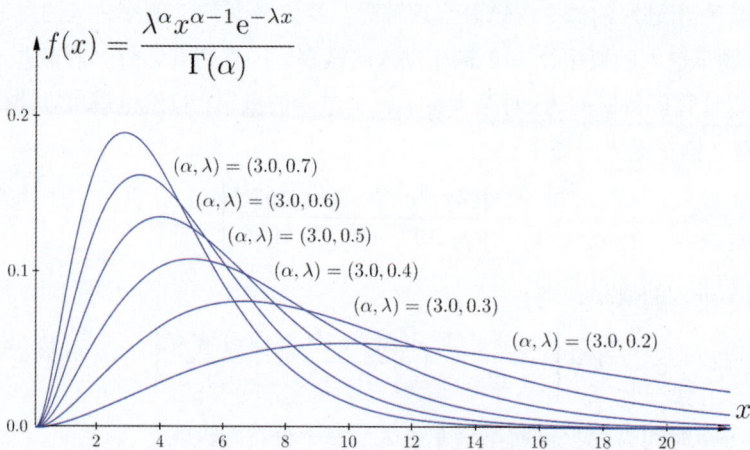

$$f(x) = \frac{\lambda^{\alpha} x^{\alpha-1} e^{-\lambda x}}{\Gamma(\alpha)}$$

图 4.41　伽马分布$\Gamma(\alpha, \lambda)$在λ不同时的概率密度函数图像对比

　　伽马分布的随机变量是非负数，概率密度函数图像无限趋于 0，其中$\alpha > 0, \lambda > 0$，参数α影响函数图像的形状，参数λ影响函数图像的横向伸缩程度，函数图像为单峰曲线时，峰值出现在$\frac{\alpha-1}{\lambda}$位置。在本例中，参数α是我们计划等到车的数量，参数λ越小说明越不容易等到车，要想等到车就要花更长的时间，图像也越舒展。

　　注意：伽马分布并不是由伽马函数直接推导出来的，就像二项分布和指数分布并不是由二项式和指数函数直接推导出来的一样。我们只是在对现实事物进行数学建模的过程中，发现随机变量的分布规律很像某个表达式而已。指数分布和伽马分布的由来都是基于我们利用泊松分布对等待时间的数学建模。指数分布刻画了等待至少 1 辆车的等待时间分布，伽马分布刻画了等待至少α辆车的等待时间分布。不难发现，伽马分布中的α和λ不一定非得是整数，理论上正实数也没问题，比如 1 天平均进入 30 辆车，当我们将单位时间改为 0.25 天的时候，0.25 天进入的车辆就是 7.5 辆，这完全合理。还有，指数分布和伽马分布中的等待时间x应该从什么时候开始计时呢？答：可以从任何一辆车进入之后开始计时，因为任何一辆车进入之后，我们就进入了等待车辆进入的等待模式，我们就是在对等待时间做数学建模。内化以上内容之后，相信大家会对指数分布和伽马分布有直觉，这样它们的所有性质都会变得很直观。

上一节我们说，所有的分布都是对正态分布切割重组的结果。比如 0-1 分布就是对正态分布的切割重组，切割重组用数学语言来说就是函数。也就是说，所有分布理论上都可以表达成正态分布的函数。

本节我们看到，二项分布、泊松分布、指数分布、伽马分布可以由 0-1 分布像搭积木一样搭出来，其实还有几何分布、超几何分布等也可以由 0-1 分布像搭积木一样搭出来，搭积木用数学语言来说也是函数。也就是说，这些分布理论上都可以表达成 0-1 分布的函数。

比较这些分布与正态分布的区别，我们发现，这些分布的不确定因素往往较少较规范，而正态分布的不确定因素往往很多、很乱。换句话说，不确定因素越多越乱越呈正态分布。不确定因素越少越规范，分布就越可以表现出一定的个性（与正态分布差别很大）。也就是说，正态分布往往是由众多不确定的因素共同作用形成的，而且每种因素对结果的影响往往都很微弱。所以，不管多有个性的分布，如果对它们反复做叠加，那么每个个体对结果的影响就会变得很微弱，它们的个性就会被慢慢抹平，最终都会趋向于正态分布。

【第十二节】伽马函数

在初等数学中，线性函数$f(x) = kx$、幂函数$f(x) = x^{\alpha}$和指数函数$f(x) = a^x$都是散续同体的函数。比如线性函数的表达式$f(x) = kx$，不仅适用于自变量是整数的离散型数值，而且适用于自变量是实数的连续型数值，幂函数和指数函数也是这样。但阶乘函数$f(n) = n!$就不适用于自变量是实数的连续型数值，我们将自然数$1,2,3,\cdots,n$的连乘积

$$1 \times 2 \times 3 \times \cdots \times n = n!$$

叫作阶乘。那么，能不能够将阶乘函数也变成散续同体的函数呢？如果能，将自然数的阶乘函数扩展到实数又有什么现实意义呢？

我们知道，排列公式

$$A_n^m = \frac{n!}{(n-m)!}$$

和组合公式

$$C_n^m = \frac{n!}{m!(n-m)!}$$

的核心算法就是阶乘，上一节的二项分布和泊松分布的核心算法也是阶乘，因为二项分布和泊松分布事实上也在运用排列组合。排列组合本质上就是在对事物的状态进行全面系统的摸排，离散型排列组合的核心算法是阶乘，那么连续型排列组合的核心算法是不是相当于要对自然数的阶乘函数进行插值，如图 4.42 所示，将离散的点连贯成一条光滑的理想曲线呢？

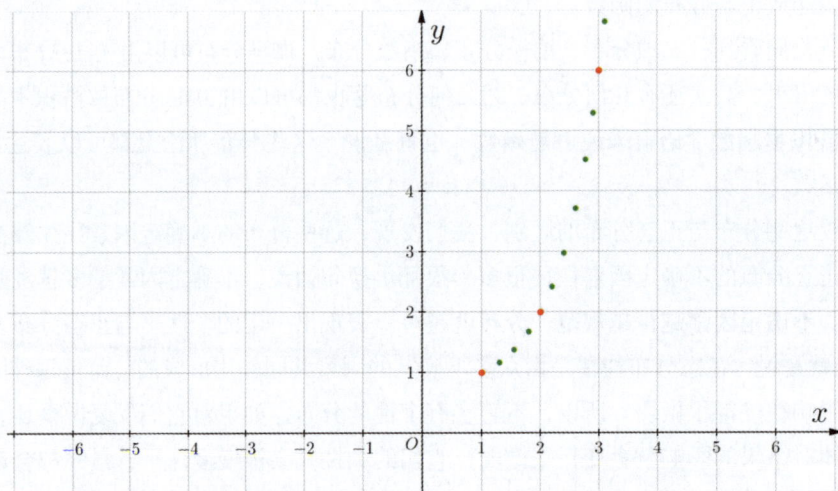

图 4.42 在阶乘的点（红色点）之间插值（绿色点）

我们预测，基于这种构想求解出来的函数，一定会与所有连续型随机变量的分布有关联，因为我们是在求解排列组合连续型形式的核心算法，而对连续型随机变量进行全面系统的摸排一定会与这种核心算法有关联。

基于这样的设想，我们想要求解的未知函数 $f(x)$ 一定满足方程

$$f(x) = x \cdot f(x-1)$$

而且，从现实意义出发，0 的阶乘必须是 1。

为什么 0 的阶乘必须得是 1 呢？比如从 3 个物体中取 0 个物体做全排列，应该有几种排列顺序呢？或者说存在几种不同的排列状态呢？应该就是 1 种，因为什么都没有也是一种状态。由表达式计算出来的结果也是如此，即

$$A_3^0 = \frac{3!}{(3-0)!} = \frac{3!}{3!} = 1$$

从 3 个物体中取 3 个物体做排列，也就是对 3 个物体做全排列，当然有 6 种排列顺序，或者说存在 6 种不同的排列状态，相应的表达式要想结果是 6，那么 0 的阶乘就得是 1，即

$$A_3^3 = \frac{3!}{(3-3)!} = \frac{3!}{0!} = \frac{6}{0!} = 6$$

阶乘的取值范围本来只包含自然数，不包含 0，如果不从现实意义出发，我们可能会很自然地认为 0 的阶乘应该等于 0，正是因为我们将阶乘与排列组合存在的状态数量联系起来，所以 0 的阶乘就是 1。

虽然对平面中多个孤立的点进行插值可以得出无数条光滑的曲线，但是经过几代数学家的努力，发现符合我们要求的解有且只有一个，即

$$f(x) = \int_0^{+\infty} t^x e^{-t} \, dt$$

它的函数图像如图 4.43 中的蓝色曲线所示，我们将这个函数叫作伽马函数。

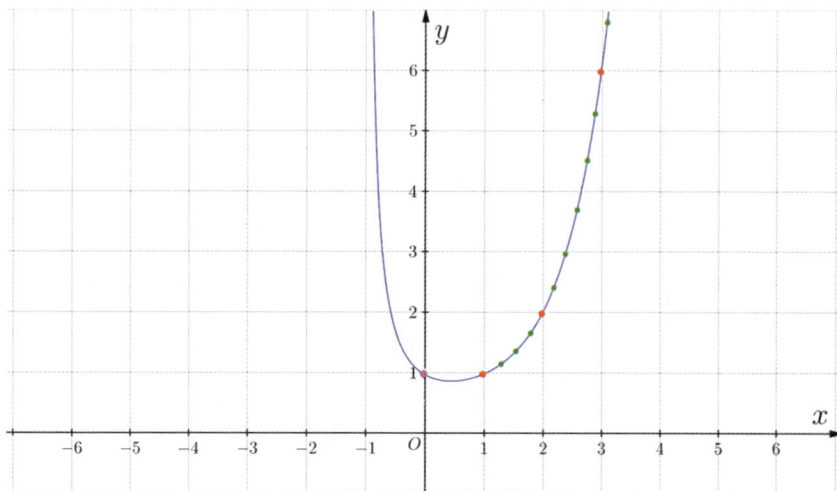

图 4.43　理想的阶乘插值图像

这是数学家们对阶乘插值求得的第一个解，但大家不太确信这是不是唯一解，后来进行了很多尝试，才证实这是符合要求的唯一解。它的自变量的取值范围是 $(-1, +\infty)$，它的图像完美通过自然数阶乘中的所有孤立点。它的函数表达式我们并不感到陌生，泊松分布、指数分布和正态分布中都有它的影子。很明显，伽马函数不是无中生有凭空捏造出来的，而是契合事物本质的函数，没有哪个函数比它与事物的本质更契合。我们可以这样理解：有一个契合事物全面系统摸排的函数，由于这个函数并不显而易见，而且

比较复杂，我们很晚才从它的一种特殊形式阶乘中看出破绽。1729 年，瑞士 22 岁的数学家欧拉发现了伽马函数，那一年也正是清朝雍正七年。

由伽马函数衍生出其他函数和公式的过程中我们发现，如果将伽马函数自变量的取值范围(−1, +∞)稍稍做一些调整，其他公式的样子会更美观。于是，伽马函数最终约定俗成的样子是

$$\Gamma(x) = \int_0^{+\infty} t^{x-1} e^{-t} \, dt$$

它的函数图像如图 4.44 所示。

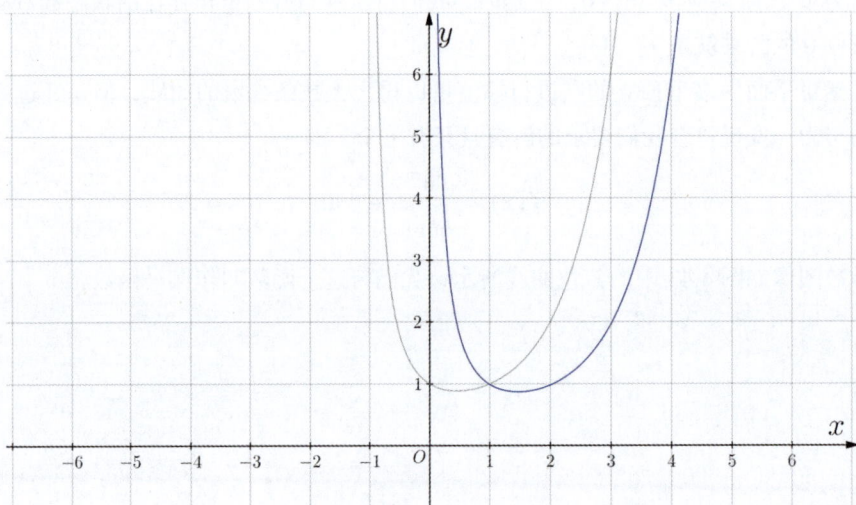

图 4.44 伽马函数图像

就是将图像整体向右平移，从坐标系的左侧移出，让整个图像都在坐标系的右侧。这是几乎让所有人都感到别扭的形式，但它的好处是自变量的取值变成了(0, +∞)，而且由它衍生出来的函数

$$f(x,y) = \frac{\Gamma(x)\Gamma(y)}{\Gamma(x+y)} = \int_0^1 t^{x-1}(1-t)^{y-1} \, dt$$

能够如此优美，就是因为我们调整了伽马函数的取值范围，这是在实际计算中经常遇到的一种表达形式。很明显，这是一个二元单值函数，我们称它为贝塔函数。

在计算机中，计算一个正数的伽马函数值，就像计算它的算术平方根一样方便，一些特殊值的伽马函数值如表 4.8 所示。伽马函数自变量的取值范围不包含 0，自变量在趋向 0 的时候，函数值会趋向无穷大。

表 4.8　一些特殊的伽马函数值

x	$\Gamma(x)$
0	$+\infty$
0.5	1.772
1	1
1.5	0.886
2	1
2.5	1.329
3	2
3.5	3.323
4	6

伽马函数还有另外两种常用的等价形式，它们之间的等价关系如图 4.45 所示。

$$\Gamma(x) = \int_0^{+\infty} t^{x-1}\mathrm{e}^{-t}\mathrm{d}t \quad \cdots\cdots \quad ①$$

$$\Gamma(x) = 2\int_0^{+\infty} t^{2x-1}\mathrm{e}^{-t^2}\mathrm{d}t \quad \cdots\cdots \quad ②$$

证明：换元法，令 $u = t^2$，取 $t = \sqrt{u}$

$\because t \in (0, +\infty)$

$\therefore u \in (0, +\infty)$

$\Gamma(x) = 2\int_0^{+\infty} t^{2x-1}\mathrm{e}^{-t^2}\mathrm{d}t$

$= 2\int_0^{+\infty} (\sqrt{u})^{2x-1}\mathrm{e}^{-u}\mathrm{d}(\sqrt{u})$

$= \int_0^{+\infty} (\sqrt{u})^{2x-1}\mathrm{e}^{-u}(\sqrt{u})^{-1}\mathrm{d}u$

$= \int_0^{+\infty} u^{x-1}\mathrm{e}^{-u}\mathrm{d}u$

$$\Gamma(x) = \lambda^x \int_0^{+\infty} t^{x-1}\mathrm{e}^{-\lambda t}\mathrm{d}t \quad \cdots\cdots \quad ③$$

证明：换元法，令 $u = \lambda t$，则 $t = \dfrac{u}{\lambda}$

$\because t \in (0, +\infty)$

$\therefore u \in (0, +\infty)$

$\Gamma(x) = \lambda^x \int_0^{+\infty} t^{x-1}\mathrm{e}^{-\lambda t}\mathrm{d}t$

$= \lambda^x \int_0^{+\infty} (\dfrac{u}{\lambda})^{x-1}\mathrm{e}^{-u}\mathrm{d}(\dfrac{u}{\lambda})$

$= \int_0^{+\infty} (\dfrac{u}{\lambda})^{x-1}\mathrm{e}^{-u}\lambda^{x-1}\mathrm{d}u$

$= \int_0^{+\infty} u^{x-1}\mathrm{e}^{-u}\mathrm{d}u$

图 4.45　伽马函数的三种等价形式

很明显，可以利用伽马函数快速计算与伽马函数形式相似的积分，比如我们来验证标准正态分布密度函数

$$f(x) = \frac{1}{\sqrt{2\pi}}\mathrm{e}^{-\frac{x^2}{2}}$$

与坐标轴围成的面积是不是 1。那么就是看

$$\int_{-\infty}^{+\infty} \frac{1}{\sqrt{2\pi}}\mathrm{e}^{-\frac{x^2}{2}}\mathrm{d}x$$

是不是等于 1，我们接下来的任务就是将这个积分表达式变换成伽马函数的形式，或者变换成由伽马函数衍生出来的某种函数的形式。显然，这个积分适合变换成伽马函数的第二种形式，变换过程如下：

$$\int_{-\infty}^{+\infty} \frac{1}{\sqrt{2\pi}} e^{-\frac{x^2}{2}} dx = 2\int_0^{+\infty} \frac{1}{\sqrt{2\pi}} e^{-\frac{x^2}{2}} dx$$

换元法，令 $t = \frac{x}{\sqrt{2}}$，则 $x = \sqrt{2}t$，$t \in (0, +\infty)$，代入上式得：

$$2\int_0^{+\infty} \frac{1}{\sqrt{2\pi}} e^{-t^2} d(\sqrt{2}t) = \frac{1}{\sqrt{\pi}} \cdot 2\int_0^{+\infty} e^{-t^2} dt = \frac{1}{\sqrt{\pi}} \cdot 2\int_0^{+\infty} t^{2\alpha-1} e^{-t^2} dt = \frac{1}{\sqrt{\pi}} \cdot \Gamma(\alpha)$$

上式中，只有 $\alpha = \frac{1}{2}$ 时才能将 $t^{2\alpha-1}$ 消掉，保持与原式相等。而 $\Gamma\left(\frac{1}{2}\right) = \sqrt{\pi}$，所以就有

$$\int_{-\infty}^{+\infty} \frac{1}{\sqrt{2\pi}} e^{-\frac{x^2}{2}} dx = \frac{1}{\sqrt{\pi}} \cdot \Gamma\left(\frac{1}{2}\right) = 1$$

【第十三节】样本点集合化

前面用大量篇幅介绍了样本点的数值形式，对概率论来说，数值形式才是最本质、最全面、最系统的描述。本节介绍样本点的集合形式，集合形式看起来更像是概率论的一种应用。有了数值形式的经验，对于集合形式就会驾轻就熟。

无论是数值形式还是集合形式，目的都是将样本点按照问题的需要，转换成一种纯数学模型。集合形式直接将样本空间作为全集，概率是 1。那么部分样本点的集合，一定是全集的一个子集，全集减去这个子集，就一定是剩下的所有样本点。

比如等公共汽车的例子，如果用如图 4.46 所示子集表示 1 分钟能等到车的概率，那么这个子集的概率就是 $\frac{1}{6}$，这个子集外面 $\frac{5}{6}$ 的区域，就表示 1 分钟不能等到车的概率。

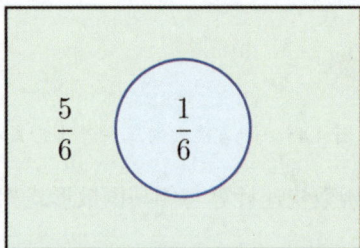

图 4.46　样本点的集合形式

显然，这种描述只关注某些特定的结果，或者说只关注特定的事件，不注重分布的细节，也不在意样本点是离散型还是连续型。这样做的好处就是简单直接，直奔结果。但是这样做跟概率论的本质联系得很浅，很容易与概率论脱钩，有时你会感觉只是在做集合运算，似乎跟概率论没有关系。

　　所以我们处理样本点的集合形式，感觉脱钩的时候，可以注意以下两点：第一，任何集合都是按问题的需要，对某些样本点转化的结果，不要让集合与样本点脱钩，不要让集合与随机变量对我们的启发脱钩。第二，掌握概率论的叙事习惯，或者说掌握概率论的叙事逻辑。

第5章　向量分解：可视化概率中的计算

我们对概率中涉及的各种计算普遍缺乏直觉，那么是否可以将这些计算可视化来增强直觉呢？本章除了将这些计算可视化，还会介绍对未知事物进行预测的数学模型，比如，我们每个人都知道冬天过了就是春天，那么怎样将这种预测能力转换成数学模型呢？还有，我们在概率论中经常提到的相互独立，它的本质是什么呢？看完这部分内容，均值公式表、方差公式表、协方差公式表，都可以直观地看到结果，无须依赖证明过程，更不用强行记忆，我们还会明白独立的本质到底是什么。

【第一节】向量与点积

实数可以与数轴上的点一一对应。如果将数轴上的任意一点，比如 3 这个点，与数轴的原点连接起来，就会形成一个既有长度又有方向的箭头，我们将这个既有长度又有方向的箭头，叫作**向量**。这样一来，数值、数轴上的点、向量，三者之间就形成了一一对应的关系，如图 5.1 所示。

图 5.1　数值、点、向量三者之间一一对应

我们知道

$$2 \times 3 = 6$$

这里的 2、3 和 6 都是数值形式。现在，我们将数值 6 改成用向量来表示，这个 6 可以表示成向量 **2** 的长度与向量 **3** 的长度的乘积，再乘以这两个向量夹角的余弦值，即

$$2 \times 3 = \|2\| \, \|3\| \cos 0$$

这个表达式显然是成立的，向量 **2** 的长度就是 2，向量 **3** 的长度就是 3，这两个向量的夹角是 0，余弦值$\cos 0 = 1$。

我们换一个例子，如果是

$$-2 \times 3 = -6$$

那么向量的长度没有变，但是两个向量的夹角变成了 180°，180° 的余弦值是–1。

$$-2 \times 3 = \|{-}2\|\,\|3\|\cos 180°$$

所以这个表达式依然成立。我们将这种算法叫作点积，它的表达式可以写成这样：

$$2 \cdot 3 = \|2\|\,\|3\|\cos 0$$

$$-2 \cdot 3 = \|{-}2\|\,\|3\|\cos 180°$$

对一维的数值做点积，你可能会觉得有点多余。我们现在来看二维数值的点积，其表达式写成这样：

$$\begin{bmatrix}a\\b\end{bmatrix} \cdot \begin{bmatrix}c\\d\end{bmatrix} = ac + bd = \sqrt{a^2+b^2}\sqrt{c^2+d^2}\cos\theta$$

也可以这样写：

$$p \cdot q = \|p\|\|q\|\cos\theta$$
$$p = \begin{bmatrix}a\\b\end{bmatrix} \quad q = \begin{bmatrix}c\\d\end{bmatrix}$$

就是对应的坐标值相乘，再对两个乘积求和，它等于两个向量的长度相乘，再乘以两个向量夹角的余弦值。有很多方法可以证明这个等式成立，我们在线性代数的内容里，用线性代数的方法也证明过这个等式。在这里，我们不再证明，只来看一下它的合理性。

如图 5.2 所示，在平面坐标系中的这两个点完全可由 a,b,c,d 这四个值确定，再加上坐标系的原点也是确定的，那么这三个确定的点一定能够确定一个三角形。我们知道，一个确定的三角形的每条边、每个角也是确定的，所以这个三角形的任何一个角、任何一条边，都可以用含有 a,b,c,d 这四个值的表达式来表示，前面的点积表达式就体现了这一点。

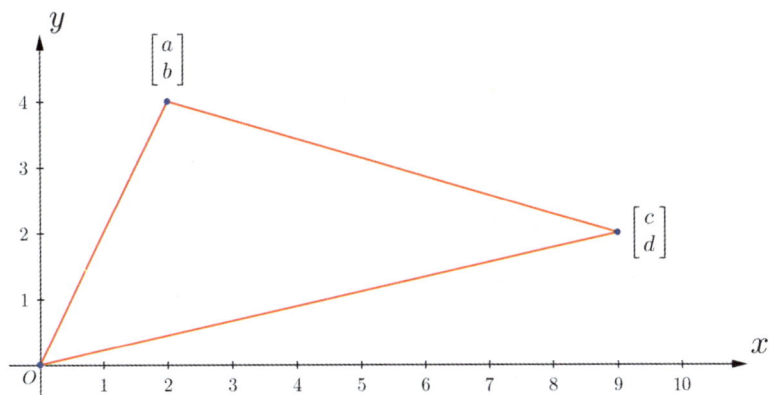

图 5.2 三点确定一个三角形

点积表达式展现了两个向量之间的关系。可以想象，任何一个向量都可以看作是一个挣脱、逃离原点的过程，向量的长度和角度就是最终逃离的程度，点积表达式刻画了两个向量逃离原点的差异。

点积在任意维的数值空间中都成立，就算在百维的数值空间中，两个向量也会构成一个平面，也会有一个夹角，也都有各自的长度。如果不理解这一点，可以参阅前面线性代数的内容。

跟点积相关的还有以下几个重要的结论：

一个向量的长度的平方，或者说模长的平方，等于这个向量各个维度值的平方和，也等于这个向量自己对自己做点积。

向量的长度一定不会小于任何一个维度值的绝对值。

如果将一个向量的所有维度值都除以这个向量的长度，我们就会得到一个新向量，且其长度就是 1，与原向量的夹角是 0，这个过程相当于对向量做了标准化处理。

如果两个向量相互垂直，那么它们的点积是 0。

不管一个向量是几维的，它都是坐标系中的一个点，同时也是一个多维的数值。

多维数值是高等数学的重要标志。如果没有数学家启发我们，在我们的刻板印象里，我们总是习惯不遗余力地将多维数值拆解成一维的数值来理解。比如一部手机的各种参数（屏幕尺寸、重量、价格、内存大小等），它们明明是在描述同一部手机，但我们总是习惯将它们拆解成一个一个的单项来理解。事实上，我们将这些单项合在一起作为一个多维数值理解，也是完全没有问题的。

在数学家的启发下，我们应该转换观念，承认并正视多维数值的存在，而不是将它当成一种特殊的类型来处理。事实上，我们最熟悉的数值和加减乘除，只是多维数值在一维时的表现。

那么从这个意义上来说，我们在小学学的就是一维数值的加减乘除，线性代数就是在研究多维数值的加减乘除，所以有人说线性代数涵盖了 95%以上的人类智慧是有道理的。

这里反复强调，让我们从一维数值的思维中走出来，习惯从多维数值的视角看待数值，并不是要"装"高级，而是要站在一个更有利的视角来看问题。当我们习惯了从多维数值的视角看待数值时，数值就具备了空间结构。

【第二节】向量分解

求数值 1 和 3 的平均值的方法如下：

$$\frac{1+3}{2} = 2$$

也可以将它写成：

$$1 \times \frac{1}{2} + 3 \times \frac{1}{2} = 2$$

关于这里的平均数 2，我们可以从不同视角做出多种解释。

第一种解释，它反映了 1 和 3 离开原点的平均水平。

第二种解释，它反映了 1 和 3 的中心位置。

当然还可以从"扯后腿"的视角来解释，在这里 1 扯了 3 的后腿。

其实还可以反过来从贡献的视角来解释，这里的平均值 2 里面，有 0.5 是由 1 贡献的，有 1.5 是由 3 贡献的。

我们再换一种视角来看平均数。这次我们从向量的观点出发，用 1 和 3 构成一个二维向量[3, 1]，它在平面直角坐标系中就是一个点，同时也是一个向量，我们就将这个向量叫作原数据向量，如图 5.3 所示。

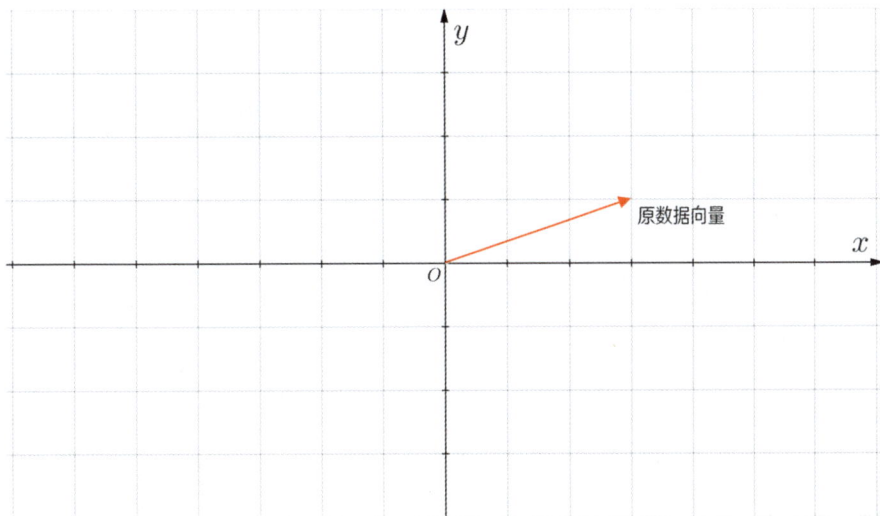

图 5.3　原数据向量

我们将平面直角坐标系中所有两个坐标值相等的点构成的直线叫作中心线。显然，中心线就是对向量[1, 1]随意拉伸形成的直线，如图 5.4 所示。

现在来作原数据向量[3, 1]在中心线上的投影，这样就将得到一个新的向量，我们将这个向量叫作中心向量，或者偏移向量，如图 5.5 所示。

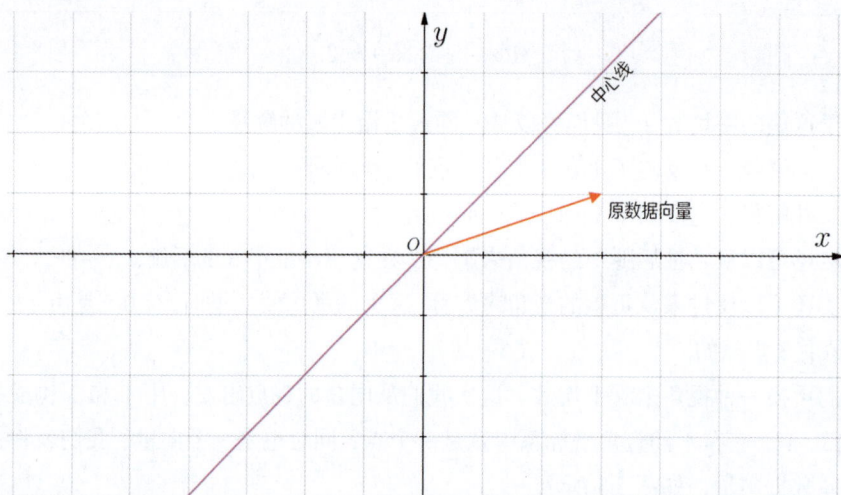

图 5.4　中心线

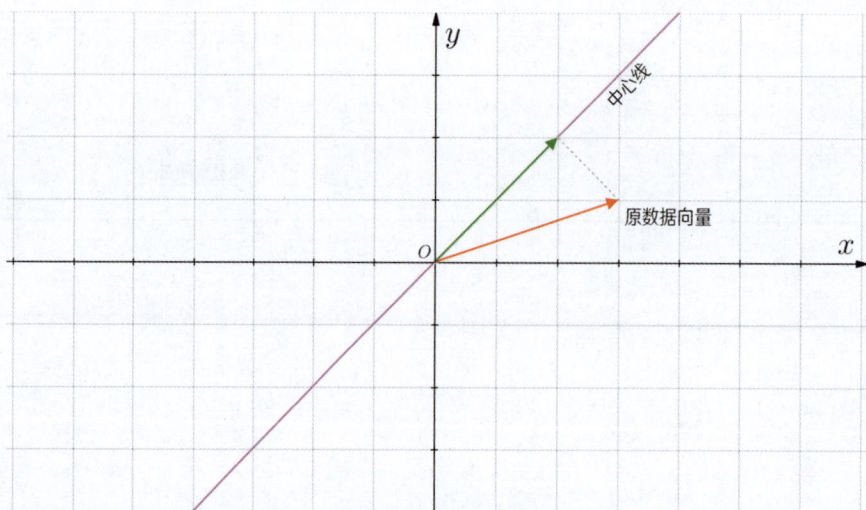

图 5.5　中心向量

这时我们发现，中心向量的各个维度值相等，而且就是平均数 2。也就是说，现在的这个中心向量就是[2, 2]。

接下来用原数据向量减去中心向量，

$$\begin{bmatrix} 3 \\ 1 \end{bmatrix} - \begin{bmatrix} 2 \\ 2 \end{bmatrix} = \begin{bmatrix} 1 \\ -1 \end{bmatrix}$$

这样就又得到一个向量[1, –1]，我们将这个向量叫作波动向量，或者偏差向量，如图 5.6 所示。

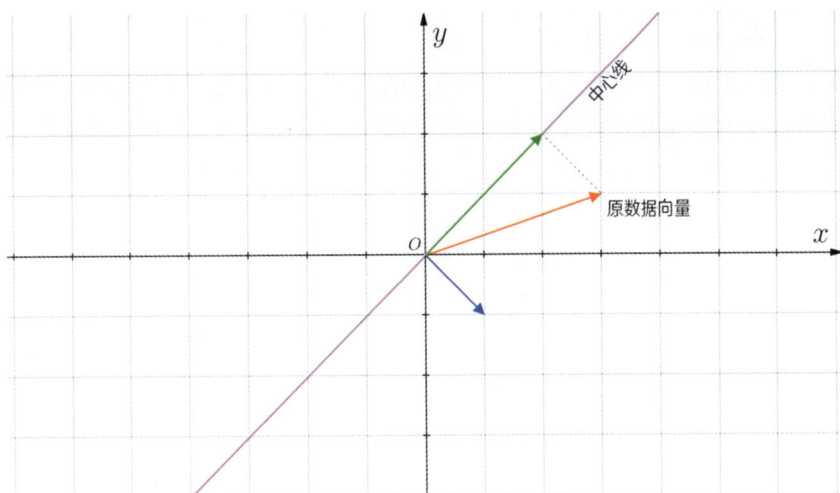

图 5.6　波动向量

注意看，这个波动向量也可以看成是原数据向量[3, 1]在某条直线上的投影。显然，这条直线就是平面直角坐标系中所有两个维度值相加等于 0 的点构成的空间，我们将这个空间叫作波动空间，如图 5.7 所示。

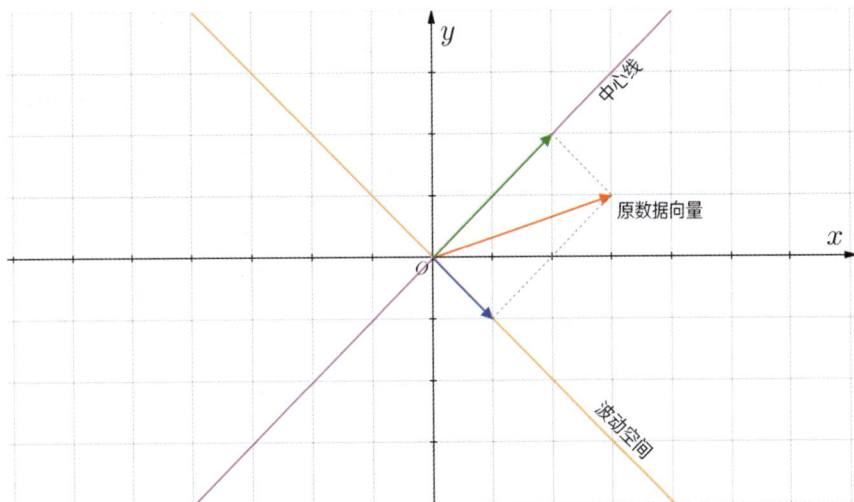

图 5.7　波动空间

这样一来，波动向量就可以看成是原数据向量在波动空间中的投影。到此为止，我们就有了三个向量：

原数据向量表达了原数据的所有信息；

中心向量携带了原数据的平均值，或者说携带了原数据的整体偏移信息；

波动向量则反映了原数据的所有波动信息，或者说波动向量刻画了所有数据偏离中心点的信息。

在这里，我们有几个显而易见的结论：

首先，原数据向量等于中心向量和波动向量的向量和，或者说原数据向量等于偏移向量和偏差向量的向量和。这说明，原数据向量可以分解成只含有整体偏移信息的中心向量和只含有波动信息的波动向量。这很像物理中的受力分析，将一个力分解成两个力。

其次，中心向量与波动向量相互垂直，那么根据勾股定理，中心向量长度的平方加上波动向量长度的平方，就等于原数据向量长度的平方。

$$\|c\|^2 + \|w\|^2 = \|d\|^2$$

因为向量长度的平方等于这个向量各个维度值的平方和。上例中，

$$c = \begin{bmatrix} 2 \\ 2 \end{bmatrix} \quad w = \begin{bmatrix} 1 \\ -1 \end{bmatrix} \quad d = \begin{bmatrix} 3 \\ 1 \end{bmatrix}$$

那么就有

$$2^2 + 2^2 + 1^2 + (-1)^2 = 3^2 + 1^2$$

也就是中心向量各个维度值的平方和加上波动向量各个维度值的平方和，等于原数据向量各个维度值的平方和。这个表达式也可以解释成中心向量自己对自己做点积，加上波动向量自己对自己做点积，等于原数据向量自己对自己做点积。

$$c \cdot c + w \cdot w = d \cdot d$$

通过如图 5.8 所示图像，我们还可以直观地看到，什么样的向量具有相同的中心向量，什么样的向量具有相同的波动向量。

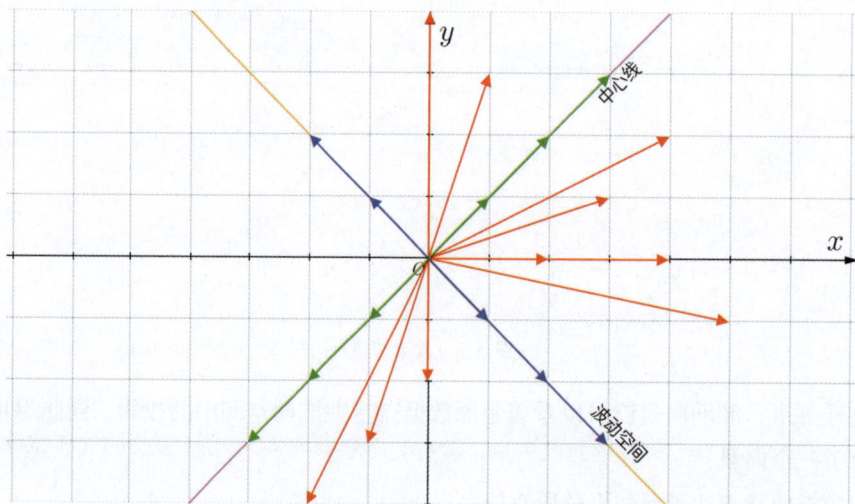

图 5.8   平面中的若干向量

接着来看原数据是 1、2、3 的时候，对应的三个向量是什么样。显然，这是三维空间中的向量，相应的图像如图 5.9 所示。

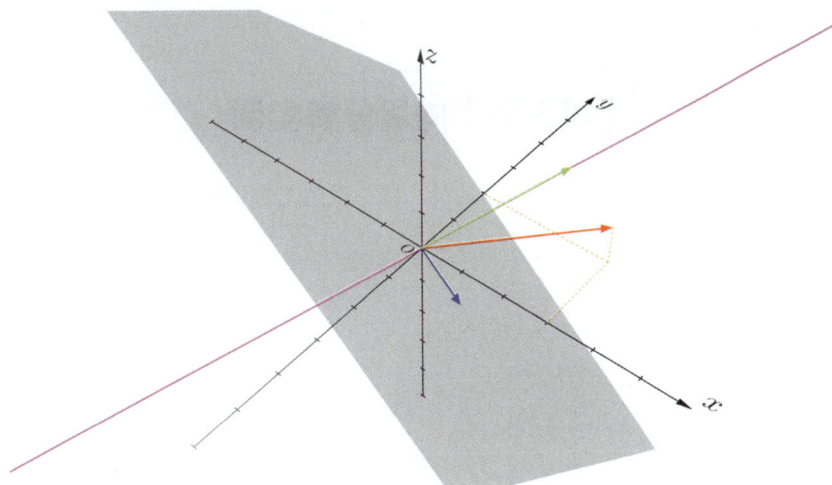

图 5.9　三维空间中的三个向量

同理，原数据向量就是[3, 2, 1]，它在中心线上的投影就是中心向量[2, 2, 2]，它在波动空间中的投影就是波动向量[1, 0, −1]，图中蓝色波动向量所在的阴影平面为波动空间。

三维空间中的中心线应该很好理解，就是三个维度值都相等的点构成的直线，也就是对向量[1, 1, 1]任意拉伸形成的直线。而波动空间则不再像在二维空间中那样是一条直线，在这里波动空间是一个平面。因为三维坐标系中三个维度的值相加等于 0 的点构成的空间就是一个平面。

虽然我们的空间想象力到三维就结束了，三维以上的空间都是抽象的，但是在线性代数部分中我们说过，这种平直空间可以延伸到任意维。

同理，在四维空间中原数据 1、2、3、4 的原数据向量就是[1, 2, 3, 4]，中心向量就是[2.5, 2.5, 2.5, 2.5]，波动向量就是[−1.5, −0.5, 0.5, 1.5]，中心线就是随意拉伸[1, 1, 1, 1]形成的直线，波动空间就是四个维度的值相加等于 0 的所有点构成的空间。

在以上的描述中，我们的基本出发点是从向量分解的视角看待原数据向量。这种观点认为，原数据向量是由整体偏移信息和波动信息共同构成的，可以将原数据向量分解成只含有整体偏移信息的中心向量和只含有波动信息的波动向量。我们相当于将一个复杂的混合效应分解成了两个简单纯粹的效应。

这就像物体被水平抛出后做抛物线运动，抛物线运动就是一种复杂的混合效应，当我们将这种混合效应分解为水平方向的匀速直线运动和垂直方向的自由落体运动时，问题就会变得简单而且直观。也就是说，任何一组数值都可以分解成中心向量和波动向量，当我们用这种视角来思考一组数值的时候，会发现很多问题都变得简单而且直观。

【第三节】向量分解实例

下面来看一个例子，有一名射击运动员，在一次射击测试中射靶 10 次，每次命中的环数如下：

7,8,7,9,5,4,9,10,7,4

那么原数据向量就是[7,8,7,9,5,4,9,10,7,4]。

中心向量就是[7,7,7,7,7,7,7,7,7,7]。

波动向量就是[0,1,0,2,-2,-3,2,3,0,-3]。

我们将原数据向量和波动向量的信息在条形图上展示出来，如图 5.10 和图 5.11 所示：

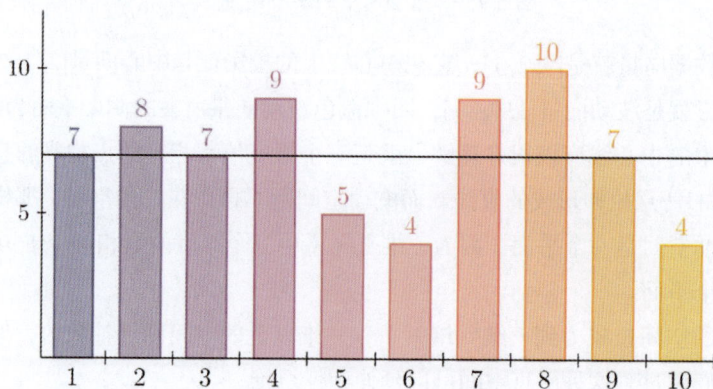

图 5.10　条形图围绕 7 波动

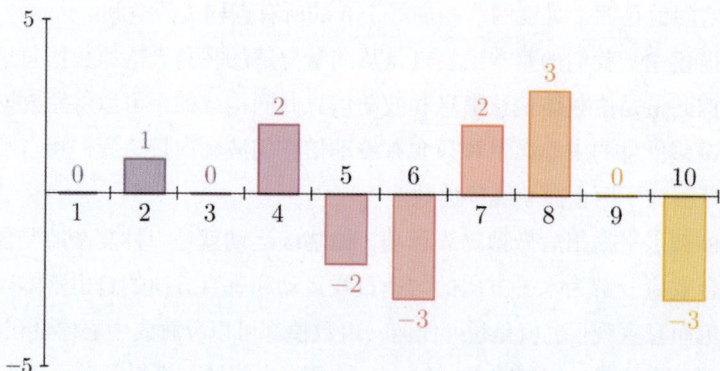

图 5.11　条形图围绕 0 波动

可以看出，这里的波动向量携带了原数据围绕中心值波动的所有细节信息。

事实上，波动向量相当于复制了原数据向量的波动性，相当于对原数据向量进行了一次整体位置调整，原数据向量和波动向量的波动性是完全一样的，这一点我们从条形图就能看出来，只不过原数据向量中的所有值围绕 7 波动，波动向量中的所有值围绕 0 波动。

基于向量的波动性，我们可以判断这名运动员成绩的稳定度。很明显，波动幅度越小，就说明这名运动员的成绩越稳定。

下面我们来数一数，基于波动向量提供的信息，有多少种方法可以展现这名运动员成绩的稳定性，也就是看看这一串波动性数值都有哪些展现方法。

第一种，依据原数据向量里的值绘制条形图，利用这个条形图就能大致看出其波动性，如图 5.12 所示。

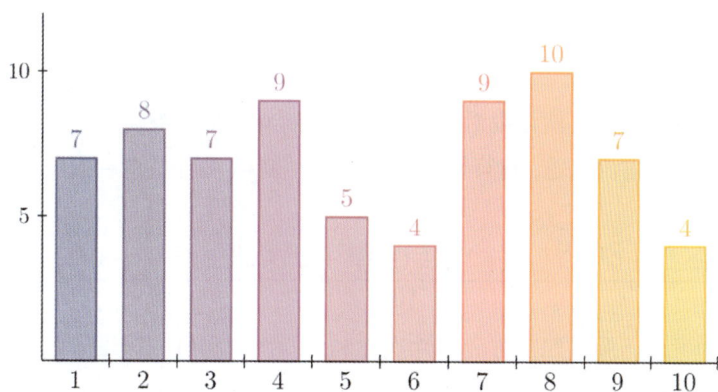

图 5.12　原数据条形图

第二种，依据波动向量里的值绘制条形图，利用这个条形图也能看出这组数据的波动性，如图 5.13 所示。

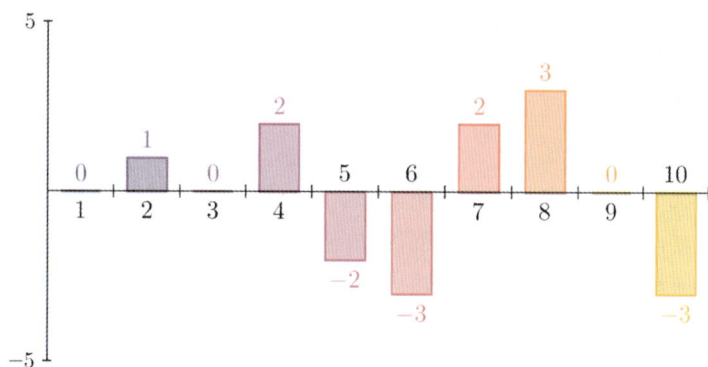

图 5.13　波动信息条形图

第三种，通过观察波动向量里的一长串数值，也能大致看出这名运动员成绩的稳定性，只不过没有那么直观。

第四种，用原数据向量中最大的 10 减去最小的 4，或者用波动向量中最大的 3 减去最小的 –3，也就是求极差，或者说求取值范围，这组数据的极差是 6。显然，极差也可以反映出稳定性，极差越小越稳定。

但是我们发现，极差有一个弱点，它只使用了数据中的最大值和最小值的信息，涵盖的信息量太少了。那么，我们是不是能对所有的波动数值求平均值呢？很明显，波动向量中的所有数值相加恒等于 0，这种方法不行。

下面来看第五种方法，我们将这些值的绝对值相加，再求平均值：

$$\frac{|0| + |1| + |0| + |2| + |-2| + |-3| + |2| + |3| + |0| + |-3|}{10} = 1.6$$

这样计算出来是 1.6，还不错，这种方法比极差用到的信息更多，感觉比极差要好一些。

再来看第六种方法，既然可以对波动向量中的所有数值取绝对值，那么对波动向量中的所有数值取平方也没问题，这样计算出来的结果是 4，如下，这种方法也可以反映运动员成绩的稳定性。

$$\frac{0^2 + 1^2 + 0^2 + 2^2 + (-2)^2 + (-3)^2 + 2^2 + 3^2 + 0^2 + (-3)^2}{10} = 4$$

既然平方和可以，那么四次方和、六次方和、八次方和也应该没问题，它们也都能反映运动员成绩的稳定性。我们看到，基于不同的算法，能算出不同的数值。显然，不同算法的波动性没有可比性，但是，如果基于同一种算法，分别计算两名运动员的波动性数值，就可以比较哪名运动员的稳定性更好。所以，波动性并不是一个像角度、长度那样可以绝对定量表示的量。

很明显，不存在以上这么多种算法中哪种算法更标准的问题，如果你刚接触这个问题，可能会有一种错觉，总感觉对绝对值求平均才是标准的，才是理所当然的，但从以上分析可以知道，这种想法完全站不住脚。因为波动性并不是一个像角度、长度那样可以绝对定量表示的量，所以这里不存在标准的方法，我们在使用的时候，就看哪种方法更方便，哪种方法的性质更好。

在大多数情况下，对平方和求平均更方便、更管用。因为对波动向量的所有数值求平方和就等于波动向量长度的平方和，而波动向量长度的平方和，加上中心向量长度的平方和，就等于原数据向量长度的平方和。

在运动员这个例子的表达式如下：

$$\|c\|^2 + \|w\|^2 = \|d\|^2$$
$$\|c\|^2 = 7^2 + 7^2 + 7^2 + 7^2 + 7^2 + 7^2 + 7^2 + 7^2 + 7^2 + 7^2$$
$$\|w\|^2 = 0^2 + 1^2 + 0^2 + 2^2 + (-2)^2 + (-3)^2 + 2^2 + 3^2 + 0^2 + (-3)^2$$
$$\|d\|^2 = 7^2 + 8^2 + 7^2 + 9^2 + 5^2 + 4^2 + 9^2 + 10^2 + 7^2 + 4^2$$

整理如下：

$$\frac{\|\boldsymbol{w}\|^2}{10} = \frac{\|\boldsymbol{d}\|^2}{10} - 7^2$$

左边是对波动向量长度的平方求平均值，右边是对原数据向量长度的平方求平均值，再减去7^2。换句话说，这两个平均值之间就差了一个均值的平方。我们将左边的这个表达式叫作运动员成绩的平方差，简称方差。它刻画了一组数据在中心点周围的离散程度，或者说刻画了一组数据的波动幅度。

我们可以用三种不同的方式来看待方差表达式：第一，方差就是对波动向量长度的平方求平均值；第二，方差就是对波动向量中所有数据的平方和求平均值；第三，方差就是波动向量自己对自己做点积后求平均值。我们常用方差来刻画一组数值的离散程度，反映一组数值的波动性。

除了以上写法，方差的表达式还有一种不依赖平均值的写法，也可以得到完全一样的结果，就是将所有数值两两相减的平方和，除以数值总个数的平方，比如求1, 2, 3这三个数值的方差就是

$$\frac{(1-2)^2 + (1-3)^2 + (2-3)^2}{3^2}$$

同样，求a, b, c, d四个数值的方差，表达式就是

$$\frac{(a-b)^2 + (a-c)^2 + (a-d)^2 + (b-c)^2 + (b-d)^2 + (c-d)^2}{4^2}$$

当然，这种写法也可以写成

$$\left(\frac{a-b}{4}\right)^2 + \left(\frac{a-c}{4}\right)^2 + \left(\frac{a-d}{4}\right)^2 + \left(\frac{b-c}{4}\right)^2 + \left(\frac{b-d}{4}\right)^2 + \left(\frac{c-d}{4}\right)^2$$

这样写的时候，3 个数值的方差就是$1 + 2 = 3$个平方相加，4 个数值的方差就是$1 + 2 + 3 = 6$个平方相加，n个数值的方差表达式的项数就是自然数 1 到自然数$n - 1$这$n - 1$个自然数的和。

最后给出另一名射击运动员的测试成绩，我们可以对比一下，哪名运动员的成绩更好、更稳定。

9,5,7,8,7,6,8,6,7,7
原数据向量：[9,5,7,8,7,6,8,6,7,7]
中心向量：[7,7,7,7,7,7,7,7,7,7]
波动向量：[2,−2,0,1,0,−1,1,−1,0,0]
方差：

$$\frac{2^2 + (-2)^2 + 0^2 + 1^2 + 0^2 + (-1)^2 + 1^2 + (-1)^2 + 0^2 + 0^2}{10} = 1.2$$

在这里，如果将方差表达式换成另一种写法，就会复杂得多，有 45 个平方相加。

【第四节】数学名词

前面计算过数据 1 和 3 的平均值：

$$\frac{1+3}{2}=2$$

平均值 2 既可以看成是 1 和 3 离开原点的平均距离，又可以看成是 1 和 3 的中心点，其实这就是小学里的计算平均数。我们现在专门来看看，数学家给这个表达式取了多少个名字。

首先它可以叫统计数据，因为这相当于是在对原数据 1 和 3 做统计计算。

还可以叫数字特征，因为这个表达式相当于是在看数字 1 和 3 有什么特征，这个表达式的计算结果就是 1 和 3 的某种特征，所以这种算法就叫数值 1 和 3 的数字特征。事实上，只要这里的 1 和 3 参与了计算，就是它们的数字特征，比如

$$1\times 0+3\times 0$$

这个表达式依然是数据 1 和 3 的统计数据和数字特征，因为 1 和 3 参与了计算，而且我们还看到了它们的特征。什么特征呢？就是它们乘以 0 以后会等于 0。

还没完，我们接着来给这个表达式取名字，它也可以写成

$$1\times \frac{1}{2}+3\times \frac{1}{2}$$

我们在初中物理学杠杆原理的时候知道，一个力乘以它所作用的力臂长度叫作力矩。我们这里的 $1\times\frac{1}{2}$，也相当于一个物理量乘以它的作用系数，故而也将它叫矩。因为它是在基于原点作用，所以这个表达式

$$1\times \frac{1}{2}+3\times \frac{1}{2}$$

也叫作数值 1 和 3 的原点矩，这已经是这个表达式的第三个名字了。

在这个原点矩中，原数据 1 和 3 都是按一次方计算，所以这个表达式的第四个名字是一阶原点矩，如果将这个表达式里的 1 和 3 都改成二次方：

$$1^2\times \frac{1}{2}+3^2\times \frac{1}{2}$$

那么这个表达式就是原数据 1 和 3 的二阶原点矩。如果改成三次方

$$1^3\times \frac{1}{2}+3^3\times \frac{1}{2}$$

四次方，

$$1^4 \times \frac{1}{2} + 3^4 \times \frac{1}{2}$$

那么就叫三阶原点矩、四阶原点矩，以此类推。

我们看到，所谓原点矩，就是在对原数据向量[1, 3]中的 1 和 3 求平均值，求一次方的平均值就叫一阶原点矩，求二次方的平均值就叫二阶原点矩，以此类推。

我们用同样的方法，给波动向量[1,−1]中的 1 和−1 求平均值：

$$\frac{1 + (-1)}{2} = 0$$

这个表达式也可以写成

$$1 \times \frac{1}{2} + (-1) \times \frac{1}{2}$$

显然，这也是矩的形式。因为这里的−1 和 1 反映的是 1 和 3 围绕它们的中心点 2 波动的情况。也就是说，这里的−1 和 1 是基于中心点起作用，所以这个表达式叫作中心矩。

同样，如果−1 和 1 都是按照一次方计算，这个表达式就叫作一阶中心矩。很明显，任何一组数据的一阶中心距恒等于 0，二阶中心距就是上一节说的方差。当然，还可以有三阶中心矩。

$$1^3 \times \frac{1}{2} + (-1)^3 \times \frac{1}{2}$$

以及四阶中心矩

$$1^4 \times \frac{1}{2} + (-1)^4 \times \frac{1}{2}$$

以此类推。

【第五节】多个点的共线问题

我们知道，一维的数值有一个天然的特性，就是共线，它们天生就在一条直线上。但二维的数值，也就是平面直角坐标系中的点，就不一定在一条直线上了，这就很自然地产生了一种需求，就是判断平面中的多个点是否共线。

同样的思维，二维的数值一定共面，但三维空间中的数值就不一定共面，那么三维空间中的点，不仅可以判断它们是不是共线，还可以判断它们是不是共面。显然，到四维、五维就更复杂了，在这里我们只讨论最简单的情况，就是判断平面中的多个点是否共线。

要判断多个点是否共线，最简单的办法是作图法，就是先找两个点，过这两个点作一条直线，再看其他的点是不是也在这条直线上。

下面介绍一种新方法，判断平面中的多个点是否共线。

我们知道，平面中的多个点就是多个二维数值。我们将这些二维数值的第一维上的数值串在一起构成一个向量，再将对应的第二维上的数值也串在一起构成第二个向量。

分别求出这两个向量的波动向量，通过比较两个波动向量，我们就能够知道，平面中多个点是否共线。

如图 5.14 所示，我们先计算出相应的两个波动向量。如果这两个波动向量可以表达成数乘的形式，那么这几个点就共线。

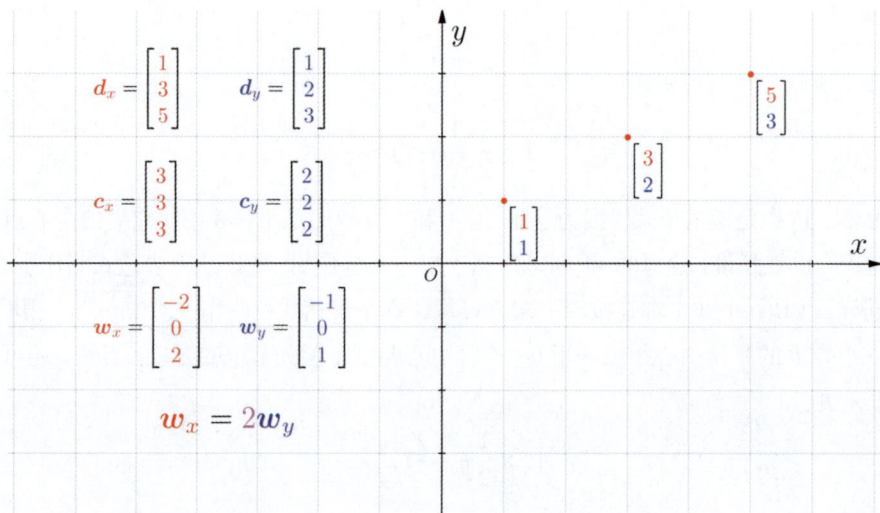

图 5.14　三点共线

而如果两个波动向量不能表达成数乘的形式，那么这几个点就不共线，如图 5.15 所示。

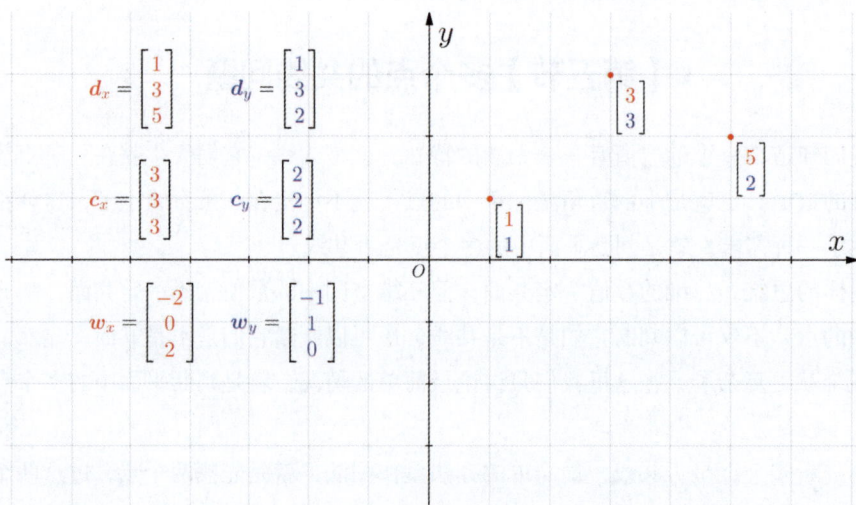

图 5.15　三点不共线

　　为什么呢？我们刚才的操作是，首先将三个点的两个维度分开，所有点的x值构成了一个原数据向量，所有点的y值构成了另一个原数据向量，再分别求出这两个原数据向量的波动向量，然后开始比较两个波动向量，也就是比较x值与y值的波动性。在这里，比较波动性的本质，就是在比较这些点x值的变化节奏是不是与y值的变化节奏一致。

　　我们知道，平面中的多个点不共线的本质，就是这些点x值的变化节奏与y值的变化节奏不一致，而这两个波动向量正好携带了这些点关于变化节奏的全部信息，所以，要判断这三个点共不共线，只需要比较两个波动向量就可以了。

　　如图 5.16 所示，我们看到，当点排列成直线的时候，两个波动向量的波动节奏是一致的，这两个波动向量可以表达成数乘的形式。我们将这两个波动向量的点积也写出来，这样方便同时关注两个波动向量的夹角。

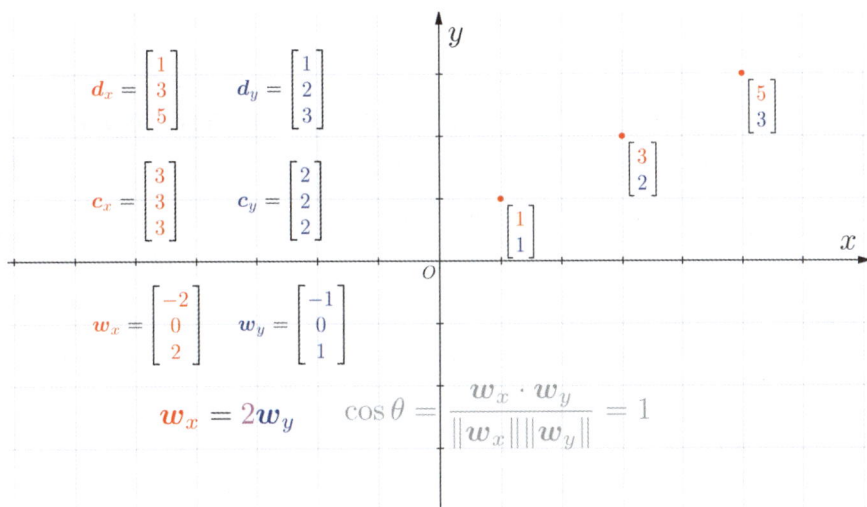

$$d_x = \begin{bmatrix} 1 \\ 3 \\ 5 \end{bmatrix} \quad d_y = \begin{bmatrix} 1 \\ 2 \\ 3 \end{bmatrix}$$

$$c_x = \begin{bmatrix} 3 \\ 3 \\ 3 \end{bmatrix} \quad c_y = \begin{bmatrix} 2 \\ 2 \\ 2 \end{bmatrix}$$

$$w_x = \begin{bmatrix} -2 \\ 0 \\ 2 \end{bmatrix} \quad w_y = \begin{bmatrix} -1 \\ 0 \\ 1 \end{bmatrix}$$

$$w_x = 2w_y \quad \cos\theta = \frac{w_x \cdot w_y}{\|w_x\|\|w_y\|} = 1$$

图 5.16　两个波动向量的夹角是 0

　　当点如图 5.16 所示左低右高排列的时候，数乘的是正数，两个波动向量的夹角是 0，夹角的余弦值是 1，也就是两个波动向量方向相同。

　　当点如图 5.17 所示左高右低排列的时候，数乘的是负数，两个波动向量的夹角是 180°，夹角的余弦值是–1，也就是两个波动向量的方向正好相反。

$$d_x = \begin{bmatrix} 1 \\ 3 \\ 5 \end{bmatrix} \quad d_y = \begin{bmatrix} 3 \\ 2 \\ 1 \end{bmatrix}$$

$$c_x = \begin{bmatrix} 3 \\ 3 \\ 3 \end{bmatrix} \quad c_y = \begin{bmatrix} 2 \\ 2 \\ 2 \end{bmatrix}$$

$$w_x = \begin{bmatrix} -2 \\ 0 \\ 2 \end{bmatrix} \quad w_y = \begin{bmatrix} 1 \\ 0 \\ -1 \end{bmatrix}$$

$$\boldsymbol{w_x} = -2\boldsymbol{w_y} \quad \cos\theta = \frac{\boldsymbol{w_x} \cdot \boldsymbol{w_y}}{\|\boldsymbol{w_x}\|\|\boldsymbol{w_y}\|} = -1$$

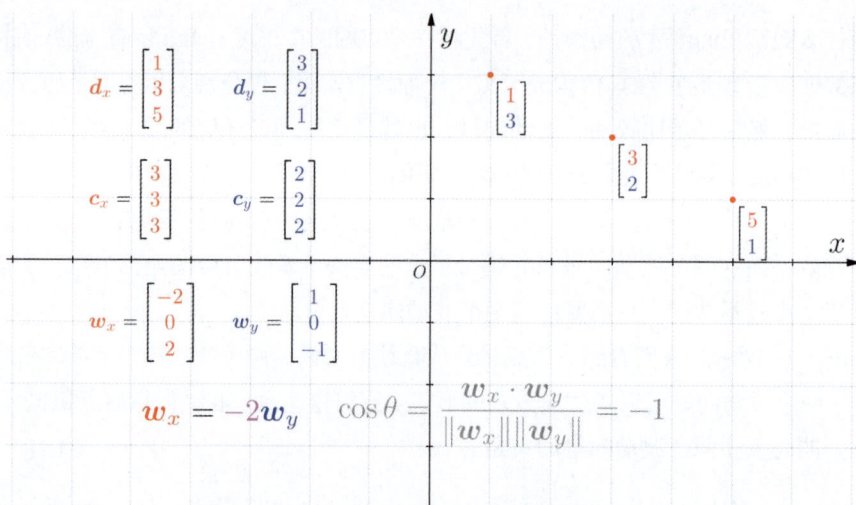

图 5.17　两个波动向量的夹角是 180°

当点如图 5.18 所示排列成水平线的时候，第二个波动向量变成了 0 向量。这时，两个波动向量依然可以表达成数乘的形式，第一个波动向量乘以 0 就等于第二个波动向量，但这时无法通过点积表达式判断两个波动向量的夹角。

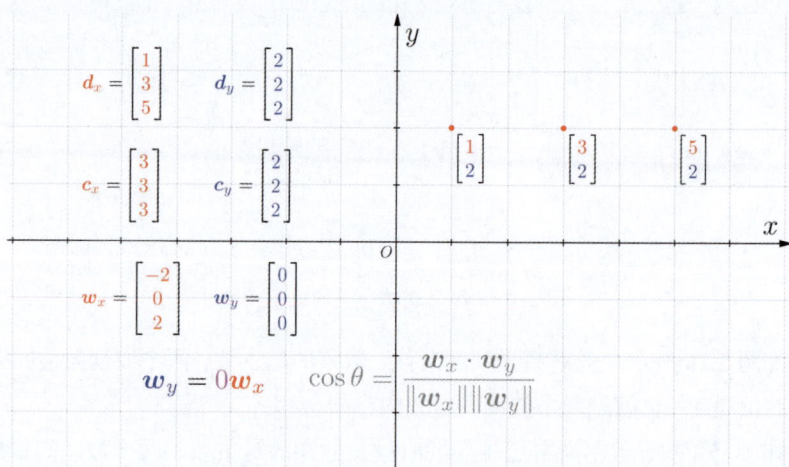

$$d_x = \begin{bmatrix} 1 \\ 3 \\ 5 \end{bmatrix} \quad d_y = \begin{bmatrix} 2 \\ 2 \\ 2 \end{bmatrix}$$

$$c_x = \begin{bmatrix} 3 \\ 3 \\ 3 \end{bmatrix} \quad c_y = \begin{bmatrix} 2 \\ 2 \\ 2 \end{bmatrix}$$

$$w_x = \begin{bmatrix} -2 \\ 0 \\ 2 \end{bmatrix} \quad w_y = \begin{bmatrix} 0 \\ 0 \\ 0 \end{bmatrix}$$

$$\boldsymbol{w_y} = 0\boldsymbol{w_x} \quad \cos\theta = \frac{\boldsymbol{w_x} \cdot \boldsymbol{w_y}}{\|\boldsymbol{w_x}\|\|\boldsymbol{w_y}\|}$$

图 5.18　第二个波动向量为 0 向量

同样，当点如图 5.19 所示排列成垂直线的时候，第一个波动向量变成了 0 向量。这时，两个波动向量依然可以表达成数乘的形式，第二个波动向量乘以 0 就等于第一个波动向量，这时也无法判断两个波动向量的夹角。

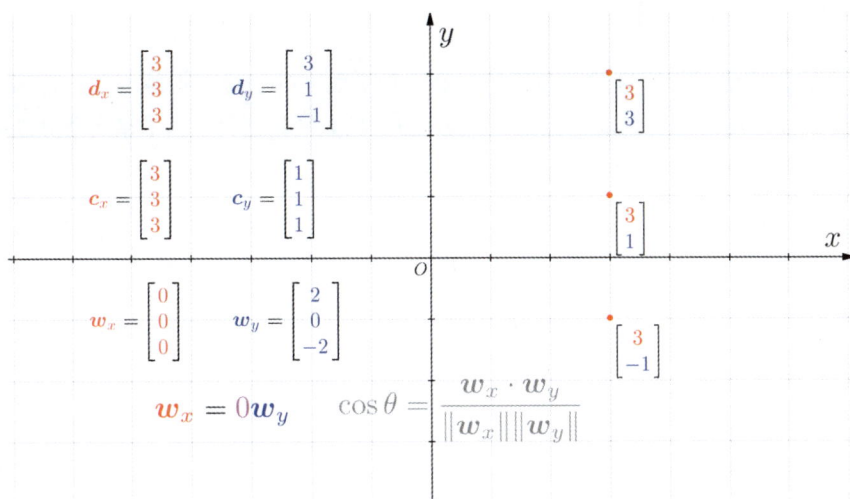

$$d_x = \begin{bmatrix} 3 \\ 3 \\ 3 \end{bmatrix} \quad d_y = \begin{bmatrix} 3 \\ 1 \\ -1 \end{bmatrix}$$

$$c_x = \begin{bmatrix} 3 \\ 3 \\ 3 \end{bmatrix} \quad c_y = \begin{bmatrix} 1 \\ 1 \\ 1 \end{bmatrix}$$

$$w_x = \begin{bmatrix} 0 \\ 0 \\ 0 \end{bmatrix} \quad w_y = \begin{bmatrix} 2 \\ 0 \\ -2 \end{bmatrix}$$

$$w_x = 0w_y \qquad \cos\theta = \frac{w_x \cdot w_y}{\|w_x\|\|w_y\|}$$

图 5.19　第一个波动向量为 0 向量

这里就可以得出结论：如果两个波动向量可以表达成数乘的形式，那么这些点一定共线。

这个结论反过来也成立，也就是说，如果平面中的点排列成一条直线，那么两个波动向量一定可以表达成数乘的形式。

我们顺着这个思路再往前想一步，如果两个波动向量不能表达成数乘的形式，如图 5.20 所示会怎么样呢？

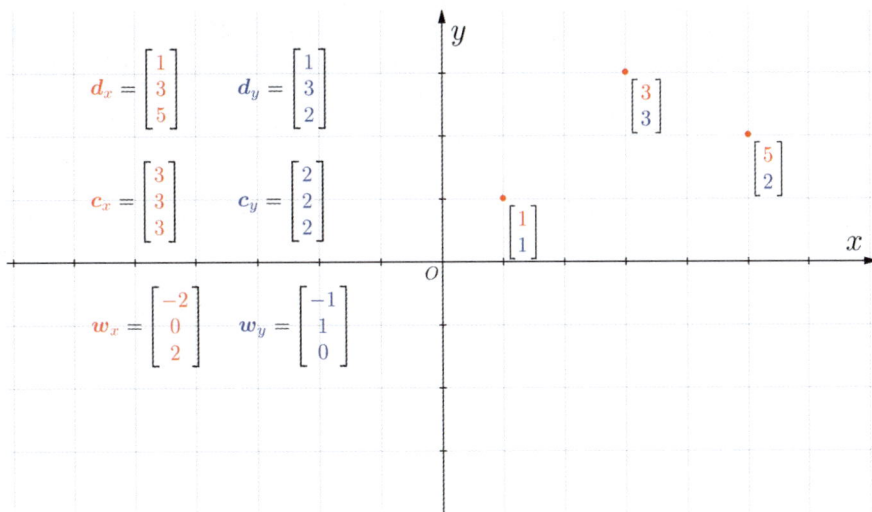

$$d_x = \begin{bmatrix} 1 \\ 3 \\ 5 \end{bmatrix} \quad d_y = \begin{bmatrix} 1 \\ 3 \\ 2 \end{bmatrix}$$

$$c_x = \begin{bmatrix} 3 \\ 3 \\ 3 \end{bmatrix} \quad c_y = \begin{bmatrix} 2 \\ 2 \\ 2 \end{bmatrix}$$

$$w_x = \begin{bmatrix} -2 \\ 0 \\ 2 \end{bmatrix} \quad w_y = \begin{bmatrix} -1 \\ 1 \\ 0 \end{bmatrix}$$

图 5.20　两个波动向量不能表达成数乘形式

首先，平面中的点肯定不在一条直线上。其次，两个波动向量都一定不会是 0 向量。还有，两个波动向量的夹角不再是 0° 或 180°。也就是说，如果两个波动向量不在一条直线上，那么两个波动向量的夹角大于 0° 小于 180°，两个波动向量夹角的余弦值就会大于–1 小于 1。

　　基于这些结论，我们自然就会猜测，是不是平面中的点排列得越混乱，越偏离一条直线，两个波动向量的夹角就越偏离 0° 或 180° 呢？换句话说，是不是两个波动向量的夹角大小，就能够量化平面中多个点的共线程度呢？

　　一点提示，如图 5.21 所示图像中，读者可以先不用理会前面没有提到的参数。在向量分解这部分内容中，这个图像会反复出现。

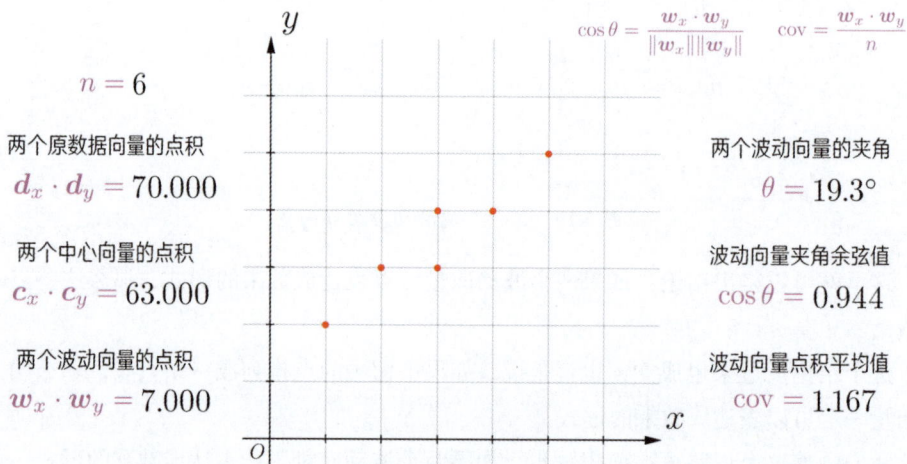

$$\cos\theta = \frac{\boldsymbol{w}_x \cdot \boldsymbol{w}_y}{\|\boldsymbol{w}_x\|\|\boldsymbol{w}_y\|} \qquad \mathrm{cov} = \frac{\boldsymbol{w}_x \cdot \boldsymbol{w}_y}{n}$$

$n = 6$

两个原数据向量的点积
$\boldsymbol{d}_x \cdot \boldsymbol{d}_y = 70.000$

两个中心向量的点积
$\boldsymbol{c}_x \cdot \boldsymbol{c}_y = 63.000$

两个波动向量的点积
$\boldsymbol{w}_x \cdot \boldsymbol{w}_y = 7.000$

两个波动向量的夹角
$\theta = 19.3°$

波动向量夹角余弦值
$\cos\theta = 0.944$

波动向量点积平均值
$\mathrm{cov} = 1.167$

图 5.21　测试两个波动向量的夹角

　　我们来检验一下这种猜测，对于如图 5.21 所示平面中的这些点，两个波动向量夹角的余弦值是 0.944。先随意整体平移这些点，如图 5.22 所示，我们发现，余弦值没有变化，也就是两个波动向量的夹角大小没有变化，不管怎么平移，余弦值都不会变。

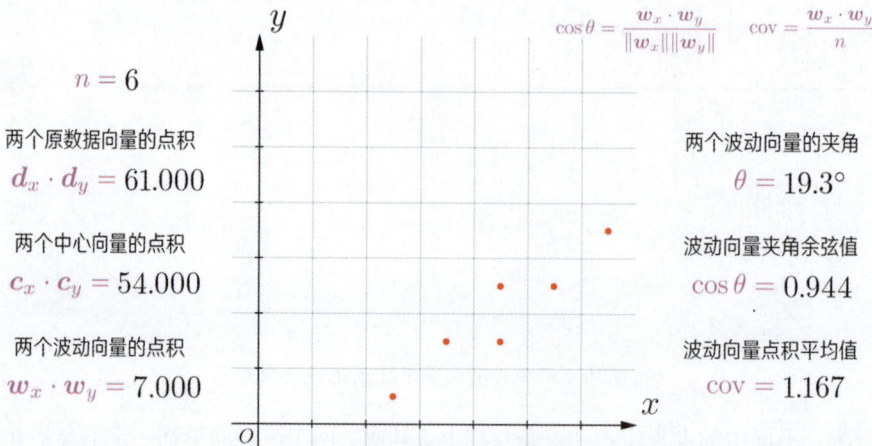

$$\cos\theta = \frac{\boldsymbol{w}_x \cdot \boldsymbol{w}_y}{\|\boldsymbol{w}_x\|\|\boldsymbol{w}_y\|} \qquad \mathrm{cov} = \frac{\boldsymbol{w}_x \cdot \boldsymbol{w}_y}{n}$$

$n = 6$

两个原数据向量的点积
$\boldsymbol{d}_x \cdot \boldsymbol{d}_y = 61.000$

两个中心向量的点积
$\boldsymbol{c}_x \cdot \boldsymbol{c}_y = 54.000$

两个波动向量的点积
$\boldsymbol{w}_x \cdot \boldsymbol{w}_y = 7.000$

两个波动向量的夹角
$\theta = 19.3°$

波动向量夹角余弦值
$\cos\theta = 0.944$

波动向量点积平均值
$\mathrm{cov} = 1.167$

图 5.22　对散点进行整体平移

我们再看比较复杂的情况，如图 5.23 和图 5.24 所示。

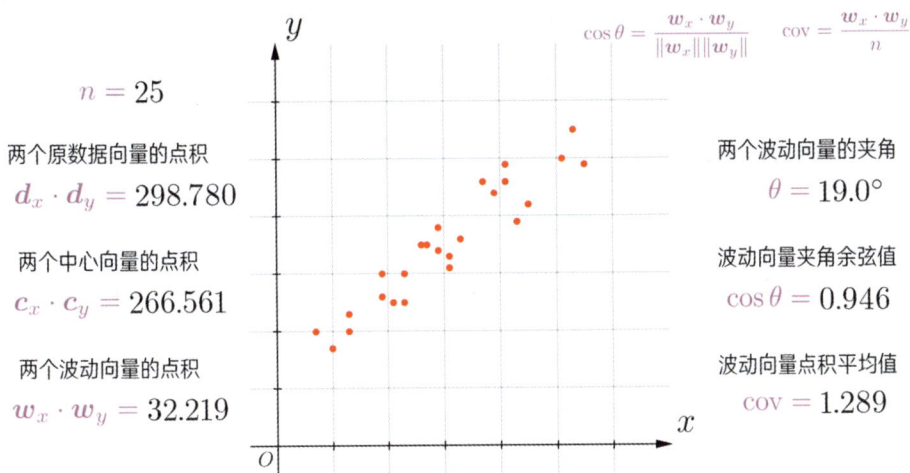

$$\cos \theta = \frac{\boldsymbol{w}_x \cdot \boldsymbol{w}_y}{\|\boldsymbol{w}_x\|\|\boldsymbol{w}_y\|} \qquad \mathrm{cov} = \frac{\boldsymbol{w}_x \cdot \boldsymbol{w}_y}{n}$$

$n = 25$

两个原数据向量的点积
$\boldsymbol{d}_x \cdot \boldsymbol{d}_y = 298.780$

两个中心向量的点积
$\boldsymbol{c}_x \cdot \boldsymbol{c}_y = 266.561$

两个波动向量的点积
$\boldsymbol{w}_x \cdot \boldsymbol{w}_y = 32.219$

两个波动向量的夹角
$\theta = 19.0°$

波动向量夹角余弦值
$\cos \theta = 0.946$

波动向量点积平均值
$\mathrm{cov} = 1.289$

图 5.23　一组较复杂的散点

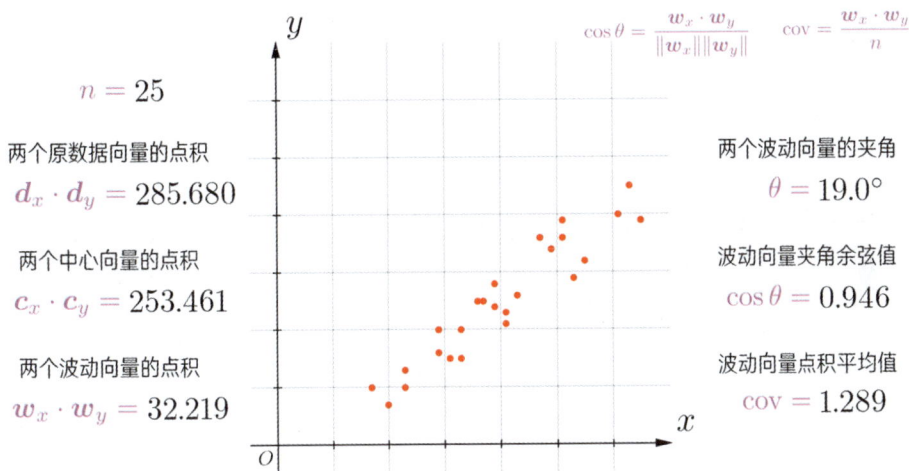

$$\cos \theta = \frac{\boldsymbol{w}_x \cdot \boldsymbol{w}_y}{\|\boldsymbol{w}_x\|\|\boldsymbol{w}_y\|} \qquad \mathrm{cov} = \frac{\boldsymbol{w}_x \cdot \boldsymbol{w}_y}{n}$$

$n = 25$

两个原数据向量的点积
$\boldsymbol{d}_x \cdot \boldsymbol{d}_y = 285.680$

两个中心向量的点积
$\boldsymbol{c}_x \cdot \boldsymbol{c}_y = 253.461$

两个波动向量的点积
$\boldsymbol{w}_x \cdot \boldsymbol{w}_y = 32.219$

两个波动向量的夹角
$\theta = 19.0°$

波动向量夹角余弦值
$\cos \theta = 0.946$

波动向量点积平均值
$\mathrm{cov} = 1.289$

图 5.24　整体平移较复杂的散点

同样，不管怎么平移，余弦值都不会变化。

但是，整体旋转这些点，我们发现，余弦值在变化，也就是两个波动向量的夹角大小在变化，如图 5.25~图 5.28 所示，这个结果多少会让我们有些意外。根据我们的设想，如果两个波动向量的夹角大小量化的是平面中多个点的共线程度，那么这个余弦值就应该是个确定的值，只要点的整体排列保持不变，无论怎样平移，无论怎样旋转，余弦值都应该保持不变。但是现在这个余弦值只能在点整体平移的时候保持不变，在点整体旋转的时候不能保持不变，所以，它不能表达平面中多个点的共线程度。也就是说，两个波动向量的夹角大小，不能量化平面中多个点的共线程度。

$$\cos \theta = \frac{\boldsymbol{w}_x \cdot \boldsymbol{w}_y}{\|\boldsymbol{w}_x\| \|\boldsymbol{w}_y\|} \qquad \mathrm{cov} = \frac{\boldsymbol{w}_x \cdot \boldsymbol{w}_y}{n}$$

$n = 6$

两个原数据向量的点积
$$\boldsymbol{d}_x \cdot \boldsymbol{d}_y = 70.000$$

两个中心向量的点积
$$\boldsymbol{c}_x \cdot \boldsymbol{c}_y = 63.000$$

两个波动向量的点积
$$\boldsymbol{w}_x \cdot \boldsymbol{w}_y = 7.000$$

两个波动向量的夹角
$$\theta = 19.3°$$

波动向量夹角余弦值
$$\cos \theta = 0.944$$

波动向量点积平均值
$$\mathrm{cov} = 1.167$$

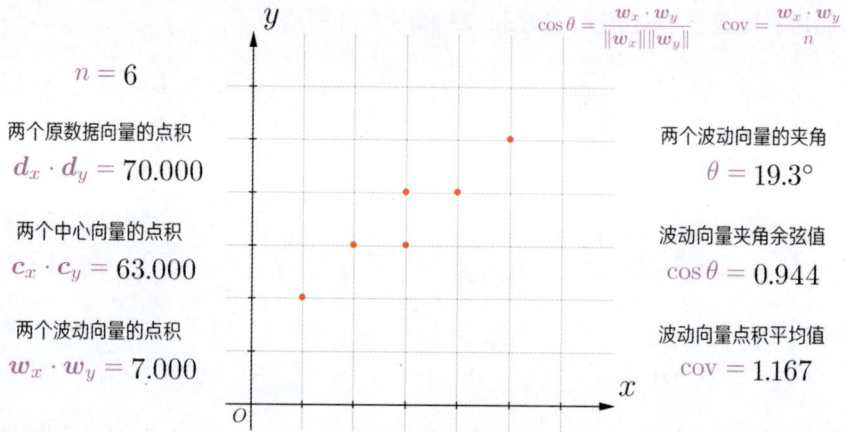

图 5.25   散点整体旋转之前

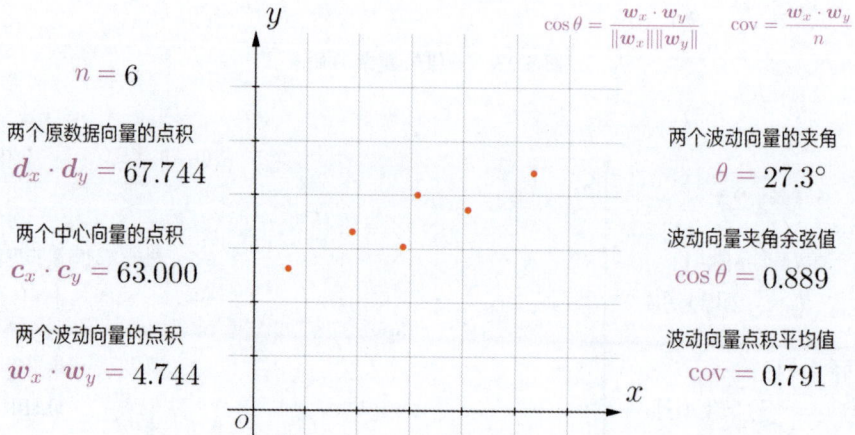

$$\cos \theta = \frac{\boldsymbol{w}_x \cdot \boldsymbol{w}_y}{\|\boldsymbol{w}_x\| \|\boldsymbol{w}_y\|} \qquad \mathrm{cov} = \frac{\boldsymbol{w}_x \cdot \boldsymbol{w}_y}{n}$$

$n = 6$

两个原数据向量的点积
$$\boldsymbol{d}_x \cdot \boldsymbol{d}_y = 67.744$$

两个中心向量的点积
$$\boldsymbol{c}_x \cdot \boldsymbol{c}_y = 63.000$$

两个波动向量的点积
$$\boldsymbol{w}_x \cdot \boldsymbol{w}_y = 4.744$$

两个波动向量的夹角
$$\theta = 27.3°$$

波动向量夹角余弦值
$$\cos \theta = 0.889$$

波动向量点积平均值
$$\mathrm{cov} = 0.791$$

图 5.26   散点整体旋转之后

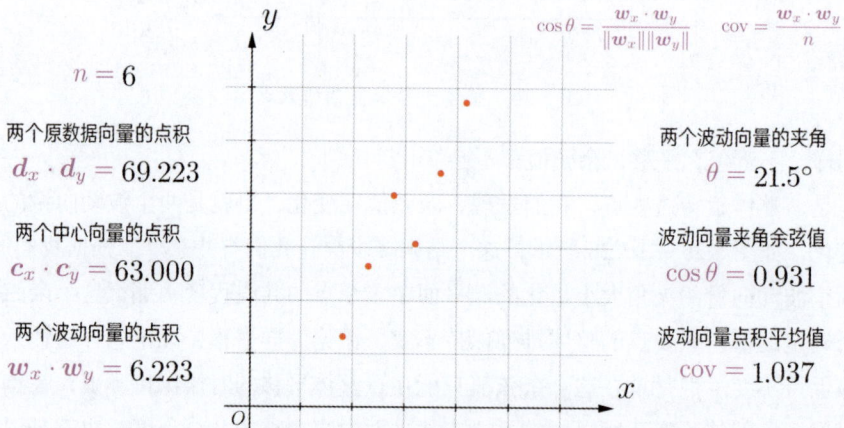

$$\cos \theta = \frac{\boldsymbol{w}_x \cdot \boldsymbol{w}_y}{\|\boldsymbol{w}_x\| \|\boldsymbol{w}_y\|} \qquad \mathrm{cov} = \frac{\boldsymbol{w}_x \cdot \boldsymbol{w}_y}{n}$$

$n = 6$

两个原数据向量的点积
$$\boldsymbol{d}_x \cdot \boldsymbol{d}_y = 69.223$$

两个中心向量的点积
$$\boldsymbol{c}_x \cdot \boldsymbol{c}_y = 63.000$$

两个波动向量的点积
$$\boldsymbol{w}_x \cdot \boldsymbol{w}_y = 6.223$$

两个波动向量的夹角
$$\theta = 21.5°$$

波动向量夹角余弦值
$$\cos \theta = 0.931$$

波动向量点积平均值
$$\mathrm{cov} = 1.037$$

图 5.27   散点整体旋转至向右倾斜

$$\cos\theta = \frac{\boldsymbol{w}_x \cdot \boldsymbol{w}_y}{\|\boldsymbol{w}_x\|\|\boldsymbol{w}_y\|} \qquad \mathrm{cov} = \frac{\boldsymbol{w}_x \cdot \boldsymbol{w}_y}{n}$$

$n = 6$

两个原数据向量的点积
$\boldsymbol{d}_x \cdot \boldsymbol{d}_y = 57.551$

两个中心向量的点积
$\boldsymbol{c}_x \cdot \boldsymbol{c}_y = 63.000$

两个波动向量的点积
$\boldsymbol{w}_x \cdot \boldsymbol{w}_y = -5.449$

两个波动向量的夹角
$\theta = 155.8°$

波动向量夹角余弦值
$\cos\theta = -0.912$

波动向量点积平均值
$\mathrm{cov} = -0.908$

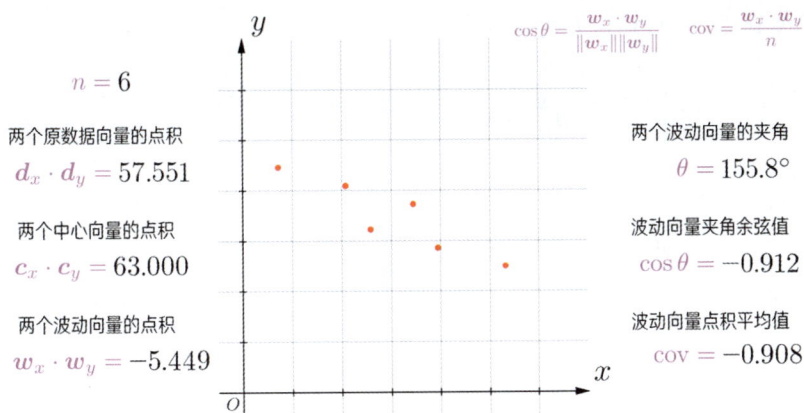

图 5.28　散点整体旋转至向左倾斜

再看一个例子，这次我们观察排列成长方形的四个点，如图 5.29 所示。

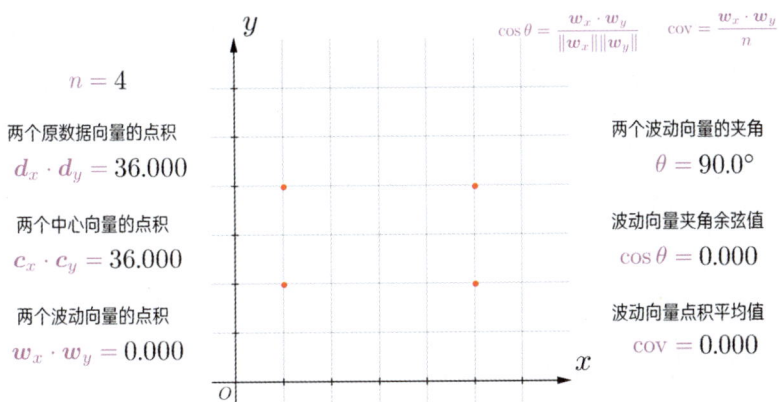

$$\cos\theta = \frac{\boldsymbol{w}_x \cdot \boldsymbol{w}_y}{\|\boldsymbol{w}_x\|\|\boldsymbol{w}_y\|} \qquad \mathrm{cov} = \frac{\boldsymbol{w}_x \cdot \boldsymbol{w}_y}{n}$$

$n = 4$

两个原数据向量的点积
$\boldsymbol{d}_x \cdot \boldsymbol{d}_y = 36.000$

两个中心向量的点积
$\boldsymbol{c}_x \cdot \boldsymbol{c}_y = 36.000$

两个波动向量的点积
$\boldsymbol{w}_x \cdot \boldsymbol{w}_y = 0.000$

两个波动向量的夹角
$\theta = 90.0°$

波动向量夹角余弦值
$\cos\theta = 0.000$

波动向量点积平均值
$\mathrm{cov} = 0.000$

图 5.29　排列为长方形的散点

先整体平移，同样，余弦值保持不变，如图 5.30 所示。

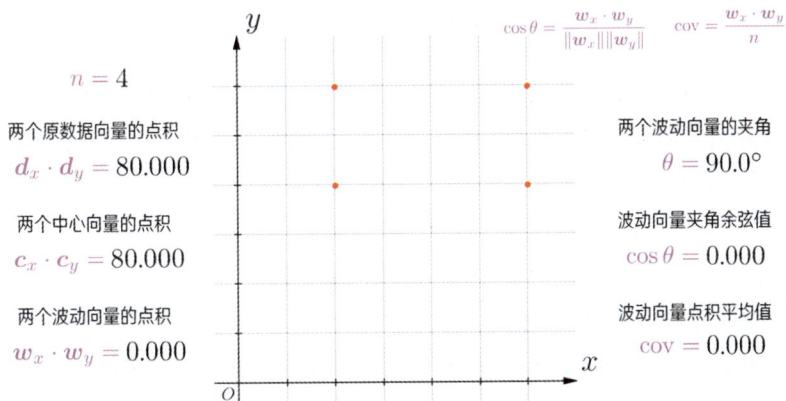

$$\cos\theta = \frac{\boldsymbol{w}_x \cdot \boldsymbol{w}_y}{\|\boldsymbol{w}_x\|\|\boldsymbol{w}_y\|} \qquad \mathrm{cov} = \frac{\boldsymbol{w}_x \cdot \boldsymbol{w}_y}{n}$$

$n = 4$

两个原数据向量的点积
$\boldsymbol{d}_x \cdot \boldsymbol{d}_y = 80.000$

两个中心向量的点积
$\boldsymbol{c}_x \cdot \boldsymbol{c}_y = 80.000$

两个波动向量的点积
$\boldsymbol{w}_x \cdot \boldsymbol{w}_y = 0.000$

两个波动向量的夹角
$\theta = 90.0°$

波动向量夹角余弦值
$\cos\theta = 0.000$

波动向量点积平均值
$\mathrm{cov} = 0.000$

图 5.30　整体平移长方形散点

再整体旋转，余弦值也发生了变化，如图 5.31 所示。

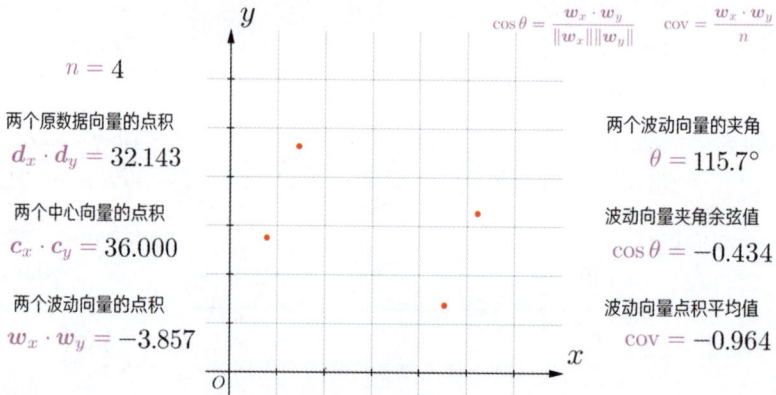

$$\cos\theta = \frac{\boldsymbol{w}_x \cdot \boldsymbol{w}_y}{\|\boldsymbol{w}_x\|\|\boldsymbol{w}_y\|} \qquad \mathrm{cov} = \frac{\boldsymbol{w}_x \cdot \boldsymbol{w}_y}{n}$$

$n = 4$

两个原数据向量的点积
$$\boldsymbol{d}_x \cdot \boldsymbol{d}_y = 32.143$$

两个中心向量的点积
$$\boldsymbol{c}_x \cdot \boldsymbol{c}_y = 36.000$$

两个波动向量的点积
$$\boldsymbol{w}_x \cdot \boldsymbol{w}_y = -3.857$$

两个波动向量的夹角
$$\theta = 115.7°$$

波动向量夹角余弦值
$$\cos\theta = -0.434$$

波动向量点积平均值
$$\mathrm{cov} = -0.964$$

图 5.31　整体旋转长方形散点

将点整体旋转一圈，我们有一个发现，余弦值有一个最大值，而且这个值总是出现在整体旋转到 45° 角的时候，这时的余弦值非常适合描述点的共线程度，如图 5.32 所示。

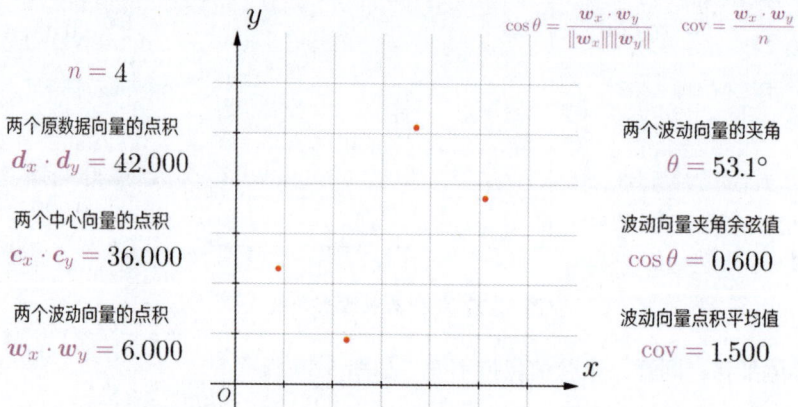

$$\cos\theta = \frac{\boldsymbol{w}_x \cdot \boldsymbol{w}_y}{\|\boldsymbol{w}_x\|\|\boldsymbol{w}_y\|} \qquad \mathrm{cov} = \frac{\boldsymbol{w}_x \cdot \boldsymbol{w}_y}{n}$$

$n = 4$

两个原数据向量的点积
$$\boldsymbol{d}_x \cdot \boldsymbol{d}_y = 42.000$$

两个中心向量的点积
$$\boldsymbol{c}_x \cdot \boldsymbol{c}_y = 36.000$$

两个波动向量的点积
$$\boldsymbol{w}_x \cdot \boldsymbol{w}_y = 6.000$$

两个波动向量的夹角
$$\theta = 53.1°$$

波动向量夹角余弦值
$$\cos\theta = 0.600$$

波动向量点积平均值
$$\mathrm{cov} = 1.500$$

图 5.32　整体旋转长方形散点至 45° 倾斜

所以，平面中多个点的共线程度，可以通过两个波动向量夹角的余弦值来计算，只不过这个余弦值要取将这些点整体旋转过程中的最大值。换句话说，将平面中多个点整体旋转，当这些点呈 45° 倾斜状态的时候，两个波动向量夹角的余弦值就会达到最大值，而这个最大值能够比较真实地反映这些点的共线程度。

也就是说，如果想知道这个长方形的共线程度如何，首先将它旋转到 45° 角，这个过程中，两个波动向量夹角的余弦值从 0 变化到 0.6，如图 5.32 所示。这时，如果将长方形的点往一起挤压，共线程度就更高了，可以看到余弦值变大，如图 5.33 所示。

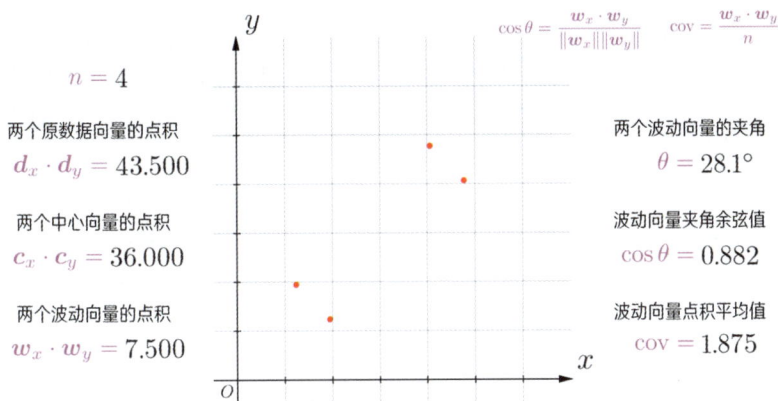

图 5.33　挤压长方形散点使余弦值增大

【第六节】统计学"鸟枪换炮"

数学、物理都是在描述现实世界，都是从现实世界抽象出来的模型。对现实世界建立数学模型的过程，往往都是从提出问题开始的。也就是说，人们通过观察现实世界，首先提出问题，然后解决问题，最后再看这个问题是不是具有普遍意义。如果这个问题具有普遍意义，那么它的模型就可能成为教科书里的内容。

在数学建模的过程中，能够提出有价值的问题，往往比能够解决问题更重要。统计学最初提出的都是很简单的问题，比如计算平均数、方差，还有绘制像折线图、条形图、饼状图等，这是统计学最初级的阶段。

后来有人提出了两个重要问题，一下就将统计学提升到了一个全新的高度。这两个问题就是相关分析和回归分析，它们让统计学描述现实世界的能力被大大拓宽，从而迎来了统计学的新纪元。

我们先来看看相关分析是什么，它在怎样拓宽数学的描述能力。

我们从初中就开始接触函数，学过很多不同的函数，如图 5.34 所示，函数的表达式可以简写成

$$y = f(x)$$

在这里，我们说 x 与 y 之间是函数关系。

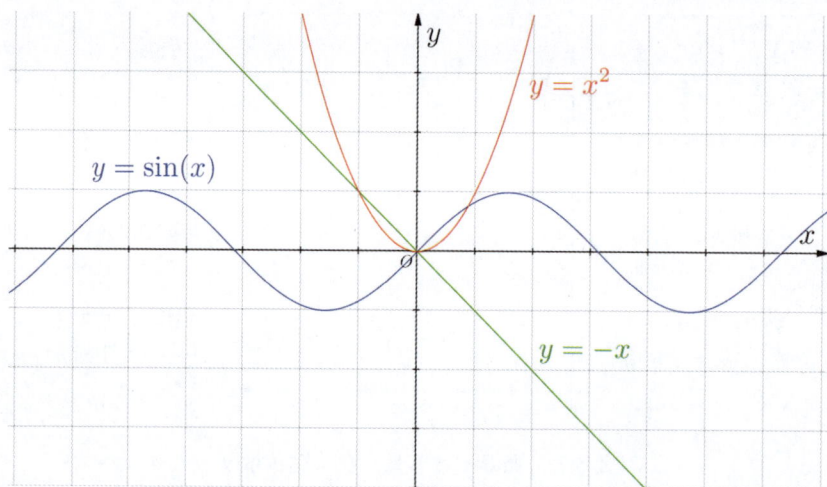

图 5.34　一些初等函数图像

　　如果在这个函数的后面加一个随机数 e，

$$y = f(x) + e$$

比如，这个 e 是介于 -0.5 到 0.5 之间的随机数，也就是说，这个 e 就是在 0 附近的一个随机数，那么对每个输入值，这个表达式就不再有一个唯一的输出值与它对应。换句话说，这里的 x 与 y 就不再是函数关系，这个时候 x 与 y 的关系叫作相关关系。

　　人的身高与体重之间的关系，就是相关关系。因为身高与体重之间虽然有关联，但又达不到可以完全确定的程度。也就是说，我们不能通过人的身高确定体重，也不能通过人的体重确定身高。类似的例子很多，比如父亲的身高与子女的身高，商品的广告支出与销售额，都是相关关系。

　　我们注意到，如果随机数 e 恒等于 0，那么相关关系表达式就变成了函数关系表达式。换句话说，函数关系是相关关系的一种特殊形式，函数关系用来描述那些确定的关系，而相关关系包含函数关系，既可以表达确定的关系，又可以表达那些不那么确定的关系。所以，跟函数关系相比，相关关系大大提升了表达范围。

　　这就好像我们小时候只知道有正数，当有人问我们 $1-3$ 等于几，我们会说题目出错了，$1-3$ 不够减，后来才知道，可以将数值拓宽到负数。现在我们知道了，函数关系只是相关关系的一部分。

　　相关关系的表达式可以写成一个函数和一个随机数的和：

$$y = f(x) + e$$

将它画在平面直角坐标系中，就是一种随机的散点图，如图 5.35 所示。

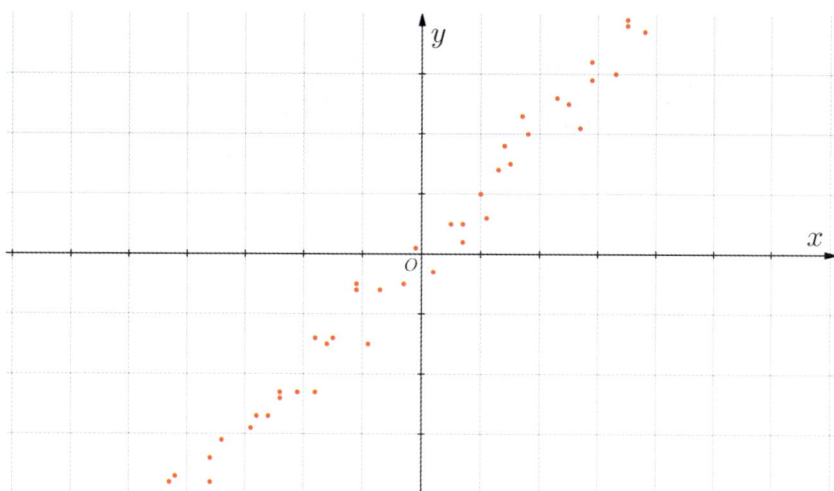

图 5.35 $y = f(x) + e$ 的散点图

如图 5.36 所示是 $y = 2x + e$ 的散点图，这里的随机数 e，我们规定介于–0.3 到+0.3 之间。很明显，这些点都围绕在函数 $y = 2x$ 这条直线附近。也就是说，该相关关系的随机散点图，就是围绕在 $y = 2x$ 这个函数图像附近的点。

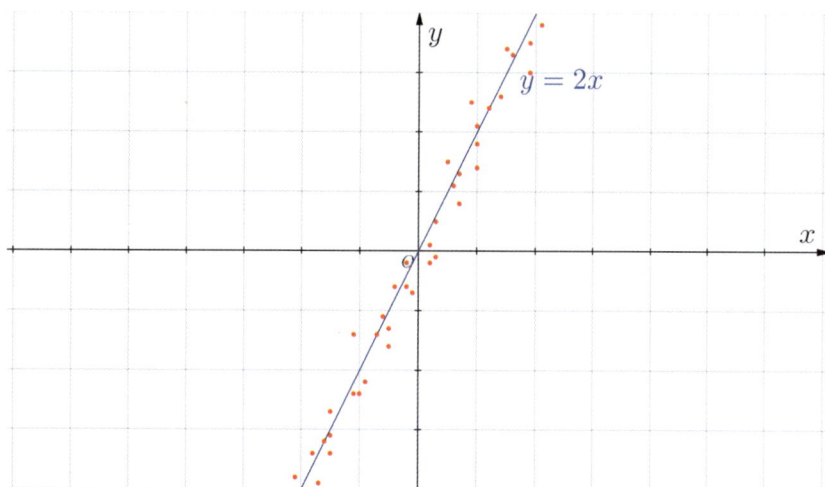

图 5.36 $y = 2x + e$ 的散点图

再看一下 $y = x^2 + e$ 的散点图，如图 5.37 所示，这些点都围绕在函数 $y = x^2$ 的附近（同样规定随机数 e 的范围是–0.3 到+0.3）。

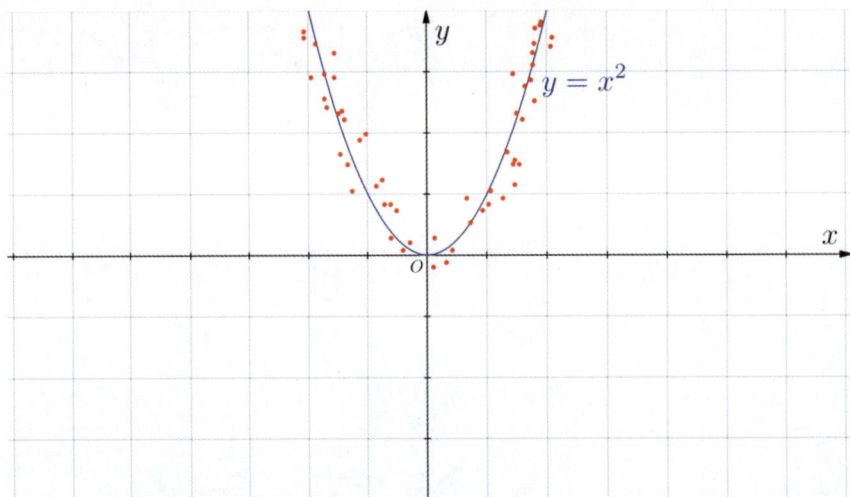

图 5.37　$y = x^2 + e$ 的散点图（e 的范围在 –0.3 到 0.3 之间）

如果将随机数 e 的范围改成 –0.5 到 +0.5，散点图就散开了一些，如图 5.38 所示。

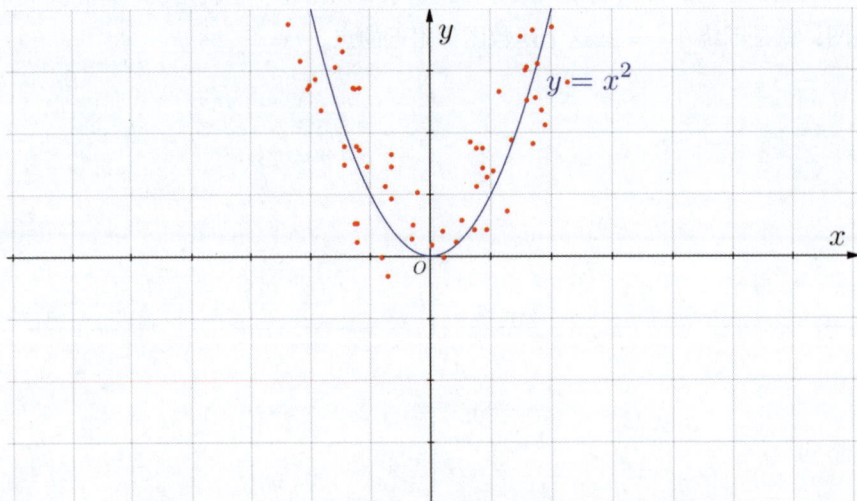

图 5.38　$y = x^2 + e$ 的散点图（e 的范围在 –0.5 到 0.5 之间）

再看一下 $y = x^3 + e$ 的散点图，这些点都围绕在函数 $y = x^3$ 的附近，如图 5.39 所示。

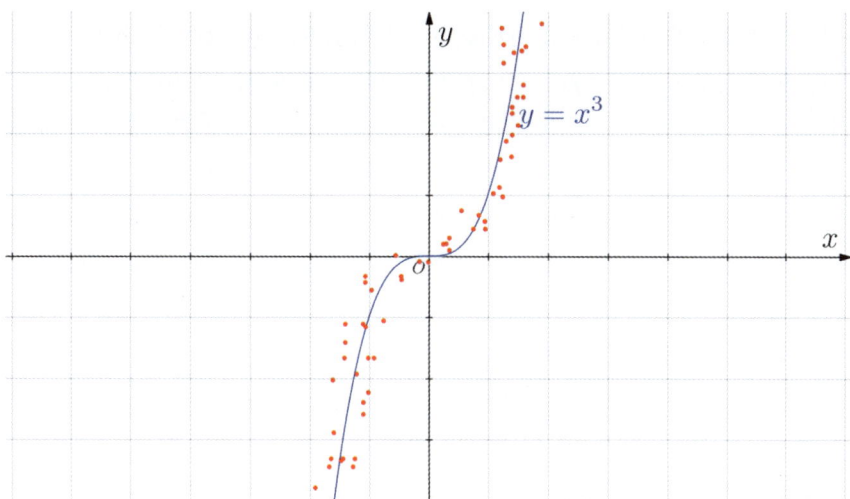

图 5.39　$y = x^3 + e$ 的散点图

再看一下 $y = \sin x + e$ 的散点图，这些点都围绕在正弦函数 $y = \sin x$ 的附近，如图 5.40 所示。

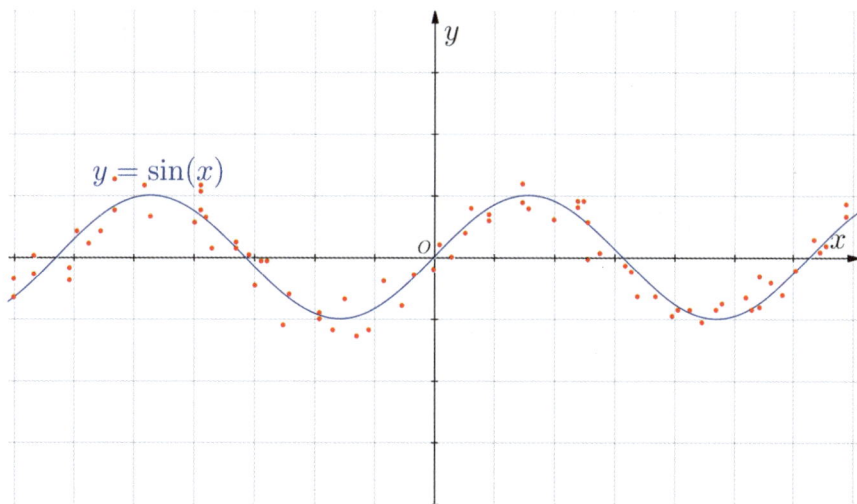

图 5.40　$y = \sin x + e$ 的散点图

相关关系非常具有现实意义，因为事物往往是由确定的部分和不确定的部分共同组成的，所以相关关系表达式理论上可以表达成一个函数和一个随机数的和。相关关系表达式 $y = f(x) + e$ 中的函数 $f(x)$，叫作理论回归函数。事实上，我们最终就是想找到这个函数。因为在实际问题中，我们的已知条件只有散点图，这个相关关系表达式是未知的，我们的目标就是通过散点图求出相关关系的表达式。

所以相关分析要干的事儿，就是根据散点的排列规律，猜测它们大概会落在哪种函数图像的周围，也就是判断理论回归函数大概是什么类型的函数。

而回归分析要干的事儿,就是将相关分析中猜测的那个函数计算出来,计算出这个函数之后,再将它拿来与散点做比对,看看散点是不是落在这个函数图像的附近。如果匹配得不好,看着不满意,可以再做相关分析,猜测出另一种函数图像,然后再做回归分析,计算出新的函数,然后再做比对,直到满意为止。

凡是通过回归分析计算出来的函数,都叫作经验回归函数。这个名字很形象,因为这个函数是我们连蒙带猜搞出来的,我们不能说它就是理论回归函数,只能说它比较接近理论回归函数。

我们认为理论回归函数是真实存在的,但是不知道它是什么,它可能很简单,也可能超级复杂。我们只能用经验回归函数尽可能地接近它。

我们来看一个例子,表 5.1 中是从 1896 年到 1968 年男子百米世界纪录的数据,我们画出它的散点图,如图 5.41 所示。

表 5.1   1896—1968 年男子百米纪录

编号	1	2	3	4	5	6	7	8
年份	1896	1912	1921	1930	1936	1956	1960	1968
纪录/秒	11.80	10.60	10.40	10.30	10.20	10.10	10.00	9.95

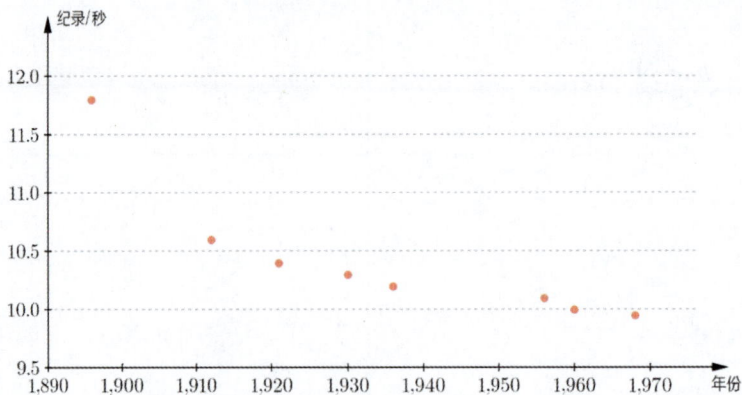

图 5.41   1896—1968 年男子百米纪录散点图

这就是我们的已知条件,我们先对这些点做相关分析。很明显,世界纪录跟年份有关联,这些点好像是围绕在某个直线函数周围,又好像是围绕在某个对数函数周围。

好了,相关分析结束。

接下来就是回归分析。如果我们认为这些点围绕在某个直线函数周围,那么按照这些点在整体上离直线最近的原则,就能计算出一个如图 5.42 红色直线所示直线函数。如果我们认为这些点围绕在某个对数函数周围,那么也可以计算出一个如图 5.42 蓝色曲线所示对数函数。

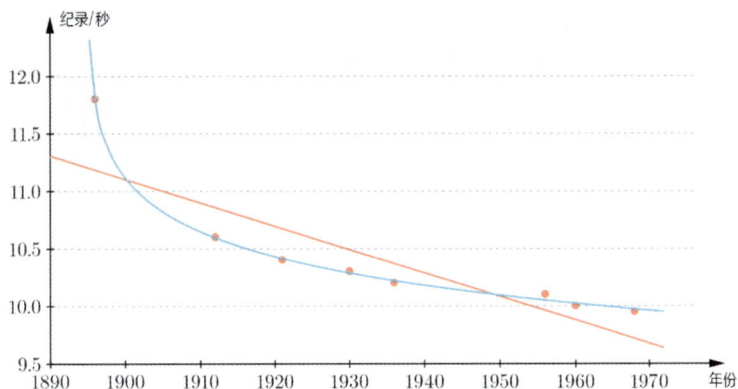

图 5.42   1896—1968 年男子百米纪录的经验回归函数

相比之下，这两个经验回归函数中，对数函数要好很多，我们认为它更接近理论回归函数，于是就可以利用这个经验回归函数对还未发生的事做出预测。

表 5.2   1969—2010 年男子百米纪录

编号	9	10	11	12	13	14
年份	1983	1988	1991	1991	1994	1996
纪录/秒	9.93	9.92	9.90	9.86	9.85	9.84
编号	15	16	17	18	19	20
年份	1999	2005	2007	2008	2008	2009
纪录/秒	9.79	9.77	9.74	9.72	9.69	9.58

我们将表 5.2 所示 1968 年之后的数据也加入进来，如图 5.43 绿色的点所示。

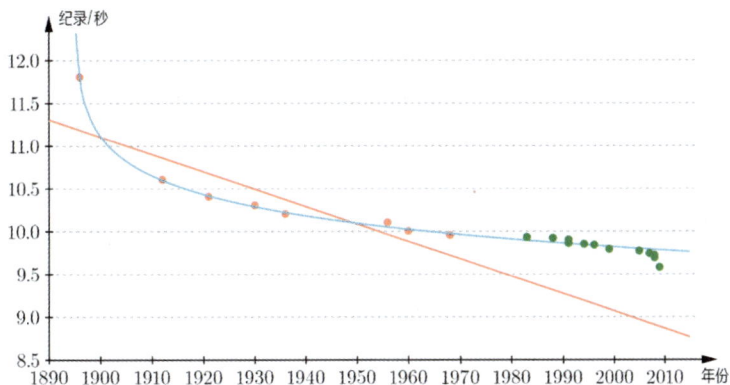

图 5.43   1896—2010 年男子百米纪录的经验回归函数

很明显，它们跟我们的经验回归函数图像匹配得很不错。

我们每个人都能预测一年中的各个季节，能够预测冬天过了就是春天，就是因为在我们的潜意识里，很自然地对观察到的数据进行了相关分析，然后经过回归分析，得到了一个经验回归函数，我们就是在用这个经验回归函数预测春夏秋冬，并且还在反复测试、验证、完善它，这套操作在我们的潜意识里一直都在进行。

预测春夏秋冬是我们与生俱来的能力，将它转换为数学模型，就是数理统计中的一个重要内容。

【第七节】散点的整体走向

在前面的相关分析中，我们主要关注了散点排列的形状。有时候我们并不需要关注散点排列的形状，而需要关注散点的整体走向。下面我们就来讨论关于散点整体走向的问题，并试着量化。

如果散点在整体上偏向一三象限方向，我们就说这些散点的x, y正相关，如图 5.44 所示。

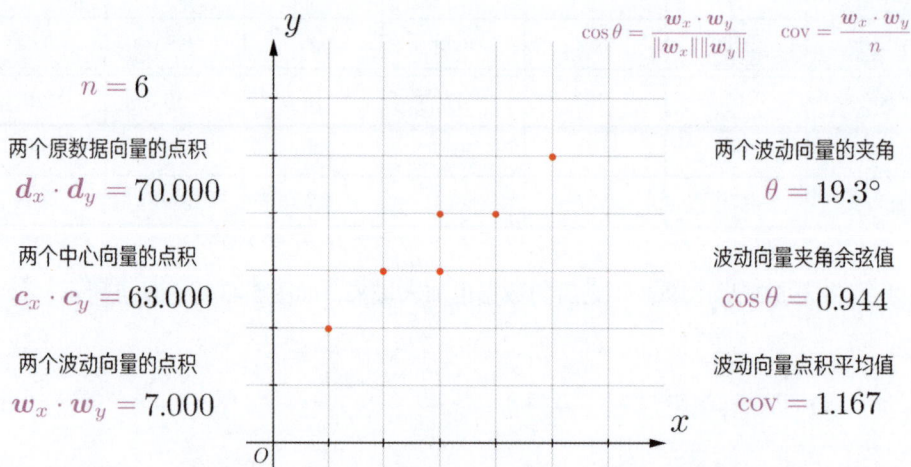

$$\cos\theta = \frac{\boldsymbol{w}_x \cdot \boldsymbol{w}_y}{\|\boldsymbol{w}_x\|\|\boldsymbol{w}_y\|} \qquad \mathrm{cov} = \frac{\boldsymbol{w}_x \cdot \boldsymbol{w}_y}{n}$$

$n = 6$

两个原数据向量的点积
$$\boldsymbol{d}_x \cdot \boldsymbol{d}_y = 70.000$$

两个中心向量的点积
$$\boldsymbol{c}_x \cdot \boldsymbol{c}_y = 63.000$$

两个波动向量的点积
$$\boldsymbol{w}_x \cdot \boldsymbol{w}_y = 7.000$$

两个波动向量的夹角
$$\theta = 19.3°$$

波动向量夹角余弦值
$$\cos\theta = 0.944$$

波动向量点积平均值
$$\mathrm{cov} = 1.167$$

图 5.44 散点呈正相关

如果散点在整体上偏向二四象限方向，我们就说这些散点的x, y负相关，如图 5.45 所示。

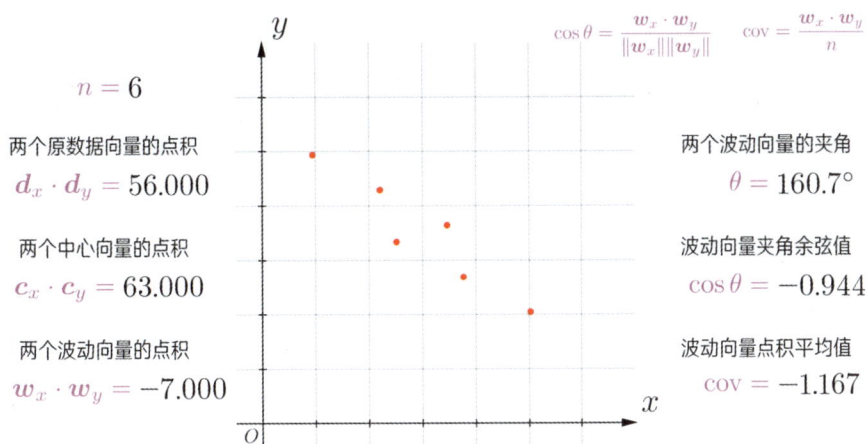

$$\cos \theta = \frac{\boldsymbol{w}_x \cdot \boldsymbol{w}_y}{\|\boldsymbol{w}_x\|\|\boldsymbol{w}_y\|} \qquad \mathrm{cov} = \frac{\boldsymbol{w}_x \cdot \boldsymbol{w}_y}{n}$$

$n = 6$

两个原数据向量的点积
$\boldsymbol{d}_x \cdot \boldsymbol{d}_y = 56.000$

两个中心向量的点积
$\boldsymbol{c}_x \cdot \boldsymbol{c}_y = 63.000$

两个波动向量的点积
$\boldsymbol{w}_x \cdot \boldsymbol{w}_y = -7.000$

两个波动向量的夹角
$\theta = 160.7°$

波动向量夹角余弦值
$\cos \theta = -0.944$

波动向量点积平均值
$\mathrm{cov} = -1.167$

图 5.45　散点呈负相关

如果散点的排列整体上没有以上倾向性，我们就说这些散点的 x, y 既不正相关，也不负相关，如图 5.46 所示。

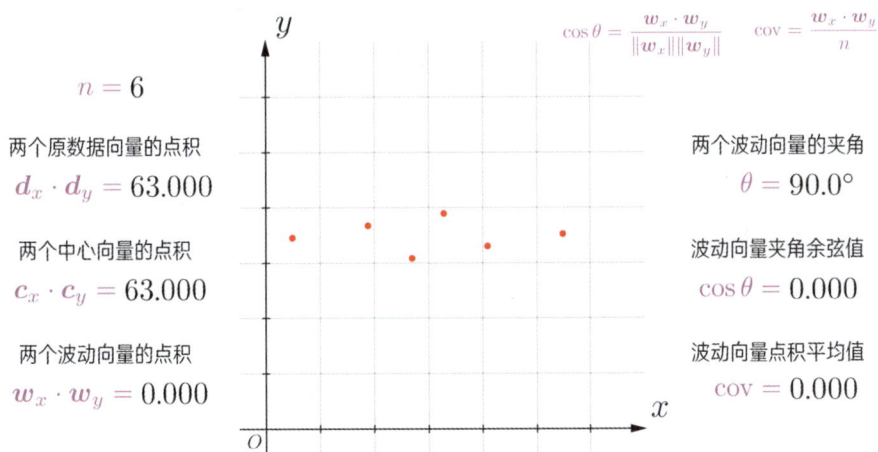

$$\cos \theta = \frac{\boldsymbol{w}_x \cdot \boldsymbol{w}_y}{\|\boldsymbol{w}_x\|\|\boldsymbol{w}_y\|} \qquad \mathrm{cov} = \frac{\boldsymbol{w}_x \cdot \boldsymbol{w}_y}{n}$$

$n = 6$

两个原数据向量的点积
$\boldsymbol{d}_x \cdot \boldsymbol{d}_y = 63.000$

两个中心向量的点积
$\boldsymbol{c}_x \cdot \boldsymbol{c}_y = 63.000$

两个波动向量的点积
$\boldsymbol{w}_x \cdot \boldsymbol{w}_y = 0.000$

两个波动向量的夹角
$\theta = 90.0°$

波动向量夹角余弦值
$\cos \theta = 0.000$

波动向量点积平均值
$\mathrm{cov} = 0.000$

图 5.46　散点既不正相关，也不负相关

按照以上观点，如果散点整体排列呈水平状态，如图 5.46 所示，那么这些散点就既不正相关，也不负相关。如果将这些散点整体向一三象限方向旋转，那么散点就正相关，而且旋转的角度越大，正相关的程度越强。相反，如果将这些散点整体向二四象限方向旋转，那么散点就负相关，而且旋转的角度越大，负相关的程度越强。

按照同样的观点，如图 5.47 所示，如果散点整体排列呈垂直状态，那么这些散点也是既不正相关，也不负相关。如果将这些散点整体向一三象限方向旋转，那么散点就正相关，而且旋转的角度越大，正相关的程度越强。相反，如果将这些散点整体向二四象限方向旋转，那么散点就负相关，而且旋转的角度越大，负相关的程度越强。

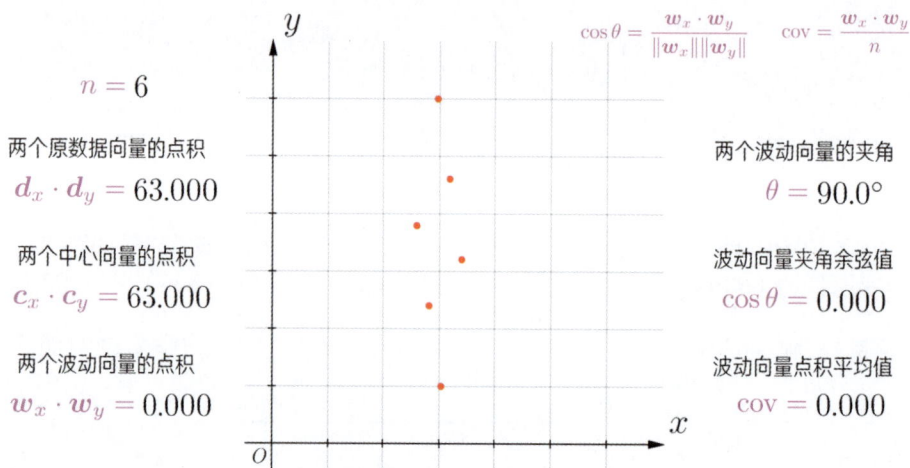

$$\cos\theta = \frac{\boldsymbol{w}_x \cdot \boldsymbol{w}_y}{\|\boldsymbol{w}_x\|\|\boldsymbol{w}_y\|} \qquad \mathrm{cov} = \frac{\boldsymbol{w}_x \cdot \boldsymbol{w}_y}{n}$$

$n = 6$

两个原数据向量的点积
$\boldsymbol{d}_x \cdot \boldsymbol{d}_y = 63.000$

两个中心向量的点积
$\boldsymbol{c}_x \cdot \boldsymbol{c}_y = 63.000$

两个波动向量的点积
$\boldsymbol{w}_x \cdot \boldsymbol{w}_y = 0.000$

两个波动向量的夹角
$\theta = 90.0°$

波动向量夹角余弦值
$\cos\theta = 0.000$

波动向量点积平均值
$\mathrm{cov} = 0.000$

图 5.47 散点整体呈垂直状态

乍一看，以上两种操作似乎很矛盾，但稍加思考后我们会发现非常合理，一个说的是站得正不正，一个说的是躺得正不正，也就是看散点整体上有没有歪着，是不是松开手不会倒。相关程度越强，就相当于需要更大的力支撑，整体才不会倒下来。既不正相关也不负相关，就相当于不需要力支撑，整体也不会往哪个方向倒。

综合以上两种操作，不难发现，散点旋转到正 45° 角的时候，正相关的程度最强；散点旋转到负 45° 角的时候，负相关的程度最强。

除此之外，我们认为，散点的排列越松散，相关程度越弱；散点的排列越接近一条直线，相关程度越强。注意，散点排列成一条直线的情况属于相关程度的极端特例，事实上这时已经是函数关系了，我们讨论这类问题的时候，研究的重点是散点不在一条直线上的情况。

以上相当于提出了一个关于量化平面中散点整体走向的需求，我们该怎样量化这种正负相关的程度呢？更通俗一点说就是，我们该怎样体现散点在整体上有多散、有多歪呢？

上一节两个波动向量夹角的大小就是对这种需求的量化，我们通常用两个波动向量夹角的余弦值来刻画散点的正负相关程度，并称之为**相关系数**，通常用 ρ 表示。我们平常说的相关程度，指的就是正负相关程度，描述散点在整体上有多散、有多歪，我们用它来判断散点的整体走向。

ρ 的取值范围是–1 到 1。

ρ 为正数时，表示x, y正相关，散点的排列整体倾向于一三象限方向。散点的整体方向越接近 45°，ρ 的值越大；散点排列越接近一条直线，ρ 的值越大。$\rho = 1$时，散点在一三象限方向呈一条直线，如图 5.48 所示。

$$\cos\theta = \frac{\boldsymbol{w}_x \cdot \boldsymbol{w}_y}{\|\boldsymbol{w}_x\|\|\boldsymbol{w}_y\|} \qquad \mathrm{cov} = \frac{\boldsymbol{w}_x \cdot \boldsymbol{w}_y}{n}$$

$n = 6$

两个原数据向量的点积
$\boldsymbol{d}_x \cdot \boldsymbol{d}_y = 84.000$

两个中心向量的点积
$\boldsymbol{c}_x \cdot \boldsymbol{c}_y = 73.500$

两个波动向量的点积
$\boldsymbol{w}_x \cdot \boldsymbol{w}_y = 10.500$

两个波动向量的夹角
$\theta = 0.0°$

波动向量夹角余弦值
$\cos\theta = 1.000$

波动向量点积平均值
$\mathrm{cov} = 1.750$

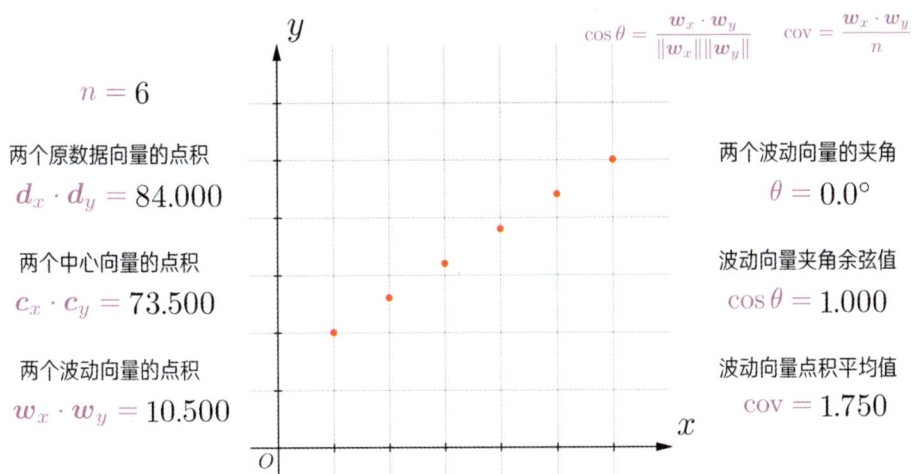

图 5.48　散点在一三象限方向呈一条直线

ρ 为负数时，表示 x, y 负相关，散点的排列整体倾向于二四象限方向。$\rho = -1$ 时，散点在二四象限方向呈一条直线，如图 5.49 所示。

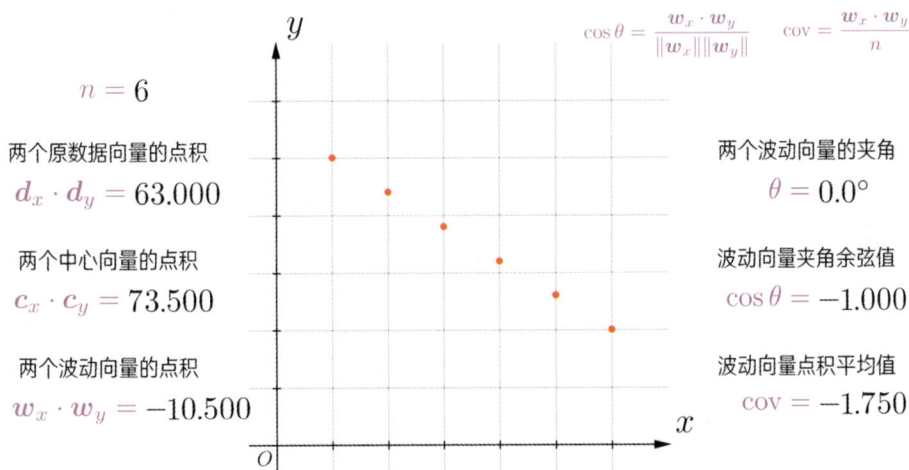

$$\cos\theta = \frac{\boldsymbol{w}_x \cdot \boldsymbol{w}_y}{\|\boldsymbol{w}_x\|\|\boldsymbol{w}_y\|} \qquad \mathrm{cov} = \frac{\boldsymbol{w}_x \cdot \boldsymbol{w}_y}{n}$$

$n = 6$

两个原数据向量的点积
$\boldsymbol{d}_x \cdot \boldsymbol{d}_y = 63.000$

两个中心向量的点积
$\boldsymbol{c}_x \cdot \boldsymbol{c}_y = 73.500$

两个波动向量的点积
$\boldsymbol{w}_x \cdot \boldsymbol{w}_y = -10.500$

两个波动向量的夹角
$\theta = 0.0°$

波动向量夹角余弦值
$\cos\theta = -1.000$

波动向量点积平均值
$\mathrm{cov} = -1.750$

图 5.49　散点在二四象限方向呈一条直线

$\rho = 0$ 时，表示 x, y 既不正相关，也不负相关，也就是散点的排列整体上没有倾斜。这时，两个波动向量相互垂直，如图 5.50 所示。我们通常用 ρ 是不是等于 0 来判断散点整体上有没有倾斜。

$$\cos\theta = \frac{\boldsymbol{w}_x \cdot \boldsymbol{w}_y}{\|\boldsymbol{w}_x\|\|\boldsymbol{w}_y\|} \qquad \mathrm{cov} = \frac{\boldsymbol{w}_x \cdot \boldsymbol{w}_y}{n}$$

$n = 6$

两个原数据向量的点积
$$\boldsymbol{d}_x \cdot \boldsymbol{d}_y = 63.000$$

两个中心向量的点积
$$\boldsymbol{c}_x \cdot \boldsymbol{c}_y = 63.000$$

两个波动向量的点积
$$\boldsymbol{w}_x \cdot \boldsymbol{w}_y = 0.000$$

两个波动向量的夹角
$$\theta = 90.0°$$

波动向量夹角余弦值
$$\cos\theta = 0.000$$

波动向量点积平均值
$$\mathrm{cov} = 0.000$$

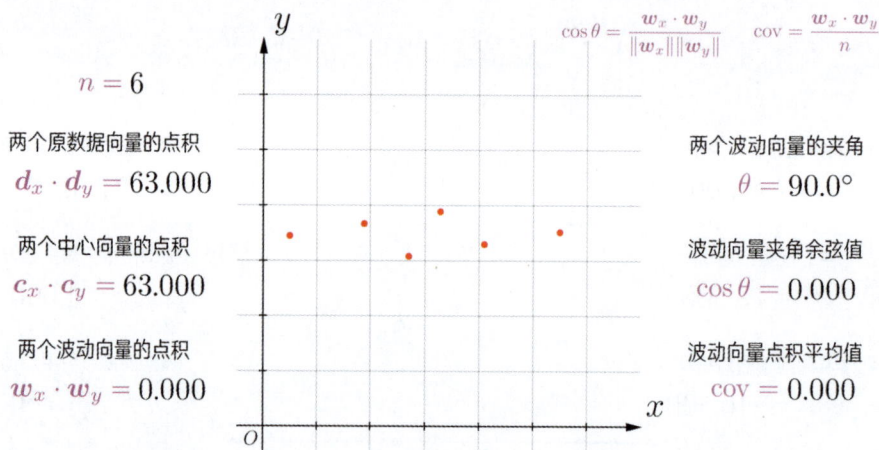

图 5.50 散点整体呈水平状态

这里有一个经常被谈到的问题：既然 x, y 既不正相关也不负相关，那么是不是表示 x, y 之间没有关联呢？

关于这个问题，我们从相关关系的理论表达式中更容易看清楚。根据正负相关的描述，$y = -2x + e$ 负相关，如图 5.51 所示。

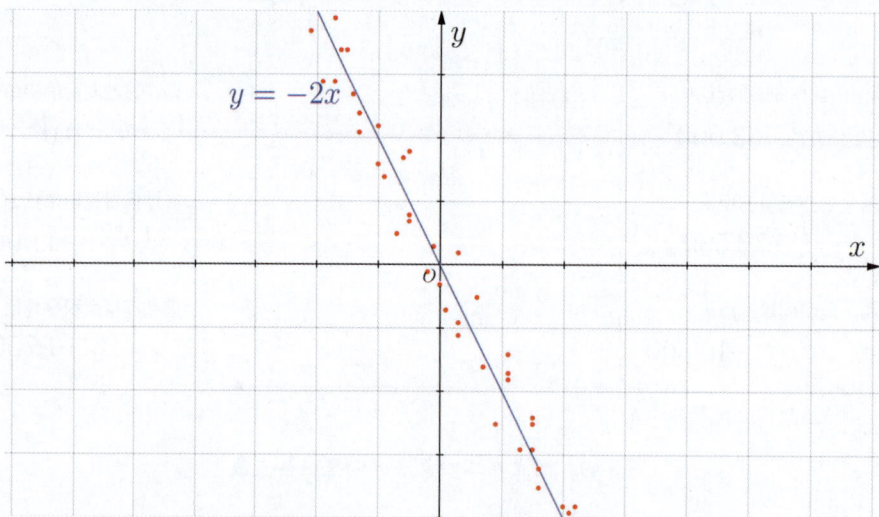

$y = -2x$

图 5.51 $y = -2x + e$ 负相关

$y = 2x + e$ 正相关，如图 5.52 所示。

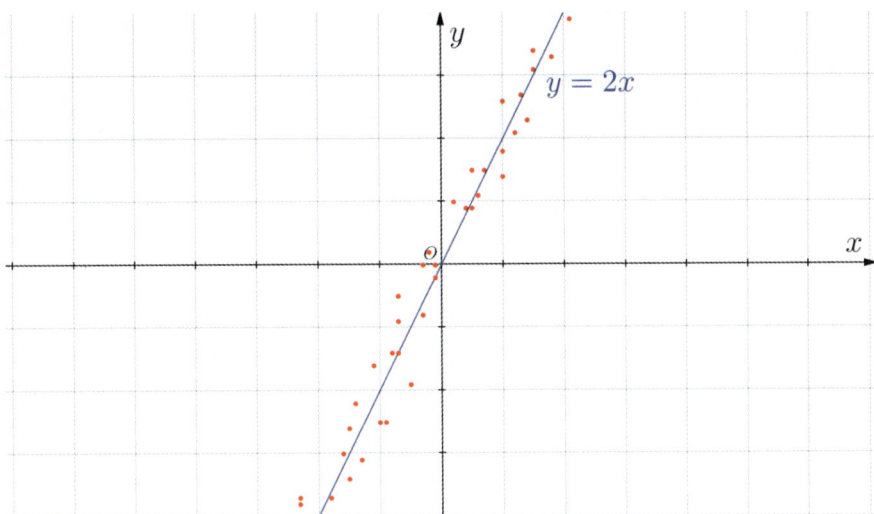

图 5.52　$y = 2x + e$正相关

$y = x^2 + e$既不正相关也不负相关，如图 5.53 所示。它在y增大的时候，x值发生了相互抵消，没有增大的趋势，也没有减小的趋势。通俗地说就是，这些散点整体上没有向哪个方向倾斜。这时我们能说x, y之间没有关联吗？

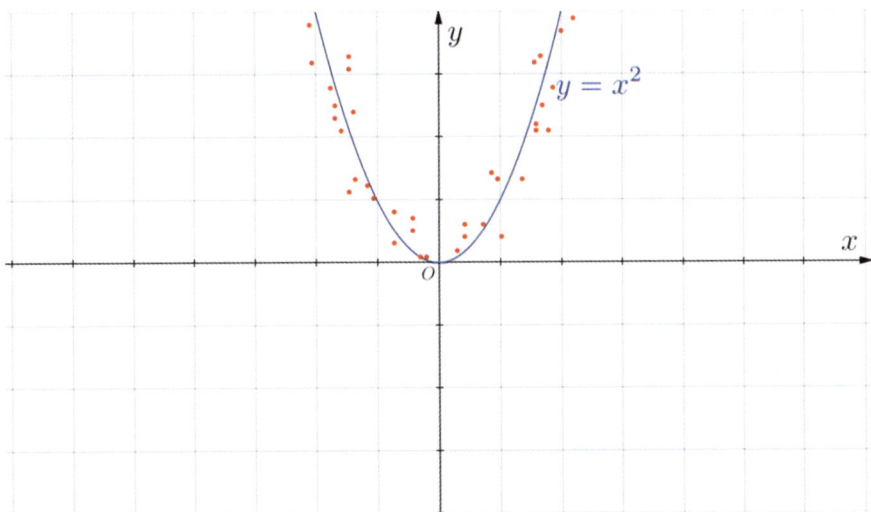

图 5.53　$y = x^2 + e$既不正相关也不负相关

显然不行，x, y很明显有关联，它们都在函数$y = x^2$的附近，在这里x, y是通过$y = x^2$这个二次函数相关联的。也就是说，x, y关于$y = x^2$这个曲线函数相关。

接下来我们调整$y = x^2 + e$的取值范围，如图 5.54 所示，让它左右不对称。显然，这时x, y除了曲线相关，还正相关。

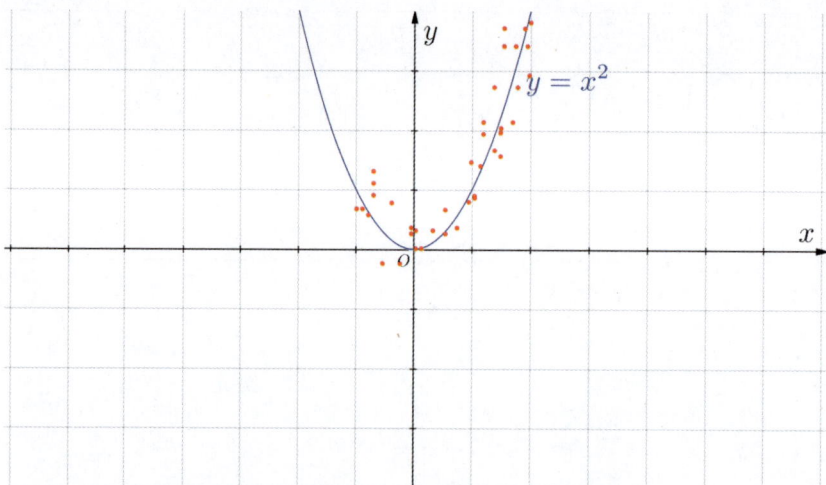

图 5.54 $y = x^2 + e$ 正相关且曲线相关

如果反过来，如图 5.55 所示，我们让左边的点多一些，那么 x, y 除了曲线相关，还负相关。

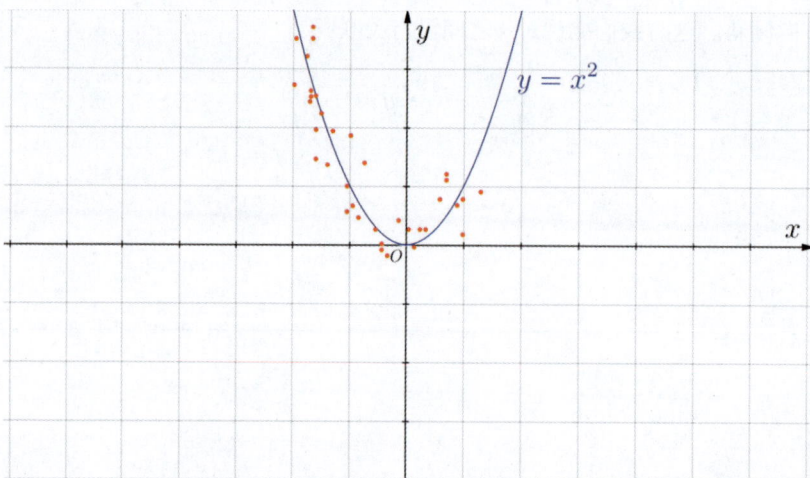

图 5.55 $y = x^2 + e$ 负相关且曲线相关

我们再看 $y = 2 + e$ 的散点图，如图 5.56 所示，这里 x, y 既不正相关也不负相关，它们关于 $y = 2$ 这条水平线相关。

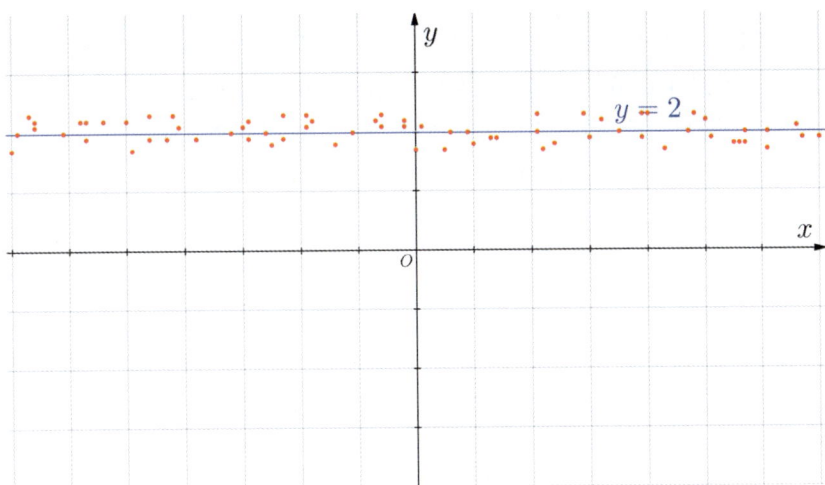

图 5.56　既不正相关也不负相关，但水平线相关

同样，$x = 1 + e$ 的散点图如图 5.57 所示，这里 x, y 既不正相关也不负相关，它们关于 $x = 1$ 这条垂直线相关。

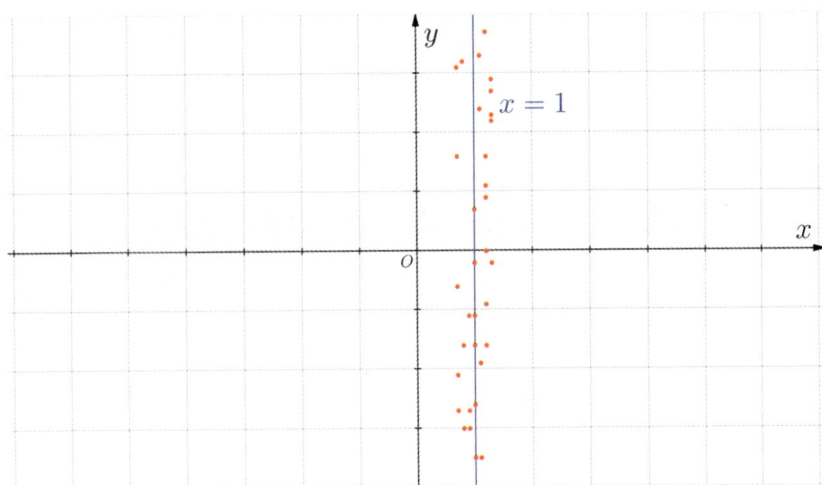

图 5.57　既不正相关也不负相关，但垂直线相关

我们能不能将关于水平线或垂直线相关说成是不相关呢？难道水平线不是曲线的一种吗？显然，这里出现了争议。

我们怎样才能避开这些争议呢？当我们谈正相关、负相关的时候，我们关注的是散点整体向哪个方向倾斜，以及散点的共线程度，并不关注散点排列成什么形状，而曲线相关关注的是散点排列成什么形状。从这个角度来说，曲线相关与正负相关完全不是一个体系，它们的关注点完全不一样。

所以，当我们谈正负相关的时候，只有三种情况：正相关，负相关，既不正相关也不负相关。这时我们只关注散点的整体走向。

正是因为正负相关不关注散点的排列形状，所以我们无法通过正负相关来判断回归函数的类型，也就没有必要将正负相关与曲线相关放在一起讨论。

最后，我们再整体旋转这些点，如图 5.58 所示。这时候再看余弦值的变化，就有了更深一层的理解，余弦值就是在判断散点的整体走向。

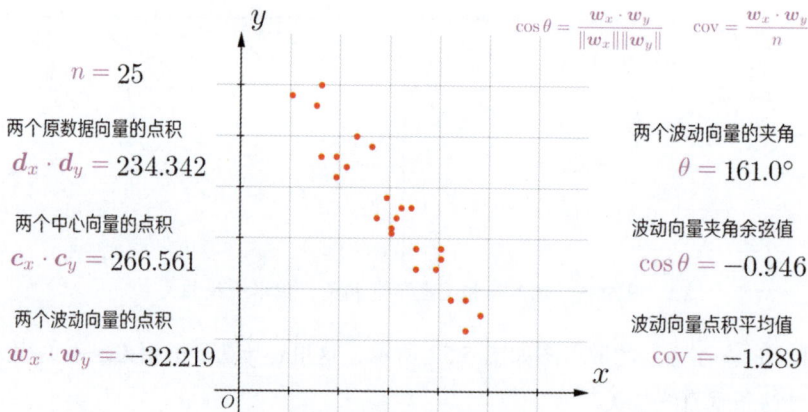

$$\cos\theta = \frac{w_x \cdot w_y}{\|w_x\|\|w_y\|} \qquad \mathrm{cov} = \frac{w_x \cdot w_y}{n}$$

$n = 25$

两个原数据向量的点积
$d_x \cdot d_y = 234.342$

两个中心向量的点积
$c_x \cdot c_y = 266.561$

两个波动向量的点积
$w_x \cdot w_y = -32.219$

两个波动向量的夹角
$\theta = 161.0°$

波动向量夹角余弦值
$\cos\theta = -0.946$

波动向量点积平均值
$\mathrm{cov} = -1.289$

图 5.58　散点整体旋转与相关性

这些点旋转到任何角度，都有一个准确的正负相关系数值，简称相关系数值。

【第八节】多个点的对称排列实验

本节专门测试散点排列成哪些常见的几何图形时，相关系数 $\rho = 0$。你或许会认为这种测试有些无聊，但我们仍然希望用这种轻松的方式来加深印象。

我们知道，$\rho = 0$ 的本质意义就是，散点的排列整体上没有倾斜，也就是散点的排列既不正相关也不负相关。

我们再回头看一下 ρ 的表达式：

$$\rho = \cos\theta = \frac{w_x \cdot w_y}{\|w_x\|\|w_y\|}$$

它本质上就是两个波动向量的点积表达式。我们发现，要想让 $\rho = 0$，其实不用那么麻烦，只要让分子部分

$$w_x \cdot w_y = 0$$

就可以了，而这个分子就是两个波动向量的点积。换句话说，$\rho = 0$ 时，两个波动向量的点积一定等于 0。那么通过两个波动向量的点积，也可以判断散点的排列是正相关还是负相关。

很明显，点积大于 0 的时候，散点的排列正相关；点积小于 0 的时候，散点的排列负相关；点积等于 0 的时候，散点的排列既不正相关也不负相关。我们将两个波动向量点积的平均值

$$\frac{\boldsymbol{w}_x \cdot \boldsymbol{w}_y}{n}$$

叫作协方差，这里的 n 就是散点的个数。因为方差取的是平均数，所以协方差也取平均数。

计算方差的时候，只有一个波动向量，我们是让这个波动向量自己对自己求点积，然后取平均值。

求方差相当于做了如下的操作。

原始数据本来都是在数轴上的（一维的）点，我们可以如图 5.59 所示，将这些点搬到平面坐标系中，这相当于复制粘贴了一个纵轴出来，那么原始数据的所有点就都跑到 45° 的这条直线上了，原来的求方差就相当于对现在的这些点求协方差。这里的协方差 3.440 就是数值 1,2,4,5,6 的方差。

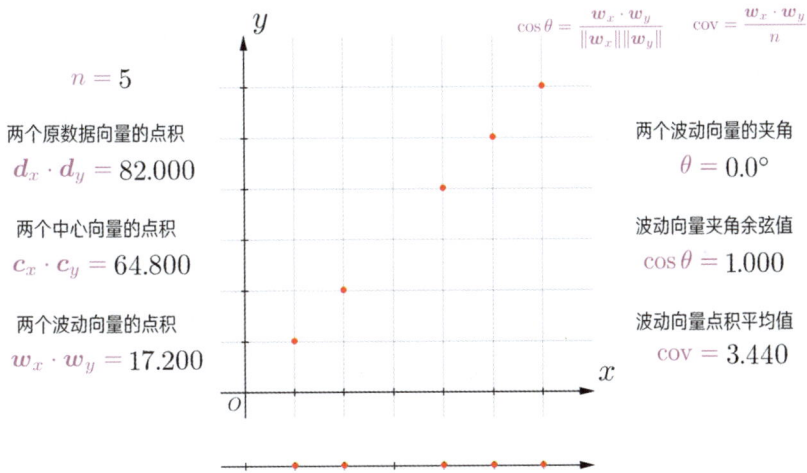

$$\cos\theta = \frac{\boldsymbol{w}_x \cdot \boldsymbol{w}_y}{\|\boldsymbol{w}_x\|\|\boldsymbol{w}_y\|} \qquad \mathrm{cov} = \frac{\boldsymbol{w}_x \cdot \boldsymbol{w}_y}{n}$$

$n = 5$

两个原数据向量的点积
$\boldsymbol{d}_x \cdot \boldsymbol{d}_y = 82.000$

两个中心向量的点积
$\boldsymbol{c}_x \cdot \boldsymbol{c}_y = 64.800$

两个波动向量的点积
$\boldsymbol{w}_x \cdot \boldsymbol{w}_y = 17.200$

两个波动向量的夹角
$\theta = 0.0°$

波动向量夹角余弦值
$\cos\theta = 1.000$

波动向量点积平均值
$\mathrm{cov} = 3.440$

图 5.59　方差与协方差的关系

所以，方差和协方差的算法完全一样，都是计算两个波动向量点积的平均值，只不过协方差更关注点积平均值是不是等于 0。换句话说，协方差更关注散点的排列整体上是不是歪着，有没有倾斜；而方差关注的是，在这些点排列成一条 45° 直线的时候，点积的平均值到底有多大，因为波动向量自己对自己求点积平均值可以衡量自身的离散程度。

知道了协方差的意义，我们来具体看一下，散点排列成哪些有趣的形状，协方差依然会等于 0。

比如点如图 5.60~图 5.63 所示排列成长方形、圆形、V 字形、X 字形，只要上下或者左右对称，协方差就等于 0。

$$\cos\theta = \frac{\boldsymbol{w}_x \cdot \boldsymbol{w}_y}{\|\boldsymbol{w}_x\|\|\boldsymbol{w}_y\|} \qquad \mathrm{cov} = \frac{\boldsymbol{w}_x \cdot \boldsymbol{w}_y}{n}$$

$n = 4$

两个原数据向量的点积
$$\boldsymbol{d}_x \cdot \boldsymbol{d}_y = 36.000$$

两个中心向量的点积
$$\boldsymbol{c}_x \cdot \boldsymbol{c}_y = 36.000$$

两个波动向量的点积
$$\boldsymbol{w}_x \cdot \boldsymbol{w}_y = 0.000$$

两个波动向量的夹角
$$\theta = 90.0°$$

波动向量夹角余弦值
$$\cos\theta = 0.000$$

波动向量点积平均值
$$\mathrm{cov} = 0.000$$

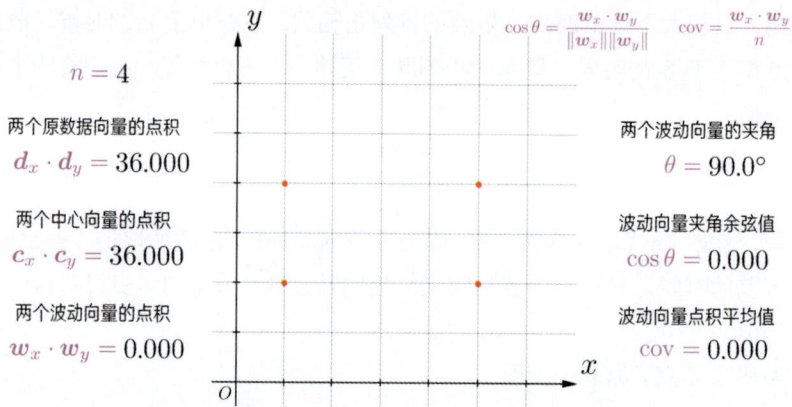

图 5.60   散点排列成长方形

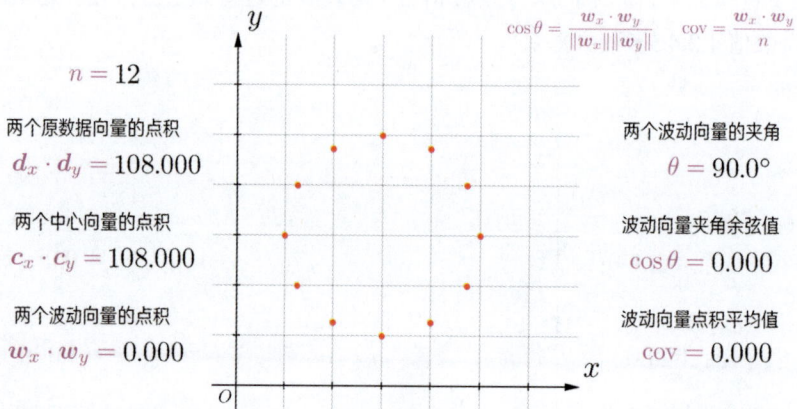

$$\cos\theta = \frac{\boldsymbol{w}_x \cdot \boldsymbol{w}_y}{\|\boldsymbol{w}_x\|\|\boldsymbol{w}_y\|} \qquad \mathrm{cov} = \frac{\boldsymbol{w}_x \cdot \boldsymbol{w}_y}{n}$$

$n = 12$

两个原数据向量的点积
$$\boldsymbol{d}_x \cdot \boldsymbol{d}_y = 108.000$$

两个中心向量的点积
$$\boldsymbol{c}_x \cdot \boldsymbol{c}_y = 108.000$$

两个波动向量的点积
$$\boldsymbol{w}_x \cdot \boldsymbol{w}_y = 0.000$$

两个波动向量的夹角
$$\theta = 90.0°$$

波动向量夹角余弦值
$$\cos\theta = 0.000$$

波动向量点积平均值
$$\mathrm{cov} = 0.000$$

图 5.61   散点排列成圆形

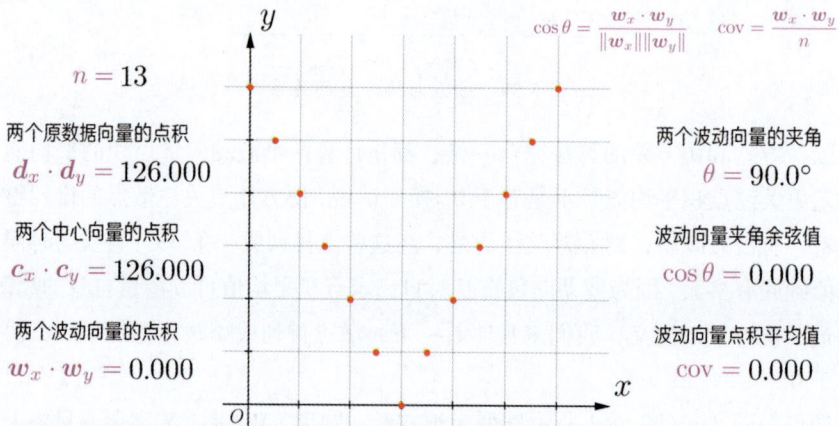

$$\cos\theta = \frac{\boldsymbol{w}_x \cdot \boldsymbol{w}_y}{\|\boldsymbol{w}_x\|\|\boldsymbol{w}_y\|} \qquad \mathrm{cov} = \frac{\boldsymbol{w}_x \cdot \boldsymbol{w}_y}{n}$$

$n = 13$

两个原数据向量的点积
$$\boldsymbol{d}_x \cdot \boldsymbol{d}_y = 126.000$$

两个中心向量的点积
$$\boldsymbol{c}_x \cdot \boldsymbol{c}_y = 126.000$$

两个波动向量的点积
$$\boldsymbol{w}_x \cdot \boldsymbol{w}_y = 0.000$$

两个波动向量的夹角
$$\theta = 90.0°$$

波动向量夹角余弦值
$$\cos\theta = 0.000$$

波动向量点积平均值
$$\mathrm{cov} = 0.000$$

图 5.62   散点排列成V字形

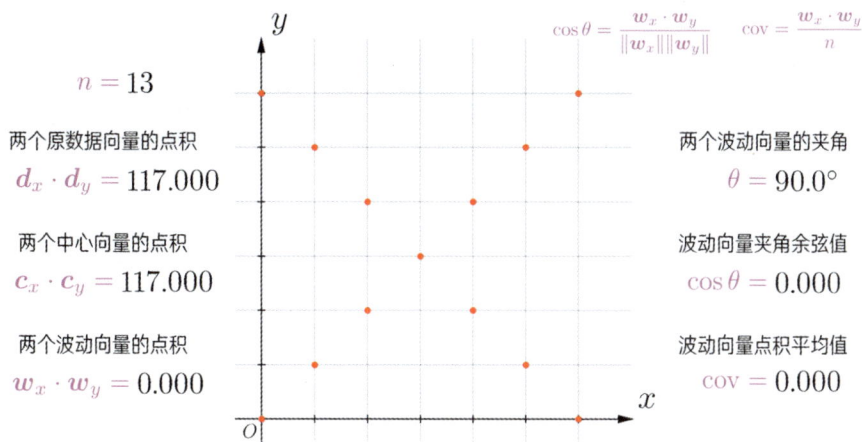

图 5.63　散点排列成X字形

我们知道，一条水平线肯定是上下对称的，一条垂直线肯定是左右对称的。但是，当散点排列成水平线或垂直线的时候，波动向量会出现 0 向量，那么相关系数的表达式中，就会出现分母为 0。也就是说，当散点排列成水平线或垂直线的时候，相关系数 ρ 不存在。

但是我们注意到，当散点排列成水平线或垂直线的时候，协方差是存在的，而且等于 0。所以，如果只是判断正相关或负相关，而不关心正负相关程度，那么协方差比相关系数更方便；如果需要表达正负相关的程度，那么就只能用相关系数。

现在我们将注意力转移到协方差上，测试平面中的点要怎样排列，协方差会等于 0。这次看正方形，如图 5.64~图 5.66 所示，我们发现无论平移还是旋转正方形，协方差都不会变。

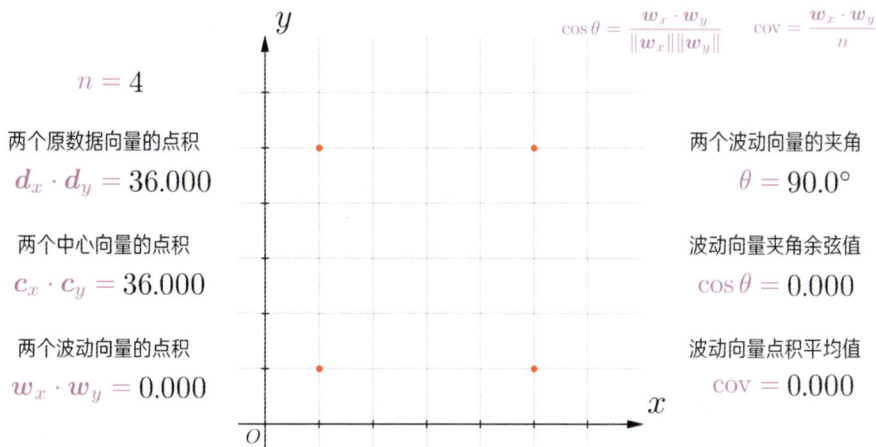

图 5.64　散点排列成正方形

$$\cos\theta = \frac{\boldsymbol{w}_x \cdot \boldsymbol{w}_y}{\|\boldsymbol{w}_x\|\|\boldsymbol{w}_y\|} \qquad \mathrm{cov} = \frac{\boldsymbol{w}_x \cdot \boldsymbol{w}_y}{n}$$

$n = 4$

两个原数据向量的点积
$$\boldsymbol{d}_x \cdot \boldsymbol{d}_y = 56.000$$

两个中心向量的点积
$$\boldsymbol{c}_x \cdot \boldsymbol{c}_y = 56.000$$

两个波动向量的点积
$$\boldsymbol{w}_x \cdot \boldsymbol{w}_y = 0.000$$

两个波动向量的夹角
$$\theta = 90.0°$$

波动向量夹角余弦值
$$\cos\theta = 0.000$$

波动向量点积平均值
$$\mathrm{cov} = 0.000$$

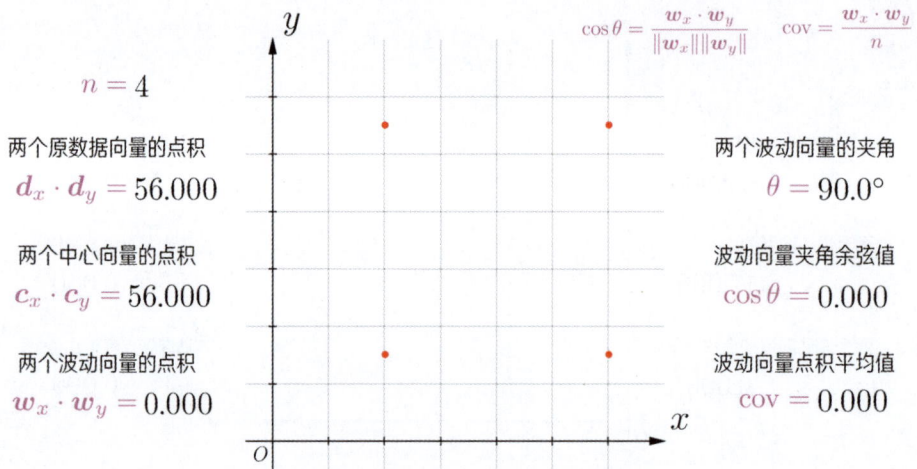

图 5.65　整体平移正方形散点

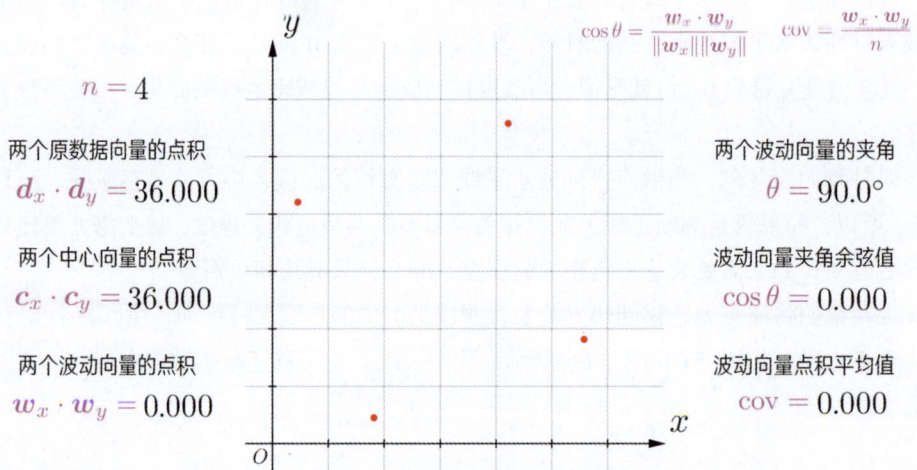

$$\cos\theta = \frac{\boldsymbol{w}_x \cdot \boldsymbol{w}_y}{\|\boldsymbol{w}_x\|\|\boldsymbol{w}_y\|} \qquad \mathrm{cov} = \frac{\boldsymbol{w}_x \cdot \boldsymbol{w}_y}{n}$$

$n = 4$

两个原数据向量的点积
$$\boldsymbol{d}_x \cdot \boldsymbol{d}_y = 36.000$$

两个中心向量的点积
$$\boldsymbol{c}_x \cdot \boldsymbol{c}_y = 36.000$$

两个波动向量的点积
$$\boldsymbol{w}_x \cdot \boldsymbol{w}_y = 0.000$$

两个波动向量的夹角
$$\theta = 90.0°$$

波动向量夹角余弦值
$$\cos\theta = 0.000$$

波动向量点积平均值
$$\mathrm{cov} = 0.000$$

图 5.66　整体旋转正方形散点

圆形、正三角形、正五边形也一样，无论平移还是旋转，协方差总是等于 0，如图 5.67~图 5.69 所示。所以，点的排列除了上下对称或者左右对称，如果是正方形、圆形或者正三角形，就算上下不对称，左右也不对称，协方差也是 0。

$$\cos\theta = \frac{\boldsymbol{w}_x \cdot \boldsymbol{w}_y}{\|\boldsymbol{w}_x\|\|\boldsymbol{w}_y\|} \qquad \text{cov} = \frac{\boldsymbol{w}_x \cdot \boldsymbol{w}_y}{n}$$

$n = 16$

两个原数据向量的点积
$$\boldsymbol{d}_x \cdot \boldsymbol{d}_y = 144.000$$

两个中心向量的点积
$$\boldsymbol{c}_x \cdot \boldsymbol{c}_y = 144.000$$

两个波动向量的点积
$$\boldsymbol{w}_x \cdot \boldsymbol{w}_y = 0.000$$

两个波动向量的夹角
$$\theta = 90.0°$$

波动向量夹角余弦值
$$\cos\theta = 0.000$$

波动向量点积平均值
$$\text{cov} = 0.000$$

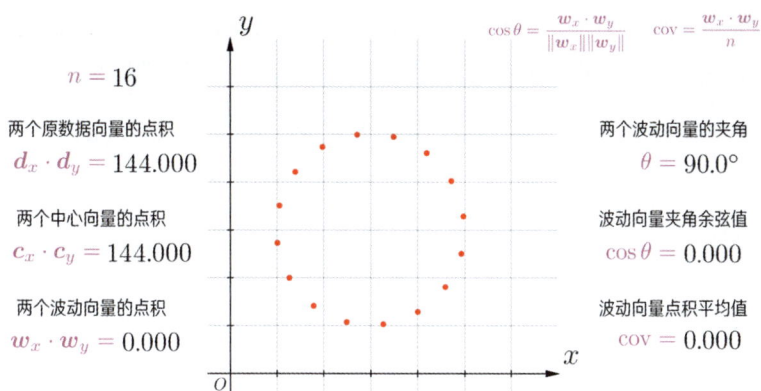

图 5.67　整体旋转圆形散点

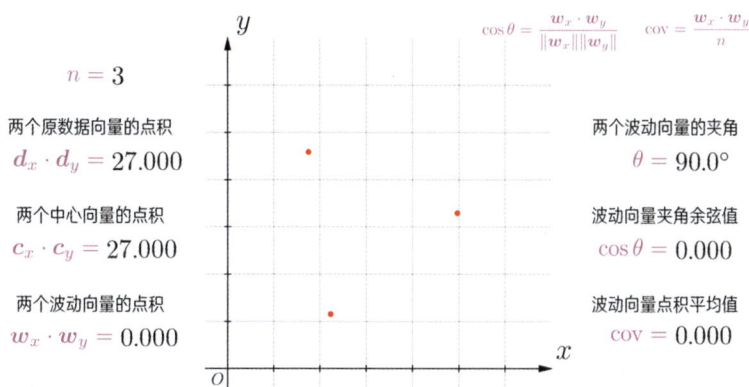

$$\cos\theta = \frac{\boldsymbol{w}_x \cdot \boldsymbol{w}_y}{\|\boldsymbol{w}_x\|\|\boldsymbol{w}_y\|} \qquad \text{cov} = \frac{\boldsymbol{w}_x \cdot \boldsymbol{w}_y}{n}$$

$n = 3$

两个原数据向量的点积
$$\boldsymbol{d}_x \cdot \boldsymbol{d}_y = 27.000$$

两个中心向量的点积
$$\boldsymbol{c}_x \cdot \boldsymbol{c}_y = 27.000$$

两个波动向量的点积
$$\boldsymbol{w}_x \cdot \boldsymbol{w}_y = 0.000$$

两个波动向量的夹角
$$\theta = 90.0°$$

波动向量夹角余弦值
$$\cos\theta = 0.000$$

波动向量点积平均值
$$\text{cov} = 0.000$$

图 5.68　整体旋转正三角形散点

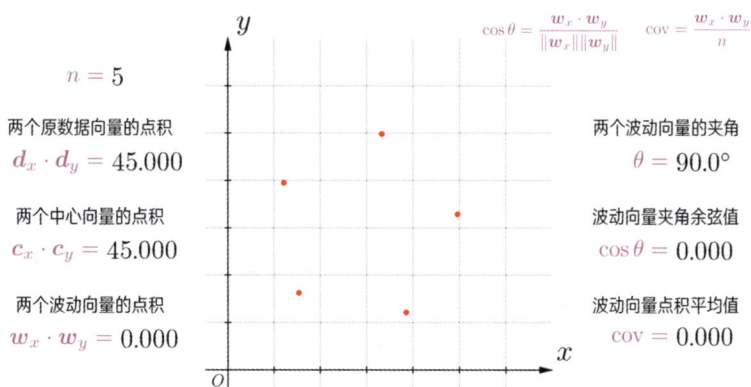

$$\cos\theta = \frac{\boldsymbol{w}_x \cdot \boldsymbol{w}_y}{\|\boldsymbol{w}_x\|\|\boldsymbol{w}_y\|} \qquad \text{cov} = \frac{\boldsymbol{w}_x \cdot \boldsymbol{w}_y}{n}$$

$n = 5$

两个原数据向量的点积
$$\boldsymbol{d}_x \cdot \boldsymbol{d}_y = 45.000$$

两个中心向量的点积
$$\boldsymbol{c}_x \cdot \boldsymbol{c}_y = 45.000$$

两个波动向量的点积
$$\boldsymbol{w}_x \cdot \boldsymbol{w}_y = 0.000$$

两个波动向量的夹角
$$\theta = 90.0°$$

波动向量夹角余弦值
$$\cos\theta = 0.000$$

波动向量点积平均值
$$\text{cov} = 0.000$$

图 5.69　整体旋转正五边形散点

　　这说明正方形、圆形、正三角形、正五边形等都属于没有方向性的图形，这非常符合我们的直觉。到此为止，我们对散点整体上不倾斜应该有了更加直观的印象。

不知道你注意到没有，不管平面坐标系中的点怎么排列，怎么移动，两个原数据向量的点积，一定等于两个中心向量的点积加上两个波动向量的点积。

$$\boldsymbol{d}_x \cdot \boldsymbol{d}_y = \boldsymbol{c}_x \cdot \boldsymbol{c}_y + \boldsymbol{w}_x \cdot \boldsymbol{w}_y$$

这跟前面一维散点的结论是一样的，一维散点的原数据向量、中心向量、波动向量都只有一个，它们自己对自己做点积，也有跟这个等式类似的数量关系。

这个等式在任何情况下都成立，无论平面中的点怎么排列，无论平面中有多少个点，就算只有一个点，它都成立，如图 5.70 所示。可以用拼凑面积的方法验证这个等式，点积表达式

$$d_{x1}d_{y1} + d_{x2}d_{y2} + \cdots = c_{x1}c_{y1} + c_{x2}c_{y2} + \cdots + w_{x1}w_{y1} + w_{x2}w_{y2} + \cdots$$

中的每个乘积都是一个面积，也就是说，这个表达式可以用一堆面积加一堆面积等于另一堆面积来验证，如图 5.71 所示。

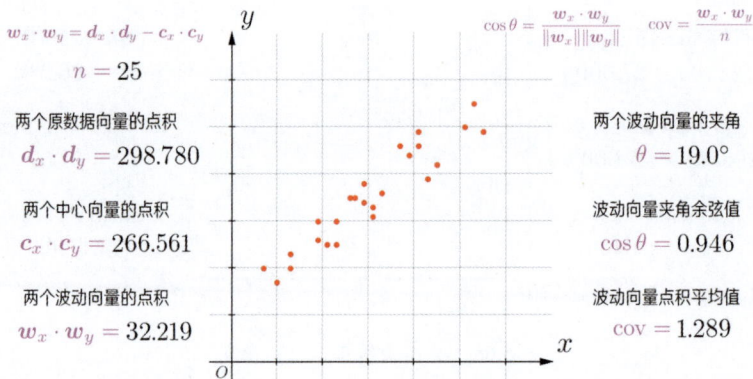

图 5.70　三种向量点积之间的关系

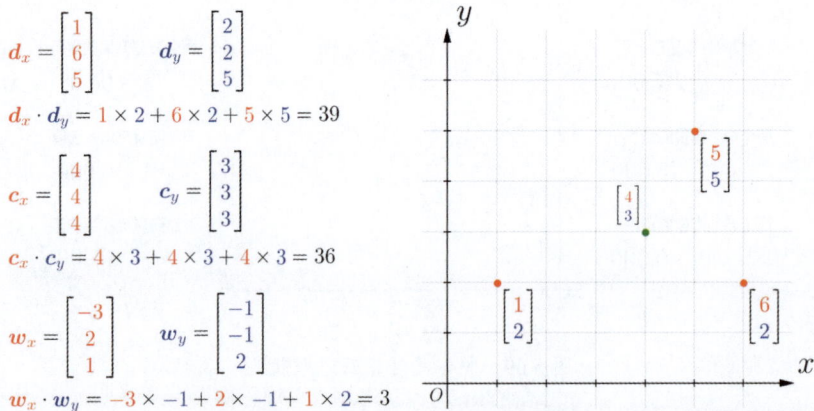

图 5.71　点积可看作多个面积的和

我们在前面用两个向量的夹角实现了对相关系数 ρ 的可视化，那么协方差该怎么可视化呢？

我们知道，无论平面直角坐标系中有多少个点，都可以计算出这些点的中心点。很明显，这个中心点的坐标值，就是两个中心向量的维度值。

如图 5.72 所示，平面上的四个点，它们的中心点就是图中绿色的点，它们每个点都可以跟中心点构成一个矩形，如图 5.73 所示。

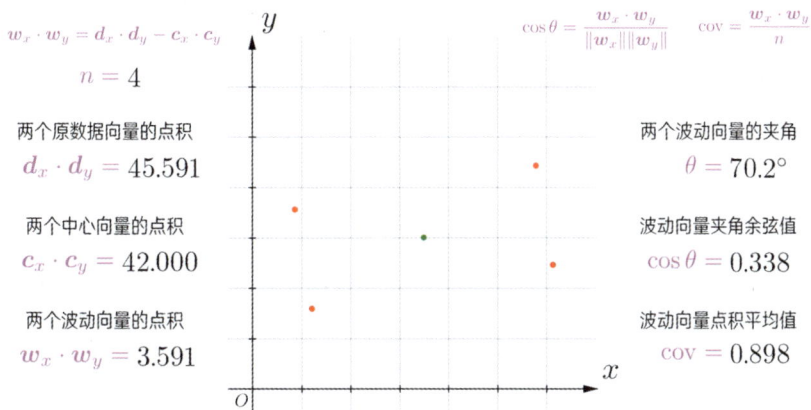

$$w_x \cdot w_y = d_x \cdot d_y - c_x \cdot c_y$$
$$n = 4$$

两个原数据向量的点积
$$d_x \cdot d_y = 45.591$$

两个中心向量的点积
$$c_x \cdot c_y = 42.000$$

两个波动向量的点积
$$w_x \cdot w_y = 3.591$$

$$\cos\theta = \frac{w_x \cdot w_y}{\|w_x\|\|w_y\|} \qquad \mathrm{cov} = \frac{w_x \cdot w_y}{n}$$

两个波动向量的夹角
$$\theta = 70.2°$$

波动向量夹角余弦值
$$\cos\theta = 0.338$$

波动向量点积平均值
$$\mathrm{cov} = 0.898$$

图 5.72　散点的中心点（重心）

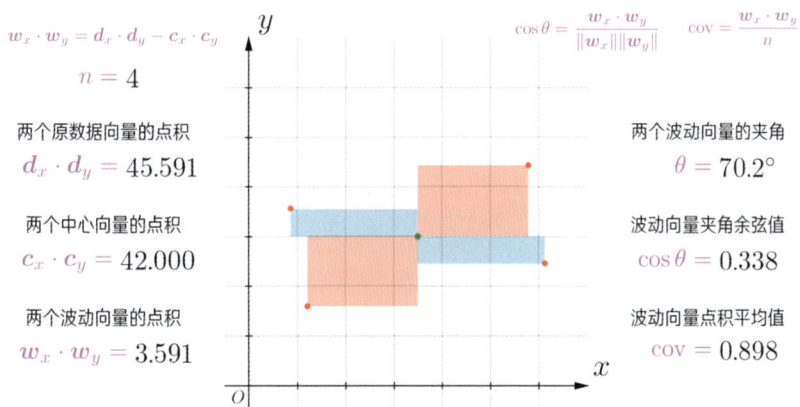

$$w_x \cdot w_y = d_x \cdot d_y - c_x \cdot c_y$$
$$n = 4$$

两个原数据向量的点积
$$d_x \cdot d_y = 45.591$$

两个中心向量的点积
$$c_x \cdot c_y = 42.000$$

两个波动向量的点积
$$w_x \cdot w_y = 3.591$$

$$\cos\theta = \frac{w_x \cdot w_y}{\|w_x\|\|w_y\|} \qquad \mathrm{cov} = \frac{w_x \cdot w_y}{n}$$

两个波动向量的夹角
$$\theta = 70.2°$$

波动向量夹角余弦值
$$\cos\theta = 0.338$$

波动向量点积平均值
$$\mathrm{cov} = 0.898$$

图 5.73　每个散点可与中心点构成一个矩形

我们发现，这些矩形的面积可以跟两个波动向量的点积一一对应，完美匹配。

$$\boldsymbol{w}_x \cdot \boldsymbol{w}_y = w_{x1}w_{y1} + w_{x2}w_{y2} + \cdots$$

如图 5.73 所示，右上角的这个点，它跟中心点围成的面积正好就是点积表达式中的一项。那么每个点跟中心点围成的面积，正好与点积表达式中的各项一一对应。换句话说，我们将点积表达式可视化成了坐标系中的面积。（这里省略了点积与面积的具体匹配过程，读者可在平面中任意取少数点自行测试。）

可视化后我们发现，凡是表达式中的乘积是正数的时候，对应的面积都在一三象限方向；凡是表达式中的乘积是负数的时候，对应的面积都在二四象限方向。我们将一三象限方向上的面积用红色表示，二四象限方向上的面积用蓝色表示，如图 5.74 所示，这样两个波动向量的点积，就正好等于红色面积和减去蓝色面积和。那么协方差就是红色总面积减去蓝色总面积，然后取平均值。

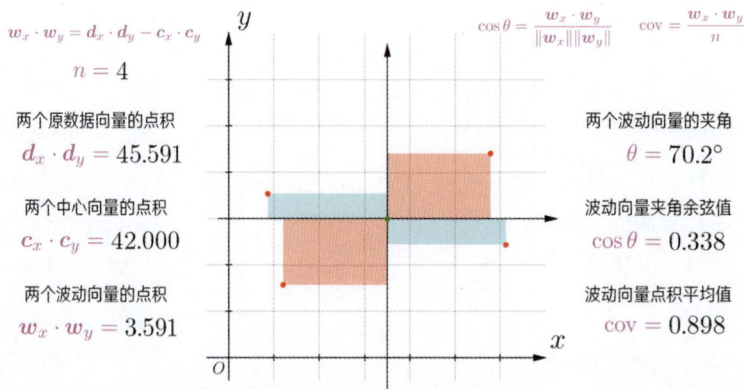

$$w_x \cdot w_y = d_x \cdot d_y - c_x \cdot c_y$$
$$n = 4$$

两个原数据向量的点积
$$d_x \cdot d_y = 45.591$$

两个中心向量的点积
$$c_x \cdot c_y = 42.000$$

两个波动向量的点积
$$w_x \cdot w_y = 3.591$$

$$\cos\theta = \frac{w_x \cdot w_y}{\|w_x\|\|w_y\|} \quad \text{cov} = \frac{w_x \cdot w_y}{n}$$

两个波动向量的夹角
$$\theta = 70.2°$$

波动向量夹角余弦值
$$\cos\theta = 0.338$$

波动向量点积平均值
$$\text{cov} = 0.898$$

图 5.74   点积各项的正负性

所以，协方差等于 0，就是红色总面积等于蓝色总面积，就是散点整体没有发生倾斜，就是既不正相关也不负相关，如图 5.75 所示。

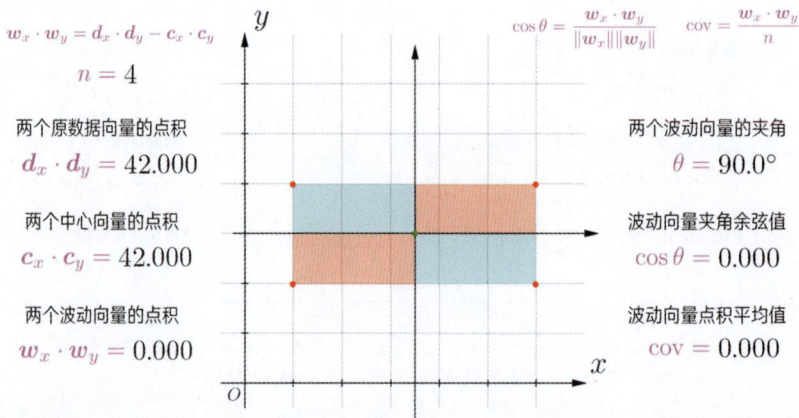

$$w_x \cdot w_y = d_x \cdot d_y - c_x \cdot c_y$$
$$n = 4$$

两个原数据向量的点积
$$d_x \cdot d_y = 42.000$$

两个中心向量的点积
$$c_x \cdot c_y = 42.000$$

两个波动向量的点积
$$w_x \cdot w_y = 0.000$$

$$\cos\theta = \frac{w_x \cdot w_y}{\|w_x\|\|w_y\|} \quad \text{cov} = \frac{w_x \cdot w_y}{n}$$

两个波动向量的夹角
$$\theta = 90.0°$$

波动向量夹角余弦值
$$\cos\theta = 0.000$$

波动向量点积平均值
$$\text{cov} = 0.000$$

图 5.75   面积相等时协方差等于 0

协方差大于 0，就是红色总面积大于蓝色总面积，就是散点整体在向一三象限方向倾斜，就是正相关，如图 5.76 所示。

$$w_x \cdot w_y = d_x \cdot d_y - c_x \cdot c_y$$
$$n = 4$$

$$\cos\theta = \frac{w_x \cdot w_y}{\|w_x\|\|w_y\|} \qquad \text{cov} = \frac{w_x \cdot w_y}{n}$$

两个原数据向量的点积
$$d_x \cdot d_y = 47.250$$

两个中心向量的点积
$$c_x \cdot c_y = 42.000$$

两个波动向量的点积
$$w_x \cdot w_y = 5.250$$

两个波动向量的夹角
$$\theta = 62.3°$$

波动向量夹角余弦值
$$\cos\theta = 0.465$$

波动向量点积平均值
$$\text{cov} = 1.313$$

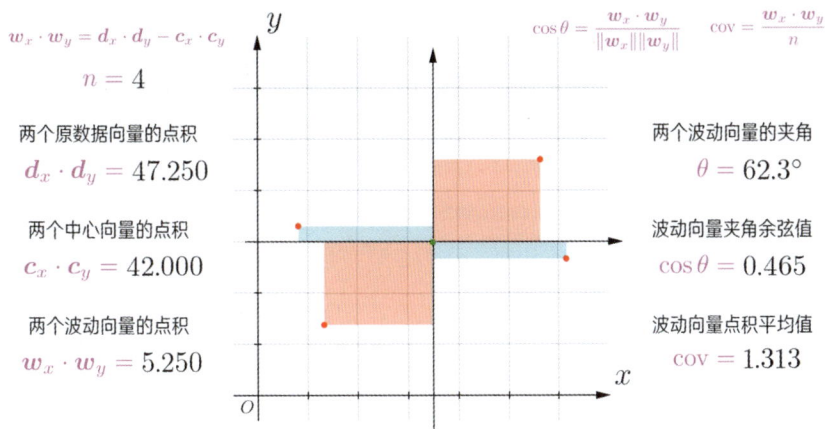

图 5.76　红色面积更大时协方差大于 0

协方差小于 0，就是红色总面积小于蓝色总面积，就是散点整体在向二四象限方向倾斜，就是负相关，如图 5.77 所示。

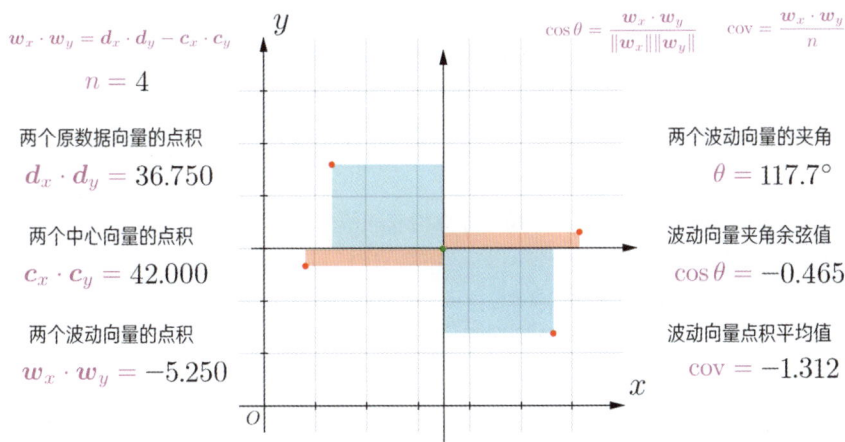

$$w_x \cdot w_y = d_x \cdot d_y - c_x \cdot c_y$$
$$n = 4$$

$$\cos\theta = \frac{w_x \cdot w_y}{\|w_x\|\|w_y\|} \qquad \text{cov} = \frac{w_x \cdot w_y}{n}$$

两个原数据向量的点积
$$d_x \cdot d_y = 36.750$$

两个中心向量的点积
$$c_x \cdot c_y = 42.000$$

两个波动向量的点积
$$w_x \cdot w_y = -5.250$$

两个波动向量的夹角
$$\theta = 117.7°$$

波动向量夹角余弦值
$$\cos\theta = -0.465$$

波动向量点积平均值
$$\text{cov} = -1.312$$

图 5.77　蓝色面积更大时协方差小于 0

很明显，无论平面中的点怎么排列，都可以通过整体旋转，让红蓝区域的面积相等，如图 5.78 所示。

通过以上实验，协方差的意义就很直观了，我们再梳理一遍协方差的逻辑：如果想知道平面中的多个点整体是向左歪还是向右歪，可以先找到这些点的中心点，然后让所有的点分别与中心点构成长方形，那么这些长方形可能会在一三象限方向，也可能会在二四象限方向，如果一三象限方向上的所有面积和比二四象限方向上的所有面积和大，那么所有的点整体向右歪，反之就向左歪，两个方向上面积差的平均值就是协方差的几何意义。

$$w_x \cdot w_y = d_x \cdot d_y - c_x \cdot c_y$$

$$n = 25$$

$$\cos\theta = \frac{w_x \cdot w_y}{\|w_x\|\|w_y\|} \qquad \mathrm{cov} = \frac{w_x \cdot w_y}{n}$$

两个原数据向量的点积

$$d_x \cdot d_y = 266.561$$

两个波动向量的夹角

$$\theta = 90.0°$$

两个中心向量的点积

$$c_x \cdot c_y = 266.561$$

波动向量夹角余弦值

$$\cos\theta = 0.000$$

两个波动向量的点积

$$w_x \cdot w_y = 0.000$$

波动向量点积平均值

$$\mathrm{cov} = 0.000$$

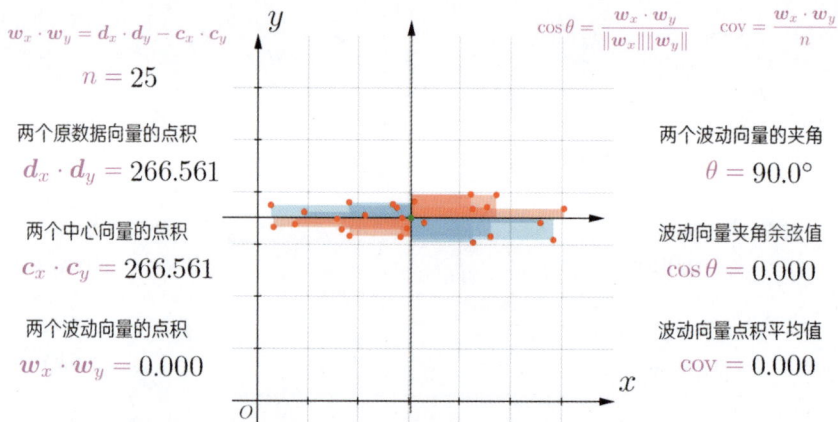

图 5.78   红色面积和等于蓝色面积和时协方差等于 0

作为本节的结尾，下面将波动向量的信息做成了两个表格，如表 5.3 和表 5.4 所示。

表 5.3   散点的波动向量

散点的数值形式	空间结构	波动向量的构成	向量个数	波动向量的夹角	波动向量的点积平均值
一维数值	数轴	每个散点与中心点的差值构成的向量 （原数据向量在波动方向上的分量）	1	$\theta = 0°$ （自己跟自己的夹角）	方差 （刻画散点的离散程度）
二维数值	平面直角坐标系	x 轴方向构成第一个波动向量 y 轴方向构成第二个波动向量	2	$0 \leqslant \theta \leqslant 180°$	协方差 （刻画散点的整体走向）

表 5.4   平面中散点构成的两个波动向量

两个波动向量的夹角	两个向量能否写成数乘形式 （波动节奏是不是一致）	散点排列	相关系数 （波动向量夹角的余弦值）	协方差 （波动向量点积的平均值）
$\theta = 0°$	能	散点共线	$\rho = 1$	$\mathrm{cov} > 0$
$0° < \theta < 90°$	不能	正相关	$1 > \rho > 0$	$\mathrm{cov} > 0$
$\theta = 90°$	不能	既不正相关也不负相关	$\rho = 0$	$\mathrm{cov} = 0$
$90° < \theta < 180°$	不能	负相关	$0 > \rho > -1$	$\mathrm{cov} < 0$
$\theta = 180°$	能	散点共线	$\rho = -1$	$\mathrm{cov} < 0$

【第九节】维度的互不干扰

我们在小学时学过求整数的最大公约数，质数的公约数只有 1 和它本身，而合数除了 1 和它本身，有更多的公约数。比如 5 是质数，它的公约数只有 1 和 5；6 是合数，它的公约数除了 1 和 6，还有 2 和 3。

我们从这里得到启发，如果有 5 个点，可以将它们放在一维的数值空间中来考虑；如果有 6 个点，则不仅可以将它们放在一维的数值空间中来考虑，还可以放在二维的数值空间中来考虑。

在二维的数值空间中，6 个点可以排成 2 行 3 列或者 3 行 2 列。不管怎样排列，放在二维数值空间中的好处就是这 6 个点可以用二维的数值来描述。在二维数值空间中，因为不同维度可以实现互不干扰，所以 6 个点可以从两个互不干扰的维度来描述。换句话说，所有具有 6 种状态的事物，理论上都可以找到两种互不干扰的角度来描述。

什么是互不干扰呢？

如图 5.79 所示，我们以图中的 6 个点为例，它们的第一个维度是横轴，取值范围是 1,2,3，第二个维度是纵轴，取值范围是 1,2。我们会看到，横轴取 1 的时候，纵轴的取值完全不受影响，可以在它的取值范围内随意取值。反过来也一样，纵轴在它的取值范围里随意取值的时候，横轴的取值也不受影响。也就是说，互不干扰在这里的意思，就是两个维度的取值互不影响。

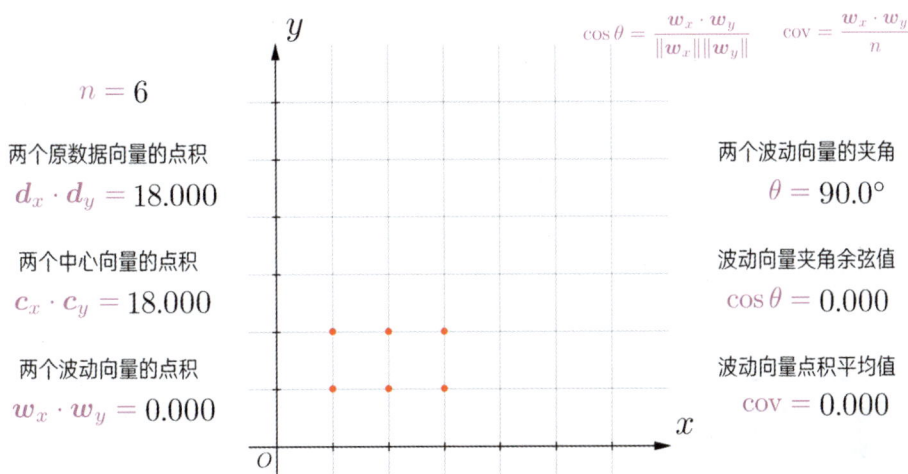

$$\cos\theta = \frac{\boldsymbol{w}_x \cdot \boldsymbol{w}_y}{\|\boldsymbol{w}_x\|\|\boldsymbol{w}_y\|} \qquad \mathrm{cov} = \frac{\boldsymbol{w}_x \cdot \boldsymbol{w}_y}{n}$$

$n = 6$

两个原数据向量的点积
$$\boldsymbol{d}_x \cdot \boldsymbol{d}_y = 18.000$$

两个中心向量的点积
$$\boldsymbol{c}_x \cdot \boldsymbol{c}_y = 18.000$$

两个波动向量的点积
$$\boldsymbol{w}_x \cdot \boldsymbol{w}_y = 0.000$$

两个波动向量的夹角
$$\theta = 90.0°$$

波动向量夹角余弦值
$$\cos\theta = 0.000$$

波动向量点积平均值
$$\mathrm{cov} = 0.000$$

图 5.79 两个维度互不干扰

很明显，两个维度互不干扰，在平面直角坐标系中，这些点的排列必然呈长方形，那么这些点的排列显然是对称的，既不正相关也不负相关，协方差是 0。

下面来看一个具体的互不干扰的例子，一个骰子有 6 个面，理论上就应该能够找到两个互不干扰的维度来描述这 6 个面。比如，猜单双的维度跟猜大中小的维度就是互不干扰的。

再看一个相互干扰的例子，比如将点排列成圆形，如图 5.80 所示，这就不是互不干扰的。在这里，两轴的取值范围都是从 1 到 3，但是在最左边这一点，即 x 取 1 时，y 就不能在它的取值范围内随意取值。

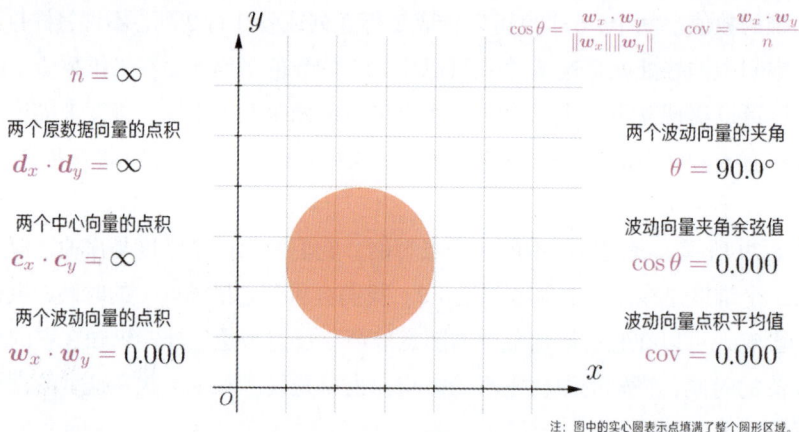

图 5.80   两个维度相互干扰

我们再来思考一下 8 个点的情况。显然,如果是 8 个点,因为 8 可以分解为 $2 \times 2 \times 2$,那么 8 个点就可以排列在一个三维的数值空间中,每个点都可以用一个三维的数值来描述。理论上,具有 8 种状态的事物一定可以找到三个互不干扰的维度来描述。而且它还是完全向下兼容的,8 个点排在二维空间中也没问题,2 排 4 列就行。当然 8 个点也可以排在一维空间中,其实排在一维空间中也可以看成是有两个维度,而且这两个维度一定是互不干扰的,只不过其中的一个维度只有一个取值。

从以上讨论中我们得到启发,任何随机试验的样本空间都可以转换成一个一维的随机变量。比如同时抛两个骰子的随机试验,它有 36 个样本点,我们可以将这 36 个样本点转换成各种不同的一维随机变量,例如可以用 1,2,3,$\cdots$,36 这 36 个整数值分别表示 36 个样本点,也可以让骰子的两个 6 点是 1,其他的 35 种点数都是 0。

显然,这两个随机变量都能表达这 36 个样本点,但是没法一起协作表达 36 个样本点。我们在概率论中提到的红蓝骰子,则是两个可以相互协作的一维随机变量,这两个一维随机变量的协作,让 36 个样本点表达得更清晰。

所以,对于一些比较复杂的随机试验,我们会尽量将它转换成可以相互协作的多个一维随机变量,这样会给随机变量的表达带来方便。两个骰子的随机变量,在我们的潜意识里,自然而然就是在这么操作。

一个二维随机变量,本质上就是两个一维随机变量的协作。

一个三维随机变量,本质上就是三个一维随机变量在协作。

【第十节】向量与概率

我们来看三个概率的例子。

第一个例子,有一个不均匀的钢镚儿,显然,它有 2 个样本点,正面和反面。我们将它的样本点数值化，令正面是 1，反面是-1，它的分布律是：正面概率是 0.6，反面概率是 0.4。

第二个例子，一个偏心的骰子，显然它有 6 个样本点，假设它的分布率为：1,2,3,4,5 点的概率都是 0.1，6 点的概率是 0.5。

第三个例子，某种型号灯泡的寿命。灯泡的寿命可能是 0 秒，可能是 0.1 秒，可能是 100 秒，可能是 10,000 秒，也就是 0 和正实数都是它的样本点。显然，这是一个连续型随机变量，它的取值范围是 0 和正实数。但是我们想将这个例子整合一下，整合成一个离散型随机变量，它的分布率是这样的：寿命是 78 天的概率是 0.1，寿命是 79 天的概率是 0.2，寿命是 80 天的概率是 0.4，寿命是 81 天的概率是 0.3。

现在问：这三个随机变量的平均值应该怎么计算？它们在各自的场景中代表什么意义？有什么价值？

我们先直接给出这三个随机变量的平均值：

$$\bar{X}_1 = 1 \times 0.6 + (-1) \times 0.4 = 0.2$$

$$\bar{X}_2 = 1 \times 0.1 + 2 \times 0.1 + 3 \times 0.1 + 4 \times 0.1 + 5 \times 0.1 + 6 \times 0.5 = 4.5$$

$$\bar{X}_3 = 78 \times 0.1 + 79 \times 0.2 + 80 \times 0.4 + 81 \times 0.3 = 79.9$$

就是随机变量的取值乘以相应概率，然后再求和。

钢镚儿的随机变量均值是 0.2，这个均值好像没有多大的现实价值，钢镚儿的分布律就能很好地反映这个随机变量。

偏心骰子的随机变量均值是 4.5，这个均值好像也没有多大价值，4.5 跟谁都不靠边，分布律就能很好地反映这个随机变量。

但是灯泡寿命的平均值 79.9 就很有价值了，它反映了这种型号灯泡的平均寿命。这里的 78,79,80,81 只是被我们简化整合了，实际上，它的样本点会是很多数值。当随机变量的取值又多又杂的时候，平均值就变得相当有价值，方差也会显得非常重要，它可以反映随机变量的波动幅度。对灯泡来说，方差越小，质量越稳定。

我们知道，只要有了随机变量的分布，就能根据分布计算出均值和方差。均值和方差可以大致描绘出数据的轮廓，但是这种大致描绘到底有多大的实用价值，要看具体场景。当随机变量的取值很多，随机变量的分布很杂的时候，均值和方差往往更有价值。

下面解释均值的算法，为什么是随机变量的取值乘以相应的概率。在传统的教程中，都是用频率稳定于概率来解释。

在这里，你可能已经猜到了，我们要用向量来表示随机变量。

我们知道，随机变量的本质就是将随机试验的结果数值化，将结果数值化最直接的方式就是将所有的结果全部列出来。比如刚才那个不均匀的钢镚儿，我们令正面是 1，反面是-1，那么将这个随机试验的结果全部列出来就是无数个 1 和﹣1，并且 1 的个数与-1

个数的比值是3∶2，这是将随机试验的结果数值化最直接、最野蛮粗暴的方式。实际操作中这种方式表达起来很困难，我们无法将无数个 1 和–1 都列举出来，那么怎样简化这种方式呢？最容易想到的方式就是将 1 和–1 按照3∶2的比例列出来，那么向量 $[1, 1, 1, -1, -1]$ 或者 $[1, 1, 1, 1, 1, 1, -1, -1, -1, -1]$，就能够表示这个随机变量。在这里，随机变量的概率分布用数值的个数来体现，这非常合理，因为概率分布本质上就是在描述随机试验结果的个数，就是要知道 1 有多少个，–1 有多少个。虽然我们无法准确说出 1 和–1 分别有多少个，但是知道它们的个数比是3∶2，这就是概率分布的本质意义，它是在描述不同数值的个数。想想看，我们打从学数学以来，一直都在关注数值本身的大小，几乎从未关注过数值的个数。在概率分布中，用数值的大小表示不同的试验结果，用数值的个数表示结果的数量。当我们将随机变量的结果用向量表示时，这些数值的排列顺序无关紧要是显而易见的，它们不会影响中心向量的取值，也不会影响波动向量的点积平均值（方差）。

以上分析也可以让我们很直观地看到样本空间是怎么一回事，它可以看成是对向量表示方法的进一步简化，相当于是将向量中重复的数值全部去掉，让同样的数值只出现一次。那么，样本空间要想表示与向量同样的意义，就要说明每个数值所占的比例，这个比例就是概率值。

当我们从向量的视角理解随机变量时，不仅可以很容易直观理解均值的算法为什么是随机变量的取值乘以相应的概率，还可以直观解释为什么讨论随机变量的时候，总能跟均值和方差扯上关系。因为一个向量可以分解成中心向量和波动向量，也就是说，一个向量本质上是两种简单效应的混合效应。

【第十一节】二维随机变量可视化

上一节相当于用一个向量实现了对一维随机变量的可视化。事实上，二维随机变量也可以用一个向量来表示。不同的是，一维随机变量对应的向量，每个维度上是一个一维数值；二维随机变量对应的向量，每个维度上是一个二维数值。换句话说，一维随机变量的数值对应的是数轴上的点，二维随机变量的数值对应的是平面上的点。

前面谈一维随机变量的时候，我们谈的是向量，没有谈向量中的数值在数轴上对应的点；本节刚好反过来，也就是谈二维随机变量的时候，不再谈向量本身，而是谈向量中的数值在平面直角坐标系中对应的点，要用平面中的散点实现对二维随机变量的可视化。

用平面中的散点可视化二维随机变量的时候，我们用散点的坐标值表示二维随机变量的取值，用散点的个数表示二维随机变量的概率。

比如两个骰子的随机变量，它在平面中的散点如图 5.81 所示。如果这两个骰子都是均匀的，那么各个面的概率就都相等，这 36 个位置上的 36 个点，都只出现一次就可以了。

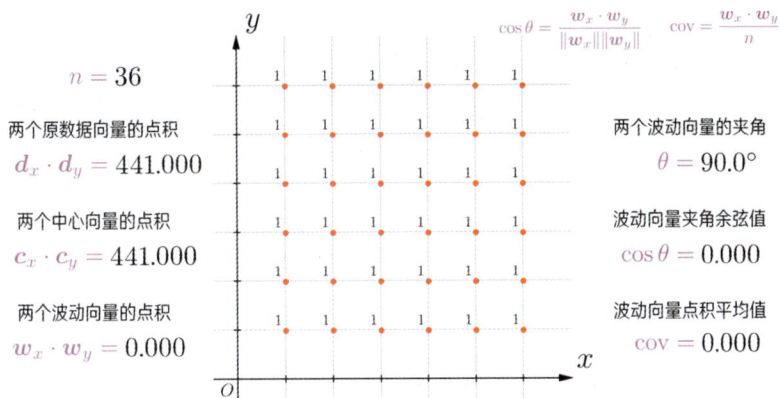

图 5.81 两个均匀的骰子可视化为散点

如果其中一个骰子不是均匀的，比如它的 1,2,3,4,5,6 点的概率比是 $1:1:1:1:1:5$，那么这 36 个位置上的点就会出现重复，也就是最上面一行的 6 个位置，每个点必须出现 5 次，才能表达这两个骰子的概率分布，如图 5.82 所示。

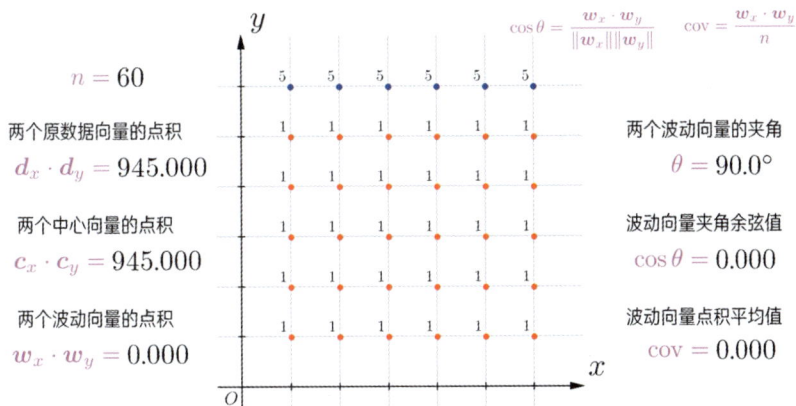

图 5.82 两个不均匀的骰子可视化为散点

可以想象，二维随机变量可视化成散点的时候，如果两个维度的取值是互不干扰的，那么这些散点一定会排列成一个矩形。如果两个维度的取值不是互不干扰的，散点的排列就不是一个矩形，比如当有

$$X^2 + Y^2 < 25$$

这种限制条件的时候，散点就被限制在了一个圆的范围之内，这种情况我们就需要具体情况具体分析。

当散点排列成矩形的时候，二维随机变量的每个取值，都能够在矩形中找到一个相应的位置，而且每个位置都至少有一个散点。对于一个一般的两个维度互不干扰的二维随机变量而言，每个取值位置有多少个散点都有可能。也就是说，每个位置有 1 个或 1 个以上的散点都是可能的，如图 5.83 所示。

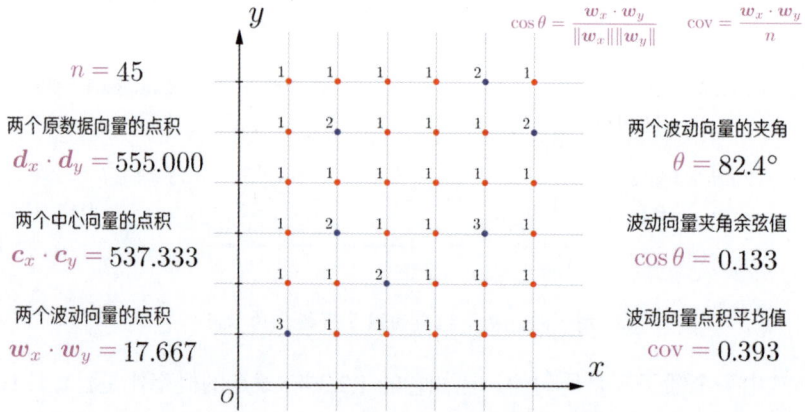

图 5.83　散点横向、纵向的个数无规则

图 5.83 中，每个取值位置的散点个数就很随意。仔细想一想，这完全是合理的，也完全是可能的，它很准确地表达了某个二维随机变量。

但是对于两个骰子的二维随机变量，无论两个骰子是不是均匀的，只要它们是确定的，每个取值位置的散点个数就会很规范，它们一定是成比例的，比如散点可能是如图 5.84 和图 5.85 所示情况。

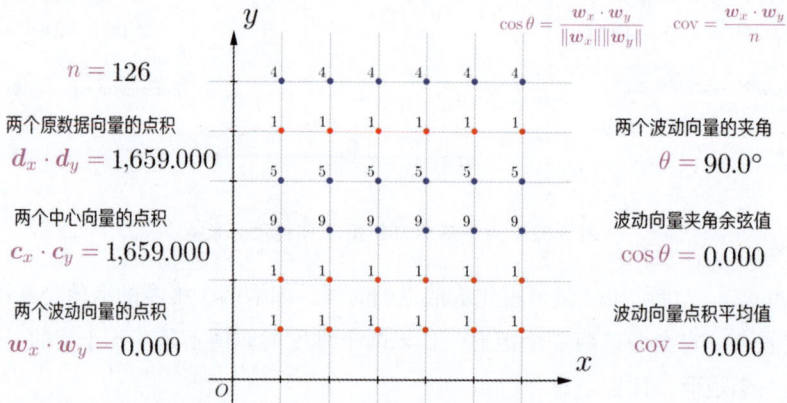

图 5.84　散点横向、纵向的个数成比例（1）

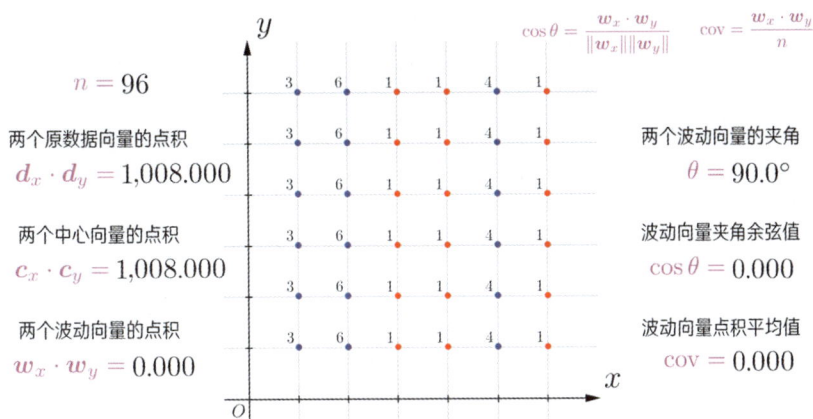

图 5.85　散点横向、纵向的个数成比例（2）

可以看到，以上无论哪种情况，散点的个数在横向、纵向都是成比例的。所以，当我们将一种随机现象概括成一个二维随机变量的时候，一般会出现以下三种情况：

第一种情况，两个维度的取值相互干扰。

第二种情况，两个维度的取值互不干扰，概率分布杂乱无章。

第三种情况，两个维度的取值互不干扰，概率分布处处成比例。

概率分布处处成比例，可视化到平面中的散点，就表现为散点的个数处处成比例。如果一个二维随机变量不仅两个维度的取值互不干扰，而且概率分布处处成比例，我们就说这两个维度相互独立。

稍加思考不难发现，一个二维随机变量，如果它的概率分布处处成比例，那么它的两个维度的取值一定会互不干扰。

【第十二节】相互独立的好处

上一节用平面中的散点可视化二维随机变量的时候，我们用散点的个数来表示概率分布。如果这些散点的个数能够横向纵向处处成比例，我们就说这个二维随机变量的两个维度相互独立。

我们知道，要想散点个数处处成比例，首先，散点一定得排列成矩形；其次，散点的排列整体不能倾斜。关于散点整体是否倾斜，我们用协方差是否等于 0 就能够判断。

现在我们来测试，散点排列成矩形的时候，让哪些点重复，协方差依然等于 0。换句话说就是，看看哪些点重复，散点整体还能够保持不倾斜。

我们发现，只要重复的点整体是对称的，协方差就依然是 0。如图 5.86~图 5.88 所示，散点按照 V 字形、X 字形、正方形重复，协方差都是 0。

$$\cos\theta = \frac{\boldsymbol{w}_x \cdot \boldsymbol{w}_y}{\|\boldsymbol{w}_x\|\|\boldsymbol{w}_y\|} \qquad \text{cov} = \frac{\boldsymbol{w}_x \cdot \boldsymbol{w}_y}{n}$$

$n = 42$

两个原数据向量的点积
$\boldsymbol{d}_x \cdot \boldsymbol{d}_y = 525.000$

两个中心向量的点积
$\boldsymbol{c}_x \cdot \boldsymbol{c}_y = 525.000$

两个波动向量的点积
$\boldsymbol{w}_x \cdot \boldsymbol{w}_y = 0.000$

两个波动向量的夹角
$\theta = 90.0°$

波动向量夹角余弦值
$\cos\theta = 0.000$

波动向量点积平均值
$\text{cov} = 0.000$

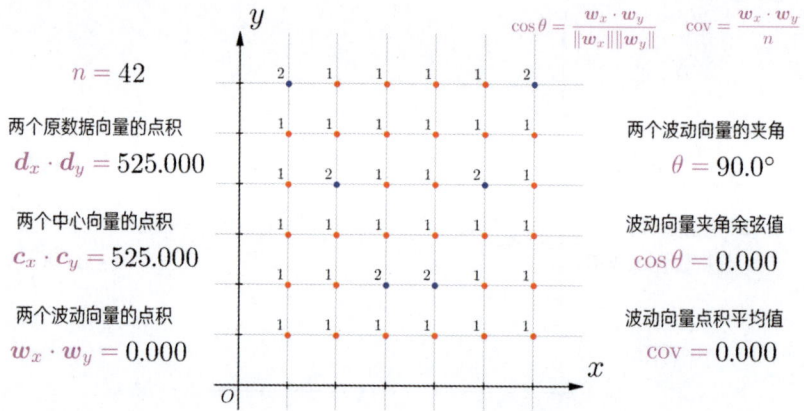

图 5.86　散点整体不倾斜，但横向、纵向个数不成比例（1）

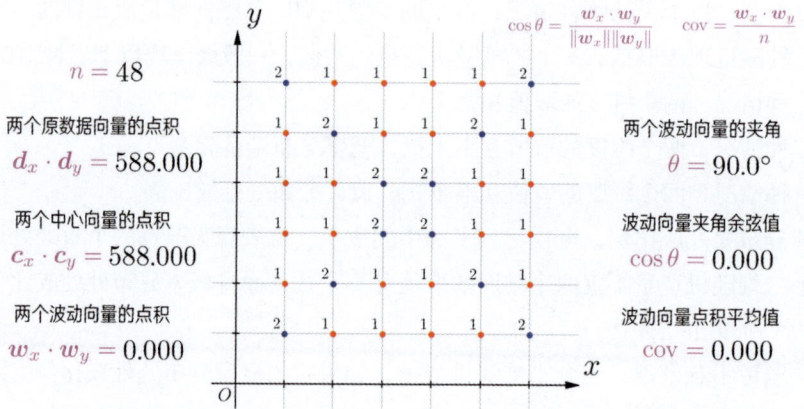

$$\cos\theta = \frac{\boldsymbol{w}_x \cdot \boldsymbol{w}_y}{\|\boldsymbol{w}_x\|\|\boldsymbol{w}_y\|} \qquad \text{cov} = \frac{\boldsymbol{w}_x \cdot \boldsymbol{w}_y}{n}$$

$n = 48$

两个原数据向量的点积
$\boldsymbol{d}_x \cdot \boldsymbol{d}_y = 588.000$

两个中心向量的点积
$\boldsymbol{c}_x \cdot \boldsymbol{c}_y = 588.000$

两个波动向量的点积
$\boldsymbol{w}_x \cdot \boldsymbol{w}_y = 0.000$

两个波动向量的夹角
$\theta = 90.0°$

波动向量夹角余弦值
$\cos\theta = 0.000$

波动向量点积平均值
$\text{cov} = 0.000$

图 5.87　散点整体不倾斜，但横向、纵向个数不成比例（2）

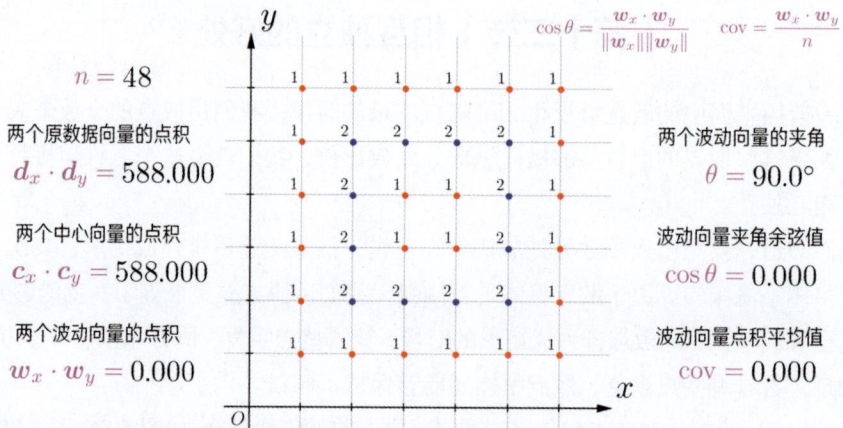

$$\cos\theta = \frac{\boldsymbol{w}_x \cdot \boldsymbol{w}_y}{\|\boldsymbol{w}_x\|\|\boldsymbol{w}_y\|} \qquad \text{cov} = \frac{\boldsymbol{w}_x \cdot \boldsymbol{w}_y}{n}$$

$n = 48$

两个原数据向量的点积
$\boldsymbol{d}_x \cdot \boldsymbol{d}_y = 588.000$

两个中心向量的点积
$\boldsymbol{c}_x \cdot \boldsymbol{c}_y = 588.000$

两个波动向量的点积
$\boldsymbol{w}_x \cdot \boldsymbol{w}_y = 0.000$

两个波动向量的夹角
$\theta = 90.0°$

波动向量夹角余弦值
$\cos\theta = 0.000$

波动向量点积平均值
$\text{cov} = 0.000$

图 5.88　散点整体不倾斜，但横向、纵向个数不成比例（3）

可以看到，以上这些情况，协方差虽然是 0，也就是散点整体没有倾斜，但是概率分布很杂乱，不能做到横向、纵向处处成比例。

现在，我们有一种更简单的重复方式，既可以让协方差等于 0，也可以让概率分布横向、纵向处处成比例，这种重复方式就是让每一行或者每一列的点数成比例。

举个例子，如图 5.89 所示，我们在原有 36 个点的基础上，让第二行的 6 个点再重复 2 遍，让第三行的 6 个点再重复 10 遍，这 108 个点的协方差就依然是 0。在这里，点数横向、纵向处处成比例，对应了概率分布横向、纵向处处成比例。二维随机变量的两个维度相互独立，就是概率分布像这样成比例。

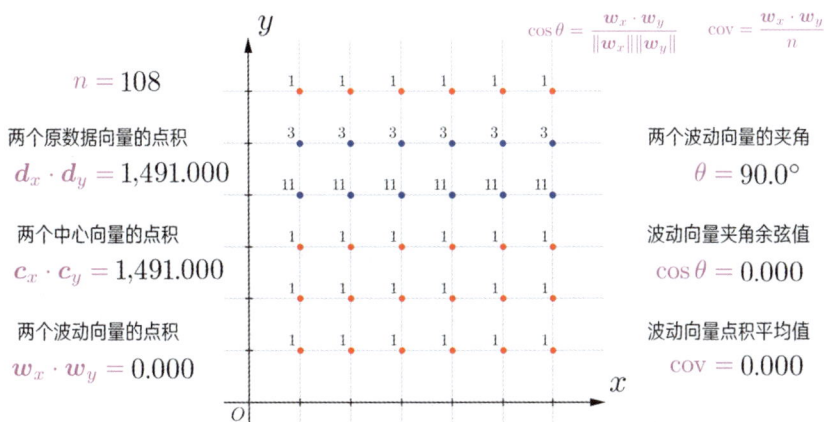

$$\cos\theta = \frac{w_x \cdot w_y}{\|w_x\|\|w_y\|} \qquad \text{cov} = \frac{w_x \cdot w_y}{n}$$

$n = 108$

两个原数据向量的点积
$$d_x \cdot d_y = 1,491.000$$

两个中心向量的点积
$$c_x \cdot c_y = 1,491.000$$

两个波动向量的点积
$$w_x \cdot w_y = 0.000$$

两个波动向量的夹角
$$\theta = 90.0°$$

波动向量夹角余弦值
$$\cos\theta = 0.000$$

波动向量点积平均值
$$\text{cov} = 0.000$$

图 5.89　散点横向重复

再看另一种情况，如图 5.90 所示，我们还是在原有 36 个点的基础上，让第四列的 6 个点再重复 1 遍，让第六列的 6 点再重复 2 遍。这 54 个点的协方差也是 0，概率分布也是横向、纵向处处成比例。

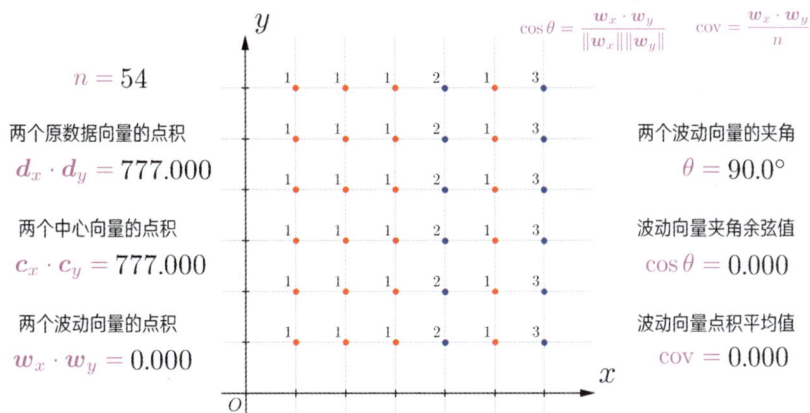

$$\cos\theta = \frac{w_x \cdot w_y}{\|w_x\|\|w_y\|} \qquad \text{cov} = \frac{w_x \cdot w_y}{n}$$

$n = 54$

两个原数据向量的点积
$$d_x \cdot d_y = 777.000$$

两个中心向量的点积
$$c_x \cdot c_y = 777.000$$

两个波动向量的点积
$$w_x \cdot w_y = 0.000$$

两个波动向量的夹角
$$\theta = 90.0°$$

波动向量夹角余弦值
$$\cos\theta = 0.000$$

波动向量点积平均值
$$\text{cov} = 0.000$$

图 5.90　散点纵向重复

再看最后一种情况，如图 5.91 所示，我们让第五行的 6 个点再重复 1 遍，让第六列的 6 个点再重复 2 遍。这 56 个点的协方差也是 0，概率也是横向、纵向处处成比例。

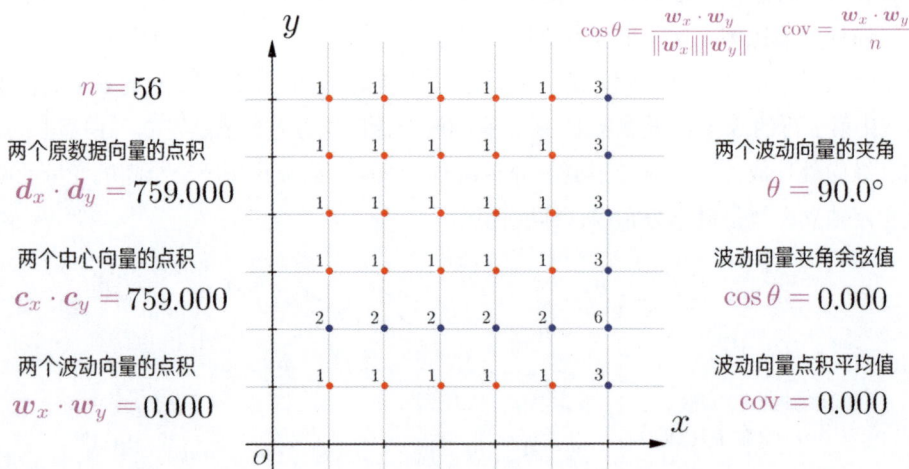

图 5.91 散点横向、纵向同时重复

在这里，第五行与第六列的交叉位置只要不是 6 个点，比如是 5 个点，如图 5.92 所示，散点就会出现整体倾斜，当然更不可能横向、纵向处处成比例。

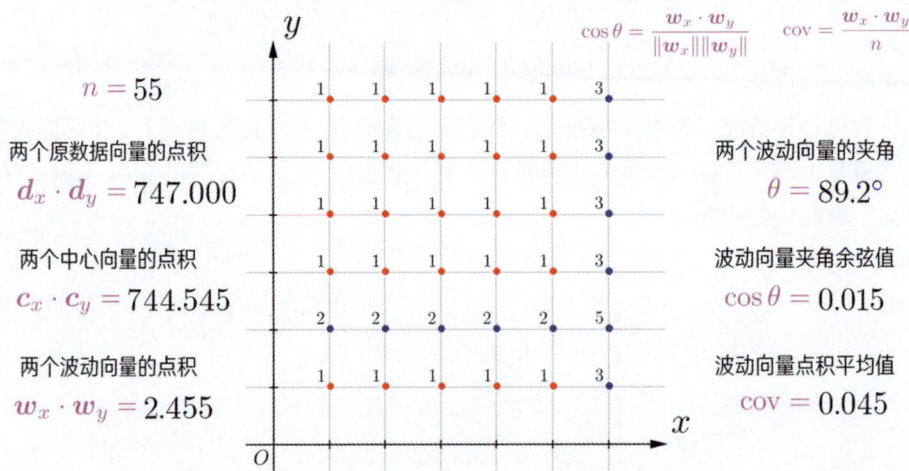

图 5.92 散点整体倾斜，横向、纵向个数不成比例

为什么这个交叉位置一定得是 6 个点呢？图 5.93 可以帮助我们理解这一点。

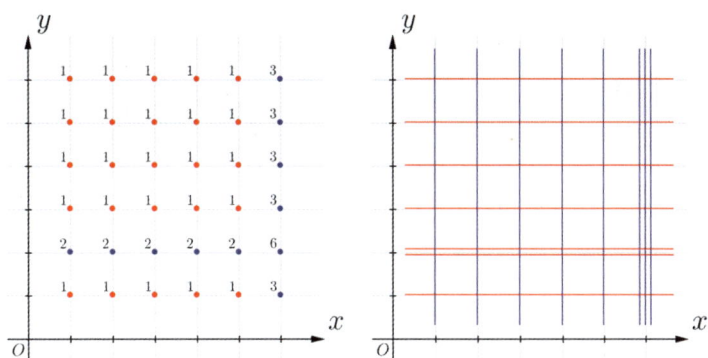

图 5.93 交叉位置散点个数的算法

我们多看几组行列同时重复，还能够横向、纵向处处成比例的情况，如图 5.94~图 5.96 所示。

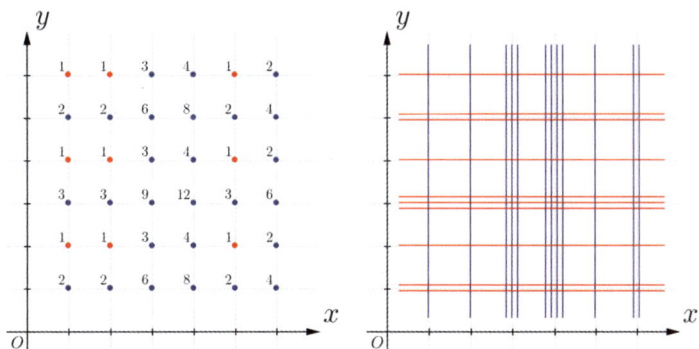

图 5.94 散点横向、纵向同时重复（1）

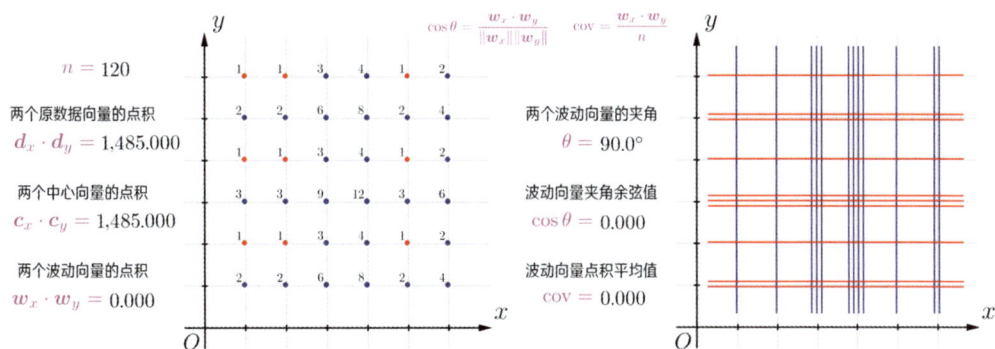

图 5.95 散点横向、纵向同时重复（2）

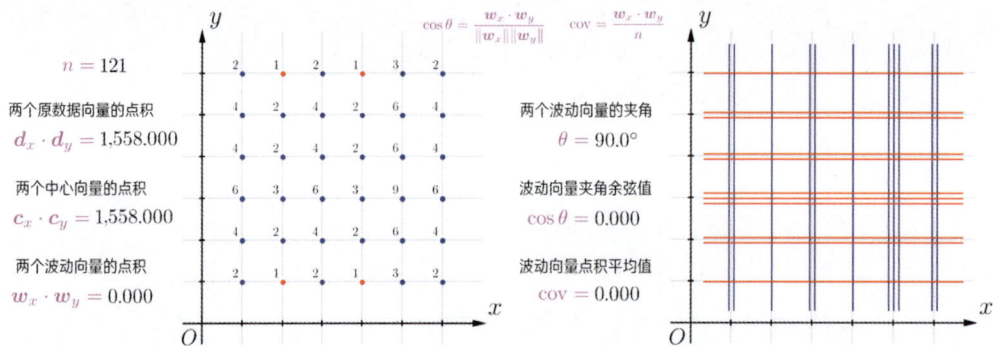

图 5.96 散点横向、纵向同时重复（3）

我们也可以模拟一下二维正态分布的情况，如图 5.97 所示。

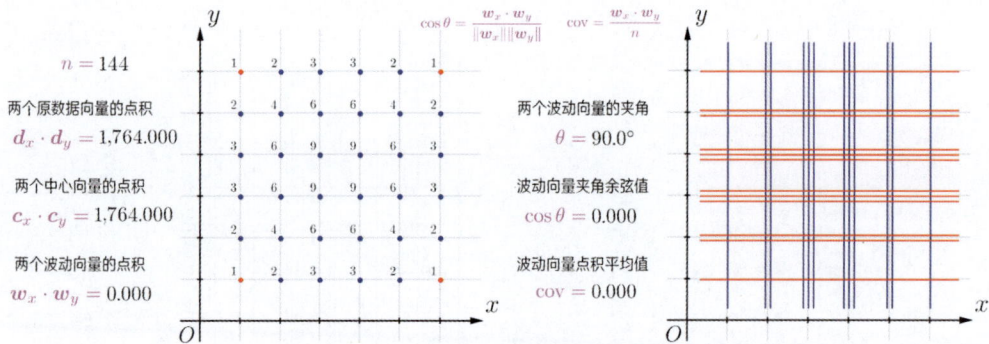

图 5.97 模拟二维正态分布

虽然概率横向、纵向处处成比例听起来很不规范，但我相信你明白我在说什么，并且对它应该已经有直觉了。

很明显，概率横向、纵向处处成比例的时候，散点的排列整体一定不会倾斜，也就是协方差一定是 0。这些散点的个数横向、纵向处处成比例的好处是显而易见的，这里我们说四个特点。

第一，36 个位置中，任何一个位置都是某行和某列的交叉点，那么用这一行的总点数在全部点数中的占比，乘以这一列的总点数在全部点数中的占比，就等于这个交叉点上的总点数在全部点数中的占比，如图 5.98 所示。

第二，我们延伸第一条结论，这里任何一个局部矩形区域内的总点数在全部点数中的占比，也等于与矩形区域相应行的总点数在全部点数中的占比，乘以与矩形区域相应列的总点数在全部点数中的占比，如图 5.99 所示。

第三，我们继续延伸，如果将左下角的任何一个局部矩形区域合并，再将剩余的三个矩形区域也分别合并，就得到了一个 2×2 的表格，我们发现这四个格里的点数依然成比例，如图 5.100 所示。

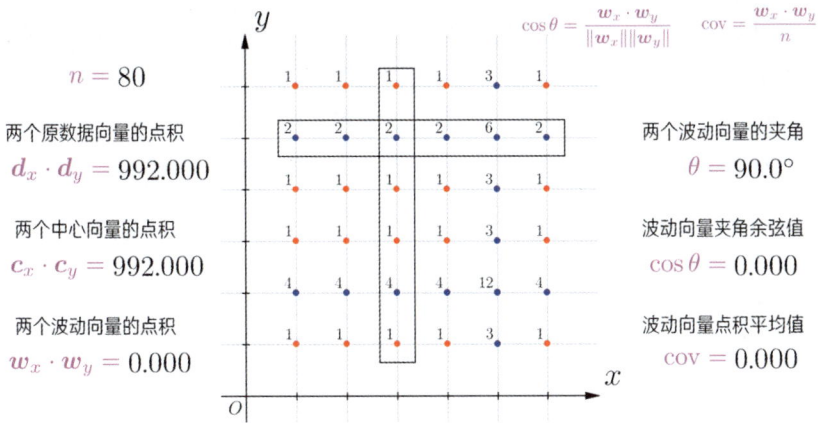

$$\cos\theta = \frac{\boldsymbol{w}_x \cdot \boldsymbol{w}_y}{\|\boldsymbol{w}_x\|\|\boldsymbol{w}_y\|} \qquad \mathrm{cov} = \frac{\boldsymbol{w}_x \cdot \boldsymbol{w}_y}{n}$$

$n = 80$

两个原数据向量的点积
$$\boldsymbol{d}_x \cdot \boldsymbol{d}_y = 992.000$$

两个中心向量的点积
$$\boldsymbol{c}_x \cdot \boldsymbol{c}_y = 992.000$$

两个波动向量的点积
$$\boldsymbol{w}_x \cdot \boldsymbol{w}_y = 0.000$$

两个波动向量的夹角
$$\theta = 90.0°$$

波动向量夹角余弦值
$$\cos\theta = 0.000$$

波动向量点积平均值
$$\mathrm{cov} = 0.000$$

图 5.98　交叉点位置散点个数特征

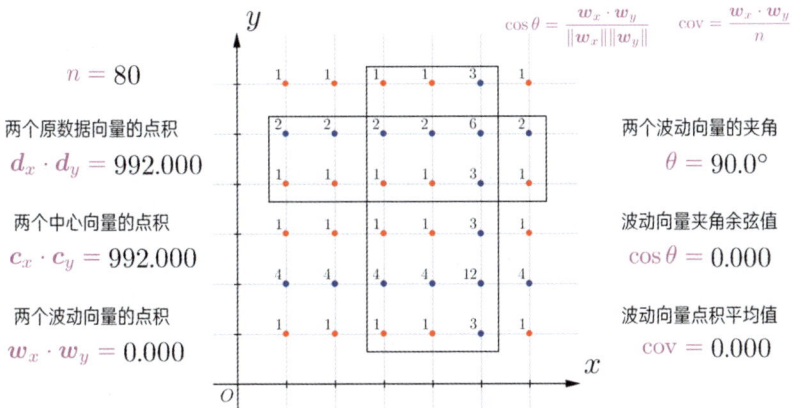

$$\cos\theta = \frac{\boldsymbol{w}_x \cdot \boldsymbol{w}_y}{\|\boldsymbol{w}_x\|\|\boldsymbol{w}_y\|} \qquad \mathrm{cov} = \frac{\boldsymbol{w}_x \cdot \boldsymbol{w}_y}{n}$$

$n = 80$

两个原数据向量的点积
$$\boldsymbol{d}_x \cdot \boldsymbol{d}_y = 992.000$$

两个中心向量的点积
$$\boldsymbol{c}_x \cdot \boldsymbol{c}_y = 992.000$$

两个波动向量的点积
$$\boldsymbol{w}_x \cdot \boldsymbol{w}_y = 0.000$$

两个波动向量的夹角
$$\theta = 90.0°$$

波动向量夹角余弦值
$$\cos\theta = 0.000$$

波动向量点积平均值
$$\mathrm{cov} = 0.000$$

图 5.99　交叉矩形位置散点个数特征

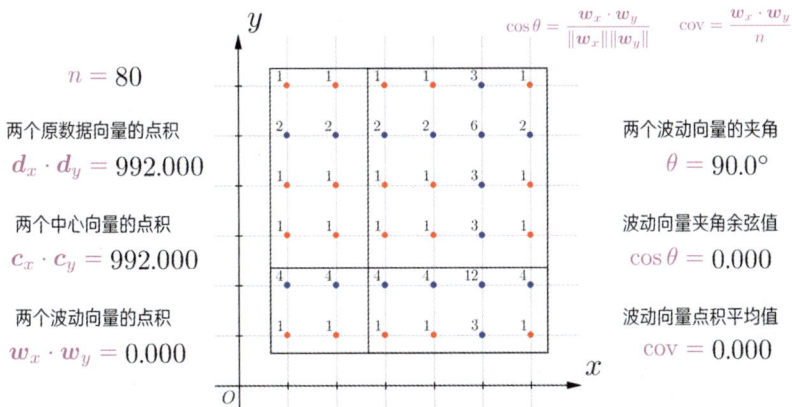

$$\cos\theta = \frac{\boldsymbol{w}_x \cdot \boldsymbol{w}_y}{\|\boldsymbol{w}_x\|\|\boldsymbol{w}_y\|} \qquad \mathrm{cov} = \frac{\boldsymbol{w}_x \cdot \boldsymbol{w}_y}{n}$$

$n = 80$

两个原数据向量的点积
$$\boldsymbol{d}_x \cdot \boldsymbol{d}_y = 992.000$$

两个中心向量的点积
$$\boldsymbol{c}_x \cdot \boldsymbol{c}_y = 992.000$$

两个波动向量的点积
$$\boldsymbol{w}_x \cdot \boldsymbol{w}_y = 0.000$$

两个波动向量的夹角
$$\theta = 90.0°$$

波动向量夹角余弦值
$$\cos\theta = 0.000$$

波动向量点积平均值
$$\mathrm{cov} = 0.000$$

图 5.100　田字格中散点个数特征

第四，将第三个结论反过来却不一定成立，也就是在一个2×2的表格里点的个数成比例，不一定能够拆分成多行多列处处成比例的情况。

你可能已经发现了，这四个特点正好对应了概率论中两个随机变量相互独立的各种结论。特别地，第四个特点直观地告诉我们，二维随机变量的两个维度如果是独立的，那么这个随机变量的任何一个事件，都能够找到跟它独立的事件。但是，如果一个二维随机变量中有两个事件相互独立，并不一定能得出它的两个维度相互独立的结论。

在教科书中，通常将多维随机变量中某个维度的分布称为边缘分布，将多维随机变量的所有维度都考虑进来的分布称为联合分布。按照这种命名规则，部分维度的联合分布也应该叫作边缘分布。

通常在用集合表示两个事件独立的时候，示意图的画法如图 5.101 左侧的维恩图所示。

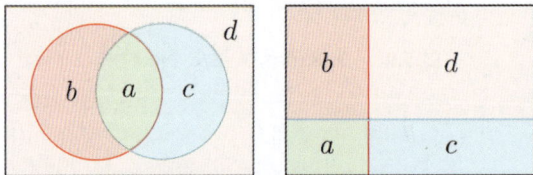

图 5.101　两事件独立示意图

我们现在知道，独立就是概率成比例，所以事件独立的示意图画成2×2表格更形象，如图 5.101 右侧所示。每个格子的面积就能够反映事件之间的概率。

关于二维随机变量的两个维度相互独立，或者说两个随机变量相互独立，我们用一个比喻来稍稍总结一下。

有一个随机现象，甲从一种观点出发，将它概括成一个一维随机变量X；乙从另一种观点出发，将它概括成另一个一维随机变量Y。在这里，甲、乙都是对同一种随机现象进行概括，如果这两种维度可以像上面一样概率处处成比例，我们就说这两个维度相互独立，或者说随机变量X与随机变量Y相互独立。

比如有一个骰子，甲从猜单双的观点出发，将它概括成一个一维随机变量X；乙从猜大中小的观点出发，将它概括成一个一维随机变量Y；丙从猜点数的观点出发，将它概括成一个一维随机变量Z。在这里，甲和乙的维度就是相互独立的，丙与甲、乙都不独立。或者说随机变量X与随机变量Y是相互独立的，而随机变量Z与X,Y都不独立。

所以，两个维度独立时，它们一定是在描述同一个样本空间。独立在这里的意义，不是指两个独立的互不相干的骰子，而是对同一个骰子存在两种可以相辅相成的观点，是这两种观点相互独立。换句话说，同一个样本空间或者随机现象，可能存在两种刚好可以相辅相成的描述维度，并且这两种维度的概率分布可能像上面说的那样横向、纵向处处成比例，如果存在这样的两个维度，我们就说这两个维度相互独立。

有些随机现象，或者说有些样本空间，我们很容易就能找出两个相互独立的维度，比如同时扔两个骰子的随机现象。

有些随机现象，找出两个相互独立的维度并不是那么显而易见，比如扔一个骰子。

有些随机现象，我们找不到相互独立的维度，比如样本点的个数是质数的情况。

换句话说，样本点的个数是合数的时候，理论上一定能够找到两个可以相辅相成的维度，如果这两个维度还能够概率相互成比例，那么它们相互独立。

这跟我们生活中判断两个事物之间有没有瓜葛，有没有相互干扰是一样的，它完全符合我们的生活经验。生活中有时两个事物之间没有瓜葛是显而易见的，比如两个骰子或两个毫无关联的任意事物，这种情况相当于我们在用两个毫无关联的事物强行构造二维样本空间，这样构造出来的二维样本空间一定会相互独立是显而易见的。生活中两个事物之间的瓜葛不明朗相当于已经存在一个样本空间，两个不同的事物就是对这个样本空间两种不同的描述角度，那么这两个角度是不是能够将这个样本空间划分得很"规范"就不一定，比如用一个骰子猜大中小和猜单双就能够将样本空间划分得很"规范"，猜点数和猜单双就不能够将样本空间划分得很"规范"。

关于二维随机变量，还有一点最后提一下，就是关于二维随机变量的函数的取值个数的问题。

比如二维随机变量的两个维度X, Y构成像$X + Y, X - Y, XY, X/Y$这样的函数。显然，这里的每个函数就是一个随机变量，那么这个随机变量的取值个数是多少呢？或者说这个随机变量有多少个不同的取值呢？

我们直接以两个骰子的二维随机变量为例，那么$X + Y, X - Y, XY, X/Y$都应该有 36 种组合，那么自然就能够计算出 36 个数值，但是这些数值可能有重复。所以二维随机变量的函数的取值个数一定小于等于二维随机变量的取值个数。

第6章 数理统计：一组数值里的信息

传统的数理统计教科书会直接告诉我们各种公式的套用方法及套用场景，却并不会告诉我们为什么其可以用来描述某个场景，比如卡方分布、t分布、F分布等。本章将通过对一组确定数值（比如1,2,2,3）的研究，揭示这些分布的来龙去脉。事实上，本章就是死死围绕一组数值，用各种数学方法发掘其中蕴藏的信息。

【第一节】数理统计的讲解思路

我们每个人在小学的时候就对四则混合运算驾轻就熟，这是因为它的基础是加减乘除，在用它解决实际问题之前，我们花了大量的童年时光充分感悟内化。

数理统计有自己的"加减乘除"，也有自己的"四则混合运算"。小学所学的加减乘除非常契合人的自然感知，"群众基础"极好，但是数理统计的"加减乘除"充满了数学家们的人为设定，我们普通人很难想到这些，正因如此，几乎没有"群众基础"。在数理统计的教程里，简单几句话几个表达式就过去了，然后假定你已经懂了，开始谈怎么做"四则混合运算"、怎么应用。这就相当于在我们还不知道什么是加减乘除的情况下，直接开始做四则混合运算。

本章将着重介绍数理统计的"加减乘除"，当我们真正内化了数理统计的"加减乘除"，自然而然就有研究"四则混合运算"的冲动。数理统计的"加减乘除"，简单来说，就是整体与局部之间的数量关系。

【第二节】数据的不同数学形式

函数$f(x)$中的自变量x是我们非常熟悉的变量，我们用这个变量来表示函数的输入值。在用变量表示函数的输入值时，我们主要关注这个变量的数值大小或者说取值。将随机现象的结果概括成一个变量时，我们除了关注这个变量的取值，还关注其取值的个数（分布）、均值、离散程度（方差）等。为了更加形象，我们特意将这个变量称为**随机变量**。我们建立的样本空间、概率分布、分布函数等数学模型可以很方便地展现随机变量的各种特点，例如取值、分布、均值和方差。

第 5 章用向量表示概率的时候，是用向量中数值的个数来体现随机试验中的概率分布，这说明我们可以将一个随机变量或一个随机试验转换成用一个向量或一组数值来表示。比如，一个正面概率是 0.6 的不均匀钢镚儿，我们不断地抛，就会出现无数个正面和无数个反面，我们令正面是 1，反面是–1，那么就有无数个 1 和无数个–1。假如 1 与–1 的个数比是 3∶2，那么可以用向量

$$[1, 1, 1, -1, -1]$$

或者

$$1 \quad 1 \quad 1 \quad -1 \quad -1$$

这样的一组数值来表示这个钢镚儿的概率分布。很明显，这样的一组数值天然具有自己的取值、分布、均值、方差，这些正好也是钢镚儿随机变量的取值、分布、均值、方差。也就是说，一组数值、一个向量、随机变量、随机试验，可被理解成是同一事物的四种不同的数学模型，我们可以在这四种视角之间随意转换，如图 6.1 所示。

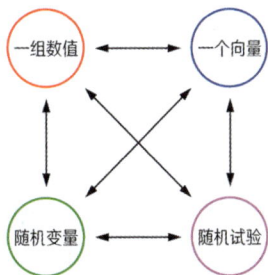

图 6.1 同一事物的四种不同的数学模型

图 6.1 所示关系图告诉我们，可以将一组数值转换成一个随机试验，那么怎样将一组数值转换成一个随机试验，并且将其中天然存在的分布特点传递给随机变量呢？只要让这组数值中的每个数值被抽取到的机会都相等，就可以构造一个与这组数值的取值、分布、均值、方差都相同的随机试验。比如，某个家庭共有 5 个成员，这 5 个成员的身高（以厘米为单位）的数值分别是

$$170 \quad 170 \quad 175 \quad 175 \quad 180$$

只要让这组数值中的每个数值被抽取到的机会都相等，即抽取到 170 的概率是 $\frac{2}{5}$，抽取到 175 的概率也是 $\frac{2}{5}$，抽取到 180 的概率是 $\frac{1}{5}$。我们将这种抽样方式叫作简单随机抽样。也就是说，让一组数值中的每个数值被抽取到的机会都相等的抽样方式叫作简单随机抽样。很明显，利用简单随机抽样为这组数值构造一个随机试验的时候，与这个随机试验对应的随机变量 A 的取值、分布、均值和方差就是这组数值的取值、分布、均值和方差。比如，

随机变量*A*的样本空间

$$\{170, 175, 180\}$$

就可以体现这组数值的 3 个取值，而这组数值的分布规律，也就是这组数值个数的特点，可以借助随机变量*A*的分布函数体现出来，如图 6.2 所示。

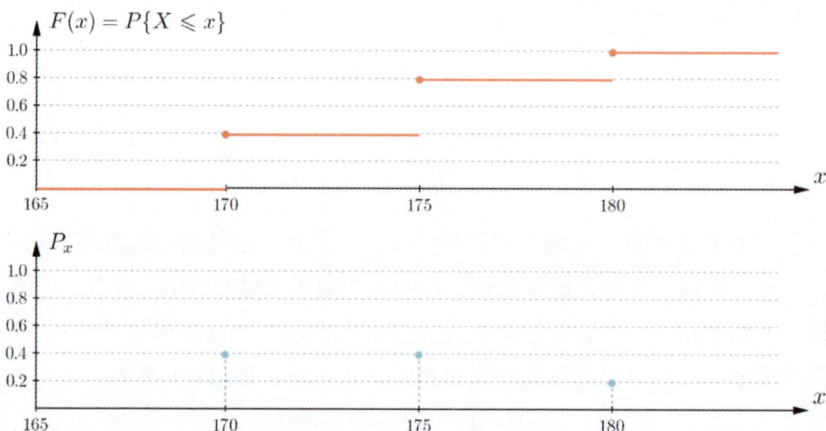

图 6.2　离散型随机变量的分布函数和概率函数

　　本节的重点就是，对于一组数值，当对它做简单随机抽样的时候，其取值、分布、均值、方差就会传递给这个随机试验，以及与这个随机试验对应的随机变量。我们相当于是在用一个随机变量概括一组确定的数值。你可能感到很奇怪，我们原本是用随机变量这个数学模型来刻画随机结果的，但是现在却用它来概括一组确定的数值。稍加思考你会发现，这完全没有问题。而且，我们用随机变量刻画一组数值的时候，也相当于提供了一种操作这组数值的方式，即简单随机抽样。

　　这里要特别说明一下，本章经常提到一组数值，事实上一组数值涵盖的范围很宽泛。比如，所有的正整数就是一组数值，但是这组数值的均值和方差并不是一个确定的值，或者说所有的正整数这组数值并不存在确定的均值和方差。另外，一组数值可能是一组一维数值，也可能是一组多维数值。本章中提到一组数值的时候，一般指的是一组一维数值，并且这组数值有确定的取值、分布、均值、方差。事实上，本章就干了这么一件事，就是**通过数学建模，将一组这样的数值中蕴藏的信息折射出来**。等掌握了如何处理一组具有确定均值和方差的一维数值的处理方法后，我们就站在了理解数理统计的最佳位置。

【第三节】总体和样本

数理统计本质上就是研究整体与局部的数量关系，其中，整体被称为总体，局部被称为样本。

什么是总体呢？

我们直接来看两个例子，假如北京市现有 371,520 名初中生，想了解这些学生的身高，那么就要了解 371,520 个身高数值，这 371,520 个身高数值就是总体，这是一个有限总体，每个身高数值叫作个体。

再比如一个不均匀的骰子，我们想了解这个骰子每个面出现的概率，那么这个骰子也是一个总体，而且这是一个无限总体，因为只要抛一次，就会出现一个个体，只要不断抛下去，就会出现无限个个体。这个骰子的 6 个面，每个面都可以出现无数次，这无数次结果就是总体，每次抛出的结果就是个体。

以上这两个总体的不同点是，身高总体是有限总体，骰子总体是无限总体。这两个总体的共同点是，它们拥有的个体数目都特别庞大，庞大到我们很难或者根本不可能将每个个体都找出来，这就是数理统计中总体的特点。正是因为总体中的每个个体很难或者根本不可能一个一个找出来，所以不能直接计算总体的取值、分布、均值、方差。换句话说，如果总体的所有个体都能轻而易举地找到，那么总体的取值、分布、均值、方差直接就能够准确地计算出来。

虽然很难甚至根本不可能将每个个体都找出来，但是我们知道，总体就是一组数值，是一组具有确定均值和方差的一维数值。既然总体就是一组数值，按照上一节图 6.1 所示的关系图，它也可被概括成一个随机变量。所以，谈到总体的时候，既可以说总体X，也可以说随机变量X，还可以说总体随机变量X。

那么北京市 371,520 名初中生此时此刻的身高数值，就是总体。这 371,520 个确定的身高数值，也可被概括成随机变量X。

数理统计中说的随机变量与概率论中说的随机变量有什么微妙的区别呢？

概率论中说的随机变量，取值一般都是可能值，是一种理想化的值。比如，公共汽车一直保持 6 分钟一趟，那么我们去公共汽车站等车的时间可能是多长呢？显然，0 到 6 这个区间上的所有值都有可能，随机变量的取值范围就是 0 到 6 这个区间上的所有数值，这时随机变量本质上是一个连续的数据集。

数理统计中说的随机变量，取值一般都是实际发生的值，是真实存在的，比如全世界的人都来等这个 6 分钟一趟的公共汽车，持续了 10 年，大家这 10 年来等车的时间也是一组数值，也是一个随机变量，但是这个随机变量的取值是有限的，不可能将 0 到 6 这个区间上的所有数值都取到。这时随机变量本质上是一个离散的数据集，北京市初中生的身高就是一个离散的数据集。

　　总结一下，分布是一种抽象的状态，随机变量是一个数据集。概率论中的随机变量往往概括的都是一种理想的、可能的事物，是一种理想的数学模型，它的分布函数图像往往都非常规范，是一种理想的函数图像，我们常将这种函数图像说成理论函数图像。而数理统计中的随机变量，往往概括的都是实际存在的、真实发生的事物，它的分布函数图像往往没有那么规范，如图 6.3 所示，我们常将这种反映真实事物发生的函数图像说成经验函数图像。经验函数图像往往看起来比较趋向于某种理想函数图像，比如图 6.3 中的经验函数图像看起来就比较趋向于正态分布，所以我们就可以猜测这组数据服从正态分布。

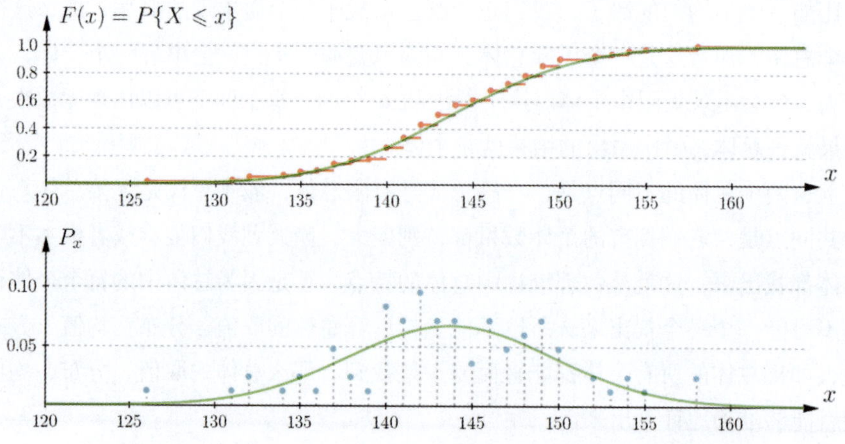

图 6.3　84 个伊特鲁里亚人男子脑袋的最大宽度分布图（单位：毫米）

以上 84 个男子脑袋最大宽度的分布图像中，脑袋最大宽度的具体数值如下：

$$141, 148, 132, 138, 154, 142, 150, 146, 155, 158,$$

$$150, 140, 147, 148, 144, 150, 149, 145, 149, 158,$$

$$143, 141, 144, 144, 126, 140, 144, 142, 141, 140,$$

$$145, 135, 147, 146, 141, 136, 140, 146, 142, 137,$$

$$148, 154, 137, 139, 143, 140, 131, 143, 141, 149,$$

$$148, 135, 148, 152, 143, 144, 141, 143, 147, 146,$$

$$150, 132, 142, 142, 143, 153, 149, 146, 149, 138,$$

$$142, 149, 142, 137, 134, 144, 146, 147, 140, 142,$$

$$140, 137, 152, 145$$

什么是样本呢？

　　根据图 6.1 所示关系图，总体可以看成一组数值，对这组数值做简单随机抽样就可以将总体转换成一个随机试验。在数理统计中，将这个随机试验及其结果统称为样本。也就是说，在数理统计中，当我们说样本的时候，可能是指对总体这组数值的随机试验，也可能是指随机试验的结果，根据上下文二者很容易分辨，并且随机试验通常用大写字母表示，其结果通常是具体数值，我们将这些具体数值叫作样本观测值或者样本值。一会儿我们就会看到，在叙述中常常用小写字母来代替这些具体数值。

　　同样根据图 6.1 所示关系图，因为随机试验可被概括成一个随机变量，所以，样本也可以用随机变量来表示。在这个数学建模的过程中，我们可以清楚地看到，总体的随机变量与样本的随机变量都是在概括同一组数值，本质上二者是相同的，如果反复对总体的这组数值做简单随机抽样，就会得到多个与总体随机变量X相同的样本随机变量$X_1, X_2, \cdots, X_n$，并且它们是相互独立的。如果用这些相互独立的样本随机变量构建一个多维随机变量$(X_1, X_2, \cdots, X_n)$，我们就将这个多维随机变量叫作n维样本随机变量，或者n维样本。这里的n叫作样本的容量。

　　比如总体X是

$$1 \quad 2 \quad 2 \quad 3$$

这 4 个数值。这 4 个数值可以用总体随机变量X来概括，当我们对这 4 个数值做简单随机抽样，就可以得到样本随机变量X_1，同样再做一次简单随机抽样，就可以得到样本随机变量X_2。显然，这里总体随机变量X，样本随机变量X_1、X_2，都在对同一组数值做简单随机抽样，这些随机变量具有相同的分布而且相互独立，由这些独立同分布的样本构造出来的n维随机变量$(X_1, X_2, \cdots, X_n)$，就是总体随机变量X的n维样本。

　　很明显，n维样本中的每一个维度都是通过对总体中的那些数值做简单随机抽样得到的。在数理统计中，往往会明确说明样本是怎么来的，若无特殊说明，都是指简单随机样本。我们清楚地看到，这里的独立同分布是人为特意构造出来的，这样做的目的有两个：第一，让样本具有代表性；第二，给计算带来方便。

　　容量是 1 的样本，就是一个一维随机变量X_1，它与总体随机变量X具有相同的分布，它的观测值是一个个一维数值。

　　容量是 2 的样本，就是一个二维随机变量(X_1, X_2)，它的每个维度都与总体随机变量X具有相同的分布，而且相互独立，它的观测值是一个个二维数值(x_1, x_2)。

　　容量是 3 的样本，就是一个三维随机变量(X_1, X_2, X_3)，它的每个维度都与总体随机变量X具有相同的分布，而且相互独立，它的观测值就是一个个三维数值(x_1, x_2, x_3)。

　　以此类推。

　　n维样本就是一个n维随机变量$(X_1, X_2, \cdots, X_n)$，它的每个维度都与总体随机变量X具有相同的分布，而且相互独立，它的观测值就是一个个n维数值$(x_1, x_2, \cdots, x_n)$。

　　你可能注意到了，在这里总体只有 4 个数值，但样本的维数可以超过 4，可以是任意维。显然，对简单随机抽样来说，这完全成立。假设我们的抽样方式从简单随机抽样改为每次可以同时随机抽取多个值，那么对这个总体说，样本维数最大值就是4，而且一个四维样本就等同于总体。本章我们只研究简单随机样本，每次可以同时随机抽取多个值的抽样方式只有在样本容量远小于总体中数值个数的情况下，才可以近似看成简单随机抽样。

当我们还是初学者的时候，遇到随机变量，都应该试图看看它的样本空间是什么。既然n维样本就是一个n维随机变量，我们特意关注一下，这个n维随机变量的样本空间是什么。

我们还是以

$$1 \quad 2 \quad 2 \quad 3$$

这个总体为例，一维样本随机变量X_1的样本空间或者说样本值如图6.4所示。

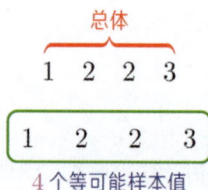

图 6.4　一维样本的样本空间

很明显，一维样本随机变量X_1的取值就是总体的取值，这里有4个等可能的一维数值。我们取到1的概率是25%，取到2的概率是50%，取到3的概率是25%。

二维样本(X_1, X_2)的样本空间或者说样本值(x_1, x_2)如图6.5所示。

图 6.5　二维样本的样本空间

这是由2个总体组合构成的样本空间，这里有16个等可能的二维数值。

三维样本(X_1, X_2, X_3)的样本空间或者说样本值(x_1, x_2, x_3)如图6.6所示。

总体

1　2　2　3

1 1 1	2 1 1	2 1 1	3 1 1	1 2 1	2 2 1	2 2 1	3 2 1
1 2 1	2 2 1	2 2 1	3 2 1	1 3 1	2 3 1	2 3 1	3 3 1
1 1 2	2 1 2	2 1 2	3 1 2	1 2 2	2 2 2	2 2 2	3 2 2
1 2 2	2 2 2	2 2 2	3 2 2	1 3 2	2 3 2	2 3 2	3 3 2
1 1 2	2 1 2	2 1 2	3 1 2	1 2 2	2 2 2	2 2 2	3 2 2
1 2 2	2 2 2	2 2 2	3 2 2	1 3 2	2 3 2	2 3 2	3 3 2
1 1 3	2 1 3	2 1 3	3 1 3	1 2 3	2 2 3	2 2 3	3 2 3
1 2 3	2 2 3	2 2 3	3 2 3	1 3 3	2 3 3	2 3 3	3 3 3

64 个等可能样本值

图 6.6　三维样本的样本空间

这是由 3 个总体组合构成的样本空间，这里有 64 个等可能的三维数值。

以此类推，n 维样本随机变量 $(X_1, X_2, \cdots, X_n)$ 的样本空间或者说样本值 $(x_1, x_2, \cdots, x_n)$ 就是由 n 个总体组合构成的样本空间，就有 4^n 个等可能的 n 维数值。

以上像极了一个骰子的样本空间、两个骰子的样本空间，一直到 n 个骰子的样本空间。

显然，容量不同的样本，它们的样本空间是完全不一样的。我们再强调一遍，对一个总体来说，容量不同的样本，它们的样本空间是完全不一样的，只有容量相同的样本，才具有相同的样本空间。

总结一下，总体可被概括成一个一维随机变量，如果用这个一维随机变量作为 n 维随机变量的每个维度，我们就相当于构造出了一个 n 维随机变量，这个 n 维随机变量就是数理统计中所说的样本。

打个比方，如果总体是一个骰子，那么样本就是 n 个质地相同的骰子。如果总体是由北京市 371,520 名初中生的身高构成的一维随机变量，那么样本就是由 n 个 371,520 名初中生的身高构成的 n 维随机变量。

更通俗一点说，我们是将总体这个一维随机变量"复制叠加"n 份构造出来的 n 维随机变量叫作样本。n 的大小完全根据需求而定，这样构造出来的 n 维随机变量的每个维度一定会相互独立，并且一定会与总体具有相同的分布。在这里，n 维随机变量的每个维度一定会独立同分布的根本原因是，这些随机变量都是反复对同一组数值做简单随机抽样得到的，这样得到的随机变量岂止是同分布的，它们的取值、分布、均值、方差、分布函数都相同，而且相互独立。所以，当我们说简单随机样本的时候，就等同于说 n 维样本的各个维度独立同分布。

这里只有一点需要特别注意，就是我们是否能够对被研究的对象做到简单随机抽样。因为有时抽样具有破坏性，比如对一麻袋花生抽样，理论上应该将剥开的花生封好再放回去，这样每次抽样才算简单随机抽样。实际操作中，如果抽样具有破坏性，应该衡量这种破坏性对结果的影响是否可以忽略，如果可以忽略或影响很小，通常其也被当作简单随机抽样处理。

本节本质上就是在模拟现实生活中的抽样调查，而且是最简单的一种抽样调查。我们就是在构建这种抽样调查的数学模型，它与小学数学中抽样调查的唯一区别是：小学数学中没有将被抽样的对象数值化，理解起来更符合我们的直觉。为了让数学模型更具普遍意义，我们在这里对抽样对象用随机变量进行了数值化。与概率论不同，概率论中会讨论各种各样的随机变量，数理统计中只讨论刚才构建的这种特定类型的随机变量，以及由这种特定类型随机变量衍生出来的随机变量，并将我们对抽样调查的直觉找回来。只要真正掌握了这种最简单的抽样调查的数学模型，其他较复杂的抽样调查就会迎刃而解。对一个初学者来说，我们是不明白该怎样做数学建模，而并非缺乏理解各种抽样调查的智慧。

【第四节】对样本再构造

在社交平台上，经常有人发布魔术揭秘视频，表演者让我们不仅能看到观众的视角，还能看到魔术师的视角。我们在讲解总体和样本之间数量关系的时候，也将学习这些表演者，让总体和样本都是"透明的"。

下面我们以

$$1 \quad 2 \quad 2 \quad 3$$

作为总体X，看看它不同维度的样本，以及这些样本与它之间有什么样的数量关系。

当你看到这个总体的时候，可能会说：搞什么鬼？就这4个数值的总体，它的取值、分布、均值、方差一目了然，轻而易举就能够计算出来，还用得着构造样本来判断吗？

在这里，我们就当它是一个很复杂的总体。

没错，在我们的研究范围内，对一个总体来说，无论它是有限总体还是无限总体，它的取值、分布、均值、方差都是确定的。

这个总体的取值是1,2,3,分别是1的个数占25%,2的个数占50%,3的个数占25%。它的均值是2，方差是0.5。

现在我们当不知道这些信息，看看是不是可以通过样本提供的信息折射出总体的信息。

对于总体

$$1 \quad 2 \quad 2 \quad 3$$

来说，它的一维样本有4个等可能样本值；它的二维样本有16个等可能样本值；它的三维样本有 64 个等可能样本值。以此类推，它的 n 维样本有 4^n 个等可能样本值。

如果我们计算每个样本值的均值，那么一维样本就有 4 个等可能样本均值，而且一维样本均值就等于样本值，如图 6.7 中的红色数字部分所示。

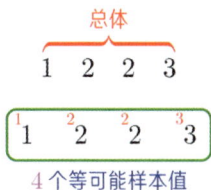

总体

1　2　2　3

1^1　2^2　2^2　3^3

4 个等可能样本值

图 6.7　一维样本的均值

二维样本有 16 个等可能样本均值，如图 6.8 中的红色数字部分所示。

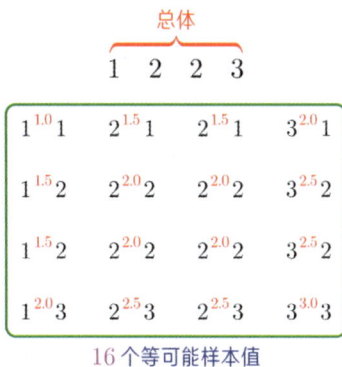

总体

1　2　2　3

$1^{1.0}1$	$2^{1.5}1$	$2^{1.5}1$	$3^{2.0}1$
$1^{1.5}2$	$2^{2.0}2$	$2^{2.0}2$	$3^{2.5}2$
$1^{1.5}2$	$2^{2.0}2$	$2^{2.0}2$	$3^{2.5}2$
$1^{2.0}3$	$2^{2.5}3$	$2^{2.5}3$	$3^{3.0}3$

16 个等可能样本值

图 6.8　二维样本的均值

三维样本有 64 个等可能的样本均值，如图 6.9 中的红色数字部分所示。

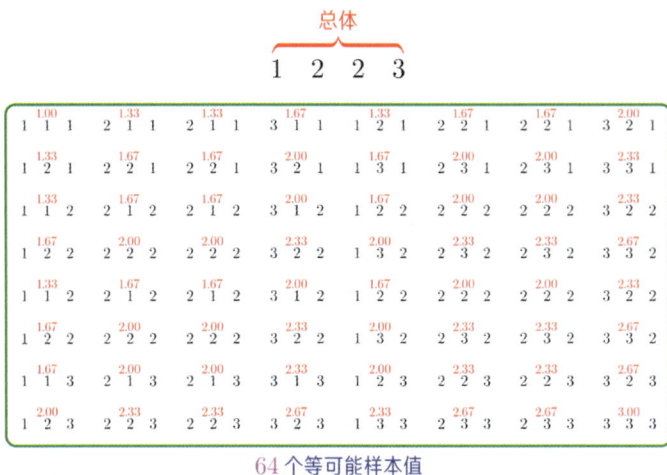

总体

1　2　2　3

64 个等可能样本值

图 6.9　三维样本的均值

以此类推，n维样本就有4^n个等可能样本均值。

接下来，我们先看一维样本的 4 个等可能样本均值有什么特点。

我们画出一维样本均值的分布函数和概率函数，如图 6.10 所示，一维样本的样本值的均值分布，与一维样本的分布相同，与总体的分布也相同，即 4 个等可能样本均值就等于 4 个等可能样本值。那么，一维样本的 4 个等可能均值的均值就等于总体的均值，一维样本的 4 个等可能均值的方差就等于总体的方差。

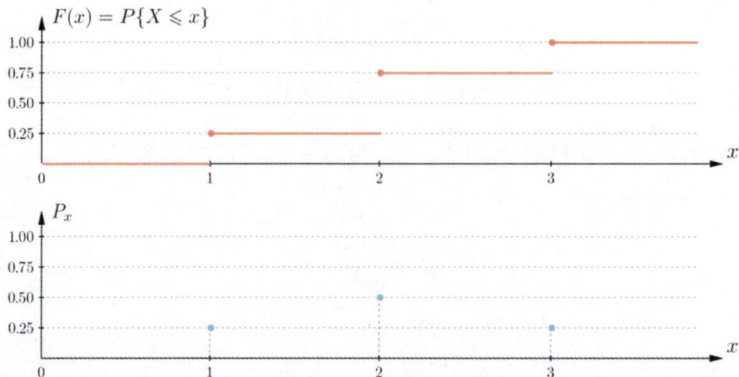

图 6.10　一维样本均值的分布函数和概率函数

这说明一维样本的样本值的均值是 4 个以总体均值 2 为中心，围绕其波动的数值，而且这 4 个数值的波动幅度与总体的波动幅度一样。

我们再看二维样本的 16 个等可能的样本均值有什么特点。

在图 6.8 中，16 个等可能样本均值，有 1 个 1，有 4 个 1.5，有 6 个 2，有 4 个 2.5，有 1 个 3，分布信息如图 6.11 所示。这 16 个均值中，最小的是 1，最大的是 3，分别对应两次都抽到 1 的情况和两次都抽到 3 的情况。而且抽到均值是 1 的概率是$\frac{1}{16}$，抽到均值是 3 的概率也是$\frac{1}{16}$，抽到均值是 2 的概率最大，是$\frac{6}{16}$。

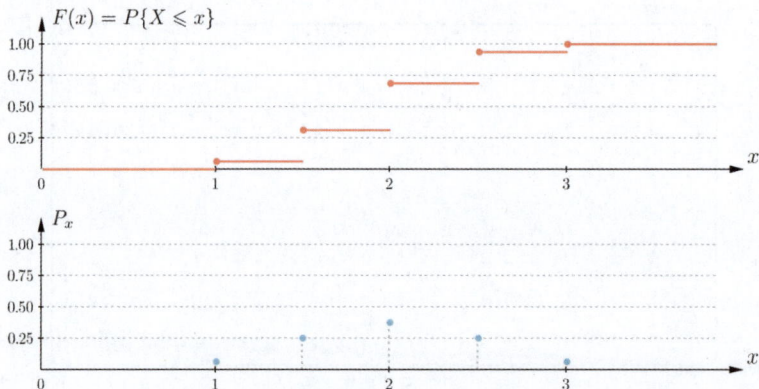

图 6.11　二维样本均值的分布函数和概率函数

我们还发现，这 16 个均值的均值也是 2，与总体的均值相等；这 16 个均值的方差是 0.25，比总体的方差 0.5 小了一半。

这说明二维样本的样本均值是 16 个以总体均值 2 为中心，围绕总体均值 2 波动的数值，而且其波动幅度只有总体波动幅度的一半。也就是说，这 16 个均值整体上比一维样本的 4 个均值更靠近总体均值 2。在一次试验中，我们更容易抽到一个比较靠近总体均值的均值，抽到均值 1 或 3 的可能性变小了。

我们接着看三维样本的 64 个等可能样本均值有什么特点。

如图 6.12 所示，64 个样本均值中，同样，最小的是 1，最大的是 3，抽取到均值是 1 的概率是 $\frac{1}{64}$，抽取到均值是 3 的概率也是 $\frac{1}{64}$，抽取到均值是 2 的概率最大，是 $\frac{20}{64}$。

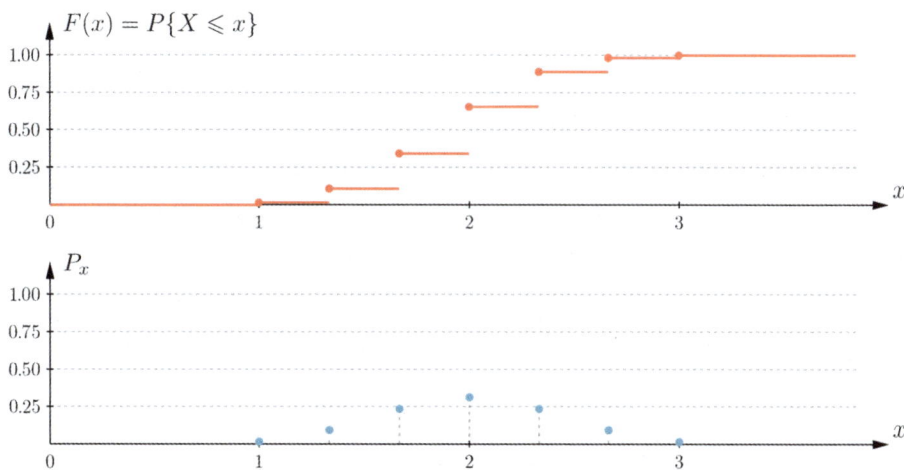

图 6.12　三维样本均值的分布函数和概率函数

我们还发现，这 64 个均值的均值也是 2，与总体的均值相等；这 64 个均值的方差是 0.167，比总体的方差 0.5 小，只有总体方差的 $\frac{1}{3}$。

这说明三维样本的样本均值是 64 个以总体均值 2 为中心，围绕总体均值 2 波动的数值，而且这 64 个数值的波动幅度只有总体波动幅度的 $\frac{1}{3}$。也就是说，三维样本跟二维样本比起来，均值在向总体的均值集中，我们更容易抽到一个比较靠近总体均值的均值，抽到均值 1 或 3 的可能性变得更小了。

当然还可以继续加大样本的容量，当样本容量是 n 时，就具有 4^n 个等可能样本均值，同样，最小的是 1，最大的是 3。这 4^n 个样本均值的均值也是 2，与总体的均值相等；这 4^n 个样本均值的方差是 $\frac{0.5}{n}$，比总体的方差 0.5 小，是总体方差的 $\frac{1}{n}$。很明显，随着样本容量的增大，样本均值的均值保持不变，样本均值的方差在趋于 0。如图 6.13 所示，是十维样本均值的分布函数和概率函数。

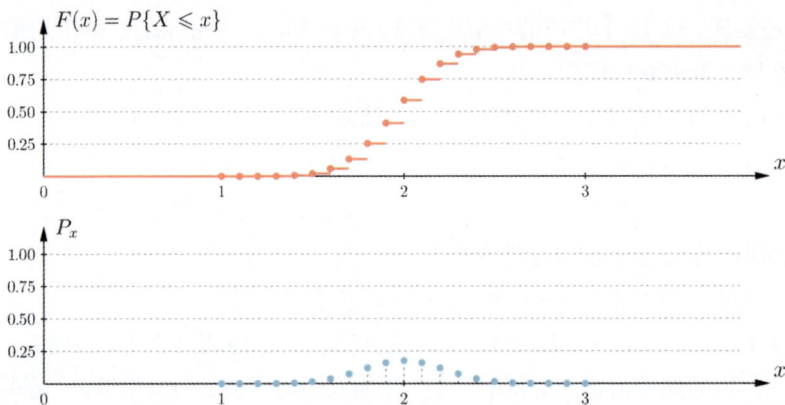

图 6.13　十维样本均值的分布函数和概率函数

　　这说明 n 维样本的样本均值是 4^n 个以总体均值 2 为中心，围绕总体均值 2 波动的数值，而且这 4^n 个数值的波动幅度只有总体波动幅度的 $\frac{1}{n}$。也就是说，这 4^n 个样本均值随着 n 的增大，整体上在靠近总体均值 2，抽取到均值 1 或 3 的概率越来越小。所以，通过加大样本容量，我们在一次试验中更容易抽取到一个与总体均值比较接近的样本值。这样我们就更有把握，用一次试验的样本值的平均值，作为总体平均值的估计值。

　　我们应该对以上这些结论形成直觉，而不是只记住公式。因为将这些结论总结成公式，会显得太笼统、太抽象，而且这些公式往往还不会将完整形式写出来，而是用简写符号代替：

$$\bar{X} = \frac{X_1 + X_2 + \cdots + X_n}{n} \qquad E(\bar{X}) = 2 \qquad D(\bar{X}) = \frac{0.5}{n}$$

对初学者来说，这些简写符号掩盖了事物的本质，很难从简写形式上看出，一众样本均值始终会围绕总体均值波动，而且随着样本容量的增大，波动的幅度会越来越小；也很难体会到我们是在用样本均值的信息折射总体均值的信息。教科书上不停地让我们求随机变量的均值和方差，就是因为一旦知道了随机变量的均值和方差，就相当于知道了随机变量所代表的这组数据的轮廓，也就知道了这些数值以哪个值为中心，围绕哪个值上下波动，波动的幅度有多大。根据大量实践经验，初学者在计算均值和方差的时候，一般不会想那么多，就是简单地求均值、求方差，并不会去想这样做背后的意义，也不会对均值和方差有画面感，很难形成直觉。所以，在接下来的描述中，我们还会反复提到围绕哪个中心值波动，而不会像教科书那样直接说求均值、求方差。如果大家能够在反复强调中慢慢改变思维习惯，领悟其中的意义，我们的目的就达到了。

　　最后，本节内容可被概括成如图 6.14 所示关系图。

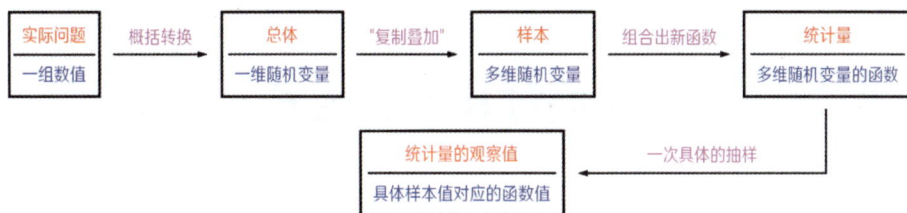

图 6.14　数理统计概括数据的逻辑

首先将实际问题概括成一个总体随机变量X；然后将总体随机变量X"复制叠加"构造出一个n维随机变量，也就是样本随机变量；接着对样本随机变量进行再构造，比如本节我们计算每个样本值的平均值，就是对样本随机变量进行再构造，这样就构造出一个新的随机变量，我们往往将这个新的随机变量叫作统计量，刚刚我们的样本均值就是统计量。统计量非常特别，它是样本随机变量的一个函数，它的输入值是样本值，也就是多维数值，输出值却是一维数值。所以，我们由n维样本随机变量构造出来的统计量是一个一维随机变量。我们构造统计量的目的是，依靠统计量的一次观察值，折射总体的某个特征。

以上过程整体看起来相当于将实际问题先转换成一个一维随机变量，然后由一维随机变量"复制叠加"成多维随机变量，再对多维随机变量构造重组，重新变成一个一维随机变量，这样一圈下来，就可能将总体中隐藏的信息显现出来。比如，我们的样本均值统计量就可以有效折射总体的均值信息。

本节中，我们将

1　2　2　3

概括成总体随机变量X；然后将总体随机变量X"复制叠加"，构造出一个n维随机变量$(X_1, X_2, \cdots, X_n)$作为样本随机变量；接着再将样本随机变量的函数

$$\bar{X} = \frac{X_1 + X_2 + \cdots + X_n}{n}$$

作为一个新的随机变量，也就是统计量。我们注意到，统计量就是样本随机变量$(X_1, X_2, \cdots, X_n)$的函数，其输入值就是样本值，是多维数值，输出值却是一维数值。

这里的统计量$\bar{X}$就是样本均值随机变量，因为样本均值这个随机变量的取值总能以总体的均值为中心，随着样本容量的增加，向总体的均值聚集，所以，我们就可以用这个均值随机变量的一次具体取值来折射总体的均值。

到这里，数学家的目的和意图就很清楚了，就是基于样本$(X_1, X_2, \cdots, X_n)$构造不同的函数$f(X_1, X_2, \cdots, X_n)$，或者说构造不同的随机变量$f(X_1, X_2, \cdots, X_n)$，或者说构造不同的统计量$f(X_1, X_2, \cdots, X_n)$，用这个统计量的一次具体取值$f(x_1, x_2, \cdots, x_n)$来折射总体的某个特征。这就是我们构造统计量的基本逻辑，我们就是要像这样找到更多不同用途的统计量。

【第五节】样本值的方差

我们从上一节中得到启发，是不是总体的方差和样本的方差之间也有均值那样的特征呢？也就是说，n维样本的所有样本值的方差，是不是也会以总体的方差为中心，围绕总体的方差上下浮动呢？这些样本值的方差，会不会也随着样本容量的增加，有向总体的方差整体靠近的趋势呢？

我们直接来测试，还是以总体

$$1 \quad 2 \quad 2 \quad 3$$

为例，一维样本的 4 个等可能样本值就是1,2,2,3，这 4 个样本值的方差都是 0。显然，一上来就事与愿违，样本值的方差没有以总体的方差 0.5 为中心，围绕它上下浮动。

这很好理解，一维样本的样本值都是单个数值，单个数值没有离散程度，或者说离散程度恒为 0，那么一维样本的所有观测值离散程度的平均值当然也恒为 0，如表 6.1 所示，列出了总体

$$1 \quad 2 \quad 2 \quad 3$$

从一维到十维的样本对应的样本值方差的均值和样本值方差的方差。

表 6.1   从一维到十维样本值方差的均值和样本值方差的方差

n （样本值的维度）	1	2	3	4	5	6	7	8	9	10
各样本值方差的均值 （方差的中心点）	0.000	0.250	0.333	0.375	0.400	0.417	0.429	0.438	0.444	0.450
各样本值方差的方差 （方差的波动幅度）	0.000	0.094	0.074	0.059	0.048	0.041	0.035	0.031	0.027	0.025

可以看到，随着样本容量的增加，方差的均值从 0 开始不断增大，方差的方差在一维样本的时候是 0，在二维样本的时候有最大值，然后有逐渐减小的趋势。继续计算下去我们发现，随着样本容量的增加，方差的均值在无限接近总体的方差 0.5，也就是说方差均值的极限是总体的方差 0.5，那么对这个只有 4 个值的总体来说，就算是它的 100 维样本的方差均值也一定小于 0.5。将上述结论反过来说，看看是否可以找到直觉，也就是随着样本容量的减小，方差的均值会逐渐减小，当样本容量减小到 1 时，方差的均值达到最小值 0。一维样本的方差的均值是 0，我们是有直觉的，我们将这个总体的二维样本、三维样本的所有等可能样本观测值及其均值和方差都列出来，帮助寻找直觉，如图 6.15 和图 6.16 所示，等可能样本观测值上方的红色数字为该样本值的均值，下方的蓝色数字为该样本值的方差。

总体

1　2　2　3

$$
\begin{array}{cccc}
1^{1.00}_{0.00}1 & 2^{1.50}_{0.25}1 & 2^{1.50}_{0.25}1 & 3^{2.00}_{1.00}1 \\[4pt]
1^{1.50}_{0.25}2 & 2^{2.00}_{0.00}2 & 2^{2.00}_{0.00}2 & 3^{2.50}_{0.25}2 \\[4pt]
1^{1.50}_{0.25}2 & 2^{2.00}_{0.00}2 & 2^{2.00}_{0.00}2 & 3^{2.50}_{0.25}2 \\[4pt]
1^{2.00}_{1.00}3 & 2^{2.50}_{0.25}3 & 2^{2.50}_{0.25}3 & 3^{3.00}_{0.00}3
\end{array}
$$

16 个等可能样本值

图 6.15　二维样本的均值和"方差"

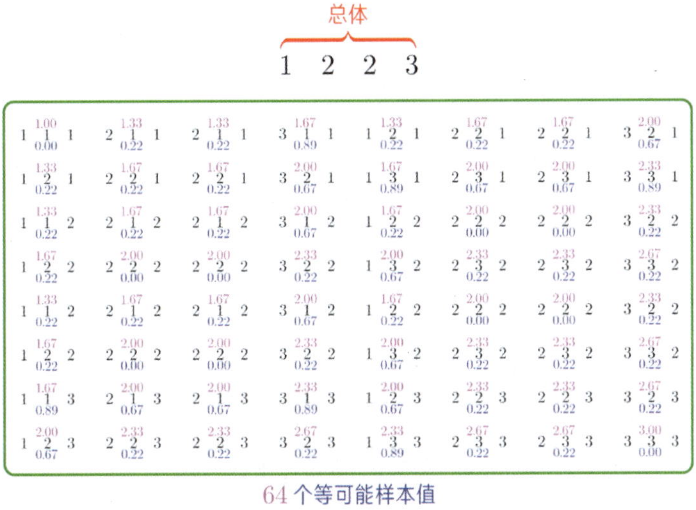

总体

1　2　2　3

$$
\begin{array}{cccccccc}
1\,1^{1.00}_{0.00}1 & 2\,1^{1.33}_{0.22}1 & 2\,1^{1.33}_{0.22}1 & 3\,1^{1.67}_{0.89}1 & 1\,2^{1.33}_{0.22}1 & 2\,2^{1.67}_{0.22}1 & 2\,2^{1.67}_{0.22}1 & 3\,2^{2.00}_{0.67}1 \\[4pt]
1\,2^{1.33}_{0.22}1 & 2\,2^{1.67}_{0.22}1 & 2\,2^{1.67}_{0.22}1 & 3\,2^{2.00}_{0.67}1 & 1\,3^{1.67}_{0.89}1 & 2\,3^{2.00}_{0.67}1 & 2\,3^{2.00}_{0.67}1 & 3\,3^{2.33}_{0.89}1 \\[4pt]
1\,1^{1.33}_{0.22}2 & 2\,1^{1.67}_{0.22}2 & 2\,1^{1.67}_{0.22}2 & 3\,1^{2.00}_{0.67}2 & 1\,2^{1.67}_{0.22}2 & 2\,2^{2.00}_{0.00}2 & 2\,2^{2.00}_{0.00}2 & 3\,2^{2.33}_{0.22}2 \\[4pt]
1\,2^{1.67}_{0.22}2 & 2\,2^{2.00}_{0.00}2 & 2\,2^{2.00}_{0.00}2 & 3\,2^{2.33}_{0.22}2 & 1\,3^{2.00}_{0.67}2 & 2\,3^{2.33}_{0.22}2 & 2\,3^{2.33}_{0.22}2 & 3\,3^{2.67}_{0.22}2 \\[4pt]
1\,1^{1.33}_{0.22}2 & 2\,1^{1.67}_{0.22}2 & 2\,1^{1.67}_{0.22}2 & 3\,1^{2.00}_{0.67}2 & 1\,2^{1.67}_{0.22}2 & 2\,2^{2.00}_{0.00}2 & 2\,2^{2.00}_{0.00}2 & 3\,2^{2.33}_{0.22}2 \\[4pt]
1\,2^{1.67}_{0.22}2 & 2\,2^{2.00}_{0.00}2 & 2\,2^{2.00}_{0.00}2 & 3\,2^{2.33}_{0.22}2 & 1\,3^{2.00}_{0.67}2 & 2\,3^{2.33}_{0.22}2 & 2\,3^{2.33}_{0.22}2 & 3\,3^{2.67}_{0.22}2 \\[4pt]
1\,1^{1.67}_{0.89}3 & 2\,1^{2.00}_{0.67}3 & 2\,1^{2.00}_{0.67}3 & 3\,1^{2.33}_{0.89}3 & 1\,2^{2.00}_{0.67}3 & 2\,2^{2.33}_{0.22}3 & 2\,2^{2.33}_{0.22}3 & 3\,2^{2.67}_{0.22}3 \\[4pt]
1\,2^{2.00}_{0.67}3 & 2\,2^{2.33}_{0.22}3 & 2\,2^{2.33}_{0.22}3 & 3\,2^{2.67}_{0.22}3 & 1\,3^{2.33}_{0.89}3 & 2\,3^{2.67}_{0.22}3 & 2\,3^{2.67}_{0.22}3 & 3\,3^{3.00}_{0.00}3
\end{array}
$$

64 个等可能样本值

图 6.16　三维样本的均值和"方差"

这里给出结论：样本容量越小，样本方差的均值越小，样本容量为 1 时，样本方差的均值达到最小值 0。我们求解样本方差均值与总体方差的关系时发现，容量为 n 的样本，样本方差均值等于总体方差的 $\frac{n-1}{n}$，比如当前这个总体的方差是 0.5，那么它一维到十维的样本方差的均值，分别就是 0.5 的 $\frac{0}{1}$, $\frac{1}{2}$, $\frac{2}{3}$, $\frac{3}{4}$, $\frac{4}{5}$, $\frac{5}{6}$, $\frac{6}{7}$, $\frac{7}{8}$, $\frac{8}{9}$, $\frac{9}{10}$，刚好就是表 6.1 中的数据，而且这种数量关系对我们研究的所有总体都适用。

既然存在这样的数量关系，我们就可以构造一个全新的统计量

$$\frac{(X_1-\bar{X})^2+(X_2-\bar{X})^2+\cdots+(X_n-\bar{X})^2}{n}\times\frac{n}{n-1}$$

它的取值会以总体的方差为中心，围绕总体的方差上下浮动。即统计量

$$S^2=\frac{(X_1-\bar{X})^2+(X_2-\bar{X})^2+\cdots+(X_n-\bar{X})^2}{n-1}$$

能够实现以总体的方差为中心，围绕总体的方差上下浮动。这个统计量与方差的表达式

$$\frac{(X_1 - \bar{X})^2 + (X_2 - \bar{X})^2 + \cdots + (X_n - \bar{X})^2}{n}$$

非常相似，区别只是分母是 $n-1$ 而不是 n。这是一个全新的统计量，它显然也可以反映样本的离散程度。我们之前说过，离散程度并不是一个像长度、角度那样可以定量表示的量。

当我们用这个全新的统计量 S^2 表示样本离散程度的时候，它的取值就会以总体的方差为中心，围绕总体的方差上下浮动，并且随着样本容量的增加，取值会向总体的方差聚集。我们将这个全新的统计量 S^2 叫作**样本方差统计量**或**样本方差**，以后提到的样本方差都是指这个统计量。我们用这个全新的统计量再来计算二维样本和三维样本的方差，如图 6.17 和图 6.18 所示。

总体
1 2 2 3

$1_{0.00}^{1.00}1$　$2_{0.50}^{1.50}1$　$2_{0.50}^{1.50}1$　$3_{2.00}^{2.00}1$

$1_{0.50}^{1.50}2$　$2_{0.00}^{2.00}2$　$2_{0.00}^{2.00}2$　$3_{0.50}^{2.50}2$

$1_{0.50}^{1.50}2$　$2_{0.00}^{2.00}2$　$2_{0.00}^{2.00}2$　$3_{0.50}^{2.50}2$

$1_{2.00}^{2.00}3$　$2_{0.50}^{2.50}3$　$2_{0.50}^{2.50}3$　$3_{0.00}^{3.00}3$

16 个等可能样本值

图 6.17　二维样本的均值和方差

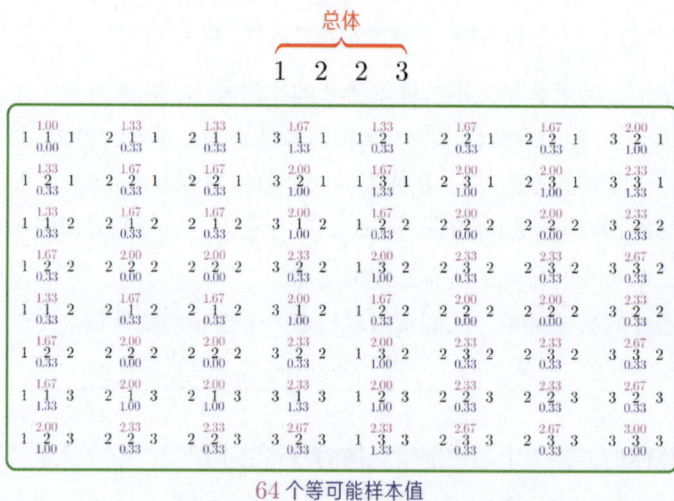

总体
1 2 2 3

64 个等可能样本值

图 6.18　三维样本的均值和方差

　　通过以上分析可以看到，我们的目的是要找到一个随机变量，让它的取值会以总体的方差为中心，围绕总体的方差上下浮动，并且随着样本容量的增加，取值会向总体的方差聚集。结果我们找到了一个与方差公式很像的随机变量，它可以实现这个功能。正是因为这个统计量跟方差公式很像，于是大家也将这个表达式叫作**样本方差公式**，而且认为这是一个被修正过的方差公式，这种观点稍稍有些牵强，常常让初学者感到混乱。在这里，我们的本意是要构造出一个能够实现某种特定功能的统计量，结果构造出来的统计量因为很像方差公式，搞得我们左右为难，其实我们也可以认为这就是一个全新的统计量。

　　在数理统计中，只有样本值的方差用这个表达式计算，其他不涉及样本值方差的情况，一律还是用通常的方差表达式，比如上一节计算样本均值的方差，我们用的就是通常的方差公式，本节计算样本方差的方差，用的也是通常的方差表达式。

　　样本方差的表达式经过修正之后，我们就不再讨论一维样本的方差，因为一维样本的方差表达式会出现分母为 0，没有意义，我们只讨论二维及二维以上样本的方差。再强调一遍，以后但凡遇到与样本方差有关的统计量，一律从二维样本开始谈起，样本方差对一维样本没有意义。

　　我们同样列出总体

$$1\quad 2\quad 2\quad 3$$

从一维到十维的样本对应的样本值方差的均值和样本值方差的方差。

表 6.2　从二维到十维样本值方差的均值和样本值方差的方差

n （样本值的维度）	1	2	3	4	5	6	7	8	9	10
各样本值方差的均值 （方差的中心点）	无意义	0.500	0.500	0.500	0.500	0.500	0.500	0.500	0.500	0.500
各样本值方差的方差 （方差的波动幅度）	无意义	0.375	0.167	0.104	0.075	0.058	0.048	0.040	0.035	0.031

　　显然，不同维度样本方差的均值始终等于总体的方差，虽然样本方差的方差也与样本均值的方差一样，随着 n 的增大会越来越小，趋于 0，但不像样本均值的方差 $\frac{\sigma^2}{n}$ 那样具有统一的数学表达式。

　　对不同维度样本方差的分布情况，我们也像样本均值的分布那样画出函数图像，如图 6.19 至图 6.22 所示。

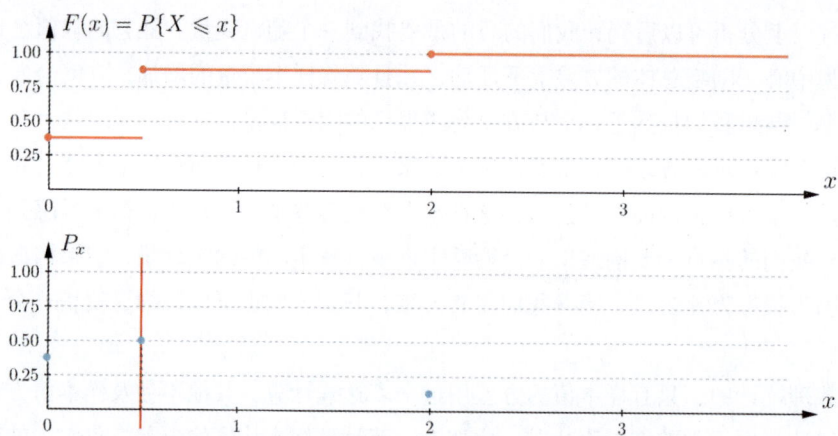

图 6.19　二维样本方差的分布函数和概率函数

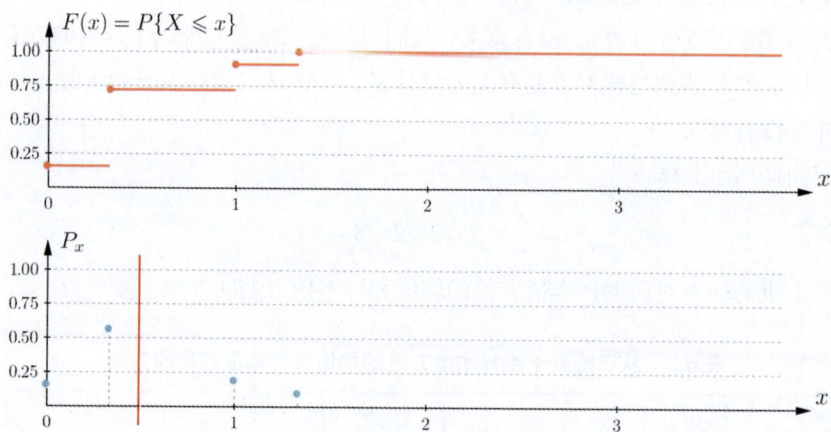

图 6.20　三维样本方差的分布函数和概率函数

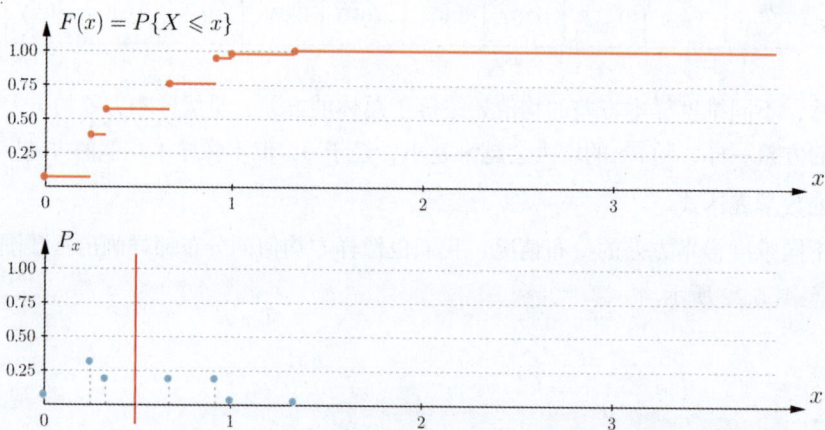

图 6.21　四维样本方差的分布函数和概率函数

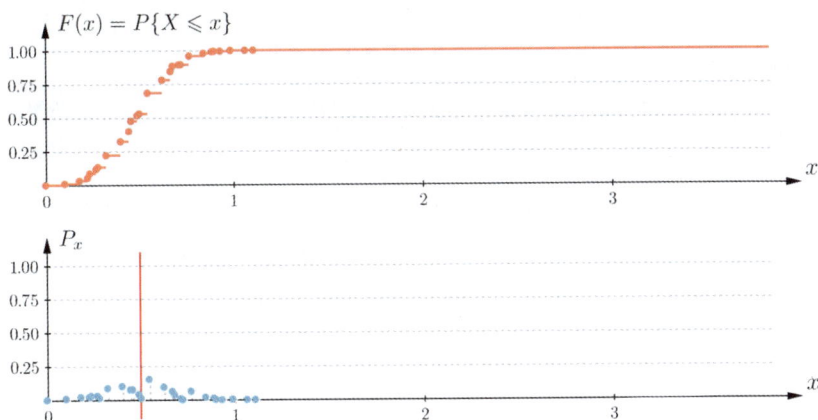

图 6.22 十维样本方差的分布函数和概率函数

可以看到，样本方差的分布虽然不像样本均值的分布那样整齐，但也是随着样本维度的增加，以总体的方差 0.5 为中心，在向它聚集。

到目前为止，我们介绍了一般总体的样本均值统计量

$$\bar{X} = \frac{X_1 + X_2 + \cdots + X_n}{n}$$

和样本方差统计量

$$S^2 = \frac{(X_1 - \bar{X})^2 + (X_2 - \bar{X})^2 + \cdots + (X_n - \bar{X})^2}{n-1}$$

这是一般总体最重要、最实用的两个统计量。

接下来，我们介绍正态总体的统计量。我们知道，凡是个性被淹没的随机性凑到一起，都服从正态分布。换句话说，凡是由大量无足轻重的随机性凑到一起的随机性，都服从正态分布。比如，一个骰子很有个性，它的点数不服从正态分布，但是成千上万个骰子就没有个性，如果同时抛成千上万个骰子，总点数就会趋于正态分布。

正态总体是最普遍存在的总体，深入研究正态总体具有现实意义，所以数学家们专门为正态总体找出了一些特有的统计量。

【第六节】标准正态分布

听人讲过一个故事，说过去炼制香油的那种油坊，都会在柜台前面挂一块牌子，上写 3 行字：

第一行是 1 两多少钱，2 两多少钱，一直到 9 两多少钱。

第二行是 1 斤多少钱，2 斤多少钱，一直到 9 斤多少钱。

第三行是 10 斤多少钱，20 斤多少钱，一直到 90 斤多少钱。

要计算 38 斤 4 两香油多少钱，不需要计算乘法，只需要将牌子上的 30 斤、8 斤、4 两对应的数值相加就可以了。

很明显，查表可以让问题简单化，但是可以查表的前提，一般是当前数学问题可以标准化。我们知道，任何一个一维的随机变量，理论上都可以转换成一个向量，而一个向量是偏移效应和波动效应的混合效应，也就是说，一个向量可以分解成一个中心向量和一个波动向量。所以一个向量减去它的中心向量，再除以它的波动向量的长度，就可以得到一个与波动向量方向一致，长度是 1 的向量。

这个过程对应到随机变量，就相当于将一个一维随机变量 X，变成一个均值是 0，方差是 1 的随机变量：

$$X^* = \frac{X - \mu}{\sigma}$$

这个过程就是对随机变量 X 的标准化，这里的新随机变量 X^*，叫作原随机变量 X 的标准化随机变量，μ 是随机变量 X 的均值，σ 是随机变量 X 的标准差，标准差就是方差的算术平方根。

很明显，如果反过来：

$$X = \sigma X^* + \mu$$

就可以将标准化随机变量 X^* 还原成原随机变量 X。

我们注意到，虽然所有一维随机变量都可以标准化，但是标准化后的随机变量是五花八门、各式各样的。然而，如果一维随机变量服从一维正态分布，那么它在标准化后是一样的，都是标准正态分布。换句话说，一个服从标准正态分布的一维随机变量，可以通过反向标准化，还原出服从任意一般正态分布的随机变量。所以数学家们在研究正态总体的时候，就将注意力集中在了标准正态分布上，并且将一个标准正态分布的概率密度、概率分布像油坊那样都做了一块"牌子"，那么结合正态分布的标准化过程，就可以很方便地计算一般正态分布的概率密度和概率分布。

从函数图像的角度来说，可以将一般正态分布的密度函数图像通过整体平移，再整体横向、纵向伸缩，变成一维标准正态分布的密度函数图像。反过来，也可以将标准正态分布变成一般正态分布，正态分布密度函数图像（钟形曲线）的规范性，让一般正态分布与标准正态分布具有完美的对应关系。

从公式的角度来说，如果标准正态分布的密度函数是 $\varphi_0(x)$，分布函数是 $\phi_0(x)$，一般正态分布 $X \sim N(\mu, \sigma^2)$ 的密度函数是 $\varphi(x)$，分布函数是 $\phi(x)$，则有

$$\varphi(x) = \frac{1}{\sigma} \varphi_0 \left(\frac{x - \mu}{\sigma} \right)$$

$$\phi(x) = \phi_0 \left(\frac{x - \mu}{\sigma} \right)$$

你是否不需要推导过程，就可以从公式直观地看到结果？如果不能，那就找几个实例练

习一下，寻找直觉。

上一节概括过构造统计量的基本流程：首先将实际问题概括成一个一维的随机变量 X ，也就是总体随机变量；然后将一维随机变量 X "复制叠加"，变成 n 维随机变量 $(X_1, X_2, \cdots, X_n)$ ，也就是样本随机变量；接着再基于样本随机变量构造一个新的随机变量 $f(X_1, X_2, \cdots, X_n)$ ，也就是统计量。

事实上，基于样本随机变量构造的任何一个函数，比如：

$$f(X_1, X_2, \cdots, X_n) = X_1^5 + 2X_2^{10} + 99 - \sqrt{2} + \cdots + \frac{X_n}{2}$$

这也是一个随机变量，也是一个输入值是多维数值，输出值是一维数值的函数，也是一个统计量，它也有自己的取值，有自己的分布，有自己的均值和方差。但是这样胡乱构造的统计量，我们无法知道它的用途，无法知道它折射了总体的哪些特征。

上一节构造的样本均值和样本方差，它们的目的和意图是很明确的，它们的取值、分布、均值和方差可以折射出总体的某些特征。所以，下一节的任务，就是以一个一维的标准正态总体 X 为起点，看看它的样本随机变量能够构造出哪些具有实用价值的函数，以及这些函数能够折射出总体的哪些特征。

本节的最后要介绍标准正态分布的一个重要参数，合理程度。

如图 6.23 所示是标准正态分布的密度函数图像，它的取值范围是 $-\infty$ 到 $+\infty$ ，也就是整个数轴，越靠近 0 取值个数越多，越远离 0 取值个数越少，图像的高低反映了取值个数的多少：在 -1 到 1 范围内的取值个数占 68.26%，在 -2 到 2 范围内的取值个数占 95.44%，在 -3 到 3 范围内的取值个数占 99.74%。

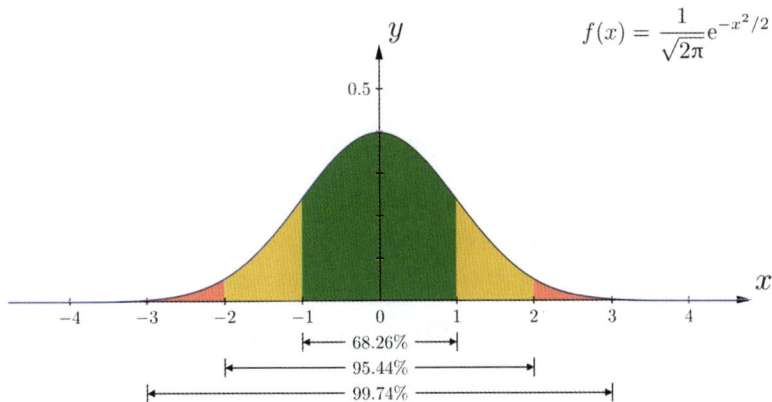

图 6.23 　标准正态分布的密度函数图像

换句话说，对一个服从标准正态分布的随机变量来说，随机抽取一个数，这个数在 -1 到 1 这个范围内的概率是 68.26%，在 -2 到 2 这个范围内的概率是 95.44%，在 -3 到 3 这个范围内的概率是 99.74%。

这个函数图像与坐标轴围成的面积是 1，从–1 到 1 这个范围的面积是 0.6826，从–2 到 2 这个范围的面积是 0.9544，从–3 到 3 这个范围的面积是 0.9974。那么，$1 - 0.9974 = 0.0026$，也就是说，–3 到 3 这个区间以外的面积和，大约是 0.0026。

我们现在看到的图像，是由计算机绘制出来的真实密度函数图像，图像两侧看起来就像与横轴重合了。事实上，图像在正、负两个方向上永远达不到横轴，只是在无限趋近坐标系的横轴。这种无限趋近，在真实的密度函数图像中观察起来很不方便，所以在教科书中往往会用示意图表示，如图 6.24 所示。本章中的函数图像，除了这张图，其他都由计算机准确绘制。

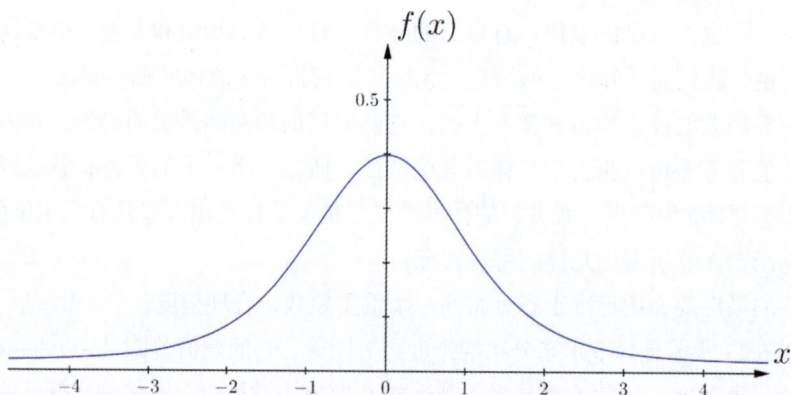

图 6.24 标准正态分布密度函数图像示意图

该示意图旨在告诉我们，–3 到 3 以外的任何一个区间都有面积，而真实图像中–3 到 3 以外的面积肉眼几乎看不出来，只有大约 0.0026。

下面要对这个只有 0.0026 的面积做另一种解释，这个面积本质上就是我们随机抽取一个数，这个数不在–3 到 3 这个区间的概率（0.26%）。

这个 0.26%说明，当从一个服从标准正态分布的随机变量中随机抽取一个数值时，如果随机抽到了一个大于 3 或小于–3 的数，我们认为这是很不合理的，它的不合理程度大于 99.74%，而合理程度或者说合理性小于 0.26%。

如果按照这种观点对标准正态分布做合理性分析，随机抽取到–5 或 5 的合理性是相同的，随机抽取到–2 或 2 的合理性也是相同的。也就是说，随机抽取到$-n$或n的合理性是相同的。合理程度可以用密度函数图像两侧的面积和来表示。如图 6.25 所示，红色面积和表示随机抽取到 1.5 的合理程度，当然也是随机抽取到–1.5 的合理程度。

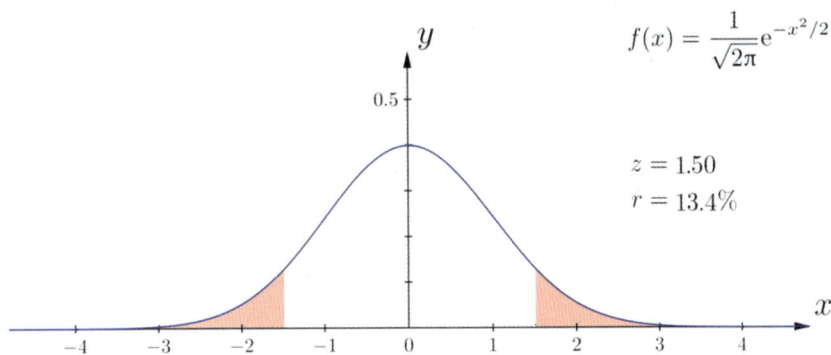

$$f(x) = \frac{1}{\sqrt{2\pi}} e^{-x^2/2}$$

$z = 1.50$
$r = 13.4\%$

图 6.25　红色面积和表示抽到 1.5 或–1.5 的合理程度

显然，抽取到 0 的合理程度是 100%，如图 6.26 所示。

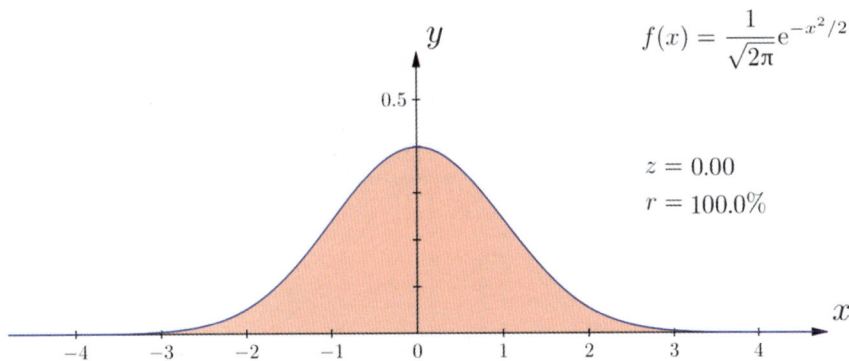

$$f(x) = \frac{1}{\sqrt{2\pi}} e^{-x^2/2}$$

$z = 0.00$
$r = 100.0\%$

图 6.26　红色面积和表示抽到 0 的合理程度

抽取到–1 或 1 的合理程度是 $1 - 0.6826 = 0.3174$，如图 6.27 所示。

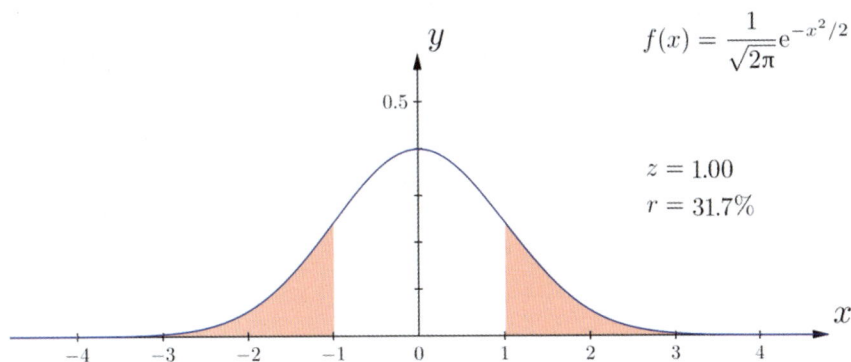

$$f(x) = \frac{1}{\sqrt{2\pi}} e^{-x^2/2}$$

$z = 1.00$
$r = 31.7\%$

图 6.27　红色面积和表示抽到 1 或–1 的合理程度

抽取到–2 或 2 的合理程度是 $1 - 0.9544 = 0.0456$，如图 6.28 所示。

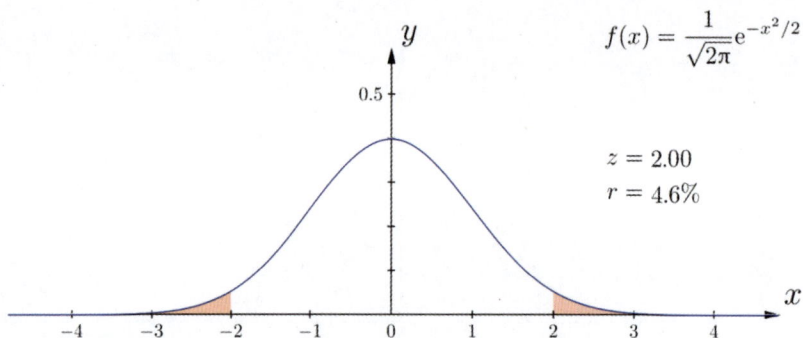

图 6.28   红色面积和表示抽到 2 或–2 的合理程度

抽取到–3 或 3 的合理程度是$1 - 0.9974 = 0.0026$，如图 6.29 所示，肉眼基本已经看不到红色阴影了。

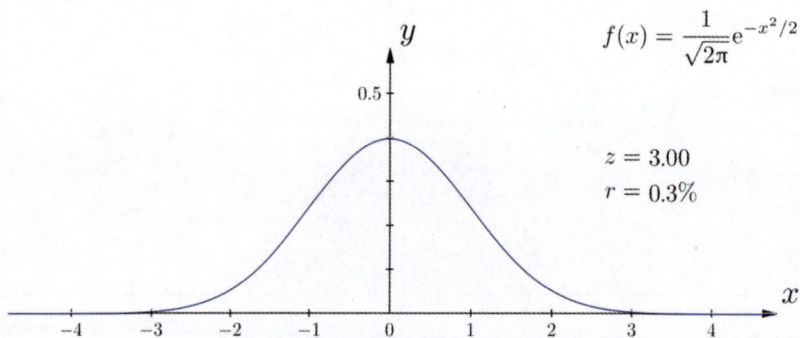

图 6.29   红色面积和表示抽到 3 或–3 的合理程度

抽取到 3.5 或–3.5 的合理程度显然也能查表或者计算出来，它一定小于 0.0026，如图 6.30 所示，是 0.00047。以上图像中的合理程度值r都是在计算机绘图的时候直接计算出来的面积。在计算机出现之前，显然不可能像这样实时暴力计算任何数值的合理程度，而是主要靠查表。

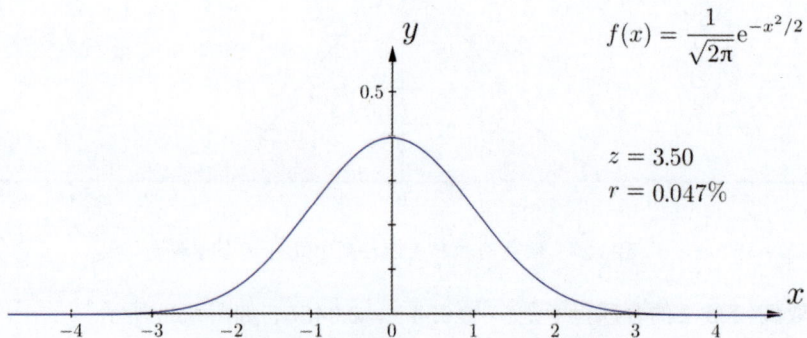

图 6.30   红色面积和表示抽到 3.5 或–3.5 的合理程度

很明显，在一次试验中，很不合理的事件也有可能发生，比如抽取到 3 的合理程度是 0.0026，它依然有机会被抽到；而很合理的事件也不一定发生，比如抽取到 0 的合理程度是 100%，但是一次试验不一定能抽到 0。

当抽取到一个合理性很低的数值时，一般只有以下两种可能：第一种，真的发生了极小概率的事件；第二种，我们面对的这个总体并不是我们心里想的那个总体。人们根据经验认为，合理性很小的事件在一次试验中一般不会发生。所以，当合理性很低的事件发生时，我们一般都认为，我们面对的这个总体并不是我们想象的那个总体，也就是我们事先对总体的假定不正确。

经过以上分析我们知道，一个服从一维标准正态分布的随机变量，抽取到任何一个数值的合理程度都可以查表或者计算出来，比如抽取到 2.5，它的合理程度就是求–2.5 到 2.5 区间以外的面积，如图 6.31 所示。

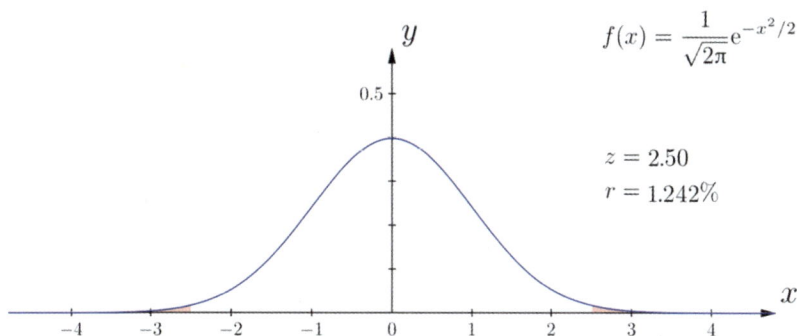

$$f(x) = \frac{1}{\sqrt{2\pi}}e^{-x^2/2}$$

$z = 2.50$
$r = 1.242\%$

图 6.31　红色面积和表示抽到 2.5 或–2.5 的合理程度

一个服从二维标准正态分布的随机变量，抽取到任何一个二维数值的合理程度也可以计算出来。比如抽取到的二维数值是$(1, 0.5)$，它的合理程度就是图 6.32 中这座山在圆柱体围栏以外的体积。本章中提到的n维标准正态分布是指它的每个维度都服从一维标准正态分布。

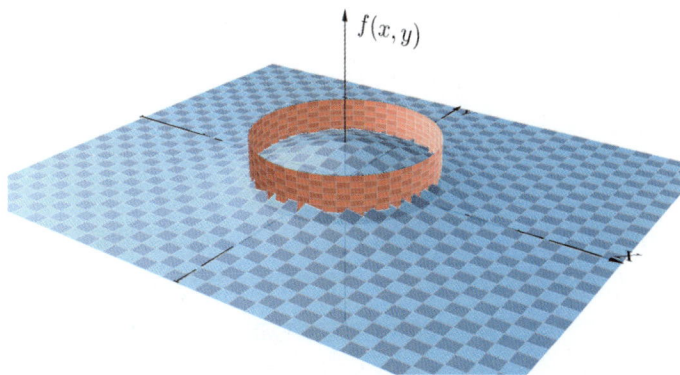

图 6.32　山的外围体积表示抽到$(1, 0.5)$的合理程度

以此类推，我们可以计算任意维标准正态分布的合理程度。

【第七节】卡方分布

经过上一节对标准正态分布合理程度的分析，现在我们假设有一个一维的标准正态总体，那么它的n维样本就是一个服从n维标准正态分布的随机变量。对一个服从n维标准正态分布的随机变量来说，它的每个样本值的合理程度理论上都可以计算出来。

一维样本的合理程度，就是一维标准正态分布密度函数图像两侧的面积。

二维样本的合理程度，就是二维标准正态分布密度函数图像周围的体积。

以此类推。

如果用表达式来表示这些合理程度，一维样本的合理程度会是一个一重积分，二维样本的合理程度会是一个二重积分，n维样本的合理程度就会是一个n重积分。显然，不同维度合理程度的表达式完全不一样，这并不奇怪，因为不同维度样本的样本空间完全不一样。

我们看到，用这种方式来计算合理程度相当麻烦，那么有没有一种方式可以简化这个过程呢？也就是说，我们可不可以对n维样本构造一个简单一些的随机变量，来刻画样本值的合理性呢？

我们来试试看，比如，将n维样本的n个样本值相加，也就是构造一个

$$X_1 + X_2 + \cdots + X_n$$

的统计量。很明显，这个统计量不能刻画样本值的合理性。我们举一个例子就能否决这个统计量，比如有两个二维样本值分别是$(-0.5, 0.5)$和$(-2, 2)$，这两个样本值的合理程度很明显不一样，但是，按照以上统计量计算出来都等于0。

从这个不成功的统计量得到启发，我们再构造一个取绝对值的统计量：

$$|X_1| + |X_2| + \cdots + |X_n|$$

这个统计量看起来很符合我们的要求，取了绝对值以后，每个值离原点越远，统计量的值就会越大，所以它可以用来刻画样本值的合理程度。但是计算绝对值不方便，于是我们用平方代替绝对值，用表达式

$$X_1^2 + X_2^2 + \cdots + X_n^2$$

来刻画样本的合理程度。其实，四次方和、六次方和、八次方和都可以刻画样本的合理程度，看到这里，你或许会有这样的疑问：平方和、四次方和、六次方和、八次方和是完全不同的函数表达式，它们为什么都可以刻画标准正态分布的合理程度呢？它们是近似刻画，还是都能够准确刻画标准正态分布的合理程度呢？或者说，这些完全不同的函

数为什么可以准确刻画标准正态分布的合理程度？因为分布主要关注的是函数值的个数，而不是函数值的大小，如果这样解释还不明白，你可以直接跳到本章末尾去看对这个问题的分析，看完我相信你对分布概念的内涵会有更深刻的理解。

既然平方和、4 次方和、6 次方和、8 次方和都可以准确刻画标准正态分布的合理程度，简单起见，我们就用平方和，这个表达式的简写符号是

$$\chi^2 = X_1^2 + X_2^2 + \cdots + X_n^2$$

这个简写符号χ^2读作卡方，它是由标准正态总体的n维样本构造出来的函数，是一个随机变量，也是一个统计量，它有自己的取值、分布、均值、方差。这个随机变量服从的分布叫作卡方分布，一般这样写：

$$\chi^2 \sim \chi^2(n)$$

显然，波浪线前面的部分是一个随机变量，或者说是一个由多个卡方值构成的数据集，波浪线后面的部分是一种分布状态，读作自由度为n的卡方分布。显然，这里的自由度n就是样本的维数，上式整体读作：统计量卡方服从自由度为n的卡方分布。自由度有很多种定义：一个多项式中取值不受约束的变量的个数就叫作这个多项式的自由度；在数值空间中，一个变量就代表一个维度，那么不受其他变量约束的变量就是不受其他维度约束的维度，直线的自由度是 1，平面的自由度是 2，三维空间的自由度是 3。我们的脖子就有 3个自由度，我们可以点头，可以摇头，可以偏头，如果脑袋转动不受角度限制，那么这三个自由度可以让我们看到三维空间中的任意角度，更多的自由度意味着更多的可能性。

回到正题，很明显，卡方统计量的取值是非负数，这个随机变量的取值范围是 0 到$+\infty$，卡方值本质上是在刻画标准正态总体的样本值整体偏离原点的累计结果。也就是说，卡方与方差一样，都是与样本的离散程度相关的统计量。对标准正态总体的每个样本值来说，卡方表达式都能够计算出一个整体累计偏离值。而每个卡方值对应的合理程度值，数学家也将它们像油坊的牌子一样做成了表，这样我们就可以通过查表来了解某个样本值的合理程度。

比如一个标准正态总体，我们取到一个二维样本值(-2, 1)，那么它的卡方值就是 5，经过查表，二维样本值卡方值为 5 时，合理程度在 5%到 10%之间。

如果我们取到的二维样本值是(2,3)，那么它的卡方值是 13，经过查表，二维样本值卡方为 13 时，合理程度小于 0.5%。这说明，对于一个一维标准正态总体来说，我们抽到(2,3)这样的二维样本是很不合理的，一般不会发生这种事，如果发生了，就只有两种可能：一，极小概率的事件真的发生了；二，这个总体不是一维标准正态总体。人们根据经验认为，当这种极不合理的事情发生的时候，一般都是遇到了第二种情况。

我们前面说过，一个统计量就算它的表达式是胡拼乱凑的，它也有自己的取值、分布、均值、方差。卡方的表达式显然不是胡拼乱凑的统计量，它用另一种方式刻画了样

本的离散程度，它也有自己的取值、分布、均值、方差。卡方的取值就是一堆变量的平方和，取值范围是 0 到+∞。我们凭直觉就能知道，卡方的自由度越大，其密度函数越接近正态分布，因为卡方就是多个随机变量在叠加，而任何随机变量不断叠加的结果都是正态分布，就像我们在概率论部分不断叠加骰子那样。

当我们求解卡方随机变量概率密度函数的时候，发现其密度函数图像的形状只与平方和的个数有关，或者说只与样本值的维度有关，不同维度的卡方随机变量，它们的概率密度函数如图 6.33 所示，图像为单峰曲线时，峰值出现在$n-2$的位置。

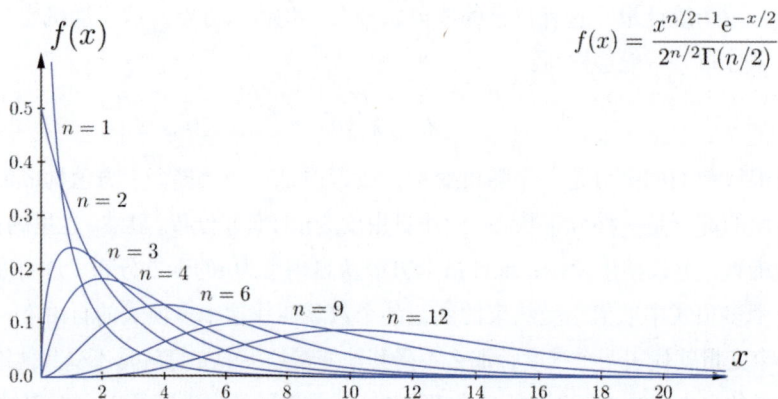

$$f(x) = \frac{x^{n/2-1}e^{-x/2}}{2^{n/2}\Gamma(n/2)}$$

图 6.33　不同自由度时的卡方概率密度函数图像

每个具体的样本值，都可以计算出一个样本卡方值，密度函数图像在卡方值到+∞区间上围成的面积，就是这个样本值的合理程度，如图 6.34 所示，红色部分的面积就是标准正态总体的一个五维样本在卡方值为 11 时的合理程度，图像中的合理程度值r是在绘制图像的时候由计算机直接计算出来的，当然也可以通过查表或者在 Excel 表格中输入相应函数得到。

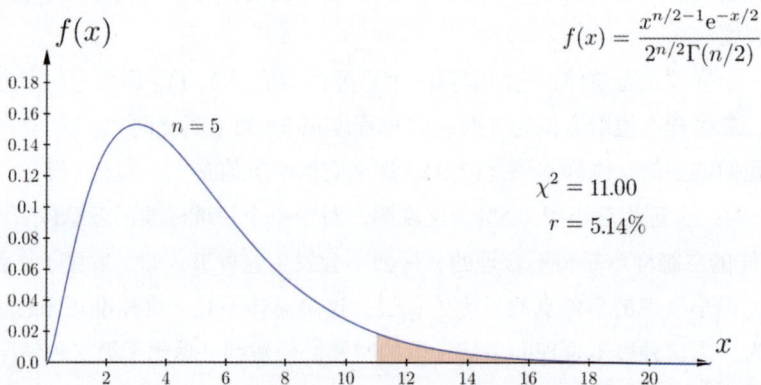

$$f(x) = \frac{x^{n/2-1}e^{-x/2}}{2^{n/2}\Gamma(n/2)}$$

$\chi^2 = 11.00$
$r = 5.14\%$

图 6.34　红色区域面积表示卡方值的合理程度

如果我们看过第 4 章第十一节的伽马分布，就会发现卡方的概率密度函数为

$$f(x) = \frac{x^{\frac{n}{2}-1}e^{-\frac{x}{2}}}{2^{\frac{n}{2}}\Gamma\left(\frac{n}{2}\right)} = \frac{\left(\frac{1}{2}\right)^{\frac{n}{2}}x^{\frac{n}{2}-1}e^{-\frac{1}{2}x}}{\Gamma\left(\frac{n}{2}\right)}$$

也就是说，卡方随机变量服从参数 $\alpha = \frac{n}{2}$，$\lambda = \frac{1}{2}$ 的伽马分布，即 $\chi^2 \sim \Gamma\left(\frac{n}{2}, \frac{1}{2}\right)$。换句话说，标准正态总体 n 维样本的**平方和分布**与每分钟平均进 $\frac{1}{2}$ 辆车，等待至少有 $\frac{n}{2}$ 辆车进入停车场的**等待时间分布**相当，我们来说明一下原因。

已知一个随机变量的密度函数，求解这个随机变量函数的密度函数。在教科书中用了一种非常巧妙快捷的算法，虽然我们在经过实践之后也可以找到这种算法与事物本质相关的直觉，但仍然要看看它的数学模型在小学数学中是什么样子。它相当于：小明和小强都要完成步行 1 公里的任务，已知小明的速度是每分钟 0.2 公里，小强完成同样任务所用的时间是小明的 2 倍，求小强的速度是多少？

完成同样的任务，小明和小强之间的关联是他们所用时间之间的关联，换句话说，随机变量与随机变量函数之间的关联相当于两个运动物体运动时间之间的关联。事实上，我们只要知道小明和小强所用时间之间的关联，小明的速度函数和路程函数，以及小强的速度函数和路程函数这四个函数中，我们只要知道其中任意一个函数，就可以求解其他三个函数，而这个数学模型问的是其中最复杂的一种形式，需要将四个函数全都牵扯进来，它的完整求解过程是：先由小明的速度函数 $V_1 = 0.2$，积分算出小明的路程函数 $S_1 = 0.2x$，那么小强的路程函数就是对小明的路程函数换元，即 $S_2 = 0.2 \cdot \frac{y}{2} = 0.1y$，知道了小强的路程函数，对小强的路程函数微分就是小强的速度函数 $V_2 = 0.1$。教科书上的求解思路也是这样，只是它没有将小明和小强的路程函数直接求出来，而是用未知函数代替，因为最终还是要对路程函数微分，所以最终小强的速度函数就是像教科书那样对由小明的速度函数构成的复合函数微分。

从以上叙述中得到启发，所有连续型随机变量的函数都可以看成是对时间的重构。你可能会想随机变量也可能是负数呀，时间怎么可能是负数？其实那只是计时方式的问题，比如我们可以按照不同的计时方式来表达小明所用的 5 分钟，如果小明的计时方式是从 0 分钟走到 5 分钟，小强的计时方式就是从 0 分钟走到 10 分钟；如果小明的计时方式是从–2.5 分钟走到+2.5 分钟，小强的计时方式就得是从–5 分钟走到+5 分钟；如果小明的计时方式是从–10 分钟走到–5 分钟，小强的计时方式就得是从–20 分钟走到–10 分钟。

同理，服从标准正态分布的随机变量 X 的取值范围是 $(-\infty, +\infty)$，这个随机变量的函数 X^2 的取值范围就是 $[0, +\infty)$，很明显，重构之后看起来就像是在从 0 开始计时，那么随机变量 X^2 在 0 到 4 区间所走的"路程"就是随机变量 X 在–2 到+2 区间所走的路程，随机变量 X^2 在 0 到 x 区间所走的"路程"就是随机变量 X 在 $-\sqrt{x}$ 到 $+\sqrt{x}$ 区间所走的"路程"。我们知道服从标准正态分布的随机变量 X 的概率密度函数是

$$\frac{1}{\sqrt{2\pi}}e^{-\frac{x^2}{2}}$$

那么随机变量$Y = X^2$的概率密度函数用小明、小强的那一套逻辑计算出来就是

$$\frac{1}{\sqrt{2\pi}}y^{-\frac{1}{2}}e^{-\frac{y}{2}}$$

整理这个表达式：

$$\frac{1}{\sqrt{2\pi}}y^{-\frac{1}{2}}e^{-\frac{y}{2}} = \frac{\left(\frac{1}{2}\right)^{\frac{1}{2}}y^{\frac{1}{2}-1}e^{-\frac{1}{2}y}}{\sqrt{\pi}} = \frac{\left(\frac{1}{2}\right)^{\frac{1}{2}}y^{\frac{1}{2}-1}e^{-\frac{1}{2}y}}{\Gamma\left(\frac{1}{2}\right)}$$

这正好是第 4 章第十一节中介绍的伽马分布的概率密度函数，即$\chi^2 \sim \Gamma\left(\frac{1}{2}, \frac{1}{2}\right)$。这就是说，自由度为 1 的**卡方分布**，与每分钟平均进$\frac{1}{2}$辆车，等待至少有$\frac{1}{2}$辆车进入停车场的**等待时间分布**相当。那么自由度为 2 的卡方分布，就相当于等待至少有$\frac{2}{2}$辆车。于是，我们得出结论：自由度为n的**卡方分布**就与每分钟平均进$\frac{1}{2}$辆车，等待至少有$\frac{n}{2}$辆车进入停车场的**等待时间分布**相当。伽马分布的这种可加性，我相信在第 4 章的推导过程中你就有直觉。

卡方随机变量的均值也很有特点，就等于它的自由度，或者说就等于样本的容量，其方差等于自由度的 2 倍，即

$$E(\chi^2) = n$$

$$D(\chi^2) = 2n$$

也就是说，样本卡方值会以样本的维数值n为中心，围绕维数值n上下浮动，而且随着样本维数n的增加，取值变得越来越松散（即方差$2n$越来越大），从图 6.33 也可以直观地看到这个结论。

经过以上介绍，我相信你已经明白卡方分布一般会用在什么场景了。

举个例子，一个正态总体均值是 2，方差是 4，求抽到二维样本值$(0, 6)$的合理程度是多少。

首先，确认这是一个正态分布；然后，这个正态总体的均值$\mu = 2$，方差$\sigma^2 = 4$；接着，将样本值$(0, 6)$标准化，0 标准化后就是

$$\frac{X - \mu}{\sigma} = \frac{0 - 2}{2} = -1$$

6 标准化后就是

$$\frac{X - \mu}{\sigma} = \frac{6 - 2}{2} = 2$$

接下来就可以计算卡方值：

$$\chi^2 = (-1)^2 + 2^2 = 5$$

最后，查卡方分布表，标准正态总体的二维样本卡方值为 5 时对应的合理程度在 5% 到 10% 之间。我们也给出相应的图像，如图 6.35 所示。

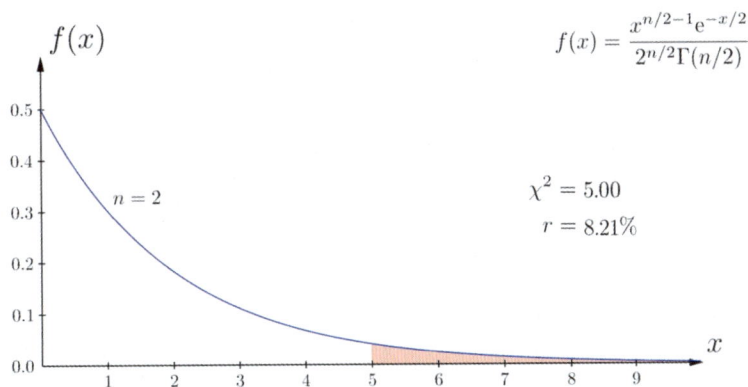

图 6.35　红色区域面积是二维样本卡方值为 5 时的合理程度

以上这个问题也可以换一种问法，就是一个正态总体的方差是 4，我们抽到一个二维样本值$(0, 6)$，求这个正态总体均值是 2 的合理程度。

当然，如果已知这个正态总体的方差是 4，并且抽到二维样本值$(0, 6)$的合理程度大于 5%，那么也可以求出这个正态总体均值μ的取值范围。在这里，我们给出合理程度是 5% 的卡方值，如图 6.36 所示，那么就有

$$\left(\frac{0-\mu}{2}\right)^2 + \left(\frac{6-\mu}{2}\right)^2 < 6$$

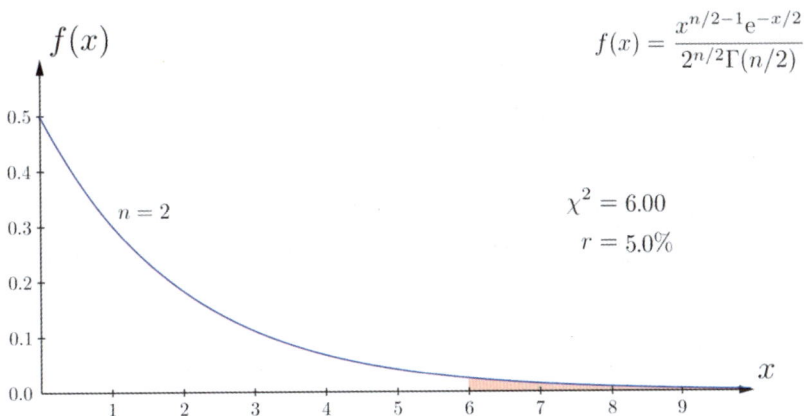

图 6.36　二维样本值合理程度为 5% 时卡方值大约是 6

显然，这里的逻辑，初中生就可以轻松驾驭。直白地说就是，我们知道了正态总体

的均值、正态总体的方差、一个具体的样本值及合理程度这四者之间的数量关系，那么只要有了其中任意三者的信息，就可以知道第四者的信息。在计算机可以帮助实时计算任何卡方值合理程度的今天，以上四者之间的计算，处理起来相当方便，与当初数学家刚发现这些数量关系的时候已不可同日而语。

最后，卡方分布有一个很直观的性质，我们要特意介绍一下。对于一个标准正态总体来说，比如它的一个四维样本是$(-1, 0, 1, 2)$，显然，这个样本的卡方值是 6。当将这个四维样本拆成两个二维样本的时候，二维样本$(-1, 0)$的卡方值是 1，二维样本$(1, 2)$的卡方值是 5，很明显，这两个二维样本的卡方值相加，就等于这两个二维样本构成的四维样本的卡方值。那么，我们本着要将它公式化的精神，若$\chi_1^2 \sim \chi^2(m)$，$\chi_2^2 \sim \chi^2(n)$，则有：

$$\chi_1^2 + \chi_2^2 \sim \chi^2(m + n)$$

也就是说，两个卡方可以相加，相加后的值依然服从卡方分布，只不过自由度是前两个分布自由度的和。在这里，可能会有人说，两个卡方值可以相加的前提是这两个卡方值要相互独立，事实上，我们只要真正理解了样本是如何构造出来的，以及独立的意义，不用不停强调独立，只要是简单随机样本，它们必然相互独立。

我们在这里特意提到两个卡方值相加，是因为后面会反复用到这个结论，这个结论相当直观，我们应该很容易建立直觉。

【第八节】样本方差与样本卡方的区别

在介绍样本卡方的时候，你或许就有这样的思考，既然标准正态总体的样本卡方跟一般正态总体的样本方差一样，都是与样本的离散程度相关的统计量，那么它们之间会不会有某种确定的关联呢？

本节我们来看一般正态总体的统计量：

$$\frac{(n-1)S^2}{\sigma^2} \sim \chi^2(n-1)$$

这个统计量服从自由度为$n-1$的卡方分布，它刻画了一般正态总体的样本方差与标准正态总体样本卡方之间的关系。在这里，我们不打算证明这个关系式，只做直观理解。整理表达式：

$$\frac{(n-1)S^2}{\sigma^2} = \frac{(X_1 - \bar{X})^2 + (X_2 - \bar{X})^2 + \cdots + (X_n - \bar{X})^2}{\sigma^2}$$

$$= \left(\frac{X_1 - \bar{X}}{\sigma}\right)^2 + \left(\frac{X_2 - \bar{X}}{\sigma}\right)^2 + \cdots + \left(\frac{X_n - \bar{X}}{\sigma}\right)^2$$

发现这个统计量看起来就像是将样本值标准化后求平方和。我们知道，将正态总体的样本值标准化后求平方和

$$\left(\frac{X_1 - \mu}{\sigma}\right)^2 + \left(\frac{X_2 - \mu}{\sigma}\right)^2 + \cdots + \left(\frac{X_n - \mu}{\sigma}\right)^2 \sim \chi^2(n)$$

服从卡方分布。只是在这里我们用样本均值$\bar{X}$代替了总体均值μ，也就是用一个不确定的值代替了一个确定的值。由于随着样本容量的增加，样本均值会整体趋向于总体均值，所以随机变量

$$\left(\frac{X_1 - \bar{X}}{\sigma}\right)^2 + \left(\frac{X_2 - \bar{X}}{\sigma}\right)^2 + \cdots + \left(\frac{X_n - \bar{X}}{\sigma}\right)^2$$

的分布一定会随着样本容量的增加，不断趋向于自由度为n的卡方分布，也就是说统计量

$$\frac{(n-1)S^2}{\sigma^2}$$

是一个无限趋向于卡方分布的随机变量。

我们想一想，什么样的分布会随着样本容量的增加，无限趋向于卡方分布呢？

我们知道，如果随机变量无限趋向于正态分布，那么无法确定这个随机变量事先服从哪种分布。因为任何分布不断叠加，最后都会服从正态分布。但是如果随机变量无限趋向于卡方分布，那么我们有理由相信，这个随机变量本身就服从卡方分布。事实上，随机变量

$$\frac{(n-1)S^2}{\sigma^2} \sim \chi^2(n-1)$$

就服从自由度为$n-1$的卡方分布。在这里，我们又看到了$n-1$，说明我们又遇到了样本方差，样本方差的“后遗症”在这里传递给了卡方。这个统计量的分子部分

$$(n-1)S^2 = (X_1 - \bar{X})^2 + (X_2 - \bar{X})^2 + \cdots + (X_n - \bar{X})^2$$

叫作一般正态总体n维样本的偏差平方和，分母部分是总体的方差。也就是说，只要将样本的偏差平方和做一定的整体缩放，它就与一个卡方相当，这正是方差与卡方之间的关系。

换句话说，基于一般正态总体的n维样本方差构造的统计量

$$\frac{(n-1)S^2}{\sigma^2} \sim \chi^2(n-1)$$

与基于标准正态总体的$n-1$维样本构造的卡方统计量

$$X_1^2 + X_2^2 + \cdots + X_{n-1}^2 \sim \chi^2(n-1)$$

具有相同的分布，即这两个统计量是等效的。所以，与一般正态总体样本方差S^2相关的统计量，都可以改写成基于卡方的等效形式，实际操作中，通常都将与样本方差S^2相关

的统计量写成基于卡方的形式。

在这里，我们用不确定的样本均值代替确定的总体均值的最终效应，相当于让卡方分布降了一个维度。当我们看到

$$\frac{(n-1)S^2}{\sigma^2} \sim \chi^2(n-1)$$

这个关系式的时候，或许会这么想，将波浪线两边的$n-1$都改成n行不行？肯定不行，因为左边只有乘以$n-1$才是样本的偏差平方和。

本节的最后，我们特别来对比一下由标准正态总体的n维样本构造出来的四个比较相似的统计量，如表 6.3 所示。

表 6.3　标准正态总体的四个统计量对比

统计量	表达式	围绕谁波动（均值）	波动幅度（方差）	分布规律
卡方	$X_1{}^2 + X_2{}^2 + ... + X_n{}^2$	n	$2n$	$\chi^2(n)$
卡方均值	$\dfrac{X_1{}^2 + X_2{}^2 + ... + X_n{}^2}{n}$	1	$\dfrac{2}{n}$	\
方差	$\dfrac{(X_1-\bar{X})^2 + ... + (X_n-\bar{X})^2}{n-1}$	1	$\dfrac{2}{n-1}$	\
方差累计	$(X_1-\bar{X})^2 + ... + (X_n-\bar{X})^2$	$n-1$	$2(n-1)$	$\chi^2(n-1)$

标准正态总体的样本卡方

$$\chi^2 = X_1^2 + X_2^2 + ... + X_n^2$$

计算的是每个样本值偏离总体中心点的累计值，样本卡方除以n，即

$$\frac{\chi^2}{n} = \frac{X_1^2 + X_2^2 + ... + X_n^2}{n}$$

计算的就是每个样本值偏离总体中心点的平均值，我们将这个平均值叫作样本卡方均值。

一般正态总体的样本方差

$$S^2 = \frac{(X_1-\bar{X})^2 + (X_2-\bar{X})^2 + \cdots + (X_n-\bar{X})^2}{n-1}$$

计算的是每个样本值偏离样本自身中心点的平均值，样本方差乘以$n-1$，即

$$(n-1)S^2 = (X_1-\bar{X})^2 + (X_2-\bar{X})^2 + \cdots + (X_n-\bar{X})^2$$

计算的就是每个样本值偏离样本自身中心点的累计值，这个累计值就是样本偏差平方和。

由于标准正态总体的方差$\sigma^2 = 1$，所以对标准正态总体而言：

$$\frac{(n-1)S^2}{\sigma^2} = (n-1)S^2 \sim \chi^2(n-1)$$

特别注意：表 6.3 中的样本方差和方差累计（偏差平方和）都是针对标准正态总体的样本而言。因为只有正态总体的方差$\sigma^2 = 1$时，它的样本偏差平方和才服从自由度为$n - 1$的卡方分布。

【第九节】t分布

你现在应该已经完全明白构造统计量的基本思想了：先将现实问题概括成一个总体随机变量；再将总体随机变量"复制叠加"成n维样本随机变量；接着基于样本随机变量构造一个统计量；最后用统计量来折射总体的某些信息。

关于正态总体的常用统计量，我们将它们一并列出：

$$\frac{X - \mu}{\sigma} \sim N(0, 1)$$

$$\bar{X} \sim N\left(\mu, \frac{\sigma^2}{n}\right)$$

$$\frac{\bar{X} - \mu}{\sigma/\sqrt{n}} \sim N(0, 1)$$

$$X_1^2 + X_2^2 + \cdots + X_n^2 \sim \chi^2(n)$$

$$\frac{(n-1)S^2}{\sigma^2} \sim \chi^2(n-1)$$

$$\frac{\bar{X} - \mu}{S/\sqrt{n}} \sim t(n-1)$$

$$\frac{S_1^2/S_2^2}{\sigma_1^2/\sigma_2^2} \sim F(n_1 - 1, n_2 - 1)$$

这些统计量表达式中的字母含义如下：X是正态总体，是随机变量；μ是正态总体的均值，是确定值；σ^2是正态总体的方差，也是确定值；$\bar{X}$是正态总体的样本均值，是随机变量；S^2是正态总体的样本方差，也是随机变量；n是正态总体的样本容量。

$$\bar{X} = \frac{X_1 + X_2 + \cdots + X_n}{n}$$

$$S^2 = \frac{(X_1 - \bar{X})^2 + (X_2 - \bar{X})^2 + \cdots + (X_n - \bar{X})^2}{n - 1}$$

这些正态总体的统计量，加上前面介绍的一般总体的样本均值和样本方差统计量，就是数理统计中最基本的数量关系。这里的每一个统计量，本质上都是一个随机变量，它们都有自己的取值、分布、均值、方差。我们初学的时候，很容易有意无意地将这些随机变量当成是概率密度函数，因为以往随机变量往往只是一个大写字母，概率密度函数是一个表达式。再说一遍，统计量都是随机变量，不是概率密度函数，也不是概率分布函数，它们是由样本随机变量构造出来的函数，随机变量的函数仍然是随机变量。在这里，我们不仅要内化每个统计量背后的逻辑，还应该对每个统计量有直觉，如果不能对这些统计量像$2 + 3 = 5$那样有直觉，说明内功不够，还需要修炼。

现在我们来看，这些统计量中还有哪些可以像卡方一样具有普遍意义，适合像油坊的牌子那样做成表。在实践中，数学家将

$$t = \frac{\bar{X} - \mu}{S/\sqrt{n}}$$

$$F = \frac{S_1^2/S_2^2}{\sigma_1^2/\sigma_2^2}$$

这两个统计量做成了表。

我们先来看第一个统计量是怎样拼凑出来的。

在介绍卡方分布的时候，我们就是知道了总体的均值、方差、一个具体的样本值和合理程度这四者之间的数量关系，那么理论上只要知道其中任意三者的信息，就可以利用卡方统计量和卡方分布判断第四者的信息。同理，服从标准正态分布的统计量

$$\frac{\bar{X} - \mu}{\sigma/\sqrt{n}} \sim N(0,1)$$

在总体均值、总体方差、样本维数和均值，以及合理程度这四者之间，我们只要知道其中任意三者的信息，就可以知道第四者的信息。现在我们来看看这个统计量是怎样拼凑出来的。

一个一般总体，它的样本均值的均值就等于总体的均值，它的样本均值的方差是总体方差的$\frac{1}{n}$。换一种说法就是，一个一般总体的样本均值的取值会以总体的均值为中心，围绕总体均值上下浮动，即

$$E\left(\frac{X_1 + X_2 + \cdots + X_n}{n}\right) = E(\bar{X}) = \mu$$

$$D\left(\frac{X_1 + X_2 + \cdots + X_n}{n}\right) = D(\bar{X}) = \sigma^2$$

一般总体的样本均值都能够具备的性质，一个正态总体的样本均值当然也有同样的性质，不同的是，一般总体的样本均值随机变量服从哪种分布是不一定的，但是正态总体的样本均值随机变量也服从正态分布，这个结论很符合我们的直觉，有很多方法可以证明我们的直觉是正确的。所以对正态总体的样本来说就有

$$\bar{X} = \frac{X_1 + X_2 + \cdots + X_n}{n} \sim N\left(\mu, \frac{\sigma^2}{n}\right)$$

也就是说，如果正态总体的均值是μ，方差是σ^2，那么它的样本均值就服从均值是μ，方差是$\frac{\sigma^2}{n}$的正态分布。将这个样本均值标准化，就有

$$z = \frac{\bar{X} - \mu}{\sigma/\sqrt{n}} \sim N(0,1)$$

这个随机变量服从标准正态分布，它的取值通常叫作z值。很明显，我们基于总体均值、总体标准差，以及样本均值和样本容量，构造了一个服从标准正态分布的Z统计量。

　　既然Z统计量服从标准正态分布，我们就可以通过Z统计量，计算一个样本均值对应的z值，然后查表就能够知道这个样本均值的合理程度。

　　我们举个例子，还是前面举过的例子，一个正态总体均值是 2，方差是 4，求抽到二维样本值(0,6)的合理程度是多少。

　　这里假设我们不知道具体的样本值，只知道二维样本的均值是 3，要计算二维样本均值是 3 的合理程度是多少。

　　很明显，我们的已知条件是：样本量$n = 2$，总体均值$\mu = 2$，总体方差$\sigma^2 = 4$，样本均值$\bar{X} = 3$，代入Z统计量

$$z = \frac{\bar{X} - \mu}{\sigma/\sqrt{n}} = \frac{3 - 2}{2/\sqrt{2}} \approx 0.71$$

查标准正态分布表计算出合理程度是 48%，我们也给出相应的密度函数图像，如图 6.37 所示。

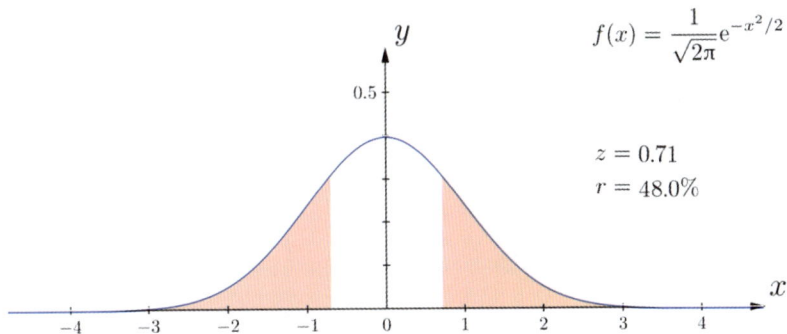

图 6.37　正态总体样本均值的合理程度

　　还记得我们用卡方计算样本值(0,6)的合理程度是多少吗？是 8.21%，而我们现在计算二维样本均值是 3 的合理程度是 48%，这说明信息越充足判断越精准，信息不足的时候不能够轻易说不合理。我们构造统计量的时候，应该尽可能充分利用现有的信息，有样本具体值的时候，要用样本具体值构造统计量，如果用样本均值，就会忽略一些细节信息。

　　我们再直观地理解一下，为什么均值是 3 的合理程度是 48%，而样本值(0,6)的合理程度是 8.21%？

　　我们知道(−3,9), (−6,12)的均值是 3，(3,3), (3.1,2.9)的均值也是 3，对正态分布来说，(−3,9), (−6,12)这种大间隔的样本离总体均值 2 太远，抽到这样的样本自然是少数，

而抽到$(3, 3)$, $(3.1, 2.9)$这种比较靠近总体均值 2 的样本却很容易，所以均值 3 的合理程度会很高。

我们现在有了一个服从标准正态分布的Z统计量：

$$z = \frac{\bar{X} - \mu}{\sigma/\sqrt{n}} \sim N(0, 1)$$

它是基于样本的均值构造出来的，还运用了总体的均值和标准差。在这个服从标准正态分布的Z统计量中，如果用样本的标准差S代替总体的标准差σ，构造出一个新的统计量

$$\frac{\bar{X} - \mu}{S/\sqrt{n}}$$

那么这个统计量有什么特点呢？

从表达式上看，我们就是用不确定的样本标准差S代替了确定的总体标准差σ，这个随机变量与原来的随机变量比起来，明显增加了不确定性，那么新的随机变量肯定不再服从标准正态分布。我们求解它的概率密度函数，发现它也是跟正态分布一样的钟形曲线，只是比标准正态分布要矮一些，如图 6.38 所示。我们将这个统计量叫作T统计量，将这个统计量计算出来的值叫作t值，将这个统计量服从的分布叫作t分布。

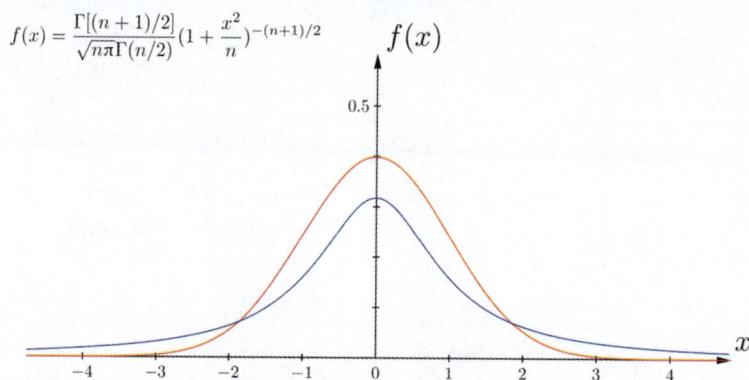

$$f(x) = \frac{\Gamma[(n+1)/2]}{\sqrt{n\pi}\,\Gamma(n/2)}(1 + \frac{x^2}{n})^{-(n+1)/2}$$

图 6.38　自由度为 1 的t分布（蓝色）与标准正态分布（红色）对比

因为T统计量用到了样本方差，所以不存在一维样本，我们的样本必须是二维及二维以上。又因为t分布图像的高矮只与样本的维数有关，所以样本维数是 2 的时候，t分布的图像最矮，随着样本维数的增加，这个随机变量的概率密度函数就会向标准正态分布靠拢。这很好理解，因为样本维数越大，样本方差整体上就会更加趋向于总体的方差，那么这个随机变量就会与服从标准正态分布的随机变量越来越像。样本维数大于 30 时，t分布的图像几乎与正态分布重合，我们称统计量

$$\frac{\bar{X} - \mu}{S/\sqrt{n}} \sim t(n-1)$$

服从自由度为 $n-1$ 的 t 分布。如图 6.39 所示是自由度分别为 1,2,3,4,10,30 的 t 分布密度函数图像。

$$f(x)=\frac{\Gamma[(n+1)/2]}{\sqrt{n\pi}\Gamma(n/2)}(1+\frac{x^2}{n})^{-(n+1)/2}$$

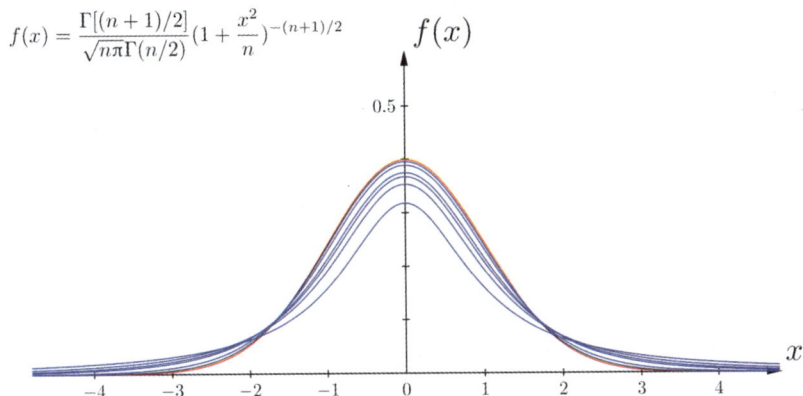

图 6.39　自由度为 1,2,3,4,10,30 的 t 分布图像

也就是说，由二维样本构造的 t 分布，自由度是 1；由三维样本构造的 t 分布，自由度是 2；以此类推，t 分布的自由度总比样本的维数少 1。

由于 T 统计量与样本方差有关，根据卡方与方差的等效性，我们试着将 T 统计量变换成基于卡方的形式，则有

$$\frac{\bar{X}-\mu}{S/\sqrt{n}}=\frac{\frac{\bar{X}-\mu}{\sigma/\sqrt{n}}}{\frac{S/\sqrt{n}}{\sigma/\sqrt{n}}}=\frac{z}{\frac{S}{\sigma}}=\frac{z}{\sqrt{\frac{S^2}{\sigma^2}}}=\frac{z}{\sqrt{\frac{(n-1)S^2}{\sigma^2}\frac{1}{n-1}}}\sim t(n-1)$$

上式中分子部分是一个服从标准正态分布的 Z 统计量，分母部分相当于卡方均值的算术平方根，也就是说 T 统计量与统计量

$$\frac{z}{\sqrt{\frac{X_1^2+X_2^2+\cdots+X_{n-1}^2}{n-1}}}\sim t(n-1)$$

的分布具有等效性，这里的 $(X_1,X_2,\cdots,X_{n-1})$ 是标准正态总体的 $n-1$ 维样本。所以，t 分布教科书式的定义方式是基于卡方形式来定义，称随机变量

$$t=\frac{Y}{\sqrt{\frac{X_1^2+X_2^2+\cdots+X_n^2}{n}}}=\frac{Y}{\sqrt{\frac{\chi^2}{n}}}\sim t(n)$$

服从自由度为 n 的 t 分布，这里沿袭了基于样本方差形式 T 统计量中的所有特征，随机变量 $Y\sim N(0,1)$，$(X_1,X_2,\cdots,X_n)$ 是随机变量 $X\sim N(0,1)$ 的 n 维样本，X 与 Y 相互独立。

t 分布的概率密度函数也可以像标准正态分布那样查表，计算合理程度。t 分布的合理程度与标准正态分布类似，也是图像两侧的面积和。

虽然t分布的两种定义方式具有等效性，教科书式的定义显得更规范，但在实际操作中，我们真正能够获取到的信息是统计量

$$\frac{\bar{X} - \mu}{S/\sqrt{n}} \sim t(n-1)$$

中的信息。理论上，在总体均值、样本均值、样本方差及合理程度这四者之间，我们只要任意获取其中三者的信息，就可以知道第四者的信息。但t分布经典的应用场景是已知某正态总体的样本均值$\bar{x}$和样本方差S^2，求解该正态总体的总体均值μ是某个值的合理程度是多少。

我们举个例子，还是前面举过的例子，一个正态总体均值是2，方差是4，求抽到2维样本值$(0,6)$的合理程度是多少。

这里假设我们不知道总体的均值和方差，只知道二维样本值的均值和方差，即样本均值$\bar{X} = 3$，样本方差$S^2 = 18$，求这个正态总体的总体均值是2的合理程度是多少。

那么，我们的已知条件是：样本容量$n = 2$，样本均值$\bar{X} = 3$，样本方差$S^2 = 18$，总体均值$\mu = 2$，代入统计量

$$\frac{\bar{X} - \mu}{S/\sqrt{n}} = \frac{3-2}{\sqrt{18}/\sqrt{2}} \approx 0.333$$

查t分布表，自由度为1，t值为0.333的合理程度是79.5%，我们也给出相应的密度函数图像，如图6.40所示。

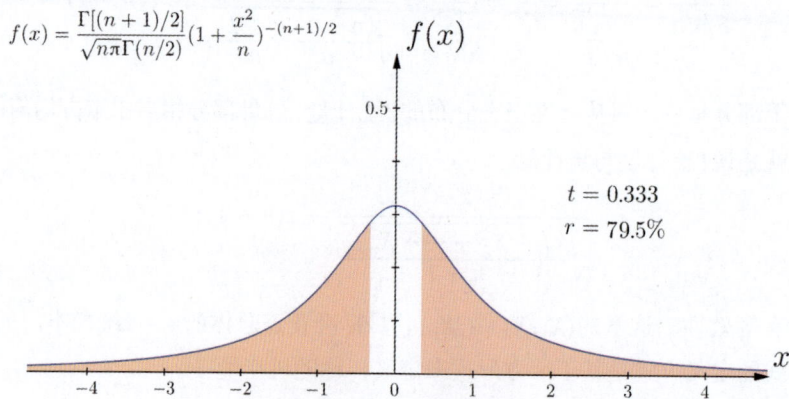

图6.40 t分布自由度为1，t值为0.333的合理程度

最早发现t分布的人，不是像我们这样依靠计算推理，而是在大量的实践中慢慢发现的。

我们发现在正态总体的各种统计量中，统计量

$$\frac{(n-1)S^2}{\sigma^2} \sim \chi^2(n-1)$$

$$\frac{\bar{X} - \mu}{S/\sqrt{n}} \sim t(n-1)$$

$$\frac{S_1^2/S_2^2}{\sigma_1{}^2/\sigma_2{}^2} \sim F(n_1 - 1, n_2 - 1)$$

里面都出现了 $n-1$，凡是出现 $n-1$ 的情况，一般都跟样本方差有关，都是我们修正样本方差留下的"后遗症"。或者说，是因为我们人为强制要求样本方差必须以总体方差为中心，围绕总体方差上下浮动造成的。

为什么样本均值不需要修正，样本方差却需要修正？从对一个随机变量的标准化

$$\frac{X - \mu}{\sigma}$$

可以看到，随机变量的均值 μ 看起来是一个对加法有意义的量，而随机变量的标准差 σ 看起来是一个对乘法有意义的量，这两个参数的性质有差异应该很正常。

【第十节】两个实例

本节要用以上介绍的内容解决两个实际问题。

已知一个正态总体 X 的均值是 μ，方差是 σ^2，它的 n 维样本是 $(X_1, X_2, \cdots, X_n)$，我们知道，这个 n 维样本的样本方差统计量

$$\frac{(X_1 - \bar{X})^2 + (X_2 - \bar{X})^2 + \cdots + (X_n - \bar{X})^2}{n-1}$$

的取值会以总体方差 σ^2 为中心，围绕总体方差 σ^2 上下浮动。这个随机变量的分子部分，是 n 维样本的偏差平方和，我们接下来要看看相互独立的不同样本的偏差平方和相加会有什么特点。

比如这个正态总体有一个三维样本是 (X_1, X_2, X_3)，另一个三维样本是 (X_4, X_5, X_6)，还有一个四维样本是 (X_7, X_8, X_9, X_{10})，那么这 3 个独立样本的偏差平方和相加就是

$$(X_1 - \overline{M_1})^2 + (X_2 - \overline{M_1})^2 + (X_3 - \overline{M_1})^2 + (X_4 - \overline{M_2})^2 + (X_5 - \overline{M_2})^2 + (X_6 - \overline{M_2})^2$$
$$+ (X_7 - \overline{M_3})^2 + (X_8 - \overline{M_3})^2 + (X_9 - \overline{M_3})^2 + (X_{10} - \overline{M_3})^2$$

其中：

$$\overline{M_1} = \frac{X_1 + X_2 + X_3}{3}$$

$$\overline{M_2} = \frac{X_4 + X_5 + X_6}{3}$$

$$\overline{M_3} = \frac{X_7 + X_8 + X_9 + X_{10}}{4}$$

分别是这 3 个样本的均值。我们的问题是，这 3 个不同样本的偏差平方和相加有什么特点？

我们知道，n 维样本的偏差平方和除以总体的方差 σ^2

$$\frac{(X_1 - \bar{X})^2 + (X_2 - \bar{X})^2 + \cdots + (X_n - \bar{X})^2}{\sigma^2} \sim \chi^2(n-1)$$

服从自由度为 $n-1$ 的卡方分布，那么对第一个三维样本来说，用它的偏差平方和除以总体的方差 σ^2

$$\frac{(X_1 - \overline{M_1})^2 + (X_2 - \overline{M_1})^2 + (X_3 - \overline{M_1})^2}{\sigma^2} \sim \chi^2(2)$$

服从自由度为 2 的卡方分布。

第二个三维样本同样是这样，它的偏差平方和除以总体的方差 σ^2。

$$\frac{(X_4 - \overline{M_2})^2 + (X_5 - \overline{M_2})^2 + (X_6 - \overline{M_2})^2}{\sigma^2} \sim \chi^2(2)$$

也服从自由度为 2 的卡方分布。

四维样本也是这样，它的偏差平方和除以总体的方差 σ^2

$$\frac{(X_7 - \overline{M_3})^2 + (X_8 - \overline{M_3})^2 + (X_9 - \overline{M_3})^2 + (X_{10} - \overline{M_3})^2}{\sigma^2} \sim \chi^2(3)$$

服从自由度为 3 的卡方分布。

因为卡方分布可以累计，那么将以上 3 个随机变量相加

$$\frac{(X_1-\overline{M_1})^2+(X_2-\overline{M_1})^2+(X_3-\overline{M_1})^2+(X_4-\overline{M_2})^2+(X_5-\overline{M_2})^2+(X_6-\overline{M_2})^2+(X_7-\overline{M_3})^2+(X_8-\overline{M_3})^2+(X_9-\overline{M_3})^2+(X_{10}-\overline{M_3})^2}{\sigma^2} \sim \chi^2(7)$$

这个新的随机变量就服从自由度为 7 的卡方分布。又因为自由度为 7 的卡方分布的均值就是 7，所以这个新的随机变量的均值

$$E\left(\frac{(X_1-\overline{M_1})^2+(X_2-\overline{M_1})^2+(X_3-\overline{M_1})^2+(X_4-\overline{M_2})^2+(X_5-\overline{M_2})^2+(X_6-\overline{M_2})^2+(X_7-\overline{M_3})^2+(X_8-\overline{M_3})^2+(X_9-\overline{M_3})^2+(X_{10}-\overline{M_3})^2}{\sigma^2}\right) = 7$$

就是 7。也就是说随机变量

$$\frac{(X_1-\overline{M_1})^2+(X_2-\overline{M_1})^2+(X_3-\overline{M_1})^2+(X_4-\overline{M_2})^2+(X_5-\overline{M_2})^2+(X_6-\overline{M_2})^2+(X_7-\overline{M_3})^2+(X_8-\overline{M_3})^2+(X_9-\overline{M_3})^2+(X_{10}-\overline{M_3})^2}{\sigma^2}$$

的取值会以 7 为中心，围绕 7 上下浮动。如果将这个随机变量乘以总体方差 σ^2，

$$(X_1-\overline{M_1})^2+(X_2-\overline{M_1})^2+(X_3-\overline{M_1})^2+(X_4-\overline{M_2})^2+(X_5-\overline{M_2})^2+(X_6-\overline{M_2})^2+(X_7-\overline{M_3})^2+(X_8-\overline{M_3})^2+(X_9-\overline{M_3})^2+(X_{10}-\overline{M_3})^2$$

随机变量就变成了 3 个样本的偏差平方和相加，显然这个随机变量会以 $7\sigma^2$ 为中心，围绕 $7\sigma^2$ 上下浮动。我们再将这个随机变量除以 7，也就是 3 个样本的偏差平方和相加后除以 7

$$\frac{(X_1-\overline{M_1})^2+(X_2-\overline{M_1})^2+(X_3-\overline{M_1})^2+(X_4-\overline{M_2})^2+(X_5-\overline{M_2})^2+(X_6-\overline{M_2})^2+(X_7-\overline{M_3})^2+(X_8-\overline{M_3})^2+(X_9-\overline{M_3})^2+(X_{10}-\overline{M_3})^2}{7}$$

这个新的随机变量的取值就会以总体的方差 σ^2 为中心，围绕总体的方差 σ^2 上下浮动。

在这里，我们就可以得出结论，正态总体不同维度样本的偏差平方和相加，是一个以$k\sigma^2$为中心，围绕$k\sigma^2$上下浮动的随机变量，这里的k等于这些样本的维数和d减去样本个数s，即

$$k = d - s$$

这个结论更简单的形式是

$$E\left(\frac{(X_{11}-\overline{M_1})^2 + (X_{12}-\overline{M_1})^2 + \cdots + (X_{21}-\overline{M_2})^2 + (X_{22}-\overline{M_2})^2 + \cdots + (X_{s1}-\overline{M_s})^2 + (X_{s2}-\overline{M_s})^2 + \cdots}{k}\right) = \sigma^2$$

就是正态总体不同维度样本的偏差平方和相加后除以k

$$\frac{(X_{11}-\overline{M_1})^2 + (X_{12}-\overline{M_1})^2 + \cdots + (X_{21}-\overline{M_2})^2 + (X_{22}-\overline{M_2})^2 + \cdots + (X_{s1}-\overline{M_s})^2 + (X_{s2}-\overline{M_s})^2 + \cdots}{k}$$

这个随机变量的取值会以总体的方差σ^2为中心，围绕总体的方差σ^2上下浮动。

很明显，我们在前面构造的样本方差也具有这个特点，但是样本方差针对的是单独样本。现在，我们是为不同容量的多个独立样本构造了一个随机变量，这个随机变量的取值也是以总体的方差σ^2为中心，围绕总体的方差σ^2上下浮动。这就是我们解决的第一个问题，其实这个问题的结论并不是很特别，我们只是用不同容量的样本方差，拼凑出了一个新的随机变量，这个新的随机变量也以总体的方差为中心，围绕总体的方差上下浮动。

接下来要解决的第二个问题会比较特别，这次我们要用不同容量样本的均值拼凑出一个新的随机变量，这个新的随机变量不是以总体的均值为中心，而是以总体的方差为中心，围绕总体的方差上下浮动。

还是这个正态总体X，均值是μ，方差是σ^2，n维样本是$(X_1, X_2, \cdots, X_n)$，那么这个n维样本的均值

$$\bar{X} = \frac{X_1 + X_2 + \cdots + X_n}{n} \sim N\left(\mu, \frac{\sigma^2}{n}\right)$$

是一个服从正态分布的随机变量。这个随机变量的均值是μ，方差是$\frac{\sigma^2}{n}$。我们先将$\bar{X}$标准化

$$\frac{\bar{X}-\mu}{\sigma/\sqrt{n}} \sim N(0,1)$$

那么这个随机变量服从标准正态分布，再对这个随机变量求平方：

$$\left(\frac{\bar{X}-\mu}{\sigma/\sqrt{n}}\right)^2 = \frac{n(\bar{X}-\mu)^2}{\sigma^2} \sim \chi^2(1)$$

很明显，这个新的随机变量服从自由度为 1 的卡方分布。

上个问题中用到的三个样本是$(X_1, X_2, X_3),(X_4, X_5, X_6),(X_7, X_8, X_9, X_{10})$，设它们的样本均值分别是$\overline{M_1},\overline{M_2},\overline{M_3}$，那么就有

$$\frac{3(\overline{M_1} - \mu)^2}{\sigma^2} \sim \chi^2(1)$$

服从自由度为 1 的卡方分布，

$$\frac{3(\overline{M_2} - \mu)^2}{\sigma^2} \sim \chi^2(1)$$

也服从自由度为 1 的卡方分布，

$$\frac{4(\overline{M_3} - \mu)^2}{\sigma^2} \sim \chi^2(1)$$

同样服从自由度为 1 的卡方分布。那么

$$\frac{3(\overline{M_1} - \mu)^2}{\sigma^2} + \frac{3(\overline{M_2} - \mu)^2}{\sigma^2} + \frac{4(\overline{M_3} - \mu)^2}{\sigma^2}$$
$$= \frac{3(\overline{M_1} - \mu)^2 + 3(\overline{M_2} - \mu)^2 + 4(\overline{M_3} - \mu)^2}{\sigma^2} \sim \chi^2(3)$$

就服从自由度为 3 的卡方分布。请注意，这个随机变量分子部分平方前面的系数，就是对应样本的维数。如果将这个随机变量中的 3 个独立样本分别换成任意维，比如 3 个样本的维数分别是a_1, a_2, a_3，那么

$$\frac{a_1(\overline{M_1} - \mu)^2 + a_2(\overline{M_2} - \mu)^2 + a_3(\overline{M_3} - \mu)^2}{\sigma^2} \sim \chi^2(3)$$

这个随机变量仍然服从自由度为 3 的卡方分布。

这个随机变量看似已经快要接近我们的目标了，因为这个随机变量的取值会以 3 为中心，围绕 3 上下浮动。将这个随机变量乘以$\frac{\sigma^2}{3}$，即随机变量

$$\frac{3(\overline{M_1} - \mu)^2 + 3(\overline{M_2} - \mu)^2 + 4(\overline{M_3} - \mu)^2}{3}$$

就会以总体方差σ^2为中心，围绕总体方差σ^2上下浮动。即

$$E\left(\frac{3(\overline{M_1} - \mu)^2 + 3(\overline{M_2} - \mu)^2 + 4(\overline{M_3} - \mu)^2}{3}\right) = \sigma^2$$

只是这个服从自由度为 3 的卡方分布中

$$\frac{3(\overline{M_1} - \mu)^2 + 3(\overline{M_2} - \mu)^2 + 4(\overline{M_3} - \mu)^2}{\sigma^2} \sim \chi^2(3)$$

还含有总体均值μ，我们打算将这个确定的值换成一个不确定的随机变量。我们用这三个样本所有取值的总均值

$$\overline{M} = \frac{X_1 + X_2 + X_3 + X_4 + X_5 + X_6 + X_7 + X_8 + X_9 + X_{10}}{10}$$

替代总体均值μ。很明显，因为

$$\frac{3(\overline{M_1} - \mu)^2 + 3(\overline{M_2} - \mu)^2 + 4(\overline{M_3} - \mu)^2}{\sigma^2} \sim \chi^2(3)$$

服从自由度为 3 的卡方分布。那么随机变量

$$\frac{3(\overline{M_1} - \overline{M})^2 + 3(\overline{M_2} - \overline{M})^2 + 4(\overline{M_3} - \overline{M})^2}{\sigma^2}$$

肯定不服从自由度为 3 的卡方分布。但是由于总均值 $\overline{M}$ 会随着样本容量的增加趋向于总体均值 μ，所以，我们猜测

$$\frac{3(\overline{M_1} - \overline{M})^2 + 3(\overline{M_2} - \overline{M})^2 + 4(\overline{M_3} - \overline{M})^2}{\sigma^2}$$

这个随机变量也服从卡方分布。又因为对它的分子部分

$$3(\overline{M_1} - \overline{M})^2 + 3(\overline{M_2} - \overline{M})^2 + 4(\overline{M_3} - \overline{M})^2$$

求均值

$$E(3(\overline{M_1} - \overline{M})^2 + 3(\overline{M_2} - \overline{M})^2 + 4(\overline{M_3} - \overline{M})^2) = 2\sigma^2$$

结果正好是 $2\sigma^2$。所以，随机变量

$$\frac{3(\overline{M_1} - \overline{M})^2 + 3(\overline{M_2} - \overline{M})^2 + 4(\overline{M_3} - \overline{M})^2}{\sigma^2}$$

看着好像是服从自由度为 2 的卡方分布。事实上，这个随机变量就服从自由度为 2 的卡方分布。那么，随机变量

$$\frac{3(\overline{M_1} - \overline{M})^2 + 3(\overline{M_2} - \overline{M})^2 + 4(\overline{M_3} - \overline{M})^2}{2}$$

的取值就会以总体的方差 σ^2 为中心，围绕总体方差 σ^2 上下浮动。为了叙述方便，我们将这个随机变量的分子部分

$$3(\overline{M_1} - \overline{M})^2 + 3(\overline{M_2} - \overline{M})^2 + 4(\overline{M_3} - \overline{M})^2$$

叫作多样本均值偏差加权平方和。

在这里，我们的结论就是，一个正态总体的多样本均值偏差加权平方和，除以样本的个数减 1

$$\frac{a_1(\overline{M_1} - M)^2 + a_2(\overline{M_2} - M)^2 + \cdots + a_n(\overline{M_n} - M)^2}{n - 1}$$

这个随机变量的取值会以总体的方差 σ^2 为中心，围绕总体的方差 σ^2 上下浮动，即

$$E\left(\frac{a_1(\overline{M_1} - M)^2 + a_2(\overline{M_2} - M)^2 + \cdots + a_n(\overline{M_n} - M)^2}{n - 1}\right) = \sigma^2$$

【第十一节】F分布

我们来看一个跟数理统计无关的纯数值操作，先不管这样操作的意义是什么。给定任意一组数值

$$1, 3, 3, 4, 5, 6, 7, 8, 8$$

简单起见，我们只用了 9 个数值，而且都是正数。我们先将这组数值分组，比如将它们分成三组：

$$1, 3$$

$$4, 6, 8$$

$$3, 5, 7, 8$$

事实上分几组都可以，而且每组数值的个数相等、不相等都可以。分成 3 组之后，我们就可以计算出 4 个平均值：9 个数的总平均值是 5；第一组数值的平均值是 2；第二组数值的平均值是 6；第三组数值的平均值是 5.75。

我们计划从这 9 个分好组的数值中，提取三个重要的向量，也就是计算出三组数值。我们先计算第一组数值。用 9 个数值分别减去总平均值 5，就得到了第一组数值：

$$-4, -2, -1, 1, 3, -2, 0, 2, 3$$

显然，第一组数值共有 9 个值，我们可以将这组数值构成的向量，叫作总偏差向量。

再计算第二组数值。用 9 个数值分别减去各自组的平均值，就得到了第二组数值：

$$-1, 1, -2, 0, 2, -2.75, -0.75, 1.25, 2.25$$

显然，第二组数值也有 9 个值，我们可以将这组数值构成的向量，叫作组内偏差向量。

我们要计算的第三组数值有两种算法。第一种算法，就是用第一个向量减去第二个向量，就得到了第三个向量，第三个向量的 9 个值

$$-3, -3, 1, 1, 1, 0.75, 0.75, 0.75, 0.75$$

就是第三组数值，我们将第三个向量叫作组间偏差向量。第二种算法是，用分组的均值减去总均值，只是相减的次数应该与这个分组中数值的个数相等。

按照以上操作，任意一组数值都可以在分组后得到这样的三组数值，或者说任意一组数值都可以在分组后得到这样的三个偏差向量

$$\begin{bmatrix} -4 \\ -2 \\ -1 \\ 1 \\ 3 \\ -2 \\ 0 \\ 2 \\ 3 \end{bmatrix} = \begin{bmatrix} -1 \\ 1 \\ -2 \\ 0 \\ 2 \\ -2.75 \\ -0.75 \\ 1.25 \\ 2.25 \end{bmatrix} + \begin{bmatrix} -3 \\ -3 \\ 1 \\ 1 \\ 1 \\ 0.75 \\ 0.75 \\ 0.75 \\ 0.75 \end{bmatrix}$$

我们现在来分析这三个向量的特点：首先，每个向量的维数就等于原数值的个数；其次，每个向量里的 9 个数值之和一定是 0；还有，第一个向量等于第二个向量与第三个向量的和，也就是说总偏差向量可以分解成组内偏差向量和组间偏差向量，而且第二个向量和第三个向量的点积一定是 0，换句话说组内偏差向量与组间偏差向量一定相互垂直，那么根据勾股定理，第二个向量长度的平方加上第三个向量长度的平方，一定等于第一个向量长度的平方。

$$(-1)^2 + 1^2 + (-2)^2 + 0^2 + 2^2 + (-2.75)^2 + (-0.75)^2 + 1.25^2 + 2.25^2 = 24.75$$

$$(-3)^2 + (-3)^2 + 1^2 + 1^2 + 1^2 + 0.75^2 + 0.75^2 + 0.75^2 + 0.75^2 = 23.25$$

$$(-4)^2 + (-2)^2 + (-1)^2 + 1^2 + 3^2 + (-2)^2 + 0^2 + 2^2 + 3^2 = 48$$

所以，我们求这三个向量的时候，只需要知道其中的任意两个向量，就可以知道另一个向量是什么。在这里我们的目的是想找到第二个向量和第三个向量。很明显，在实际操作中，第一个向量最容易计算，所以我们往往先计算出第一个向量，再随意计算出一个向量，就可以用第一个向量减去这个向量，得到最后一个向量。

有了组内偏差向量和组间偏差向量，我们接着往下计算，让组间偏差向量的平方和除以 2，让组内偏差向量的平方和除以 6，再计算这两个结果的比值

$$F = \frac{23.25/2}{24.75/6} \approx 2.82$$

我们暂且给这个比值取名为F值。显然，对于任何一堆数值，我们都可以分组之后，计算出它们的F值。而且分组不同，计算出来的F值就不同。

在以上计算中，组内偏差向量的平方和要除以 6，组间偏差向量的平方和要除以 2，这里的 6 和 2 是怎么拼凑出来的呢？

组内偏差向量中的 9 个值，体现了每组数据与组内平均值的偏差，我们将原本的 9 个数值分成了三组，第一组有 2 个数值，第二组有 3 个数值，第三组有 4 个数值，我们让每一组数值的个数减去 1，那么

$$(2-1) + (3-1) + (4-1) = 9 - 3 = 6$$

再看组间偏差向量的平方和为什么要除以 2。

组间偏差向量看似有 9 个值，但很多是重复的。事实上，我们事先将原数值分成几组，组间偏差向量中就会有几个值在重复。在这个例子中，我们将原数值分成了 3 组，所以组间偏差向量中就有 3 个数值在重复，我们将这里的组数 3 减去 1

$$3 - 1 = 2$$

我们注意到，以上这种纯数值操作，对任意一堆数值都是成立的，无论这堆数值如何，我们都可以将它们分组之后，找到两个相互垂直的偏差向量，然后基于这两个偏差向量计算出 F 值。

下面我们将赋予这种计算一定的意义。

如果我们想知道 3 张桌子或者 4 张桌子是不是一样长，最简单的办法，就是将这些桌子搬到一起，看看它们是不是能够两端对齐，那么是不是一样长就会一目了然，谁长谁短也一目了然。

假如这些桌子没法搬到一起，现在我们用统计的方法来判断这些桌子是不是一样长。于是，我拿着一把精确度为 1 分米的尺子来测量这些桌子，显然，厘米数得凭感觉估计。

我们认为每张桌子都有一个真实的长度，当我用尺子测量这张桌子的时候，测量值就等于桌子的真实长度加上测量误差，这里的测量误差是一个随机变量，而且这个随机变量服从正态分布。我们认为测量误差这个随机变量，一定有确定的均值和方差，很明显均值应该是 0，而至于方差，虽然不知道它是多少，但是我们认为它是一个确定的值。

为什么我们可以认为测量误差这个随机变量的方差是一个确定的值呢？

因为这些桌子都是我一个人，拿着同一把尺子在测量，测量误差这个随机变量的方差，是由我个人的能力和习惯确定的，这个确定的方差值代表了我的测量技术。

比如，当我对同一张桌子测量了 5 次，那么我就有了一个五维的样本值，这个五维样本值就会有一个样本方差，这个方差虽然不一定等于由我个人习惯确定的那个确定的方差值，但是如果我反复测量同一张桌子，就会得到同一张桌子的多个样本。比如过一会儿，我又测量了 4 次，就又有了一个四维的样本值，再过一会儿，我又测量了 4 次，就又有了一个四维样本值。这些样本的维数可以相同，也可以不相同。

根据上一节的结论，多个独立样本的偏差平方和相加，结果除以测量值的总个数减去样本个数

$$\frac{(X_{11} - \overline{M_1})^2 + (X_{12} - \overline{M_1})^2 + \cdots + (X_{21} - \overline{M_2})^2 + (X_{22} - \overline{M_2})^2 + \cdots + (X_{s1} - \overline{M_s})^2 + (X_{s2} - \overline{M_s})^2 + \cdots}{k}$$

这个随机变量的取值就会以确定的方差值为中心，围绕确定的方差值上下浮动。为了叙述方便，我们将这个随机变量叫作平均方差随机变量。

同样根据上一节的结论，这些样本均值的偏差加权平方和，除以样本个数减 1

$$\frac{a_1(\overline{M_1} - M)^2 + a_2(\overline{M_2} - M)^2 + \cdots + a_n(\overline{M_n} - M)^2}{n - 1}$$

这个随机变量的取值也会以确定的方差值为中心，围绕确定的方差值上下浮动。为了叙述方便，我们将这个随机变量叫作平均均值随机变量。

这两个随机变量有什么差别呢？

我们稍加思考就会发现，我们之前一直在测量同一张桌子，如果有多张桌子，无论这些桌子的长度是不是一样，我们对每张桌子取一个多维样本，那么多张桌子就是多个多维样本，由这些多维样本构成的第一个随机变量，也就是平均方差随机变量，一定还是会以确定的方差为中心，围绕确定的方差上下浮动。换句话说，平均方差随机变量不会因为我们测量不同长度的桌子，而发生中心点（均值）的变动。也就是说，这个随机变量排除了其他所有干扰，始终是在监测我的测量技术。

第二个随机变量就不一样了，如果桌子的长度都一样，平均均值随机变量的中心点（均值）当然也不会变，但是如果桌子的长度不一样，桌子长度的差别就会被卷进这个随机变量，让这个随机变量的取值整体变大，也就是说，这个随机变量会以比确定方差值更大的值为中心，围绕一个更大的方差值上下浮动。也就是说，这个随机变量除了监测我的测量技术，还在监测桌子是不是一样长。

这就是上一节构造的两个随机变量的特点，桌子长度的不同，不会影响第一个随机变量的均值，但会增加第二个随机变量的均值。第二个随机变量与第一个随机变量的比值，或者说平均均值随机变量与平均方差随机变量的比值，就是上面纯数值操作中的 F 值。显然，桌子越不一样长，F 值就会越大。

在这里，F 值是两个随机变量的比值，也就是平均均值随机变量与平均方差随机变量的比值：

$$F = \frac{\dfrac{a_1(\overline{M_1} - M)^2 + a_2(\overline{M_2} - M)^2 + \cdots + a_n(\overline{M_n} - M)^2}{n - 1}}{\dfrac{(X_{11} - \overline{M_1})^2 + (X_{12} - \overline{M_1})^2 + \cdots + (X_{21} - \overline{M_2})^2 + (X_{22} - \overline{M_2})^2 + \cdots + (X_{s1} - \overline{M_s})^2 + (X_{s2} - \overline{M_s})^2 + \cdots}{k}}$$

从这两个随机变量的推导过程我们知道，平均均值随机变量

$$\frac{a_1(\overline{M_1} - M)^2 + a_2(\overline{M_2} - M)^2 + \cdots + a_n(\overline{M_n} - M)^2}{n - 1}$$

的分子部分除以总体方差 σ^2

$$\frac{a_1(\overline{M_1} - M)^2 + a_2(\overline{M_2} - M)^2 + \cdots + a_n(\overline{M_n} - M)^2}{\sigma^2} \sim \chi^2(n - 1)$$

服从自由度为 $n - 1$ 的卡方分布。同样，平均方差随机变量

$$\frac{(X_{11} - \overline{M_1})^2 + (X_{12} - \overline{M_1})^2 + \cdots + (X_{21} - \overline{M_2})^2 + (X_{22} - \overline{M_2})^2 + \cdots + (X_{s1} - \overline{M_s})^2 + (X_{s2} - \overline{M_s})^2 + \cdots}{k}$$

的分子部分除以总体方差 σ^2

$$\frac{(X_{11} - \overline{M_1})^2 + (X_{12} - \overline{M_1})^2 + \cdots + (X_{21} - \overline{M_2})^2 + (X_{22} - \overline{M_2})^2 + \cdots + (X_{s1} - \overline{M_s})^2 + (X_{s2} - \overline{M_s})^2 + \cdots}{\sigma^2} \sim \chi^2(k)$$

服从自由度为k的卡方分布。所以F值

$$F = \cfrac{\cfrac{a_1(\overline{M_1} - M)^2 + a_2(\overline{M_2} - M)^2 + \cdots + a_n(\overline{M_n} - M)^2}{n-1}}{\cfrac{(X_{11} - \overline{M_1})^2 + (X_{12} - \overline{M_1})^2 + \cdots + (X_{21} - \overline{M_2})^2 + (X_{22} - \overline{M_2})^2 + \cdots + (X_{s1} - \overline{M_s})^2 + (X_{s2} - \overline{M_s})^2 + \cdots}{k}}$$

$$= \cfrac{\cfrac{a_1(\overline{M_1} - M)^2 + a_2(\overline{M_2} - M)^2 + \cdots + a_n(\overline{M_n} - M)^2}{\sigma^2} \times \cfrac{1}{n-1}}{\cfrac{(X_{11} - \overline{M_1})^2 + (X_{12} - \overline{M_1})^2 + \cdots + (X_{21} - \overline{M_2})^2 + (X_{22} - \overline{M_2})^2 + \cdots + (X_{s1} - \overline{M_s})^2 + (X_{s2} - \overline{M_s})^2 + \cdots}{\sigma^2} \times \cfrac{1}{k}}$$

可以看成是两个卡方的均值比。

既然两个卡方的均值比有实用价值，那么我们定义：由两个卡方的均值比构成的随机变量

$$F = \frac{U/n_1}{V/n_2}$$

服从自由度为(n_1, n_2)的F分布，这里的$U \sim \chi^2(n_1)$，$V \sim \chi^2(n_2)$。相当于：

$$U = X_1^2 + X_2^2 + \cdots + X_{n_1}^2$$

$$V = Y_1^2 + Y_2^2 + \cdots + Y_{n_2}^2$$

样本$(X_1, X_2, \cdots, X_{n_1})$和样本$(Y_1, Y_2, \cdots, Y_{n_2})$都来自标准正态总体，且相互独立。

既然F值是随机变量，那么F值就有自己的取值、分布、均值和方差。F值的取值显然是 0 到$+\infty$。当我们求解F值的概率密度函数的时候，发现密度函数图像的形状只与自由度n_1, n_2有关，引申到比较桌子长度的这个实例中，密度函数的图像形状只与样本个数和测量的次数有关，或者说只与桌子的张数和测量的次数有关，在这里，n_1就是桌子的张数减 1，n_2就是测量的次数减去桌子的张数。我们画出不同自由度下F分布的密度函数图像，如图 6.41 和图 6.42 所示。

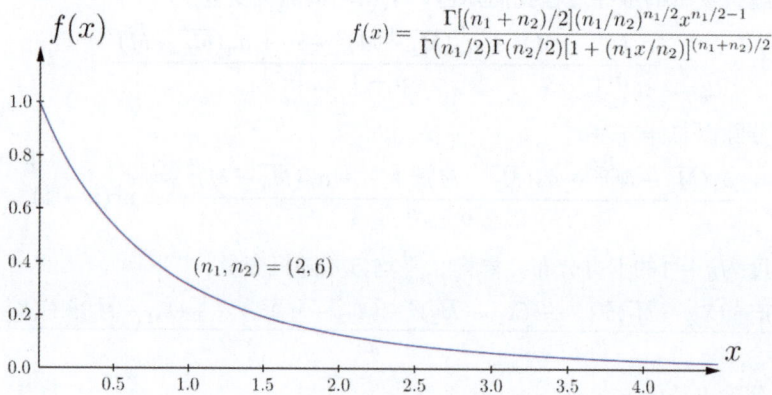

$$f(x) = \frac{\Gamma[(n_1 + n_2)/2](n_1/n_2)^{n_1/2} x^{n_1/2 - 1}}{\Gamma(n_1/2)\Gamma(n_2/2)[1 + (n_1 x/n_2)]^{(n_1 + n_2)/2}}$$

图 6.41　自由度为$(2, 6)$的 F 分布

$$f(x) = \frac{\Gamma[(n_1+n_2)/2](n_1/n_2)^{n_1/2}x^{n_1/2-1}}{\Gamma(n_1/2)\Gamma(n_2/2)[1+(n_1x/n_2)]^{(n_1+n_2)/2}}$$

$(n_1, n_2) = (5, 14)$

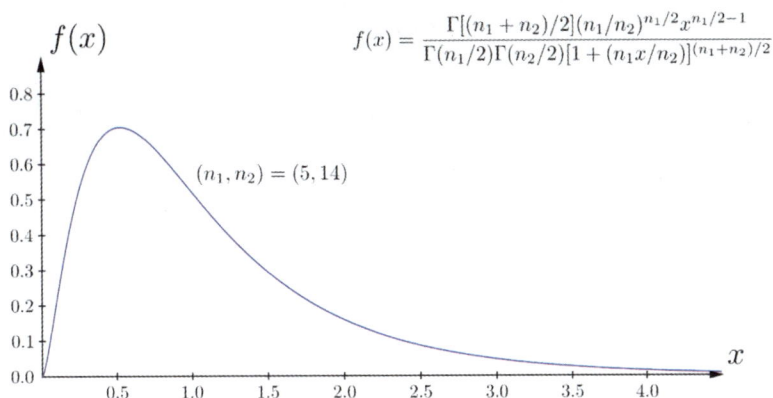

图 6.42　自由度为 $(5, 14)$ 的 F 分布

根据卡方与方差的等效性，基于样本方差的统计量

$$\frac{S_1^2/S_2^2}{\sigma_1^2/\sigma_2^2} = \frac{\dfrac{(n_1-1)S_1^2}{\sigma_1^2} \times \dfrac{1}{n_1-1}}{\dfrac{(n_2-1)S_2^2}{\sigma_2^2} \times \dfrac{1}{n_2-1}} \sim F(n_1-1, n_2-1)$$

自然就可以写成基于卡方的形式，结果正好是两个卡方的均值比，服从 F 分布。上式中

$$\frac{(n_1-1)S_1^2}{\sigma_1^2} \sim \chi^2(n_1-1)$$

$$\frac{(n_2-1)S_2^2}{\sigma_2^2} \sim \chi^2(n_2-1)$$

最后，我们来实际测量一下，比如我测量了 4 张桌子，每个测量值估计到厘米。第一张桌子测量了 3 个值，第二张桌子测量了 4 个值，第三张桌子测量了 5 个值，第四张桌子测量了 6 个值，依次如下：

$$141, 140, 139$$

$$140, 141, 140, 141$$

$$140, 139, 139, 140, 141$$

$$141, 142, 141, 140, 142, 141$$

那么样本个数就是 4（4 张桌子），测量的次数就是 18（18 个测量值）。F 值的分子部分就是自由度为

$$4 - 1 = 3$$

的卡方均值，分母部分就是自由度为

$$18 - 4 = 14$$

的卡方均值。F分布的概率密度函数图像形状就由 3 和 14 确定，如图 6.43 所示。

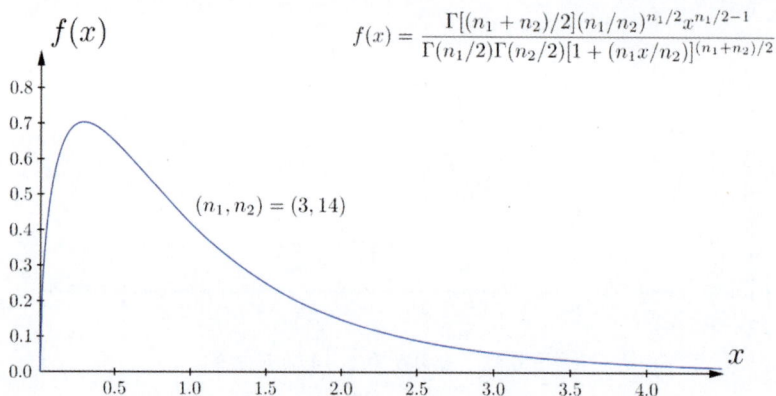

$$f(x) = \frac{\Gamma[(n_1+n_2)/2](n_1/n_2)^{n_1/2}x^{n_1/2-1}}{\Gamma(n_1/2)\Gamma(n_2/2)[1+(n_1x/n_2)]^{(n_1+n_2)/2}}$$

$(n_1, n_2) = (3, 14)$

图 6.43   自由度为 $(3, 14)$ 的 F 分布

换句话说，只要对这 4 张桌子测量 18 次，不论每张桌子的测量次数是多少，F值的概率密度函数图像都是这样。当我们测得具体的 18 个值后，就可以计算出相应的F值，就是用前面的那一套算法，这里计算出来的F值是 3.14，密度函数图像在F值到+∞这个区间上围成的面积就是这 18 个值的合理程度，如图 6.44 所示。

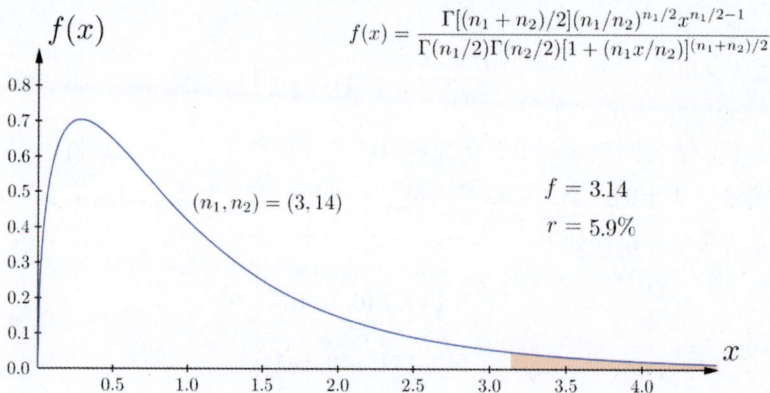

$$f(x) = \frac{\Gamma[(n_1+n_2)/2](n_1/n_2)^{n_1/2}x^{n_1/2-1}}{\Gamma(n_1/2)\Gamma(n_2/2)[1+(n_1x/n_2)]^{(n_1+n_2)/2}}$$

$(n_1, n_2) = (3, 14)$

$f = 3.14$
$r = 5.9\%$

图 6.44   自由度为 $(3, 14)$，F 值是 3.14 的合理程度

如果这 4 张桌子的长度基本一样，我们测量的 18 个值的合理程度就会很高；如果这 4 张桌子的长度有差异，我们测量的 18 个值的合理程度就会很低。当这 18 个值的合理程度很低的时候，要么就是桌子明显不一样长，要么就是我们真的遇到了极小概率的事件。

显然，F值也很适合像油坊那样搞一块牌子，我们可以通过查表知道具体的F值对应的合理程度。F值也可以通过 Excel 表格来计算，在任何一个 Excel 表格中输入"=FINV(0.05, 3, 14)"这样的内容，Excel 表格就会自动计算出合理程度是 5%时的F值，这个F值应该是 3.34。如果我们计算出来的F值比 3.34 小，说明在桌子都一样长的情况下，测量到这 18 个值的合理程度大于 5%；若计算出来的 F 值比 3.34 大，说明在桌子都一样长的情况下，能够测量到这 18 个值的合理程度小于 5%。当然，像图 6.44 这样由计算机实时计算 F 值和合理程度更方便、更直观。

【第十二节】决策原则

前面我们用大量篇幅介绍了整体与局部的数量关系，我们注意到，这些数量关系揭示了整体与局部之间那些确定的关系，是对整体与局部之间确定关系的描述。这些数量关系相当于对数据进行了分析整理，让数据蕴藏的信息显现出来，让数据的形式更形象、更易于理解。

做完数据分析，接下来就是基于分析整理后的数据进行决策，比如我们经过前面对数量关系的分析已经准确知道了：样本均值会以总体均值为中心，围绕总体均值上下浮动；样本的维度越大，在一次试验中更容易抽取到一个样本均值更靠近总体均值的样本。我们就要基于这些准确的数量关系做出决策，比如就用样本的均值作为总体均值的估计值，这就是一种决策，也就是说，估计就是一种决策。

决策和数量关系属于两种完全不同的概念，决策更像是对事物的观点或态度，在处理数理统计的问题时，如果能够非常清晰地认识到，哪些属于数据采集的部分，哪些属于数量关系的部分，哪些属于决策的部分，我们的整个逻辑就会变得更加清晰。

数据在测量采集之后，决策之前的这个阶段，都是准确无误的，所有的数量关系都是确定的，数量关系是对数据的准确描述，不存在误差和错误。而决策是基于现有数据做出的决定，不仅可能存在误差，还可能会犯错。决策的误差或错误无法避免，数量关系也能够准确地将决策的误差和错误描述出来。

比如数量关系可以准确地描述一个不均匀的钢镚儿，正面的概率是 0.8，反面的概率是 0.2，我现在准备抛这个钢镚儿，你猜它会是正面还是反面呢？

这时你就得做出决策，在这里，猜就是决策，你的决策可能对也可能错，如果你的决策是正面，数量关系告诉你，对的概率是 80%，错的概率是 20%。

数量关系就像是生活中总是在想，总是在分析，但就是不表态不做决定的时候，不表态不做决定当然就不会犯错；而决策就像是生活中需要表态、需要做决定的时候，决策很重要，很多时候不决策事情就无法往下进行，数据分析的目的就是为决策提供依据。

既然要做出决策，我们就得有决策原则。决策的原则多种多样，比如有的旅游景点人很多，有的旅游景点人很少，面对这样的现实状况，不同的人决策原则可能会不一样，喜欢热闹的人可能会选择去人多的地方，喜欢清静的人可能会选择去人少的地方。在这里，选择就是决策，喜欢人多或人少就是原则。

实际推断原理和最大似然估计也是人们根据经验总结出来的两条决策原则。实际推断原理的具体原则是，小概率的事件在一次试验中不会发生，这很好理解，前面我们已经介绍过了。最大似然估计的具体原则是，一件事情已经发生了，造成这件事发生的某个不确定的参数的取值，应该以造成这件事发生的概率最大为原则。

除了最大似然估计，其他的各种估计也都有自己的决策原则，比如刚刚依据样本均值估计总体均值，这种估计也有自己的原则；我们做相关分析判断散点形状的时候，散点的形状像不像某个函数图像，这里的"像不像"就是我们的决策原则，而且这时我们必须做决策，否则事情无法往下进行。

本章的最后，我们补充一下关于分布的概念，因为前面说得不太直白。比如有一组数值是

$$1 \quad 2 \quad 2 \quad 3$$

我们用变量A来表示这组数值，那么变量A的函数也是一组数值，比如A^2就是

$$1 \quad 4 \quad 4 \quad 9$$

A^3就是

$$1 \quad 8 \quad 8 \quad 27$$

A^4就是

$$1 \quad 16 \quad 16 \quad 81$$

A^n就是

$$1^n \quad 2^n \quad 2^n \quad 3^n$$

我们以往其他门类的数学更关注这些数值本身的变化，并不是很关注这里每组数值个数的变化。比如原数值中的 3，若论数值大小，它在这 4 个值中占$\frac{3}{8}$，若论数值个数，它在这 4 个值中占$\frac{1}{4}$；数值 3 在对应的函数中，若论数值本身的大小，它的占比一直增加，若论数值个数，它的占比一直保持不变，都是$\frac{1}{4}$，在概率论和数理统计中用分布来表示这种特征。换句话说，比起数值本身的大小，分布更关注数值个数的大小，这种视角让我们感到各种不习惯，因为我们已经习惯了只关注数值本身的大小，数值的个数在以往几乎从来不需要我们关心，我们没有养成关注数值个数的习惯，以往相当于默认每个数值都是只出现一次，或者说每个数值出现的次数是相同的。很明显，分布就是在我们原来只关注数值大小的基础上，又将数值个数加入到关注的范围，而且更偏重关注数值的个数。

我们的分布函数、密度函数、概率函数本质上都是既关注数值本身的大小，又关注数值的个数，数值本身的大小对这些函数来说就像是数值的一个编号或数值的位置，这些函数不会因为某个数值的编号大就将这个数值当成两个或者三个数值看待，编号无论大小都只算是一个数，编号不同只表示这个数值在坐标系中的位置不同。所以，这些函

数关注的是不同位置数值的个数有什么区别，这就是分布的概念，它是对数值的位置和个数的综合描述。刻画一组数值分布轮廓的箱线图、直方图，本质上也是对一堆数值位置和个数的综合描述。

　　本章介绍了具有确定均值和方差的一组一维数值的分析方法，上一章介绍了平面中多个点的整体走向及排列形状，这就是数理统计的"加减乘除"，这些内容不能代替教材，祝大家正式学的时候可以轻松愉快一些。